Burghard Ciesla · Dirk Külow

Zwischen den Zeilen

Geschichte der Zeitung »Neues Deutschland«

Das Neue Berlin

Danksagung

Die Autoren danken Wolfgang Hübner für die Unterstützung bei der Erarbeitung von Kapitel V. und der Rosa-Luxemburg-Stiftung für die Förderung des Werkes von Anbeginn. Dank gilt Eva Decker und Eleni Pavlidou.

ISBN 978-3-360-01920-2

Umschlaggestaltung: Simone Beier
unter Verwendung eines Fotos von Joachim Kirchmair
Layout und Satz: Simone Beier, MediaService GmbH
BärenDruck und Werbung, Berlin
Druck und Bindung: Salzland Druck, Staßfurt

Ein Verlagsverzeichnis schicken wir Ihnen gern:
Das Neue Berlin Verlagsgesellschaft mbH
Neue Grünstraße 18, 10179 Berlin
Telefon: 01805 309999
(0,14 €/min. aus dem deutschen Festnetz,
abweichende Preise für Mobilfunkteilnehmer)

Die Bücher des Verlags Das Neue Berlin
erscheinen in der Eulenspiegel Verlagsgruppe.

www.das-neue-berlin.de

Vom Organ zum Akteur

Anfang Dezember 1989 stellte ich als Leser des »Neuen Deutschland« fest, dass aus dem »Organ des ZK der SED« eine »Sozialistische Tageszeitung« geworden war. Und die wollte nie wieder Organ sein, wie ich Ende des Monats vom neuen Chefredakteur Wolfgang Spickermann und von der Redaktion erfuhr. Die radikale Erneuerung der Partei erforderte ohnehin eine radikale Erneuerung ihrer Medienpolitik. Als »Organspender« trat danach nur noch die Treuhandanstalt auf, die die SED-Bezirkszeitungen und andere »einstige« Zeitungen mit Hilfe der neuen Regierenden unter den Pressekonzernen West aufteilte oder auch verkaufte.

Bemühungen, die sozialistische Tageszeitung erneut »organschaftlich« zu vereinnahmen, hat es gegeben, und sei es auch nur als Versuch, die Zeitung als Instrument der Verkündung weiser Beschlüsse des Vorstands für die berühmten guten Zwecke einzusetzen.

Die Journalisten und Mitarbeiter des ND nutzten ihre Chance und das Blatt entwickelte sich zum eigenständigen linken Akteur mit eigenem Profil und demokratisch-sozialistischer Grundtendenz. Das aktuelle Tagesgeschehen, die Innen- und Außenpolitik, die Bildung und Kultur, immer wieder die Auseinandersetzung mit der Geschichte und das Geschehen in den Ländern fordern täglich neu heraus: der übermächtigen Tendenz zur Boulevardisierung zu widerstehen, die Realitäten zu sehen und nicht im Nebel linker Wunschvorstellungen verschwinden zu lassen!

Das Neue denken in Deutschland, als Zeitung mit Vergangenheit deren Lehren nicht zu vergessen, nicht zuletzt dem Mainstream zu trotzen, in dem die neuen Sieger der Geschichte die verflossenen unterrichten, wie sie gedacht und gelebt haben, bleibt aktuell wie strategisch wichtig.

Das »Neue Deutschland« kann als nicht abhängige Assoziation seiner Produzenten demokratisch-sozialistischen, linken Wertorientierungen besser entsprechen und sie mehr fördern, als es ein Organ einer Parteiführung je könnte: Auch das gehört zu den Lehren aus der Geschichte.

Lothar Bisky

REDAKTION
NEUES DEUTSCHLAND

»Wenn ich zu wählen hätte zwischen einem Land mit einer Regierung, aber ohne Zeitung, und einem Land mit Zeitung, aber ohne Regierung, dann würde ich mich für das Land ohne Regierung entscheiden.« Dieser Thomas Jefferson zugeschriebene Aphorismus spiegelt ungefähr auch den Zeitgeist unter den besiegten Deutschen des Jahres 1945 wider: Das deutsche Volk hatte das Ende der größten Katastrophe des 20. Jahrhunderts zwar überlebt, aber es war zugleich Auslöser und Teil des Systems der mörderischen Maschinerie gewesen. Das mit dem 8. Mai 1945 besiegelte Ende des Krieges wurde demzufolge nicht gleich als ein Neubeginn oder sogar als ein »Auferstehen aus Ruinen« empfunden, sondern Gefühle von tiefer Demütigung und Erniedrigung dominierten. Die Masse der Deutschen fühlte sich besiegt, nicht befreit.[2]
Der Sozialdemokrat Otto Grotewohl brachte die Lage in wenigen Sätzen auf den Punkt: »Unsere Wirtschaft ist zerschlagen, unsere Verkehrswege sind zertrümmert, unsere Rohstoffbasis ist vernichtet. Uns fehlt das Dach über dem Kopf, das Kleid am Leibe. Es bedarf der letzten aufbaufähigen und -willigen Kraft, um des Leibes Notdurft zu decken und den Hunger zu stillen.«[3] Die meisten Deutschen empfanden keine Aufbruchstimmung, ihre Stunde Null zog sich in die Länge, während sie mit dem täglichen Überleben und der Sorge um ihre verschollenen Angehörigen beschäftigt waren. Der Krieg lief allmählich aus, und der Frieden wagte sich nur zaghaft aus den Ruinen.[4]

»Unsere Wirtschaft ist zerschlagen, unsere Verkehrswege sind zertrümmert, unsere Rohstoffbasis ist vernichtet.« (Otto Grotewohl)

Gedruckte Nachrichten und Informationen hatten deshalb in den Tagen nach Kriegsende einen besonders hohen Wert. Aber nicht als reguläre Zeitungen kamen sie auf den Markt, sondern als Mitteilungen der Alliierten an Häuserwänden und Litfasssäulen und als Flugblätter. Die Leute rissen sich buchstäblich um diese Meldungen. Schließlich ging es darum, wo es was zum alltäglichen Überleben gab, was auf einen zukommen würde, was erlaubt und was bei Strafe verboten war. Egon Bahr, der 1945 seine Reporterlaufbahn bei der »Berliner Zeitung« begann, erinnert sich an diese ganz wichtigen Fragen: »Wie ist die nächste Zuteilung? ... Was haben denn die drei oder bald vier über uns beschlossen, was dürfen wir, was dürfen wir nicht? Wir wollten sowieso gar nichts. Wir wollten nur überleben. Und wenn es denn irgend möglich wäre, dafür sorgen, dass wir Pappe vor die Fenster kriegten und vielleicht ein trockenes Zuhause. Das heißt, ganz existenzielle Überlebensfragen waren beherrschend, und dafür waren die Zeitungen, wer immer sie machte, wo immer sie herkamen, willkommen.«[5]

Vor diesem Hintergrund befassten sich alle von den Besatzungsmächten zugelassenen Parteien mit der gesellschaftlichen Depression wie auch mit den sich bietenden Chancen für einen Neubeginn: Die Kommunisten boten mit ihrem Gründungsaufruf vom 11. Juni 1945 ganz pragmatisch als Erste eine breite Aktionsplattform: »Wir sind der Auffassung, daß der Weg, Deutschland das Sowjetsystem aufzuzwingen, falsch wäre, denn dieser Weg entspricht nicht den gegenwärtigen Entwicklungsbedingungen in Deutschland. Wir sind vielmehr der Auffassung, daß die entscheidenden Interessen des deutschen Volkes in der gegenwärtigen Lage für Deutschland einen anderen Weg vorschreiben, und zwar den Weg der Aufrichtung eines antifaschistischen, demokratischen Regimes, einer parlamentarisch-demokratischen Republik mit allen demokratischen Rechten und Freiheiten für das Volk.«[6]

Dieser Aufruf löste bei nicht wenigen Kommunisten, aber auch bei Sozialdemokraten Befürchtungen aus, weil sie die Forderung nach der »Diktatur des Proletariats« vermissten. Doch die Parteiführung wusste, dass andere Formulierungen bei den breiten Massen auf taube Ohren stoßen würden.[7]

Die ersten Nachkriegszeitungen

Im Sommer 1945 war es scheinbar egal, wer Zeitungen produzierte oder herausgab. Die Deutschen waren für jedes neue Blatt dankbar, weil sie ihnen allmählich Hoffnungen auf die Zukunft vermittelten. Bei der Beurteilung dieser Zeitungen und Zeitschriften stand die antifaschistische Gesinnung an erster Stelle. Niemand wollte mehr eine Wette auf das kapitalistische Wirtschafts- und Wertesystem eingehen. Zwei Weltkriege, eine die Grundfesten erschütternde Weltwirtschaftskrise und die NS-Zeit hatten die Bevölkerung für sozialistisches Gedankengut zugänglich gemacht.

In Berlin kamen die ersten Tageszeitungen nach Ende des Krieges im Mai 1945 heraus. Bereits am 15. des Monats druckte die sowjetische Besatzungsmacht ihre Zonenzeitung unter dem Namen »Tägliche Rundschau«. Der Untertitel lautete zunächst »Frontzeitung für die deutsche Bevölkerung« und wurde wenig später in »Zeitung für Politik, Wirtschaft und Kultur« umbenannt. Auf den Druckmaschinen der »Täglichen Rundschau« in der Zimmerstraße 87/91 liefen wenige Wochen zuvor noch Seiten des »Völkischen Beobachters« der Nazis durch die Rotation.[8]

»Wie ist die nächste Zuteilung? Was haben die drei oder vier über uns beschlossen, was dürfen wir, was dürfen wir nicht?« (Egon Bahr) Dreharbeiten zum Film »Rotation« in der Druckerei des »Neuen Deutschland«

Etwa eine Woche später, am 21. Mai 1945, erschien die erste Nummer der »Berliner Zeitung«, die von einem sowjetischen Redaktionskollegium geleitet wurde. Dazu gehörte – noch in der Uniform eines sowjetischen Leutnants – der spätere Filmregisseur und Präsident der Akademie der Künste der DDR, Konrad Wolf. Egon Bahr berichtet über die sowjetische Redaktionsleitung, dass die deutschen Mitarbeiter den Chefredakteur, Oberst Alexander Kisarow, als »Moskowiter Apparatschik« und seinen Stellvertreter »als zugänglichen, eleganten Petersburger« beurteilten. Einen Monat nach der ersten Ausgabe der »Berliner Zeitung« übergab die sowjetische Besatzungsmacht das Blatt dem Berliner Magistrat. Kisarow war dann bis 1950 Chefredakteur der »Täglichen Rundschau«.
In der Anfangszeit arbeitete auch der namhafte Journalist und Verleger Helmut Kindler für die »Berliner Zeitung«.[9] Nach der Übergabe der »Berliner Zeitung« in deutsche Hände wurde Rudolf Herrnstadt zunächst Chefredakteur des Blattes, bevor er im Mai 1949 zum »Neuen Deutschland« wechselte.

Am 4. Juni 1945 beschlossen auch die Kommunisten Anton Ackermann, Walter Ulbricht und Wilhelm Pieck die Schaffung einer neuen Parteizeitung der KPD unter dem Namen »Deutsche Volkszeitung« (DVZ). Sie erschien bereits neun Tage später mit Unterstützung der sowjetischen Besatzungsmacht. Die DVZ bezog ihr Domizil bei der »Täglichen Rundschau« in der Zimmerstraße. Hierfür wurde der Verlag Deutsche Volkszeitung GmbH gegründet, dessen Geschäftsführung die Kommunisten Alfred Oelßner, Fritz Granzow und Fritz Kroh übernahmen.
Die KPD hatte bereits vor dem Zweiten Weltkrieg, am 19. März 1936, im Exil die »Deutsche Volks-Zeitung« (DVZ) aus der Taufe gehoben. Diese »Exil-DVZ« war als Volksfrontzeitung gegen den Faschismus und »Fenster nach Deutschland« konzipiert gewesen und sollte die Schaffung der »Einheits- und Volksfront in Deutschland« unterstützen. Mit dem Ausbruch des Zweiten Weltkrieges wurde das Erscheinen der Zeitung eingestellt.[10]

Die neu gegründete DVZ war die erste Parteizeitung der Sowjetischen Besatzungszone (SBZ). Das Zentralorgan der Sozialdemokraten, »Das Volk«, erschien erst am 7. Juli 1945. Zwei Wochen später, am 22. Juli 1945, brachten die Christdemokraten (CDU) in der SBZ die »Neue Zeit« heraus. Die Liberalen (LDPD) druckten ab dem 3. August 1945 ihre Parteizeitung »Der Morgen«. Es ist Ironie der Geschichte, dass die LDPD-Zeitung im Juli 1945 von der Sowjetischen Militäradministration (SMAD) ursprünglich das Recht auf die Herausgabe einer politischen Tageszeitung mit dem Titel »Neues Deutschland« erhielt. Bis zum Erscheinungstag liefen bei der LDPD die Vorbereitungen für die Herausgabe der Parteizeitung unter diesem Titel auf Hochtouren. Am Morgen des 3. August intervenierte die sowjetische Besatzungsmacht jedoch und bestand auf Namensänderung. Die LDPD-Zeitung machte aus der Not eine Tugend und wählte die Tageszeit des Änderungsbefehls zum Zeitungstitel: Der Morgen.[11]

Die anderen Besatzungsmächte ließen sich etwas mehr Zeit bei der Etablierung ihrer Zonenzeitungen. Die Amerikaner folgten fünf Monate nach den Sowjets am 17. Oktober 1945 mit der »Neuen Zeitung« in ihrem Gebiet. Zu ihren Mitbegründern in Uniform zählte Stefan Heym, der aufgrund von Differenzen in der Redaktion bald wieder in die

USA zurückversetzt wurde. Seine Erfahrungen im Krieg und im Nachkriegsdeutschland verarbeitete Heym in seinem 1948 in den USA erschienenen Roman »The Crusaders«, der auch die amerikanische Propaganda- und Pressepolitik erhellt. Das Buch wurde schnell zum Bestseller.[12]

Die Briten druckten ihre Besatzungszeitung »Die Welt« erstmals am 2. April 1946. Als Letzte trat die französische Besatzungsmacht mit einer deutschsprachigen Ausgabe der »Nouvelles de France« am 1. Januar 1947 in der deutschen Presselandschaft auf.[13]

Die Deutschen waren für jede Art von Zeitung dankbar, weil sie Hoffnung auf Zukunft vermittelten.

In der sowjetischen und britischen Besatzungszone bestand von Anfang an das Prinzip der Vergabe von direkten Drucklizenzen an Partei- oder Gewerkschaftszeitungen. Bei den Engländern gab es bald 40 Parteizeitungen, die recht kontroverse Diskussionen über die Besatzungspolitik führten und in denen aus britischer Sicht jeweils eine zu parteikonforme Stimmung vorherrschte. Zur Gegensteuerung wurden deshalb auch parteipolitisch unabhängige Zeitungen zugelassen. Im Hinblick auf die Kommunisten verhielten sich die Briten im Zuge des Kalten Krieges aber genauso wie die anderen beiden westlichen Besatzungsmächte – ablehnend.

Im Osten Deutschlands ließ die SMAD neben Parteizeitungen anfänglich auch unabhängige Zeitungen zu, die aber kaum Chancen auf eine längere Existenz besaßen. Neben der Zensur gab es ein weiteres wichtiges Steuerinstrument – die Papierzuteilung. Auch die britische Besatzungsmacht forderte zum Beispiel von den Redakteuren der »Zeit« journalistisches Wohlverhalten ein: »Natürlich mussten die Redakteure jede Woche damit rechnen, dass die Besatzungsmacht ihnen wegen Unbotmäßigkeit die Papierzuteilung kürzte, vielleicht auch mal die eine oder andere Ausgabe der Zeitung beschlagnahmte.«[14]

Im Juni und Juli 1945 stand bei der Sowjetischen Militäradministration lediglich fest, dass die deutschen Lizenzzeitungen über die Vorzensur kontrolliert werden sollten. Dann zogen im August 1945 die Zensurbehörde der SMAD und das Sowjetische Nachrichtenbüro SNB in den sowjetischen Besatzungssektor von Berlin um. Die Behörde bezog Quartier im ehemaligen Hotel »Krausenhof« in der Krausenstraße in Berlin-Mitte. Erst zu diesem Zeitpunkt wurde die Gründung einer sowjetischen Propagandaverwaltung beschlossen, die unter Leitung von Oberst Sergej Tjulpanow ab Herbst 1945 auch die Pressezensur ausübte.[15] Bis zum 17. April 1947 existierte in der SBZ offiziell die Vorzensur. Die dann folgende Aufhebung war eher eine Kapitulation vor der zunehmenden Zahl der zu kontrollierenden Presseerzeugnisse. Das nun geltende Prinzip war einfach: Die Journalisten unterschrieben eine Verpflichtung, in der sie erklärten, keine »feindseligen Gerüchte« und tendenziösen Berichte über die Sowjetunion, SMAD und SBZ zu verbreiten sowie nur die Nachrichten des Sowjetischen Nachrichtenbüros SNB, später der Agenturen TASS und ADN zu übernehmen. Für politische Fehler in den Zeitungsartikeln wurden jetzt nicht mehr die sowjetischen Zensoren verantwortlich gemacht, sondern die Deutschen selbst. Wenn gegen die Richtlinien der Besatzungsmacht verstoßen wurde, drohten Verwarnungen, Geldstrafen, Entlassungen oder gar Verhaftungen. Eine ganze Auflage konnte beschlagnahmt bzw. eingeschränkt werden oder die Lizenz wurde ganz entzogen.[16]

Im Osten Deutschlands ließ die SMAD auch unabhängige Zeitungen neben dem »Neuen Deutschland« zu, die neben der offiziellen Zensur auch über die Papierzuteilung gelenkt wurden.

Trümmerwüste und Trampelpfade

Die in Trümmern liegende Zeitungsstadt Berlin funktionierte unter abenteuerlichen Bedingungen. Der rasende Reporter musste sich zu Fuß oder, wenn er eines besaß, mit dem Fahrrad »stundenlang durch Trümmerfelder und über Straßen, die zu Trampelpfaden zwischen Schuttbergen geschrumpft waren«, fortbewegen.[17] Für den Fußweg von Wilmersdorf nach Pankow brauchte man einen ganzen Tag.[18] Zudem machte es die Norm der »1000 Kalorien« der schreibenden Zunft schwer. In den Nachkriegswintern gesellten sich zum Hunger noch klirrender Frost und fehlendes Brennmaterial. Der Anfang für eine langjährige gute Zusammenarbeit in den Redaktionsstuben war nicht selten eine Scheibe Brot, eine Zigarette oder einfach etwas zum Heizen. Peter Edel von der »Weltbühne« bekam für seine Arbeit im Winter 1946/47 von seinem Chefredakteur a conto einige Presskohlen mit der Bemerkung zugeschoben, »so schreibt sich's besser«.[19]

Als 1949 der spätere Redakteur, Korrespondent und stellvertretende Chefredakteur des »Neuen Deutschland«, Harri Czepuck, aus polnischer Kriegsgefangenschaft zurückkehrte und bei seiner Arbeitssuche im Büro des ND-Chefredakteurs Rudolf Herrnstadt landete, erkannte dessen Sekretärin Gretel Klemm sofort das Grundproblem des Heimkehrers und bot dem künftigen Volontär ein belegtes Brot und eine Tasse Tee an. »Ich habe sie immer daran erinnert«, so Czepuck im Nachhinein voller Dankbarkeit, »wenn ich ihr später mal eine Runde Kaffee mit Kuchen spendierte.«[20]

Nicht wenige Reporter- oder Zeitungskarrieren begannen nach dem Krieg zufällig. Die Mutter des Sportjournalisten und Organisators der Friedensfahrt des »Neuen Deutschland«, Klaus Huhn, hatte sich hilfesuchend an die »Deutsche Volkszeitung« gewandt, um ihren in Sibirien »verschollenen« älteren Sohn Werner aus erster Ehe wiederzufinden. Dessen Vater Hugo Eberlein, ein Kampfgefährte Lenins und Trotzkis, geriet 1937 in die stalinschen Säuberungen und wurde später erschossen. Sein Sohn Werner war 1934 von seiner Stiefmutter in Moskau aufgenommen worden. Nach der Verurteilung des Vaters wurde Werner Eberlein nach Sibirien geschickt.

Im Juni 1945 suchte Anna Huhn nun ihren ältesten Sohn und bat bei früheren Kampfgefährten um Unterstützung. Der erste Chefredakteur der DVZ, Paul Wandel, konnte nicht helfen und verwies an den KPD-Vorsitzenden Wilhelm Pieck. Und siehe da: Werner Eberlein kehrte dann 1948 aus der Sowjetunion zurück. Mitte der fünfziger Jahre war er Leiter der Redaktion »Wirtschaft« beim »Neuen Deutschland«, obwohl er sich gegen diese Funktion eigentlich mit Händen und Füßen gesträubt hatte. Doch mit der Begründung, er solle als »proletarisches Element« in der Zeitung wirken, erfolgte kurzerhand die Delegierung durch die Partei.[21]

Die ersten Ausgaben der »Deutschen Volkszeitung« kamen mehr schlecht als recht heraus. Jede Zeitung war ein Abenteuer. Mal fehlte es an elektrischem

»Aus dem halbzerstörten Gebäude der Redaktion und der Druckerei in der Zimmerstraße führte ein Trampelpfad über Trümmerberge in die Setzerei in der Schützenstraße.« (Paul Wandel, Chefredakteur der »Deutschen Volkszeitung«)

Strom zum Drucken, dann an Papier oder schlicht an Transportmöglichkeiten: »Aus dem halbzerstörten Gebäude der Redaktion und der Druckerei in der Zimmerstraße führte ein Trampelpfad über Trümmerberge in die Setzerei in der Schützenstraße. Wenn wir abends hin und her eilten, war unser ängstlicher Blick weniger auf den halsbrecherischen Weg als auf die Fensterlöcher der Druckerei bzw. Setzerei gerichtet: Ob wohl das Licht noch brannte und damit wieder einmal Satz und Druck möglich waren? Begann der Druck, war selten schon geklärt, ob das Papier für die nächste Nummer vorhanden war.«[22]

Das waren nicht die einzigen Sorgen Paul Wandels. Der Chefredakteur brauchte dringend Leute, die über »trümmerspezifische« Ortskenntnisse verfügten. Alle Redaktionsmitglieder der DVZ kamen nämlich aus dem Exil, das heißt sie hatten Berlin vor den Verwüstungen verlassen. Die Zurückgekehrten standen nun vor dem Problem, sich in dem gewaltigen Trümmerhaufen von schätzungsweise 75 Millionen Kubikmeter Schutt, zu dem die Stadt geworden war, wieder zurechtzufinden.

Als Wandel von Anna Huhn erfuhr, dass es nicht nur den in Sibirien abhanden gekommenen Werner Eberlein gab, sondern auch dessen 17-jährigen Halbbruder, der nach Aussage der Mutter über die begehrten Eigenschaften und vor allem über ein funktionstüchtiges Fahrrad verfügte, da musste der Chefredakteur keine Minute nachdenken und erklärte: »Wissen Sie was, wenn der ein bisschen schreiben kann, schicken Sie ihn her!« Und Klaus Huhn, der konnte schreiben. Noch wichtiger war allerdings, dass er ein Fahrrad mit dazugehörigem russischem »Geleitbrief« besaß. Die Geschichten über deutsche Fahrräder und sowjetische Soldaten sind Legende. Tatsache ist, dass die Gefahr des Diebstahls, der Wegnahme oder Beschlagnahme groß war. Das russische Schreiben hat Klaus Huhn jedenfalls vor einer Beschlagnahme gerettet. Später vermutete er, dass der Text etwa so gelautet haben könnte: »Wer dem Besitzer des Rades Schwierigkeiten bereitet oder gar die Absicht hat, es zu stehlen, sollte wissen, dass er es mit Stalin zu tun bekommt.« Das Fahrrad mit Schreiben und die kräftige Statur des jungen Reporters Huhn waren für die Redaktion der DVZ mehr als alles andere wert. Solche Anfänge von Journalistenkarrieren in den Nachkriegsjahren waren keine Seltenheit.[23]

»Wer dem Besitzer des Rades Schwierigkeiten bereitet oder gar die Absicht hat, es zu stehlen, sollte wissen, dass er es mit Stalin zu tun bekommt.«

Zeitungsname und Zeitungskopf

Im März 1946 – als die Absicht zur Vereinigung der beiden Arbeiterparteien in der SBZ ganz deutlich wurde – berieten SPD und KPD auch über die Schaffung eines gemeinsamen Parteiorgans. Beide Seiten setzten sich für eine gemeinsame Parteizeitung ein. Mit der Leitung des Aufbaus der Zeitung wurde am 11. März 1946 der Kommunist Sepp Schwab beauftragt.[24]

Über das künftige Organ der Partei wurde am 19./20. April 1946 jedoch noch auf zwei getrennten Parteitagen von SPD (40. Parteitag) und KPD (15. Parteitag) diskutiert. Im gemeinsamen Organisationsausschuss wurde anschließend vereinbart, dass die »Deutsche Volkszeitung« die Parteizeitung der neuen gemeinsamen Partei werden sollte. Das sozialdemokratische Zentralorgan »Das Volk« sollte weiterhin unter dem traditionsreichen Namen »Vorwärts« als Berliner Tageszeitung erscheinen. Am 21. April 1946 verabschiedete sich »Das Volk« von seiner Leserschaft mit der Überschrift »Vom Volk zum Vorwärts«, und dem Leser wurde die neue Rollenverteilung erklärt: Die »Deutsche Volkszeitung« werde das Zentralorgan der neuen Sozialistischen Einheitspartei (SED) und »Das Volk« komme als neue Tageszeitung »Vorwärts« für die werktätige Berliner Bevölkerung heraus. Vier Tage später legte das Zentralsekretariat der SED fest, dass der »Vorwärts« als Organ des Bezirksvorstandes Groß-Berlin der SED erscheint.

Es ist leider nicht bekannt, wer im Laufe des Aprils 1946 den Namen »Neues Deutschland« für eine gemeinsame, überregionale Parteizeitung von KPD und SPD vorschlug und wie die Namensgebung begründet wurde. Bei den Kommunisten herrschte die einhellige Meinung, dass der Name »Deutsche Volkszeitung« der bessere wäre und deshalb bleiben sollte. Doch in der Öffentlichkeit wäre wenig überzeugend erschienen, dass es sich beim Zen-

Das Neue Deutschland

„Die Zukunft gehört jenen, die sich auf sie vorbereiten!"

Erscheint halbmonatlich | Norddeutsche Ausgabe | 15. November 1944

Glaube und Irrglaube

Geheimreise Hitlers in die Schweiz

Gescheiterte Friedensverhandlung, aber geglückte Vermögensverschiebung

Volkssturm - SOS der SS

Am 15. November 1944 erschien erstmals ein antifaschistisches Einzelflugblatt „DAS NEUE DEUTSCHLAND“ Adressat war die deutsche Bevölkerung im Hinterland. Unter dem Motto: „Die Zukunft gehört jenen, die sich auf sie vorbereiten“ wurde die Sinnlosigkeit des Krieges an Einzelbeispielen verdeutlicht

tralorgan der SED um etwas wirklich Neues handelt, wenn der alte KPD-Name DVZ bliebe. Aus stenografischen Notizen des KPD-Vorsitzenden Wilhelm Pieck geht lediglich hervor, dass es eine Frage der Glaubwürdigkeit war; außerdem sollte der Titel »Neues Deutschland« nur vorübergehend verwendet werden.[25]

Die erste Ausgabe des »Neuen Deutschland« erschien nach dem Vereinigungsparteitag von KPD und SPD am 23. April 1946 mit einem »Manifest an das Deutsche Volk«. Am selben Tag wurde dem Parteivorstand der SED durch die Propagandaabteilung der SMAD mit der Lizenz Nr. 74 die Herausgabe der Zeitung »Neues Deutschland« auch genehmigt. Zugleich wurden damit Format, Umfang, Auflage und Erscheinungsweise festgelegt. Von jeder Ausgabe sollten vierzig Exemplare an die Propagandaabteilung gehen.

Die letzte Nummer (Nr. 92) der DVZ erschien am 19. April 1946 mit der Veröffentlichung des Entwurfs des künftigen Programms der SED, den »Grundsätzen und Zielen der SED«.[26]

Inwieweit der Name der neuen SED-Zeitung mit dem im Mai 1945 zweimal erschienenen illegalen Flugblatt »Neues Deutschland« des antifaschistischen Widerstandskampfes aus Singen am Hohenwiel (Bodensee) in Verbindung steht oder auf die 1942 in Mexiko gegründete antifaschistische Monatschrift »Freies Deutschland« zurückgeht, die sich zwischen Januar und Juni 1945 auch »Neues Deutschland – Nueva Alemania« nannte, lässt sich nicht schlüssig beantworten.

Das neue Deutschland – Jahrgang 1813/14

Unser Namensvetter aus großer Zeit / Von Fritz Lange

Die Berliner gegen die Okkupationstruppen aufstanden

Die Dresdener schützen ihre Elbbrücke

Dem Zentralorgan „Neues Deutschland" zum Geleit

Genossinnen und Genossen!

Gestern habt Ihr die erste Nummer unseres Zentralorgans „Neues Deutschland" in Eure Hände bekommen. Die erste Nummer begrüßte Euch mit dem Manifest des Vereinigungsparteitages an das deutsche Volk. So groß und klar unser neues Zentralorgan vor Euch hingetreten ist, so groß und klar sind die Gedanken dieses Manifestes. Alles für Deutschland, alles für das neue Deutschland ist die Leitfahne unseres neuen Zentralorgans. Es soll Stimme unserer Partei sein, es soll Anreger für Planung und Initiative zum Neuaufbau sein. Es soll unbarmherziger Kritiker sein, wo es gilt, in die dunklen Ecken der Reaktion zu leuchten, um die Sauberkeit und Ordnung in Deutschland zu gewährleisten. Das Zentralorgan soll das lebendige Glied zwischen der Parteiführung, der gesamten Parteigenossenschaft und dem deutschen Volke sein. Sein Titel besagt schon, daß diese Zeitung für Deutschland kämpft und arbeitet. Das Entscheidende aber ist, daß sie für ein neues Deutschland kämpfen und arbeiten will. Aus Trümmern und Chaos soll und muß sich ein neues Deutschland erheben, ein Deutschland, dessen erste Aufgabe darin besteht, dem Frieden zu dienen und Deutschland wieder einzugliedern in die Familie anständiger Völker. Auch in der Innenpolitik ist es die Aufgabe der Sozialistischen Einheitspartei Deutschlands, ein neues Deutschland zu erkämpfen. Die Erfüllung aller Gegenwartsaufgaben mit dem Sinn und Geist der Partei ist der Zweck des Zentralorgans. Es soll auch den Blick lenken auf das Endziel der Sozialistischen Einheitspartei Deutschlands, auf den Sozialismus. Gespeist von den klaren und sauberen Quellen des wissenschaftlichen Sozialismus, soll das „Neue Deutschland" dafür sorgen, daß das Panier der Partei sauber und blank ist. Das „Neue Deutschland" ist das Sprachrohr des gesamten schaffenden Deutschlands, der Arbeiter, der Angestellten, der Bauern, der Frauen und Mütter, der Jugend und der deutschen Intelligenz. Der neue Kämpfer für unsere Arbeit möge stark und groß, erfolgreich und mutig in die Zukunft schreiten! Das ist unser Gruß!

In der zweiten ND-Ausgabe formulieren die beiden Parteivorsitzenden der SED den Anspruch der neuen Parteizeitung und erklären den Hintergrund für die Wahl des Namens.

ND-Kopf vom 23.4.1946. Bis zum 26.7.1950 führte die Zeitung in der Unterzeile: »Zentralorgan der Sozialistischen Einheitspartei Deutschlands«.

Den bis heute markanten Zeitungskopf von »Neues Deutschland« gestaltete ein ehemaliger Fotoreporter der »Berliner Zeitung«. Sein Name: Günter Lupinski. Der Verlagsleiter der DVZ, Fritz Kroh, der neben Sepp Schwab in der Gruppe zur Bildung der neuen Parteizeitung mitwirkte, hatte den Fotoreporter gefragt, ob er die Gestaltungsaufgabe übernehmen würde. Wie der frühere ND-Redakteur Werner Müller schrieb, zerbrach sich Lupinski buchstäblich den Kopf über die Gestaltung des Titels von »Neues Deutschland«. Günter Lupinski hatte bereits 1941 beim Überfall Hitlers auf die Sowjetunion als junger Wehrmachtssoldat die Front gewechselt. Er geriet dann beim antifaschistischen »Nationalkomitee Freies Deutschland« (NKFD) mit Rudolf Herrnstadt in Kontakt, der damals bereits Chefredakteur der Zeitung »Freies Deutschland« war. Nach dem Krieg folgte Günter Lupinski Herrnstadt zur »Berliner Zeitung«.

Die gestellte Aufgabe übernahm der Fotoreporter und Gestalter ohne Zögern. Es galt, eine charakteristische Schrift für den neuen Zeitungskopf zu schaffen. Das Ergebnis ließ nicht lange auf sich warten: Neues Deutschland. Irgendetwas fehlte aber immer noch, etwas Prägnantes und Unverwechselbares. Verlagsleiter Kroh hatte schließlich die rettende Idee: Er hatte bemerkt, dass der lange Zeitungstitel zu sperrig im alltäglichen Gebrauch war. Den ganzen Namen würden die wenigsten immer aussprechen. Deshalb schlug er vor, die Buchstaben N und D in einem größeren Schriftgrad zu setzen. Damit hatte der Zeitungskopf ein markantes Aussehen und zugleich einen gängigen Kurznamen: NEUES DEUTSCHLAND – ND. Ein Vergleich seit 1946 zeigt, dass der Zeitungskopf zwar mehrfach verändert wurde, aber das 1946 festgelegte Prinzip der unterschiedlichen Schriftgradsetzung der Anfangsbuchstaben im Zeitungskopf bis heute erhalten ist.[27]

ND-Kopf vom 27.7.1950 und vom 2./3.12.1989. In diesem Zeitraum erschien »Neues Deutschland« mit der Unterzeile: »Organ des Zentralkomitees der Sozialistischen Einheitspartei Deutschlands«.

Die Ausgaben vom 4.12. bis zum 16./17.12.1989 trugen dann wieder den Untertitel aus den Anfangsjahren der Zeitung.

Seit dem 18.12.1989 lautet die Unterzeile: »Sozialistische Tageszeitung«. Mit der Ausgabe vom 1./2.6.1996 wurde die Unterzeile durch »Gegründet 1946« ergänzt. Ab der Ausgabe vom 1.5.2004 fiel diese Ergänzung wieder weg. Zudem wurde mehrfach zwischen 1946 und heute die Schmuckfarbe geändert sowie die Titelzeile rechts- oder linksbündig bzw. zentriert gedruckt.

Die Parteiorganisation von »Neues Deutschland« bei der Demonstration zum 1. Mai 1946

Vereinigung auch im ND

Am Donnerstag, dem 25. April 1946, tagte das Zentralsekretariat (ZS) der SED – das spätere Politbüro – zum zweiten Mal im »Haus der Einheit«, dem früheren Kaufhaus Jonaß an der heutigen Ecke Torstraße/Prenzlauer Allee. Nach Kriegsende war hier zuerst der Zentralausschuss der SPD eingezogen. Mit dem Zusammenschluss von KPD und SPD zur SED fungierte das große Eckhaus nun als Sitz des Zentralsekretariats der neuen Partei – dem wichtigsten Führungsgremium zur Umsetzung der SED-Politik und zugleich auch der »verlängerten Chefredaktion« des Zentralorgans »Neues Deutschland«.

Hier wurde nun seit drei Tagen über den Aufbau der neuen Partei und deren personelle Besetzung entschieden. Vorrangige Aufgabe war die Herstellung der Parität auf jeder Parteiebene. Das erwies sich als große Schwierigkeit, da es vielfach an ausgewie-

Veteranen grüßen die Partei

Mitteilung des Parteivorstandes der Sozialistischen Einheitspartei Deutschlands

Auf seiner ersten Sitzung nach dem Vereinigungsparteitage wählte der Parteivorstand der SED einstimmig das Zentralsekretariat, bestehend aus nachfolgenden 14 Mitgliedern:

Wilhelm Pieck, Otto Grotewohl, Max Fechner, Walter Ulbricht, Erich W. Gniffke, Franz Dahlem, Otto Meier, Anton Ackermann, Helmut Lehmann, Hermann Matern, August Karsten, Paul Merker, Käthe Kern, Elli Schmidt.

Zur Leitung des Büros des Zentralsekretariats wurden als Sekretäre die Genossen Fritz Schreiber und Richard Gyptner bestimmt.

Die Zusammensetzung des Zentralsekretariats der SED wurde in der ersten Ausgabe des ND auf der zweiten Seite veröffentlicht. Die Wahl des sich auf der Rückreise aus dem Exil befindlichen Kommunisten Paul Merker wurde erst am 28. April im »Neuen Deutschland« mitgeteilt. (ND v. 23.4.1946, S. 2 und ND v. 28.4.1946, S .2)

senen kommunistischen und sozialdemokratischen Fachkräften für die gleichberechtigte Besetzung der einzelnen Abteilungen und Referate fehlte. Bei der zweiten Sitzung war die Zahl der Anwesenden übrigens auch nicht paritätisch, sondern mit 15 Personen ungerade. Die Parteivorsitzenden, Otto Grotewohl und Wilhelm Pieck, saßen nebeneinander. Rechts von Pieck hatten Walter Ulbricht (KPD) und Max Fechner (SPD) Platz genommen, links von Grotewohl saßen Franz Dahlem (KPD) und Erich Gniffke (SPD). Den Parteivorsitzenden gegenüber protokollierten zwei Sekretäre – paritätisch, aber ohne Sitz und Stimme – die gefassten Beschlüsse. Weitere sieben Mitglieder, drei Kommunisten – Anton Ackermann, Hermann Matern, Elli Schmidt – und vier Sozialdemokraten – August Karsten, Otto Meier, Helmut Lehmann, Käthe Kern –, verteilten sich rechts und links um den Tisch. Otto Meier war bis 21. April 1946 noch SPD-Chefredakteur von »Das Volk« gewesen.[28] Die Sozialdemokraten waren bei den ersten Sitzungen noch in der knappen Überzahl, deshalb wurde auf der ersten Sitzung des Zentralsekretariats der Kommunist Paul Merker in Abwesenheit hinzugewählt, der erst im Mai 1946 aus dem mexikanischen Exil zurückkehrte. So war die Parität im Führungsgremium zumindest auf dem Papier hergestellt.

Den dritten Tagesordnungspunkt dieser wichtigen Sitzung, »Die Parteipresse«, leitete Anton Ackermann ein, der wenige Wochen zuvor mit seinem Aufsatz »Gibt es einen besonderen deutschen Weg zum Sozialismus?« und der These, dass in Deutschland der Aufbau des Sozialismus auch ohne »Diktatur des Proletariats« und unabhängig von der Sowjetunion möglich wäre, mit dazu beitrug, dass es vielen Sozialdemokraten leichter fiel, sich für ein Zusammengehen mit den Kommunisten zu entscheiden.

Ackermann erläuterte im Hinblick auf die Parteipresse die anstehenden Aufgaben: Es sollten zuerst Entscheidungen über das Zentralorgan »Neues Deutschland« und dann über die Verlagsorganisation sowie die Parteipresse in den Ländern und Provinzen der Sowjetischen Besatzungszone getroffen werden. Hierzu wurden Sepp Schwab, Max Nierich und Willy Köhler vom »Neuen Deutschland« in das Sitzungszimmer gerufen. Immerhin war inzwischen schon die Nummer 3 der Zeitung im Druck, aber über die Chefredakteure, die Zusammensetzung der Redaktion, die Auflagenhöhe, die Organisation des Vertriebs und Verlags gab es noch keine verbindlichen Beschlüsse. Das wurde nun pro forma festgelegt, da schon seit der Morgenausgabe des »Neuen Deutschland« desselben Tages im Impressum zu lesen war, wie die Chefredakteure hießen, und es auch schon einen Verlag namens »Neues Deutschland« gab, der formal erst am 14./15. Mai 1946 gegründet wurde. Ausnahmsweise war die Zeitung hier einmal schneller als die Partei.[29]

In ihrem Beisein wurden der Kommunist Sepp Schwab und der Sozialdemokrat Max Nierich als paritätisch wirkende Chefredakteure der Zeitung bestätigt. Im Protokoll dieses denkwürdigen 25. April 1946 konnte in Klammern vermerkt werden: »gleichberechtigt«. Zudem wurde die Position des künftigen stellvertretenden Chefredakteurs verhandelt. In der Runde wurde nach einigem Hin und Her festgelegt: »Die Meinung des Zentralsekretariats geht dahin, daß die Heranziehung von Alexander (Lex) Ende als stellvertretender Chefredakteur beschleunigt werden soll.«[30]

Chefredaktion: Sepp Schwab und Max Nierich

Verlag „Neues Deutschland", Berlin SW 68, Zimmerstraße 87/91. Bankkonto: Berliner Stadtkontor Nr. 95 111 Fritz Kroh — Sprechstunden der Redaktion nur von 11 bis 13 Uhr. — **Telefon: Sammel-Nr. 42 59 51 — Anzeigenannahme nur von 10 bis 14 Uhr** (Anzeigenpreis: *Die 9spaltige Millimeterzeile RM 3,—*) — *Druck: Berliner* Verlagsanstalt, Berlin SW 68, Schützenstraße. G — 11 708

Verlag „Neues Deutschland" G. m. b. H., Berlin SW 68 Zimmerstraße 88—90. Bankkonto: Berliner Stadtkontor Nr. 95 111 Fritz Kroh. Sprechstunden der Redaktion nur von 11 bis 13 Uhr. — **Tel. S.-Nr. 42 559 51 — Anzeigenannahme nur von 10—14 Uhr** — Druck: Berliner Verlagsanstalt, Berlin SW 68 Schützenstraße G – 11 70

Das Impressum des »Neuen Deutschland« vom 25. April 1946 (oben) und vom Vortag. (ND v. 24.4.1946, S. 4; ND v. 25.4.1946, S. 4)

Alle drei – Sepp Schwab, Max Nierich und Lex Ende – waren »von der Kaiser- und Weimarer Zeit sowie von illegaler Arbeit gegen den Nationalsozialismus geprägt – Urgestein der Arbeiterbewegung also und erfahrene Zeitungsmacher«.[31] Sepp (Joseph) Schwab war im Monat zuvor bereits zum Chefredakteur des KPD-Organs »Deutsche Volkszeitung« ernannt worden, Max Nierich hatte seit dem Sommer 1945 als stellvertretender Chefredakteur bei »Das Volk« gearbeitet und Lex Ende war zu diesem Zeitpunkt noch Chefredakteur der sich erfolgreich behauptenden Wochenzeitung »Der Freie Bauer« gewesen.

Weil Letztere so erfolgreich war, sprach sich das Zentralsekretariat entschieden dafür aus, dass sie mit der Umsetzung von Lex Ende nicht gefährdet werden dürfte. Schnellstens sollte eine qualifizierte Kraft als Ersatz für Ende gefunden werden.[32] Walter Ulbricht, der sich persönlich für Lex Ende bei der Berufung zum Chefredakteur von »Der Freie Bauer« eingesetzt hatte, trat auch bei der Auswahl Endes für die Chefredaktion von »Neues Deutschland« ein: Lex Ende wurde dadurch mit Wirkung vom 1. Juli 1946 Chefredakteur.[33]

Lex Ende wurde mit Wirkung vom 1. Juli 1946 Chefredakteur.

Weisungsbefugnis und Sportgeist

Der SED-Parteivorstand bekam im April 1946 – im Gegensatz zur Deutschen Film-AG (DEFA) – eine ordentliche, in Deutsch und Russisch abgefasste Lizenzurkunde für die Gründung einer Parteizeitung ausgehändigt. DEFA-Direktor Hans Klering hingegen muss nicht schlecht gestaunt haben, als ihm bei der feierlichen Übergabe statt einer Lizenz ein Druckbogen mit einem Verzeichnis von Schrifttypen übergeben worden war. Dieses »Versehen« erklärt wohl auch, warum die DEFA-Urkunde bis heute unauffindbar ist. Wenn schon keine Urkunde, so gibt es wenigstens zum skurrilen Akt in Babelsberg einen ND-Artikel »Lizenz an erste deutsche Filmgesellschaft«.[34]

Mit der Lizenzvergabe war die Verlagsgründung Neues Deutschland GmbH verbunden, die aus der Übernahme des im Sommer 1945 gegründeten Verlages Deutsche Volkszeitung GmbH entstand. Auf einer Gesellschafterveranstaltung des DVZ-Verlages wurde beschlossen, dass der Betrieb der DVZ zum 1. Mai 1946 offiziell enden sollte. Die gesamten Aktiva und Passiva wurden dem Verlag Neues Deutschland GmbH übergeben und das angesammelte Überschusskapital stand als Darlehen zur Verfügung. Schon in der ersten ND-Ausgabe vom 23. April 1946 wurde der neue Verlag benannt. Der Eintrag in das Notariatsregister erfolgte am 20. Mai 1946. Danach lautete die Firmenbezeichnung korrekt »›Neues Deutschland‹ Druckerei und Verlag GmbH« mit Sitz in Berlin. Der Gesellschaftsvertrag legte ein Stammkapital von 300 000 Reichsmark fest. Davon hielt die Zentrag GmbH einen Anteil von 200 000 RM; die beiden Parteivorsitzenden Wilhelm Pieck und Otto Grotewohl hielten jeweils einen Anteil von 50 000 RM. Die Abstimmungen bei den Gesellschafterversammlungen sollten nach der Beteiligung am Stammkapital erfolgen. Die Dauer des ganzen Unternehmens wurde als »unbestimmt« festgelegt, was bis in die Gegenwart nicht widerlegt ist. Zu Geschäftsführern bestellte der Gesellschaftsvertrag Otto Maecker und Wilhelm Richter sowie Walter Schmidt als Prokuristen (Technischer Direktor). Der Eintrag in das Handelsregister beim Amtsgericht Berlin-Mitte erfolgte unter der Nummer 921/NZ am 31. Juli 1946. Die Gewerbeerlaubnis erteilte das Bezirksamt unter der Nummer 5970. Als Aufgaben wurden Druck, Verlegen und Herausgabe von Zeitungen und Zeitschriften sowie die Durchführung von Druckaufträgen aller Art festgelegt.[35]

СОВЕТСКАЯ ВОЕННАЯ АДМИНИСТРАЦИЯ В ГЕРМАНИИ
УПРАВЛЕНИЕ ПРОПАГАНДЫ
SOWJETISCHE MILITÄRVERWALTUNG IN DEUTSCHLAND
PROPAGANDALEITUNG

ЛИЦЕНЗИЯ №74
LIZENZ

1. Die Propagandaleitung der Sowjetischen Militärverwaltung in Deutschland genehmigt den Parteivorstand der Sozialistischen Einheitspartei Deutschlands die Herausgabe der Zeitschrift, Zeitung Neues Deutschland ab April 1946
2. Die folgende Zusammenstellung der Redaktion wird bestätigt
Chefredakteur —
Redaktionsmitglieder —
3. Allgemeine Angaben über die Zeitschrift, Zeitung:
a) Format 41 × 57
b) Umfang 4 S.
c) Auflage 400 000 Ex
d) Erscheinungsweise täglich
4. Diese Lizenz wird unter der Bedingung erteilt,
a) daß alle Gesetze, Verordnungen, Vorschriften und Anweisungen der Sowjetischen Militärverwaltung befolgt werden;
b) daß alle auf Grund dieser Lizenz erscheinenden Veröffentlichungen die Aufschrift „veröffentlicht unter der Lizenz Nr. ______ der Sowjetischen Militärverwaltung in Deutschland" tragen;
c) daß unter 1. nicht aufgeführte natürliche und juristische Personen ohne ausdrückliche Genehmigung der Sowjetischen Militärverwaltung weder an dem Unternehmen beteiligt sind noch irgend welche Gewinnanteile aus dem Unternehmen erhalten;
d) daß 40 Exemplare jeder Nummer der Zeitschrift, Zeitung bei Erscheinung der Propagandaleitung versandt werden.
e) Sonstige Bedingungen: —
5. Diese Lizenz wird für unbestimmte Zeit erteilt und stellt kein Eigentumsrecht dar; sie ist nicht übertragbar und kann ohne Kündigungsfrist durch die Sowjetische Militärverwaltung zurückgezogen werden.

НАЧАЛЬНИК УПРАВЛЕНИЯ ПРОПАГАНДЫ
СОВЕТСКОЙ ВОЕННОЙ АДМИНИСТРАЦИИ В ГЕРМАНИИ
CHEF DER PROPAGANDALEITUNG DER SOWJETISCHEN MILITÄRVERWALTUNG IN DEUTSCHLAND
23. IV. 1946
ПОЛКОВНИК
OBERST
С. ТЮЛЬПАНОВ
(TJULPANOW)

Lizenzurkunde der SMAD über die Herausgabe des »Neuen Deutschland« vom 23. April 1946

Im Protokoll der SED-Führung wurde ein Jahr später ausdrücklich klargestellt: »Die Chefredaktion untersteht unmittelbar den Parteivorsitzenden, von denen sie die notwendigen Weisungen für die Führung des Blattes erhält.«[36]

In den ersten Jahren befassten sich die beiden Vorsitzenden respektive Gesellschafter intensiv mit den Belangen des Zentralorgans. Sie vertraten die Interessen der Zeitung vor allem gegenüber der sowjetischen Besatzungsmacht. Von Wilhelm Pieck und Otto Grotewohl wurden Personalentscheidungen getroffen und sie gaben direkte Anleitungen für die Darstellung der SED-Politik in der Zeitung.[37] Zum Beispiel die Festlegungen vom 24. September 1946 und 1. Oktober 1947: »Im Zentralorgan ›Neues Deutschland‹ ist sofort ein Leitartikel zu bringen«, oder: »Dahlem wird einen Artikel für das ›Neue Deutschland‹ schreiben.«[38]

Otto Grotewohl kam zudem noch aus dem grafischen Gewerbe und brachte das notwendige Gespür für die technischen Fragen des Zeitungsbetriebes mit.

ND-Redakteur Werner Müller bestätigt, dass Grotewohl seine Artikel meist selbst schrieb. Lakonisch hieß das: »Der Otto machte das selber.«[39] Enge persönliche Kontakte pflegte auch Wilhelm Pieck zur Redaktion.

Klaus Huhn erinnert sich, dass er 1947 zu Wilhelm Pieck ins Büro gerufen wurde, damit er dem Vorsitzenden erkläre, was beim Boxen einen Rechtsausleger von einem Linksausleger unterschied. Hintergrund war, dass der Parteichef in Begleitung des ND-Sportreporters zu einem großen Boxkampf in die »Waldbühne« wollte – nach Westberlin.[40] Die Viersektorenstadt befand sich damals regelrecht im Boxfieber. Das Fälschen von Eintrittskarten hatte Hochkonjunktur. Es kam auch schon mal vor, dass sich die Boxfans, die keine Karten hatten, gewaltsam Einlass verschafften. Hunderttausende von Boxsportanhängern verfolgten damals erwartungsvoll die Kämpfe[41], denn eigentlich war Ende 1945 jede Art von Kampfsport – Sportarten mit »militärischem Charakter« – durch die Alliierten verboten. Boxen gehörte ohne Zweifel dazu. Es gelang aber gewitzten Sportveranstaltern, die Verbote großzügig auszulegen, indem sie die alliierten Besatzer davon überzeugten, dass Boxen kein Kampfsport sei, sondern unter die Rubrik »Artistik« fallen würde. Nach dieser Interpretation fanden also regelmäßig »Artistenveranstaltungen« zur Unterhaltung statt, bei denen sich zwei »Bewegungskünstler« mit Schutzhandschuhen an Kopf und Körper zu treffen versuchten. In Zeitungsberichten lasen sich solche Reportagen über Boxkämpfe aber ausgesprochen handfest.[42] Das »Neue Deutschland« berichtete am 30. April 1946 auf der Titelseite über eine dramatische Ringschlacht im Sportpalast. Über den Kampf der beiden »Faustartisten« Jean Kreitz (Aachen) und Adolf Witt (Kiel) heißt es: »Witt landet schwerste Haken auf den Körperpartien des Aacheners. Nach solchen Schlägen knackten Wallners Rippen; bei Kreitz hinterlassen sie wenig Wirkung. Ein Aufwärtshaken reißt sofort Witts rechte Augenbraue blutend auf, doch der Kieler ist nicht zu bremsen und kommt wieder mit Körpertreffern durch.«[43] Für »Großkampfstimmung« sorgte im Rahmenprogramm der Veranstaltung kein Geringerer als Hans Albers, der wenige Tage zuvor, in der Erstausgabe vom »Neuen Deutschland«, den künftigen Lesern alles Gute gewünscht hatte.[44]

Berlin bleibt Berlin

Gruß an die Vaterstadt

Allen Berlinern und besonders den Lesern des »Neuen Deutschland« herzliche Grüße. Ein neues freies Deutschland steht als Aufgabe vor uns allen, den wir uns jeder an seinem Platz, mit aller Kraft widmen wollen.

Hans Albers

Hans Albers grüßte die Leser vom »Neuen Deutschland« in der ersten Ausgabe und erklärte: »Hamburg ist zwar meine Mutterstadt, aber Berlin ist und bleibt meine Vaterstadt.« (ND v. 23.4.1946, S. 6)

Regen und Radfahrer beim Rundstreckenrennen

Der Wettergott war uns am Sonntag nicht allzu freundlich gesinnt. Seit den Mittagsstunden ging ein feiner Regen unaufhörlich auf die Reichshauptstadt nieder und bewog viele Berliner, den Sonntagnachmittag zu Hause zu verbringen.

Trotz dieser schlechten Voraussetzungen war die Rennstrecke im Norden Berlins, auf der die besten Berufs-Radrennfahrer unserer Zone das 100-km-Mannschaftsrennen um den Preis des „Neuen Deutschland“ austrugen, bereits um 14.30 Uhr von Zuschauern dicht umsäumt. Als Punkt 15 Uhr der Genosse Wilhelm Pieck das „Achtung-Fertig-Los“-Kommando gab und die Startflagge senkte, waren es rund 20 000 Zuschauer, die dem ersten Rundstrecken-Straßenrennen dieses Jahres beiwohnten. Alle Fahrer mit Namen hatten gemeldet und waren auch am Start erschienen. In letzter Sekunde traf noch der ehemalige deutsche Amateurmeister Werner Bunzel ein, und so konnte auch die Mannschaft Bunzel-Fischer am Rennen teilnehmen. 20 000 Zuschauer fieberten, brüllten, johlten und pfiffen, wenn das Feld der Fahrer in rasendem Tempo an ihnen vorbeijagte. Dieser Schlachtenrummel verstärkte sich um ein vielfaches, als Berlins populärster Fahrer „Wüste“ Hoffmann einen Ausreißversuch unternahm, der ihm auch gelang. Zeitweilig hatte die Mannschaft Jährling-Hoffmann 40 Sekunden Vorsprung vor dem verfolgenden Feld. Mühelos konnten die beiden Prämien und Wertungen einheimsen, und erst ein Reifenschaden von Jährling ließ das Feld sie erreichen.

Mit größter Spannung erwarteten die am Ziel versammelten Zuschauer das Ergebnis der Schlußwertung. Als dann die Fahrer breit auseinandergezogen die Sonnenburger Straße hinaufspurteten, gab es einen Jubel ohnegleichen, zumal es „Wüste“ Hoffmann war, der die Schlußwertung und auch den Sieg des Mannschaftsrennens erringen konnte. K. U.

(Einen genauen Rennbericht bringen wir auf der 4. Seite)

Wilhelm Pieck mit den Siegern des vom »Neuen Deutschland« organisierten ersten Berliner Nachkriegsradrennens am 23. Juni 1946. (ND v. 25.6.1946, S. 1)

Als Wilhelm Pieck in der »Waldbühne« zu einem dieser Ringduelle Platz genommen hatte, wurden Sonnenblenden mit der RIAS-Aufschrift verteilt und auch Wilhelm Pieck bekam eine angeboten, auf die er aber dankend verzichtete. Stattdessen zog Pieck ein Exemplar des »Neuen Deutschland« aus der Tasche und faltete sich daraus demonstrativ einen Sonnenhut.

Wilhelm Pieck war es auch gewesen, der zur besseren Außenwirkung des Zentralorgans im Mai 1946 die Durchführung eines Straßenradrennens vorschlug. Am 23. Juni 1946 senkte der Parteivorsitzende Pieck persönlich die Startflagge zu einem 100 Kilometer langen Mannschaftsrennen über 66 Runden im Prenzlauer Berg und sorgte damit für die Wiedergeburt des Berliner Radsports. Offiziell gab es zwei Glasvasen für die Sieger, aber die wahren Siegerpokale waren Schnapsflaschen mit einem beachtlichen Tauschwert auf dem Schwarzmarkt, die danach unauffällig übergeben wurden. Drei Monate später, am 29. September 1946, fand das nächste vom »Neuen Deutschland« organisierte Radrennen »Rund um den Pfefferberg« mit 100 000 Zuschauern statt. Organisiert hatte das alles der damals erst 18-jährige Sportredakteur Klaus Huhn.[45]

Kampf um den Grundstoff Papier

Mit Blick auf die personelle Besetzung und den Aufbau der Redaktion, die künftige Höhe der Auflage und die Vertriebsorganisation diktierte die wirtschaftliche und personelle Realität den Alltag der noch jungen Zeitung »Neues Deutschland«.
Zum Beispiel musste im Protokoll hinter der Position eines Chefreporters für die amerikanische, britische und französische Zone »noch offen« vermerkt werden. Selbst für die Sowjetische Besatzungszone war nicht sofort ein Chefreporter greifbar. Lediglich der Chefreporter für Berlin stand fest. Diese Aufgabe sollte Willy Köhler mit zwei Volontären im Schlepptau übernehmen. Bei anderen Personalentscheidungen waren in die engere Wahl gezogene Kandidaten erst noch »freizugeben«, »anzufordern« oder »heranzuziehen«. Die meisten Ressorts der Zeitung bekamen wegen des Personalmangels zudem Doppelaufgaben wie »Wirtschaft und Neuaufbau«, »Länder-, Kommunal- und Rechtsfragen« oder »Massenbewegungen und Gewerkschaften« übertragen. Generell bestand aber der Anspruch, nur die besten Leute beim Zentralorgan der SED zu beschäftigen, insbesondere für Theater, Kunst, Film, Rundfunk nur erstklassige Kräfte einzusetzen.[46]

Die Auflagenhöhe der Zeitung wurde mit 400 000 Exemplaren festgelegt. »Neues Deutschland« sollte sechsmal in der Woche (Dienstag bis Sonntag) mit jeweils sechs Seiten Umfang erscheinen. Für den Berliner »Vorwärts« war eine Auflagenhöhe von 200 000 Exemplaren mit ebenfalls sechs Seiten fünfmal in der Woche (Dienstag bis Sonnabend) vorgesehen. Montags sollte der »Vorwärts« immer mit acht Seiten an den Zeitungskiosken angeboten und zu den Abonnenten geliefert werden. Wer in den ND-Ausgaben der Anfangszeit blättert, wird feststellen, dass nur zwei – die Erstausgabe am 23. April und die vom 1. Mai – in diesem Umfang erschienen. Sechs Seiten wurden erst mit den ND-Nummern ab dem 18. August 1946 erreicht. Der Grund für diese lange Anlaufzeit war simpel: Es fehlte einfach an Papier.
Zu Beginn genehmigte die SMAD dem Zentralorgan für die festgelegte Auflagenhöhe lediglich ein monatliches Papierkontingent von 250 Tonnen. Das reichte aber nicht. Im Juni 1946 wurde das Papierkontingent auf 400 Tonnen erhöht, was die im April ursprünglich vorgesehene Druckauflage von 400 000 Exemplaren ermöglichte.
Der Kampf um Papier wurde in hohem Maße durch die Zuteilungspolitik und Eigeninteressen der SMAD erzeugt. Insbesondere nahm die »Tägliche Rundschau« als zentrales Blatt der SMAD eine Vorrangstellung in der Presselandschaft der Sowjetischen Besatzungszone ein. Für das »Neue Deutschland« war diese Rangfolge anfangs besonders nachteilig, da ja beide Zeitungen in der Zimmerstraße ihren Sitz hatten und die gleiche Druckerei nutzten. Eine kritische Situation entstand gleich im Mai 1946. Die Zahl der Druckexemplare sank für einige Tage schlagartig auf 250 000 Stück. Ohne jeg-

liche Absprache mit dem SED-Parteivorstand, der ND-Chefredaktion und den übergeordneten Stellen bei der SMAD war bei der »Täglichen Rundschau« entschieden worden, eine Herabsetzung der ND-Auflage zugunsten der »Täglichen Rundschau« vorzunehmen. In Berlin brach daraufhin der Straßenhandel des »Neuen Deutschland« völlig zusammen. Die Zahl der Leserschaft in Berlin sank von 220 000 auf 174 000 ab. Der Schaden war enorm. Erst nach Verhandlungen des Chefredakteurs Sepp Schwab mit der »Täglichen Rundschau« und der SMAD wurde ab 1. Juni 1946 wieder eine Erhöhung der Auflage von 250 000 auf 320 000 Exemplaren und mehr zugelassen.[47]

Auf der vierten Tagung des SED-Parteivorstandes (16./17. Juli 1946) kritisierte Sepp Schwab die Entwicklung der letzten Monate: »Wir haben bis vor wenigen Wochen nur etwa 350 000 Exemplare gedruckt und drucken im Augenblick 450 000 bis 500 000 Exemplare, und das auch erst, nachdem wir in Karlshorst vorstellig geworden und um zusätzliches Papier gebeten haben. Wir sind gezwungen, Kürzungen vor allem in der sowjetisch besetzten Zone vorzunehmen; wir können sie nicht so beliefern, wie es notwendig wäre.«[48]

Der Parteivorstand und die Chefredaktion traten im August 1946 erneut als Bittsteller bei der SMAD auf und machten dabei vor allem auf die bevorstehenden Landtagswahlen im Oktober des Jahres aufmerksam. Die SMAD reagierte sofort und erhöhte nochmals das Papierkontingent. Bis auf wenige Ausnahmen konnte die Zeitung nun auch sechsseitig herausgegeben werden. Im Herbst 1946 erreichte die ND-Auflage aufgrund der laufenden Wahlkampagne sogar eine Höhe von 600 000 Exemplaren.[49]

»Wir haben bis vor wenigen Wochen nur etwa 350 000 Exemplare gedruckt und drucken im Augenblick 450 000 bis 500 000 Exemplare ... nachdem wir in Karlshorst vorstellig geworden und um zusätzliches Papier gebeten haben.« (Sepp Schwab)

Gleichzeitig änderte sich im Herbst 1946 auch die Zahl der verschiedenen Ausgaben, wobei der Preis für alle Ausgaben bis zur Währungsreform 1948 bei 15 (Reichs-)Pfennigen lag. Bis September 1946 wurde das »Neue Deutschland« als eine einheitliche Gesamtausgabe gedruckt, der bei Bedarf Beilagen für die Länder und Provinzen in der Besatzungszone beigefügt wurden. Ab Oktober 1946 gab es dann zwei Ausgaben: eine für Berlin und eine für die Besatzungszone. Ab dem 13. März 1947 erschien mehrere Monate lang auch eine vierseitige Ausgabe für die westlichen Besatzungszonen – die »Reichsausgabe«. Bestehen blieb aber weiterhin das leidige Papierproblem.

Die »Reichsausgabe« unterschied sich in der inhaltlichen Aufmachung ganz erheblich von der »Berliner Ausgabe«, da sie vor allem auf die Leserschaft im Westen Deutschlands zugeschnitten war. Ab dem 10. Juni 1947 gab es neben der »Berliner Ausgabe« für den Großraum Berlin noch eine vierseitige »Stadtausgabe« für die Innenstadt.

Seit dem 3. Mai 1949 erscheint »Neues Deutschland« mit Ausnahmen bis heute hauptsächlich als Ausgabe A (überregional) und B (Berlin).

Reichsausgabe

Seite 2: Die Aprilthesen von Lenin

NEUES DEUTSCHLAND

ZENTRALORGAN DER SOZIALISTISCHEN EINHEITSPARTEI DEUTSCHLANDS

2. Jahrgang / Nr. 94 — Berlin, Mittwoch, 23. April 1947 — Einzelpreis 15 Rpf.

Keine Einmischung in Triest

USA-Trusts im Westen

Der Kampf der Kupferkönige um Oberschlesien

Müde Wahlen in der britischen Zone

Berliner Ausgabe

Seite 2: Die Wahlen im Westen

NEUES DEUTSCHLAND

ZENTRALORGAN DER SOZIALISTISCHEN EINHEITSPARTEI DEUTSCHLANDS

2. Jahrgang / Nr. 94 — Berlin, Mittwoch, 23. April 1947 — Einzelpreis 15 Rpf.

Interne Sitzungen in Moskau

Österreich und Triest weiterhin hinter verschlossenen Türen

Glückwünsche

Die Reichsausgabe (oben) und die Berliner Ausgabe (unten) vom 23. April 1947 waren die ersten aus der eigenen ND-Druckerei. Möglicherweise wurde die Reichsausgabe länger als einige Monate herausgegeben. Darauf deutet ein Beschluss des ZS vom 20. Oktober 1947 zum Verbot der niedersächsischen KPD-Landeszeitung in der Britischen Besatzungszone. Das ZS legte fest, dass für die Dauer des Verbots der Zeitung eine Erhöhung der nach Hannover zu liefernden ND-Exemplare (»Reichsausgabe«?) von 40 000 auf 60 000 erfolgen sollte. Zudem sollten vier Redakteure der verbotenen »Niedersächsischen Landeszeitung« in der ND-Redaktion ihre Tätigkeit aufnehmen, um Westfragen für die nach Hannover zu liefernden ND-Ausgaben zu bearbeiten. Insgesamt dürfte die »Reichsausgabe« aber nicht lange bestanden haben, da die westlichen Besatzungsmächte im Verlauf des sich verschärfenden Kalten Krieges den Vertrieb des »Neuen Deutschland« in ihren Besatzungszonen behinderten.

Der Papiermangel zwang das »Neue Deutschland« dann ab Juni 1947, zwei Monate lang zu den Verhältnissen des Vorjahres zurückzukehren. Auf der Titelseite wurde am 17. Juni 1947 mitgeteilt: »An unsere Leser! Wegen der Verknappung des Papiers sind wir nur in der Lage, unsere Zeitung vorübergehend vierseitig erscheinen zu lassen. Wir bitten um Verständnis.«[50] Eine Lösung bot sich für die Zeitung dann endlich durch den Kauf einer eigenen Papierfabrik. Am 18. August wurde für 2,5 Millionen Reichsmark die Wildenfelser Papierfabrik (Wipa) von der SMAD erworben. Bis zur Enteignung durch den Volksentscheid in Sachsen am 30. Juni 1946 gehörte die Fabrik dem Unternehmer Osthusendrich. Noch während des Krieges hatte Fürst Günter von Schönburg-Waldenburg diesen Unternehmer verklagt, da die Wildenfelser Papierfabrik die umliegenden Wälder des Fürsten in den Jahren 1926 bis 1942 durch Rauchgase nachhaltig geschädigt hatte. In einem langwierigen Prozess wurde am 13. Dezember 1944 ein Vergleich ausgehandelt, der den Unternehmer zur Zahlung von 135 000 RM verpflichtete, die Osthusendrich nur zum Teil zahlte. Den offenen Betrag von 37 180 RM forderte der Fürst nun über einen Rechtsanwalt vom »Neuen Deutschland« ein. Der Fürst siegte: Das »Neue Deutschland« musste zahlen.[51]

Das ND hatte nicht nur ein Papierproblem hinsichtlich der Quantität, sondern auch die Qualität des Papiers ließ deutlich zu wünschen übrig. Mitte Juli 1946 wurde vonseiten der Chefredaktion beklagt, dass dem »Neuen Deutschland« das schlechteste Papier in der SBZ zur Verfügung stehen würde. Das Papier sei unansehnlich und für den Abdruck von Fotos ungeeignet. Zum Vergleich wurde auf die bessere Papierqualität der »Täglichen Rundschau« und der Zeitungen in den Westsektoren der Stadt verwiesen. Generell schade die schlechte Druckausführung, so die ND-Chefredaktion, dem Ansehen der Zeitung. Daraufhin wurde Ende Juli 1946 von der SMAD beschlossen, dass das Blatt künftig beim Druck jeweils zur Hälfte »gutes« und »schlechtes« Papier verwenden durfte. Doch in den folgenden Wochen änderte sich an der Qualität des Druckpapiers überhaupt nichts, da in den Papierfabriken weiterhin die Anweisung der SMAD galt, besseres Papier ausschließlich den Dienststellen und Einrichtungen der SMAD zur Verfügung zu stellen. Eine Belieferung der Zeitung »Neues Deutschland« mit qualitativ hochwertigerem Papier, so die Druckpapiergenossenschaft in einem Brief an die SED vom 26. August 1946, sei in den letzten Wochen von der SMAD nicht zugelassen worden. Nun intervenierte

Die »Große Rotation« 1946 – Bezeichnung der Drucker für ihr »Herzstück«

die Partei noch einmal in Karlshorst, um Papier von der gleichen Qualität wie das der »Täglichen Rundschau« zu erhalten.[52]

Zeitungspapier war auch auf dem Schwarzmarkt von hohem Wert. Im kleinen und großen Stil wurde »mitgenommen«, geklaut und verschoben: Unter der Kleidung, in Taschen und Behältern versteckt, kam das für die Zeitung so wichtige Produktionsmaterial – unbedruckt – wieder in die Zirkulation. Darin war 1947/48 ein Kraftfahrer des ND besonders erfolgreich. Er transportierte auf einem LKW versteckt Papierrollen mit nicht mehr verarbeiteten Resten am Pförtner vorbei aus dem Betrieb. Durch einen aufmerksamen Mitarbeiter wurde das Treiben des Fahrers aufgedeckt und es kam zu Tätlichkeiten vor dem Betriebsgelände: »Der fleißige Dieb rächte sich seinerseits an dem Genossen, schlug ihn kurzerhand nieder und drohte sogar, ihn zu erschießen. Seine fristlose Entlassung und gerichtliche Folgen waren die Quittung. In einer Betriebsversammlung an einem Sonntagvormittag wurde das Problem eingehend diskutiert. Es wurde einstimmig beschlossen, dass die Pförtner berechtigt werden, Kontrollen vorzunehmen. Dank dieser Kontrollen durch die Pförtner ging der Papierdiebstahl schlagartig zurück.«[53]

Diese Art der »Versorgung« war in den ersten Nachkriegsjahren für das Gros der Bevölkerung von existenzieller Bedeutung: Schwarzmarktgeschäfte für den Eigenbedarf waren eine Art notwendige Selbsthilfe, die bis zu einem gewissen Grad in allen Besatzungszonen als »Kavaliersdelikte« behandelt wurden. Dieser Markt regulierte sich über eine einfache Waren- und Tauschwirtschaft, Zigaretten, Kaffee oder Schokolade. Oder auch über den Tausch von Dienstleistungsangeboten. Firmen und Einzelhandel versorgten sich auf diesem Weg mit den notwendigen Rohstoffen und Ersatzteilen für ihre offizielle Produktion. Es wurden knappe Güter gehortet oder an den offiziellen Märkten vorbei direkt auf den schwarzen Markt gebracht, weil die Gewinne höher waren oder nur dort gegen dringend benötigte Teile für den eigenen Bedarf eingetauscht werden konnten. Schätzungsweise kam nur etwa die Hälfte der gesamten erzeugten Produktion in den legalen Handel.
Ab 1947 wurde dagegen vehement vorgegangen, und überführte Schieber bzw. Schwarzhändler mussten mit empfindlichen Strafen rechnen. Im

Schwarzer Markt in Pankow

Nunmehr wurde auch der Tauschmarkt in Pankow verboten. Dies hatte zur Folge, daß der Handel in der anliegenden Straße fortgesetzt wird. Unser Bildberichter hat einen Schnappschuß eingefangen, der für das Treiben sehr aufschlußreich ist Foto: Heinscher/Illus

In den ersten Nachkriegsjahren war der schwarze Markt immer wieder ein Thema sowohl in der Zeitung als auch innerhalb des Zeitungsbetriebes. Das Bild ist ein Schnappschuss vom fliegenden schwarzen Markt in Pankow. In der Bildunterschrift heißt es: »Nunmehr wurde auch der Tauschmarkt in Pankow verboten. Dies hatte zur Folge, daß der Handel in der anliegenden Straße fortgesetzt wird. Unser Bildberichter hat einen Schnappschuß eingefangen, der für das Treiben sehr aufschlußreich ist.« (Foto: Heinscher/Illus, ND v. 6.8.1947, S. 4)

Verlagsgebäude des »Neuen Deutschland« 1946 in der Zimmerstraße in Berlin-Mitte

Land Sachsen drohte den Saboteuren der Versorgung sogar die Todesstrafe. Der schwarze Markt führte in allen Besatzungszonen und auch im »Neuen Deutschland« zu Diskussionen über die Rückkehr zu akzeptierten Zahlungsmitteln.[54]

Auch die widrigen Arbeitsbedingungen beim »Neuen Deutschland« übten zu Beginn einen negativen Einfluss auf den Herstellungsprozess der Zeitung aus. Otto Grotewohl beschrieb zum ersten Jahrestag des Bestehens der Zeitung rückblickend die Startphase der Redaktion: Die Räume hatten keine Fußböden, die Zeitungsleute saßen hinter mit Pappe vernagelten Fenstern, die Räume waren generell sehr knapp bemessen, und einige Redakteure mussten in der Setzerei, wo die Luft vom Bleidunst geschwängert war, arbeiten. Diese Zustände und der an sich schon komplizierte und hektische Zeitungsbetrieb bewirkten eine »nervenaufpeitschende Atmosphäre«.[55]
Deshalb wurde der Auf- und Ausbau neuer Gebäude und Einrichtungen für die Zeitung von Anfang an vorangetrieben. Nach mehr als zwei Monaten in der Zimmerstraße hieß es Umziehen zum Pfefferberg, einer ehemaligen Brauerei im Prenzlauer Berg.

Auf dem Pfefferberg

Am 3. Juni 1946 zogen die Chefredaktion und der größte Teil der Redaktionsabteilungen in die Schönhauser Allee an den »Pfefferberg« am Senefelderplatz im Prenzlauer Berg. Nach dem Namensgeber des Platzes, dem Erfinder der Lithografie Alois Senefelder, hätten zuerst die Jünger der schwarzen Kunst, Setzer und Drucker, dorthin umziehen müssen. Aber bis zur eigenen Druckerei war es noch ein beschwerlicher Weg. Gedruckt wurde weiterhin bei der »Täglichen Rundschau« in der Zimmerstraße; auch der Verlag mit der Vertriebs- und Anzeigenabteilung sowie die Redaktionen Bild, Lokales, Jugend und Sport blieben vorerst noch dort.[56]

Was hatte es mit dem Pfefferberg auf sich? Der Name stammte von einer Brauerei, die dort bis Kriegsende ihr Domizil hatte. Zudem nutzten eine Großgaststätte, ein Fuhrbetrieb und später maßgeblich die Berliner Einkaufsgenossenschaft der Bäcker und Konditoren die Gebäude. In den Tiefkellern gab es ein großes Mehllager für den Bäckereigroßhandel. Der massive alliierte Bombenkrieg ab November 1943 und die Schlacht um Berlin Ende April 1945 verwandelten das ganze Areal in einen riesigen Trümmer- und Schutthaufen.
Nach dem Krieg waren in den intakten Teilen des Gebäudekomplexes auf der Basis von Mietverträgen weiterhin eine Gaststätte und eine Großbäckerei untergebracht. Anfang November 1945 übernahm die sowjetische Besatzungsmacht das Gelände.
Wenige Wochen später, im Dezember 1945, bekam die KPD die Gebäude der einstigen Brauerei Pfefferberg von der SMAD übereignet. Konkret handelte es sich um die Grundstücke Schönhauser Allee 176 und Christinenstraße 18/19.[57]

»Mit aller Kraft geht es an die Aufgabe, die aus dem Schutt hervorgezogenen beschädigten elektrischen Ausrüstungen sicherzustellen. Ganze Hochspannungs-, Niederspannungs- und Gleichrichteranlagen kommen ans Tageslicht. Im Wasser stehend, werden die Anlagen, welche für den Flachdruck- und Rotationsmaschinen bestimmt sind, geborgen. Die oft von der Betriebsleitung des ND sehr kurz bemessenen Termine können nur durch Überstunden und Sonntagsarbeit eingehalten werden.«
(Bericht des AEG-Büros Berlin 1946)

Durch die Befehle der Besatzungsmacht erhielt aber nicht nur die KPD ehemalige Druck-, Verlags- und Zeitungsgebäude der NSDAP, sondern auch die anderen Parteien, Gesellschaften und Organisationen der Sowjetischen Besatzungszone wurden im Rahmen der Liquidierung nationalsozialistischen Eigentums mit Immobilien bedacht. Natürlich wurde hier nicht uneigennützig verteilt. Zuerst einmal bediente die Sowjetische Besatzungsmacht ihren eigenen Pressebetrieb bzw. wurde rigoros demontiert und in die Sowjetunion abtransportiert. Der Rest ging an die Deutschen, und hier hatte die KPD dann eine bevorzugte Stellung inne. In diesem Zusammenhang kam es bereits am 29. Oktober 1945 durch die KPD zur Gründung des Verlagshauses Zentrag GmbH – Zentrale Druckerei-, Einkaufs- und Revisionsgesellschaft. Unter dem Dach dieser Gesellschaft befanden sich bis zum Ende der DDR alle Druckereien und Verlage der SED. In der legendären Sitzung des Zentralsekretariats der SED vom April 1946 wurde hierzu generell angeordnet: »Dachgesellschaft für sämtliche Zeitungsverlage wird die Zentrag. Ihr ist in allen Zeitungsverlagen die einfache Mehrheit zu übertragen. Dies wird grundsätzlich festgelegt; die praktische Durchführung ist in den nächsten Wochen zu erörtern.«[58]

Anschließend kam es im Mai 1946 zur Bildung der Geschäftsabteilung »Verwaltung der Parteibetriebe, Druckereien, Verlage und Gebäude« bei der SED-Führung, die über die Zentrag alle Druck-, Verlags- und Zeitungsbetriebe der Partei anleitete. Nach Gründung der DDR wurde die Zentrag GmbH im Jahre 1950 in die Vereinigung Organisationseigener Betriebe VOB Zentrag umbenannt. Über die Zentrag kontrollierte die SED später rund neunzig Prozent der in der DDR vorhandenen Druckkapazitäten.[59]

Zum Zeitpunkt der Übereignung des Geländes am Senefelderplatz an die Zentrag GmbH im Dezember 1945 war die Unterbringung des ND-Vorgängers DVZ in der Zimmerstraße aber noch sinnvoll. Am Senefelderplatz gab es bis dahin nur Trümmerhaufen und mit Wasser vollgelaufene Keller. Im Januar 1946 fingen die Aufräumarbeiten an. Es sollte Baufreiheit für das künftige »Herz des Pressebetriebes« – Verlag, Redaktion und Druckerei an einem Ort – geschaffen werden. Anfangs war es nicht einfach, da es vom Werkzeug über Baumaterial bis hin zu den Ausrüstungen an allem fehlte. Das Werkzeug wurde mitgebracht oder musste »besorgt« werden. Achtlos ließ damals niemand eine Schippe liegen. Auch bei Instandsetzung von Gleisnetzen der Deutschen Reichsbahn wurden immer wieder der Diebstahl von Baugeräten und die willkürliche Beschlagnahme von Werkzeugen durch die sowjetische Besatzungsmacht beklagt. Also wurden die Arbeitsgeräte mit nach Hause genommen oder vor Ort gut versteckt. Hinzu kam das Problem der Materialbeschaffung. Kaum etwas war auf Lager oder die Magazine wurden gerade von der Besatzungsmacht ausgeräumt.[60] Wenn doch Werkstoffe vorhanden waren, konnten sie aufgrund fehlender Fahrzeuge oder Reifen bzw. knappen Benzins oftmals nicht angeliefert werden. Die Hauptlieferanten für Baustoffe waren die Trümmer und Ruinen Berlins, und manchmal wurden Steine, Träger und Holz unter Mitwirkung der SMAD und der Partei aus anderen Gebieten der SBZ unter erschwerten Umständen herbeigeschafft.[61]

Was das bedeutete, hat Regisseur Frank Beyer in seiner Komödie »Karbid und Sauerampfer« (DEFA 1963) über die ersten Nachkriegsmonate in bewegte Bilder gefasst. Der Film verarbeitet auf humorvolle

Weise die Erfahrungen der Kriegs-, Trümmer- und Aufbaugeneration und erzählt die Odyssee von Kalle Blücher, der für eine zerbombte Zigarettenfabrik in Dresden Karbid aus Wittenberge in Brandenburg herbeischafft. Wozu Karbid? Das brauchen die Arbeiter zum Trennen der Stahlkonstruktionen zusammengebrochener Werkhallen. Die Anfangsszene des Films, Arbeiter, die im Kreis sitzend eine Zigarette inmitten der in Trümmern liegenden Zigarettenfabrik kreisen lassen, ist zugleich ein Spiegelbild der Verhältnisse am Senefelderplatz im Januar 1946.

Nicht wenige »Kalles« hat es auch bei der DVZ bzw. beim »Neuen Deutschland« gegeben. In der Geschichte der ND-Druckerei ist von »Schürfarbeiten« bei der Materialbeschaffung die Rede oder es wird die Ankunft eines Druckereiarbeiters erwähnt, der sich mit einer Setzmaschine – »weiß der Himmel woher« – zur Arbeit meldete.[62]

Die Aufräum- und Aufbauarbeiten wurden am Senefelderplatz mit vielen Überstunden, Sonntagsarbeit und vor allem nach dem Prinzip »Not macht erfinderisch« bewerkstelligt: »Jedes noch zu gebrauchende Band-, Winkel- oder Flacheisen, welches auf dem Weg zur Arbeit gefunden wird, geht mit oder wird, wenn es zu schwer ist, nachträglich mit dem Handwagen abgeholt. Ja, ganze Balkongitter müssen dran glauben, deren Profileisen zur Verkleidung der Schaltgerüste dringend gebraucht werden.«[63]

Bis zum Juni 1946 konnten die ersten Räume unter großen Anstrengungen neu hergerichtet werden und der größte Teil der ND-Redaktion zog in die Schönhauser Allee um. Die Übersiedlung der Setzerei und des ND-Verlages von Berlin-Mitte in den Prenzlauer Berg verzögerte sich aber immer wieder. Gleiches galt für den Neuaufbau einer eigenen ND-Druckerei im hufeisenförmigen Gebäudekomplex der Pfefferberg-Brauerei. Die Herstellung von »Neues Deutschland« erfolgte also weiterhin im »Lohndruck« in der Druckerei der »Täglichen Rundschau« in der Zimmerstraße in Berlin-Mitte. Dort wurde die Lage zunehmend kritisch: In der Setzerei gab es keinen gesonderten Arbeitsraum für die redaktionelle Arbeit bzw. verfügte der Nachtdienst nicht einmal über eine Aufwärmmöglichkeit. Im Verlagsbereich fehlte ein Raum mit eigenem Telefon. Deshalb sollte mit der »Täglichen Rundschau« ausgehandelt werden, ob es nicht möglich wäre, im selben Haus einen Raum mit Telefonanschluss zu erhalten, wo in Ruhe dem Verlags- und Anzeigengeschäft nachgegangen werden konnte.[64]

In der SED-Spitze wurden deshalb im Oktober 1946 Festlegungen zur Lösung des leidigen Raumproblems und zur Verbesserung der schlechten Arbeitsbedingungen in der Zimmer- und Schützenstraße getroffen. So erhielt die Geschäftsabteilung vom »Neuen Deutschland« den Auftrag, »schnellstens im Setzereisaal für die Redakteure einen heizbaren Raum einbauen zu lassen«.[65] Es wurde auch darüber nachgedacht, weitere Gebäude in der unmittelbaren Nachbarschaft zu übernehmen. Die »Tägliche Rundschau« und »Neues Deutschland« nutzten dort ja schon einige Gebäude der Berliner Niederlassung des ehemaligen Franz Eher Verlages, dem einstigen Zentralverlag der NSDAP. In der Sitzung des SED-Zentralsekretariats vom 28. Oktober 1946 erging deshalb die Forderung, die Übernahme von Gebäuden des ehemaligen NSDAP-Verlages Franz Eher zum Abschluss zu bringen und Vorschläge zum Ausbau zu unterbreiten.[66]

Auch am Pfefferberg ging es auf Jahre hinaus eng und provisorisch zu. Die Chefredaktion vom ND musste der Partei schon im Oktober 1946 mitteilen, dass die Arbeitsbedingungen und das knappe Raumangebot dort weder eine termingemäße noch eine qualitativ anspruchsvolle politisch-redaktionelle Arbeit zulassen würden. Abteilungsleiter und Mitarbeiter würden sich bei Interviews und Besprechungen gegenseitig stören. Im Diktierzimmer saßen nicht selten drei bis vier Stenotypistinnen und es wurde gleichzeitig diktiert, was sich natürlich negativ auf die Qualität der Schreibarbeiten und Artikelmanuskripte auswirkte. Zudem standen durch die immer noch bestehende räumliche Trennung von Redaktion (Schönhauser Allee, Zimmerstraße), Setzerei/Druckerei (Schützenstraße, Zimmerstraße) und Verlag (Zimmerstraße) zeitliche Verzögerungen und ein hoher personeller Aufwand auf der Tagesordnung. Die Zeitung beschäftigte zu diesem Zeitpunkt mehr als achtzig (!) Fahrradkuriere für Botendienste, die die Manuskripte zum Beispiel von der Redaktion zur Setzerei transportierten oder andere Botendienste zur Gewährleistung des Zeitungsbetriebes übernahmen. Mehrfach wurde die Unterbringung von Redaktion, Setzerei, Druck und Verlag in einem Hause gefordert.[67]

Eine zeitgenössische Einschätzung der Lage beim »Neuen Deutschland« von Januar 1947 kommt zu dem Schluss, dass es in Berlin und in der Besatzungszone wohl keinen Zeitungsverlag gäbe, der von der Redaktion getrennt arbeiten müsste: »Warum es nicht möglich sein soll, für unser Zentralorgan ein Haus zu finden, worin Redaktion und Verlag zusammen untergebracht sind, bleibt die große Frage, die gelöst werden muß.«[68]

Die Herstellung von »Neues Deutschland« erfolgte zunächst im Lohndruck: in der Druckerei der »Täglichen Rundschau«. In der Setzerei gab es keinen Raum für die redaktionelle Arbeit. Der Nachtdienst hatte nicht einmal eine Aufwärmmöglichkeit!

Einen Monat später begann die Satzherstellung des »Neuen Deutschland« ihre Arbeit im Gebäudeareal am Senefelderplatz. Gedruckt wurde aber immer noch in der Zimmerstraße bei der »Täglichen Rundschau«. Die in der Setzerei gefertigten Matrizen (Matern) mussten noch dorthin gebracht werden. Das geschah auf recht abenteuerliche Weise: Ein Motorradkurier transportierte die Matern auf seinem Rücken von Prenzlauer Berg nach Mitte. Im April 1947 nahm schließlich die eigene ND-Druckerei ihre Tätigkeit auf dem Gelände Schönhauser Allee auf und zum ersten Jahrestag des Bestehens der

Zeitung am 23. April 1947 verließ das erste im eigenen Betrieb gesetzte und gedruckte Exemplar des Zentralorgans das Haus. Neben der Redaktion befanden sich nun auch schon eine stattliche Anzahl von Produktionsabteilungen in der Schönhauser Allee: Hand- und Maschinensetzerei, die Stereotypie, die Druckerei Rotation I und II, der Flachdruck, eine Buchbinderei, diverse Werkstätten und die Expedition für die Packerei und den Versand. Im Jahr darauf wurde auch eine Chemografie eröffnet.
Der Verlag Neues Deutschland zog erst im November 1948 endgültig in die Schönhauser Allee 176, da alle bislang in der Zimmerstraße benutzten Räumlichkeiten erst noch aufgegeben werden mussten. Damit waren Druck, Redaktion und Verlag endlich an einem Ort.[69]

Obwohl nun alle Abteilungen der Zeitung am Pfefferberg untergebracht waren, waren aufgrund der Enge und mit den inzwischen entstandenen baulichen Provisorien auf die Dauer keine guten Rahmenbedingungen für den Betrieb geschaffen. Gerhard Dengler, zwischen 1954 und 1958 der erste ND-Korrespondent in Bonn, kam 1949 von der »Leipziger Volkszeitung« über den »Vorwärts« zum ND. Er beschrieb folgende Situation am Pfefferberg um 1950: »Das war für alle eine behelfsmäßige Unterbringung ... Bei unserem Einzug waren zwar die Kriegsschäden an den Gebäuden schon weitgehend behoben, doch die Zusammenlegung mehrerer Häuser zu einem Redaktions- und Verlagskomplex hatte es mit sich gebracht, daß man ständig Treppen oder Stiegen bewältigen mußte, wenn man sein Zimmer zu Besprechungen, Beratungen oder zum Umbruch verlassen mußte. Und natürlich herrschte bei Redaktion und Verlag akute Raumnot.«[70]

Bei der Einzelbuchstaben-setz- und Gießmaschine Monotype werden von Matrizen neue Lettern gegossen. Bei Zeilengussmaschinen (z. B. Linotype, Typograph), besteht die Schriftzeile aus einem einzigen Stück. Deshalb muss eine fehlerhafte Zeile bei Zeilengussmaschinen neu abgegossen werden. Ausschluss und Formatierung erfolgen bereits im ersten Satzschritt und sind später nicht mehr korrigierbar. Die verschiedenen Techniken sind oft parallel nebeneinander eingesetzt worden. Die Gießmaschinen konnten mit ca. 6 000 Zeichen in der Stunde die Satzleistung eines Handsetzers (bis 1 500 Zeichen) weit überbieten.

Die Architektur des Gebäudekomplexes am Senefelderplatz war eigenwillig: ein Durcheinander an Baustilen bei einer Anhäufung burgähnlicher Gebäude. Dafür hatte damals aber kaum jemand einen Blick. Viel wichtiger waren den Mitarbeiterinnen und Mitarbeitern der Zeitung die soziale Betreuung, die Versorgungsmöglichkeiten und das Zusammengehörigkeitsgefühl. Es gab eine erstaunliche Vielzahl von gemeinsamen Veranstaltungen – von Ausflügen über Modenschauen bis hin zu Kinderweihnachtsfeiern.

Auf dem Betriebsgelände wurden eine Verkaufsstelle, eine Schuhmacherwerkstatt, ein Arztzimmer und eine Zahnstation eingerichtet. Am 8. April 1949 gründete sich die Betriebssportgemeinschaft Rotation, und die Zeitung erwarb zwei Ferienheime in Bollmannsruh und Langerönne.[71] Über seinen ersten Urlaub in Bollmannsruh nach zehn Jahren schrieb der Schriftsetzer und Betriebsratsvorsitzende des ND, Franz Marienfeldt, dass die Frauen und Kinder vom Bahnhof mit dem Wagen abgeholt wurden, während die Männer in einem einstündigen Marsch das Urlaubsziel erreichten: »Das Essen war der Zeit entsprechend gut und reichlich. Es gab ausreichend Unterhaltung. Jeder konnte nach seiner Façon selig werden. Selbst bei der Obsternte konnte man freiwillig aushelfen. Schöne Urlaubstage habe ich verlebt.«[72] Zwar wurde die Qualität der Versorgung zum Teil beanstandet, da mancher beim Mittagessen die ihm laut SMAD-Befehl zustehenden 15 Gramm Fleisch in der Suppe vermisste, aber solcher Kritik wurde entgegnet: »Und auf dem Schwarzen Markt kaufen, lehnen wir doch als Sozialisten grundsätzlich ab, oder …?« Der Betrieb als sozialer Raum – für das »Neue Deutschland« traf das von Anfang an und in hohem Maße zu.[73]

Spagat zwischen Partei- und Volksblatt

In ihrem Geleit für das »Neue Deutschland« haben die beiden Parteivorsitzenden Wilhelm Pieck und Otto Grotewohl am 24. April 1946 eine von Anfang an kaum lösbare Aufgabe formuliert. Sie wünschten dem Zentralorgan die Entwicklung zu einem lebendigen Bindeglied zwischen der Parteiführung, der gesamten Parteigenossenschaft und der Bevölkerung. Dahinter verbarg sich der Anspruch, das Zentralorgan gleichermaßen als Partei- und Massenzeitung zu etablieren. Das wurde auch anderthalb Jahre später, auf dem II. Parteitag der SED (20.–24.9.1947), nachdrücklich hervorgehoben: »Unsere Parteipresse ist nicht nur Waffe im politischen Kampf, sondern muß das geistige Bindeglied zwischen Partei und Volk sein. Jedes Parteiblatt muß ein Volksblatt werden.« Doch wie sollte das gehen? Einerseits galt es, die politische Linie der SED zu propagieren und den ideologischen Kampf zu führen; andererseits sollte nahe an der Leserschaft über das Tagesgeschehen informiert und berichtet werden. Intern wurde die Frage gestellt, wie in einem Zentralorgan politische Grundsatzartikel der Partei mit kurzweiligen Unterhaltungsbeiträgen und Skandalschlagzeilen zu vereinbaren seien.[74]

Oktober 1946: Die SED beauftragt das »Neue Deutschland«, die Wahlen in Kreisen und Ländern des Ostens umfassend in den Mittelpunkt der Berichterstattung zu stellen.

Sepp Schwab (1897–1977), Chefredakteur des »Neuen Deutschland« 1946 gemeinsam mit Lex Ende

(Faksimile unten) Beispiel für die von Lex Ende vorgeschlagene Arbeit der Briefredaktion im »Neuen Deutschland« (ND v. 13.3.1947, S. 4)

Offensichtlich wurde dieser Widerspruch bei den Vorbereitungen zu den Gemeindewahlen im September sowie zu den Kreis- und Landtagswahlen im Oktober 1946. Seitens der Parteiführung bekam das »Neue Deutschland« den Auftrag, den Wahlkampf umfassend in den Mittelpunkt der täglichen Berichterstattung zu stellen. Die ND-Chefredakteure standen dem aufgrund ihrer Erfahrungen bei den Wahlkämpfen in der Weimarer Republik skeptisch gegenüber. Wahlpropaganda vom ersten bis zum letzten Tag bedeutete schlicht und einfach, dass die Zeitung nicht mehr gelesen würde. Chefredakteur Max Nierich erklärte, dass in der Weimarer Zeit am letzten Tag vor der Wahl »weder das Zentralorgan einer Partei noch die einzelnen Bezirksorgane auch nur noch mit der Feuerzange anzufassen waren und daß sie, abgesehen vielleicht von den eigenen Genossen, überhaupt nicht mehr gelesen wurden«.[75] In der Chefredaktion wurde deshalb zum Jahresende erneut die Qualität der Zeitung auf den Prüfstand gestellt. Lex Ende schlug im Dezember 1946 die Neuorganisation der Redaktion vor. Als großen Schritt in diese Richtung regte er eine »Briefredaktion« als Kern der neuen Redaktion an: Die Briefredaktion sollte über das übliche Leserbrief-Forum hinausgehen und mehr Transparenz sowie Nähe zur Leserschaft bewirken. Der ND-Redaktion wurde deshalb die Schaffung von zwei Abteilungen angeraten, einer Zeitungsredaktion und einer Briefredaktion. Während in der Zeitungsredaktion die Journalisten das Blatt machten, sollten in der Briefredaktion vor allem gute Genossen die Briefe bearbeiten, beantworten und/oder zur Veröffentlichung an die Zeitungsredaktion weiterleiten. Lex Ende hoffte, dass auf diese Weise der Kontakt der Parteizeitung zur Bevölkerung enger und lebendiger würde.[76]

Leser schreiben an „Neues Deutschland"

Schulspeisung und Elternschaft

Die seit November 1945 durchgeführte Schulspeisung in Berlin ist eine Angelegenheit des öffentlichen Interesses und dies in besonderem Maße seit der, infolge der Sonderzuweisungen der Britischen Militärregulierung, sprunghaft angestiegenen Beteiligung. Es hat, wie anders nicht zu erwarten, an kritischen Betrachtungen nicht gefehlt. Soweit diese zurecht bestehen, sind entsprechende Zurechtweisungen in der presse nur erwünscht. Es liegt auf der Hand, daß ungeachtet der tatkräftigen Mithilfe schulfremder Kräfte die hauptverantwortung der Verteilung auf der Lehrerschaft ruht …

H. Krüger, Reinickendorf-Ost

Im darauffolgenden Frühjahr (22./23.3.1947) gab es auf einer Berliner »Beratung der Chefredakteure und Funktionsträger für Presse und Rundfunk« konkrete Richtlinien zur journalistischen Arbeit und redaktionellen Neuorganisation. Otto Grotewohl erklärte den Anwesenden beispielsweise, wie ein Artikel in einer Parteizeitung geschrieben werden müsste. Darin sollte eine besondere Art von Rhetorik zum Ausdruck kommen, »die von Begeisterung über Hohn bis zur Überzeugung all das beinhaltet, was im politischen Kampf und in der Beeinflussung der Massen eine Rolle spielte. Der spitze Federhalter müsse zur Lanze werden, mit der zum Angriff übergegangen werden könne.« Eine enge Verbindung zu den Produktionsstätten sollte über ein Netz von Korrespondenten (Betriebs- und Dorfkorrespondenten, später Volkskorrespondenten) aufgebaut werden, damit Arbeiter und Bauern erkennen konnten, dass es ihre Welt war, die die Zeitung darstellte.
Lex Ende forderte auf dieser Beratung die Neuorganisation der ND-Redaktion in der geschilderten Gliederung. Zugleich beklagte er die fehlende Bindung zwischen der Parteiführung und dem Zentralorgan. Wäre diese in wirksamer Weise vorhanden, so Lex Ende, wüsste die ND-Redaktion genau, welche Politik der Partei vermittelt werden sollte, und die Parteiführung könne über das Zentralorgan wiederum besser Einfluss auf die Massen nehmen. In diesem Zusammenhang brachte Lex Ende das Dilemma der ND-Journalisten zur Sprache, die im Alltagsgeschäft Probleme damit hatten, Parteizeitung und Massenblatt gleichermaßen zu sein.[77]

Über die eigentlich interne und vertrauliche Beratung der Presse- und Rundfunkleute sowie die Äußerungen Grotewohls berichtete der Westberliner »Telegraf« unmittelbar sehr kritisch. Die Führung der SED war über diesen »Presseangriff« und das »Informationsleck« so verärgert, dass eine Zurückweisung dieser Veröffentlichung beschlossen wurde: »Neues Deutschland« druckte unter der Überschrift »Provokation« am 1. April 1947 auf Seite 2 eine kurze Notiz ab, die natürlich nur diejenigen deuten konnten, die zuvor den Artikel des »Telegraf« gelesen hatten.[78]

Eine Provokation

Vom Zentralsekretariat der SED wird uns geschrieben:

Unter der Überschrift „Grotewohl" veröffentlicht der „Telegraf" vom Sonntag einen angeblichen Bericht über eine Tagung der Chefredakteure der SED. Dieses Machwerk verfolgt zu offensichtlich das Ziel einer Provokation, als daß es sich lohnte, es zu dementieren. Wir begnügen uns mit der Feststellung, daß dieser Bericht erlogen ist und — wie sich aus seiner Fassung klar ergibt — ausschließlich dem Zwecke dienen soll, die im Gange befindlichen Verhandlungen zwischen den Parteien zu stören.

ND-Pressenotiz vom 1. April 1947 als Reaktion des SED-Zentralsekretariats auf einen Artikel des »Telegraf« vom 30. März 1947 (ND v. 1.4.1947, S. 2)

Überhaupt kam es in den Anfangsjahren des »Neuen Deutschland« zu vielen Gegendarstellungen, Zurückweisungen oder Richtigstellungen, die klarmachten, dass das SED-Zentralorgan vom politischen Gegner in den Westsektoren und den Westzonen aufmerksam gelesen wurde. Zwangsläufig wurden Sprache und Stil im Zuge des Kalten Krieges auf beiden Seiten immer aggressiver und gerieten bis unter die Gürtellinie.
Aus der Feder des späteren Bundeskanzlers Konrad Adenauer stammt ein Brief, in dem er auf einen po-

lemischen ND-Beitrag vom 18. Mai 1946 reagierte, weil er unvollständig und aus dem Zusammenhang herausgerissen zitiert worden war. Das »Neue Deutschland« veröffentlichte auch die Richtigstellung Adenauers, in der er darauf verwies, »daß man den Kampf gegen den Militarismus nicht zugunsten des Kampfes gegen Trusts und Konzerne oder Großkapital zurückstellen sollte« und dass er »mit großer Entschiedenheit und Deutlichkeit gegen Großkapital, Trusts und Konzerne Stellung genommen« habe. Veröffentlichungen solcher Richtigstellungen der anderen Seite verschwanden aber schnell aus dem Zentralorgan. Gab es sie dennoch, war für Außenstehende kaum noch verständlich, wer sich über was und in welchem Zusammenhang berechtigt oder unberechtigt beschwerte oder etwas zurückwies.[79]

Im Verlauf des Jahres 1947 wurden weitere Vorstöße für eine bessere Präsentation des Zentralorgans als Partei- und Volksblatt vorgenommen. Nach dem II. Parteitag im September gab es den verstärkten Ausbau der Volkskorrespondentenbewegung nach dem Vorbild der Arbeiterkorrespondenten der KPD-Zeitung »Rote Fahne«: Arbeiter, Angestellte, Bauern und Intellektuelle sollten sich zur Durchführung bestimmter Aufgaben äußern und Fehler und Schwächen aufdecken.[80]
In den Mittelpunkt rückten dann auch Überlegungen, dass sich das »Neue Deutschland« zu einer gesamtdeutschen Zeitung entwickeln sollte. Zur besseren Wirksamkeit in den Westzonen wurde durch die

Ausbau der Volkskorrespondentenbewegung 1947: Arbeiter und Bauern, Intellektuelle und Angestellte sollten und durften in der Frühphase des ND Fehler und Schwächen des Landes benennen.

SED im Oktober 1947 festgelegt: »Die Redaktion wird ständig zwei bis drei Mitarbeiter für jeweils vier bis sechs Wochen aus den westlichen Zonen zur Arbeit im Redaktionsstab heranziehen.«[81]
Die Verhärtung der Fronten zwischen den alliierten Westmächten und der Sowjetunion führte aber in diesem Jahr alle weiteren Möglichkeiten zur Etablierung des ND als gesamtdeutsche sozialistische Tageszeitung mit Partei- und Volksblattcharakter ad absurdum. Der Zusammenschluss der britischen und amerikanischen Zone im Januar 1947, die konsenslos geendete Außenministerkonferenz in Moskau im Frühjahr, der Marshallplan vom 5. Juni 1947, das Scheitern der gesamtdeutschen Ministerpräsidentenkonferenz in München im Juni und die Außenministerkonferenz in London zum Ende des Jahres stellten die Weichen für die Spaltung Deutschlands.

Russen und Deutsche

Ein großes Problem der Nachkriegsjahre war für die SED-Führung und damit auch für das »Neue Deutschland« das Vorgehen der sowjetischen Besatzungsmacht. Als Parteiorgan geriet es häufig in große Erklärungsnot. Bis zur Kasernierung der sowjetischen Besatzungstruppen in gesonderten Gebieten, Garnisonsstädten oder Kasernen im Frühjahr und Sommer 1947 kam es im sowjetischen Sektor Berlins und in der SBZ vielfach zu Konflikten mit der deutschen Bevölkerung. Sowjetische Politoffiziere sorgten sich schon in den ersten beiden Nachkriegsjahren um die absinkende Moral in den Streitkräften. Viele Deutsche standen der sowjetischen Besatzungsmacht durch die noch tief sitzende NS-Propaganda sowie durch Vergewaltigungen und Beutezüge geprägte traumatische Erfahrungen, aber auch durch rigorose sowjetische Demontagen und Reparationen ablehnend oder distanziert gegenüber.
Das »Neue Deutschland« hatte ein echtes Legitimationsproblem, zumal die Zeitung das widersprüch-

Die Verschärfung der Fronten zwischen den Alliierten führte den gesamtdeutschen Vertrieb des »Neuen Deutschland« ad absurdum.

liche Verhalten und Vorgehen der Besatzungsmacht rechtfertigte oder einfach überging und damit schnell den Ruf einer »Russenzeitung« hatte. Bei Auftritten zu Gesprächen und auf Pressekonferenzen und Kundgebungen in den Westzonen im März 1947 erklärte die SED-Führung nicht von ungefähr immer wieder versichernd, dass die SED eine deutsche Partei sei, die die deutschen Interessen vertrete.[82]

Ein anschauliches Beispiel dafür, wie das Zentralorgan durch die sowjetische Besatzungsmacht in eine kompromittierende Lage geriet, war die Verbringung Tausender Deutscher in die Sowjetunion Ende Oktober 1946. Unmittelbar nach den Kreis- und Landtagswahlen am 20. Oktober 1946 wurden etwa 2400 deutsche Wissenschaftler, Ingenieure und Facharbeiter mit ihren Familien in einer unfassbaren Nacht-und-Nebel-Aktion zwangsweise in die Sowjetunion transportiert. Innerhalb weniger Stunden mussten die Sachen gepackt werden. Nach seinem Einverständnis gefragt wurde vorher niemand. Bei den deutschen Fachleuten handelte es sich maßgeblich um Experten, die für die Sowjetunion seit Sommer 1945 in der SBZ in Sonderkonstruktionsbüros vor allem auf rüstungsrelevanten Gebieten wie der Raketen-, Flugzeug- und Strahltriebwerksentwicklung gearbeitet hatten. Im Herbst 1946 hatten diese Sonderkonstruktionsbüros in der Sowjetischen Zone schätzungsweise 15 000 Beschäftigte. Die sowjetische Seite reagierte damit auch auf das Vorgehen der westlichen Alliierten, die ebenfalls deutsche Fachleute für sich in Anspruch nahmen.[83]

Über den Abtransport im Oktober 1946 wurde das SED-Zentralsekretariat von sowjetischer Seite vorher nicht informiert. Es hatte nicht einmal den sonst üblichen »Hinweis« gegeben. Ursprünglich sollte diese Aktion in der Zeit vom 15. bis 20. Oktober 1946 durchgeführt werden, aber es wurden negative Auswirkungen auf die Wahlen befürchtet. Die Truppen des sowjetischen Innenministeriums zogen den Abtransport der Deutschen dann in der Nacht vom 21. zum 22. Oktober und den darauffolgenden Tagen über die Bühne.
Die Betroffenen fügten sich notgedrungen in ihr Schicksal. Einige von ihnen kamen zudem erst auf der Fahrt wieder richtig zu sich, zum Beispiel zweihundert deutsche Raketenfachleute, die am Vorabend von russischen Gastgebern bei einem Festbankett ausgiebig zum Trinken aufgefordert worden waren. Schnell bekam das Zentralsekretariat unangenehmen Beratungsstoff, da sich die Kunde von der unfreiwilligen Arbeitsverpflichtung wie ein Lauffeuer verbreitete und Zeitungen in den Westsektoren in großer Aufmachung darüber berichteten.[84]
Das »Neue Deutschland« veröffentlichte am 24. Oktober 1946 auf der Titelseite erstmals eine Mitteilung darüber unter der Überschrift »Über die Abreise einer Gruppe deutscher Spezialisten in die Sowjetunion«. Das Wort Gruppe im Titel spielte den personellen Umfang des Abtransports freilich herunter. Im Text war dann immerhin schon von »Gruppen« deutscher Ingenieure und Techniker die Rede, die »auf Grund von Vereinbarungen mit sowjetischen Wirtschaftsunternehmungen zur Arbeit in Industrieunternehmungen der Sowjetunion abgereist« seien.[85] Drei Tage später wurde in einem längeren Artikel erklärt, dass es sich um »freiwillige« Meldungen in die Sowjetunion handeln würde. Ein weiterer ND-Beitrag wurde von der sowjetischen Zensur gestrichen und an dessen Stelle

trat kurzfristig die Veröffentlichung eines Artikels des sowjetischen Nachrichtenbüros SNB, der zuvor schon für die »Tägliche Rundschau« und die »Berliner Zeitung« verordnet und abgedruckt wurde.[86]
Am 29. Oktober 1946 erschien der SNB-Beitrag »Massenausreise deutscher Spezialisten nach den USA und England«, der für damalige Verhältnisse außerordentlich gut recherchiert war. Er befasste sich eingehend mit dem Vorgehen der Amerikaner und Briten in Sachen Wissens- und Technologietransfer nach Kriegsende.[87]
Dieses Vorgehen der sowjetischen Besatzungsmacht schürte das Misstrauen und verfestigte die Ansicht, dass die SED nur eine »Marionette Moskaus« sei. Auch in den Redaktionsräumen von »Neues Deutschland« stellte sich erstmals die Frage, wie eine glaubhafte Parteipressearbeit unter solchen Umständen möglich sein sollte.[88]

Die Übersiedlung deutscher Fachleute aus der SBZ leitete zugleich eine neue Demontagewelle im Osten Deutschlands ein, die jetzt vor allem Technologiebetriebe, Konstruktionsbüros usw. betraf.
Das Thema sowjetischer Demontage und Reparationen beeinträchtigte auch die Glaubwürdigkeit der Parteizeitung, da der Wiederaufbau in der SBZ ernsthaft infrage gestellt wurde. Die Wirtschaft lebte von der eigenen Substanz; die Ernährungslage war denkbar schlecht und die Stimmung in der Bevölkerung hatte einen Tiefpunkt erreicht. In dieser angespannten Situation kündigte die sowjetische Besatzungsmacht im Januar 1947 an, die Demontage einzustellen und Reparationen aus laufender Produktion drastisch zu senken. Erleichtert kündigte »Neues Deutschland« diese Versprechen am 16. Januar 1947 an.
Zunächst ging ein Aufatmen durch die Bevölkerung. Schnell zeigte sich jedoch, dass das Einlösen des mit großem Propagandaaufwand verkündeten Versprechens ausblieb: Im Alltag änderte sich in den kommenden Wochen und Monaten kaum etwas. Nach wie vor wurde demontiert und von einer Herabsetzung der Reparationsleistungen war nichts zu spüren. Als die SMAD dann erklärte, dass es lediglich »Restdemontagen« seien und die SED-Führung dieser Erklärung offiziell folgte, verloren Besatzungsmacht und Partei weiter an Glaubwürdigkeit.

Die Besatzungsmacht kündigte im Januar 1947 im »Neuen Deutschland« an, die Demontage von Produktionsmitteln zu reduzieren.

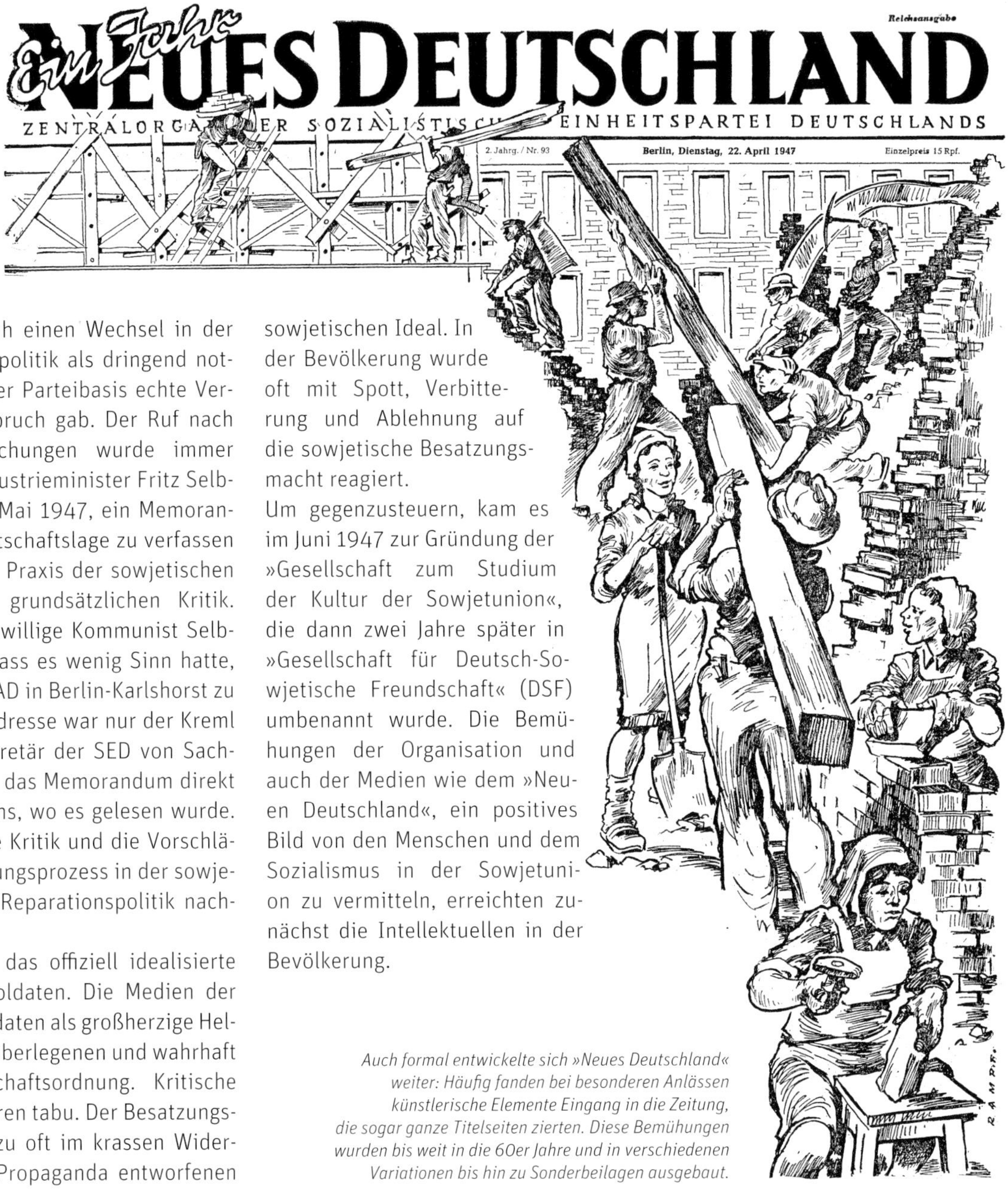

Auch die SED-Führung sah einen Wechsel in der sowjetischen Reparationspolitik als dringend notwendig an, zumal es in der Parteibasis echte Verbitterung über den Wortbruch gab. Der Ruf nach Einhaltung von Versprechungen wurde immer lauter. Der sächsische Industrieminister Fritz Selbmann entschloss sich im Mai 1947, ein Memorandum über die prekäre Wirtschaftslage zu verfassen und unterzog die gängige Praxis der sowjetischen Reparationspolitik einer grundsätzlichen Kritik. Der energische und eigenwillige Kommunist Selbmann wusste natürlich, dass es wenig Sinn hatte, das Memorandum der SMAD in Berlin-Karlshorst zu übergeben. Die richtige Adresse war nur der Kreml in Moskau. Über den Sekretär der SED von Sachsen, Fritz Große, gelangte das Memorandum direkt in das »Vorzimmer« Stalins, wo es gelesen wurde. Wahrscheinlich haben die Kritik und die Vorschläge Selbmanns den Wandlungsprozess in der sowjetischen Demontage- und Reparationspolitik nachhaltig mitbeeinflusst.[89]

Problematisch war auch das offiziell idealisierte Bild des sowjetischen Soldaten. Die Medien der SBZ präsentierten die Soldaten als großherzige Helfer sowie Vertreter einer überlegenen und wahrhaft fortschrittlichen Gesellschaftsordnung. Kritische Sichtweisen und Töne waren tabu. Der Besatzungsalltag stand jedoch viel zu oft im krassen Widerspruch zu dem von der Propaganda entworfenen sowjetischen Ideal. In der Bevölkerung wurde oft mit Spott, Verbitterung und Ablehnung auf die sowjetische Besatzungsmacht reagiert.

Um gegenzusteuern, kam es im Juni 1947 zur Gründung der »Gesellschaft zum Studium der Kultur der Sowjetunion«, die dann zwei Jahre später in »Gesellschaft für Deutsch-Sowjetische Freundschaft« (DSF) umbenannt wurde. Die Bemühungen der Organisation und auch der Medien wie dem »Neuen Deutschland«, ein positives Bild von den Menschen und dem Sozialismus in der Sowjetunion zu vermitteln, erreichten zunächst die Intellektuellen in der Bevölkerung.

Auch formal entwickelte sich »Neues Deutschland« weiter: Häufig fanden bei besonderen Anlässen künstlerische Elemente Eingang in die Zeitung, die sogar ganze Titelseiten zierten. Diese Bemühungen wurden bis weit in die 60er Jahre und in verschiedenen Variationen bis hin zu Sonderbeilagen ausgebaut.

Rudolf Herrnstadt:

Ueber „die Russen“ und über uns

Um aber eine wirkliche Änderung herbeizuführen, entschlossen sich SMAD und SED-Führung im Herbst 1948, die öffentliche Tabuisierung der negativen Erfahrungen mit den »Russen« aufzugeben. Mit einem Artikel im »Neuen Deutschland« wurde die Kampagne gestartet: Am 19. November 1948 erschien über eine ganze Druckseite ein Artikel Rudolf Herrnstadts mit dem Titel »Über ›die Russen‹ und über uns«.

Allein die Bezeichnung »Russen« sorgte für eine Leserschaft quer durch alle politischen Lager. Nun wurde erstmalig offen erklärt, dass es 1945 zu Übergriffen durch sowjetische Soldaten gekommen war. Zudem sprach Herrnstadt die Verrohung des Krieges an. Er ließ die Russen in seinem Artikel »in klobigen Stiefeln« kommen, »an denen der Dreck der Historie klebte, entschlossen, entzündet, gewarnt, geweitet, in Teilen auch verroht – jawohl, in Teilen auch verroht, denn der Krieg verroht die Menschen, wer hat ein Recht, sich darüber zu erregen?« Allein aus diesem Satz konnten damals viele das herauslesen, was ihnen auf der Seele lag und offiziell unaussprechlich gewesen war.

In den folgenden Wochen und Monaten gab es öffentliche Veranstaltungen zum ND-Artikel von Herrnstadt. Das Spektrum der angesprochenen Themen in diesen Diskussionen reichte von den Übergriffen, Vergewaltigungen und rigorosen Demontagen über das Schicksal der deutschen Kriegsgefangenen, die Verhaftungen und Speziallager bis hin zur fremdartigen russischen Kultur. Herrnstadts brillanter und historisch wichtiger Text musste eine neue parteipolitische Linie »mitverkaufen«: die vollständige Orientierung am sowjetischen System und den Wandel der SED zu einer »Partei neuen Typs«. Der Artikel spiegelt zugleich den Anspruch der neuen leninistischen Kaderpartei wider, alle Bereiche des gesellschaftlichen Lebens zu durchdringen. Mittel- und langfristig wurde der weitere Dialog über die »Russen« nach Abschluss der Kampagne aber wieder tabuisiert. Ähnliches vollzog sich bei Themen wie Vertreibung und Integration von Vertriebenen.[90]

Drei Jahre nach Kriegsende den journalistischen Spagat gewagt: die Sowjetarmee in der Rolle der Befreier und Angeklagten zugleich

NEUES DEUTSCHLAND

Das Krisenjahr 1948 setzte bei »Neues Deutschland« nachhaltige Veränderungen in Gang. Die Parteizeitung befand sich im Spannungsfeld des Kalten Krieges und der damit einhergehenden innerparteilichen Auseinandersetzungen. In dem Maße, wie im besetzten Deutschland zwei »Frontstaaten« der alliierten Sieger Gestalt annahmen und sich 1949 zuerst im Westen und dann im Osten gründeten, verschärfte sich zugleich das auf Überzeugungen, Idealen und Ideologien beruhende Gegeneinander im Nachkriegsdeutschland. Bald sollte bittere Feindschaft zwischen den beiden deutschen Staaten herrschen.

Nach Meinung der Deutschen in Ost und West, so der Historiker Peter Bender, »konnte der Kampf zwischen ihnen nur mit dem Sieg des einen und dem Untergang des anderen enden, Deutschland würde entweder demokratisch oder kommunistisch, ein Drittes gab es nicht.«[1] Dieser Gegensatz trat 1948 offen in Erscheinung und bestimmte in unterschiedlicher Ausprägung die weitere deutsche Nachkriegsgeschichte. Und damit auch die Geschicke vom »Neuen Deutschland«.

Für die Parteizeitung begann 1948 die Wandlung vom Zentralorgan einer Massenpartei zum Führungsorgan einer Kaderpartei. Das Blatt wurde zur »schärfsten Waffe« seiner Partei im Kampf gegen den anderen deutschen Staat und gegen alles, was sich im eigenen Machtbereich – tatsächlich oder scheinbar – gegen den Führungsanspruch der Partei richtete. Die ND-Leserschaft erfuhr vom offiziellen »Ende« des Formungsprozesses am 27. Juli 1950. Seit dieser Ausgabe lautete die Unterzeile im Kopf der Parteizeitung nicht mehr »Zentralorgan der Sozialistischen Einheitspartei Deutschlands«, sondern »Organ des Zentralkomitees« der SED.

Sensationelle Enthüllungen

Die westlichen Besatzungsmächte änderten schnell die Geschäftsordnung im besetzten Deutschland und damit auch die Rahmenbedingungen. In London verhandelten sie ab dem 23. Februar 1948 über die zukünftige Gestaltung der drei Westzonen. Am 6. März kamen sie überein, einen separaten Weststaat zu bilden. Bei der nächsten und zugleich letzten gemeinsamen Sitzung des Alliierten Kontrollrates, am 20. März 1948, protestierten die sowjetischen Vertreter gegen den »Alleingang« der Westalliierten. Moskau ordnete als Reaktion ein erstes Muskelspiel an, ab Ende März wurden dann schärfere Kontrollen für den alliierten Besatzungsverkehr von und nach Berlin verfügt. Die Westmächte protestierten umgehend und stellten ab 1. April 1948 ihren Reise- und Güterverkehr für zwei Tage ein. Zugleich probten die Amerikaner kurzzeitig die Versorgung aus der Luft (»Mini-Luftbrücke«). Der Konflikt verschärfte sich dann mit dem 17. Juni 1948. An diesem Tag stimmte die französische Nationalversammlung mit denkbar knapper Mehrheit der Bildung eines deutschen Weststaates zu. Am Abend des Tages wurde die seit langem vorbereitete Währungsreform für die Westzonen von

den drei Westalliierten verkündet. An den nächsten beiden Tagen ging dann die Nachricht durch Presse und Rundfunk. Die »Frankfurter Rundschau« titelte am 19. Juni: »Neuordnung des Geldwesens hat begonnen. X-Tag: Samstag, 20. Juni 1948«. An jenem, in weiten Teilen Deutschlands verregneten Sonntag erhielten die Deutschen in den Westzonen ihr erstes neues Geld: die Deutsche Mark (D-Mark).
Nach der reparationspolitischen Teilung, die auf der Potsdamer Konferenz von 1945 durch den Kompromiss »Jeder bedient sich in seiner Besatzungszone« vollzogen wurde, erfolgte nun die finanzpolitische Teilung. Am Tag der Ausgabe der D-Mark wurde die Währungsreform des Westens im »Neuen Deutschland« mit einem »kalten Staatsstreich« und einer »›Atombombe‹ zur Zerreißung Deutschlands« verglichen. Unter der Überschrift »Sensationelle Enthüllungen« berichtete das ND über die geheimen Vorbereitungen der Währungsreform in den Westzonen und berief sich auf ein Dokument, das tags zuvor in der Hamburger Zeitung »Welt« veröffentlicht wurde.[2]

Drei Tage später, am 23. Juni 1948, reagierte die sowjetische Besatzungsmacht. Sie kündigte im Gegenzug vom 24. bis 26. Juni für ihre Besatzungszone eine Währungsreform unter Einbeziehung von ganz Berlin an. Daraufhin erging von den Westalliierten die Anordnung zur Einführung der D-Mark in den Westsektoren Berlins. Dieses Währungsduell nahm die Teilung Deutschlands sozusagen im Kleinen vorweg und führte zur ersten schweren Krise des Kalten Krieges.
Die D-Mark der Westzonen unterschied sich von der D-Mark der Berliner Westsektoren in einem wesentlichen Detail: Die in Westberlin ausgegebenen Scheine waren mit einem »B« wie Berlin abgestempelt. Auf diese Weise sollte möglichen Manipulationen vorgebeugt und der Geldumlauf besser kontrolliert werden. Die insgesamt 915 Tonnen »B-Mark« hatten die Westalliierten mit zehn Flugzeugtransporten seit dem 10. Juni 1948 in die Stadt gebracht.[3]
Zuvor gab es in Berlin die Diskussion um eine eigene Berliner Währung – die »Bärenmark«. Im ND-Kommentar vom 4. Juni 1948 hieß es: »Man schlägt eine eigene Berliner Währung vor, die Berlin nicht nur vom Westen, sondern auch vom Osten abriegeln würde. Ostmark, Westmark und ›Bärenmark‹ einzuführen bedeutet, aus Berlin ein Wirtschafts-Shanghai zu machen.«[4] Aber genau das war Berlin zu diesem Zeitpunkt schon längst. Regisseur Carol Reed hätte seinen preisgekrönten Film »Der dritte Mann« statt in der Viersektorenstadt Wien auch in der Viersektorenstadt Berlin drehen können.[5]

In der sowjetischen Besatzungszone wurden zuerst statt neuer Geldscheine alte Reichsmark- und Rentenmarkscheine mit beklebten Couponmarken ausgegeben, was ihnen schnell die Bezeichnung »Tapeten-Mark« einbrachte. »Die echte deutsche Mark«, so »Neues Deutschland«, gab es in der SBZ und im Ostsektor Berlins ab dem 25. Juli 1948 als »Deutsche Mark der Deutschen Notenbank«.
Genau genommen war die Einführung der neuen Banknoten aber schon keine Währungsreform mehr, sondern lediglich ein Umtausch der Couponscheine in »richtiges« Geld. Die Ausgabe von Coupongeld erweckte insgesamt den Eindruck, als ob Moskau von der Währungsreform in den Westzonen überrascht und vollkommen unvorbereitet gewesen wäre. Im Zentralorgan wurde genau dieser »Über-

raschungseffekt« weiterverbreitet und folgendes Bild vermittelt: Auf der einen Seite hatten sich SMAD und SED immer für eine gesamtdeutsche Lösung stark gemacht; auf der anderen Seite vollendeten die Westmächte und deren »westdeutsche Helfershelfer« mit der separaten Währungsreform nun die »Spaltung Deutschlands«.
Tatsache ist, dass Moskau über die westalliierten Aktivitäten gut informiert gewesen war. Die konkreten sowjetischen Vorbereitungen für eine eigene Währungsreform in der SBZ liefen nämlich bereits seit November 1947. Entgegen offiziellen Erklärungen finden sich keine Indizien für die Verfolgung gesamtdeutscher Ziele durch Moskau. Vielmehr ging es der Sowjetunion um die Sicherung ihrer Position in der SBZ. Eine gesamtdeutsche Währungsreform sollte eher verhindert oder zumindest verzögert werden. Die Ausgabe des neuen Geldes für die SBZ wurde aufgrund technischer Schwierigkeiten bei der Herstellung der Banknoten schon Anfang Mai 1948 vom Ministerrat der UdSSR verschoben.[6]

Währungsreform *in der sowjetischen Besatzungszone Deutschlands*

Befehl des Marschall Sokolowskij

Oberster Chef der Sowjetischen Militärverwaltung in Deutschland (Nr. 111)

Inhalt: Über die Durchführung der Währungsreform in der sowjetischen Besatzungszone Deutschlands

Berlin, 23. Juni 1948

In den westlichen Besatzungszonen Deutschlands ist die separate Währungsreform durchgeführt. Die Einheit des Geldumlaufes — die Grundlage der wirtschaftlichen Verbundenheit der einzelnen Gebiete des Landes — ist zerstört. Ein zerschmetternder Schlag ist der Einheit Deutschlands versetzt worden. Verletzt sind das Abkommen über den Kontrollmechanismus und die Potsdamer Beschlüsse, die die Wahrung der Einheit Deutschlands vorsahen. Die separate Währungsreform in den westlichen Besatzungszonen beschließt die Spaltung Deutschlands.

Verordnung der Deutschen Wirtschaftskommission

Umtausch vom 24. bis 26. Juni / 70 Mark pro Kopf 1:1
Spareinlagen bis 1000 Mark begünstigt

Neue Geldscheine 1:1 ab 25. Juli

Befehl des Obersten Chefs der Sowjetischen Militärverwaltung in Deutschland Nr. 124

Berlin, 24. Juli 1948

Zwecks Vollendung der Währungsreform und weiterer Festigung des Geldumlaufes in der sowjetischen Besatzungszone und im Gebiet von Groß-Berlin

befehle ich:

1. Ab 25. Juli 1948 auf dem gesamten Territorium der sowjetischen Besatzungszone Deutschlands und im Gebiet von Groß-Berlin neue Geldscheine — Deutsche Mark der Deutschen Notenbank — einzuführen.

Die echte Deutsche Mark ist da!

Eine echte 10-Deutsche-Mark-Banknote, herausgegeben von der Deutschen Notenbank

Der wesentliche Unterschied zwischen den Währungsreformen in den Westzonen und in der Sowjetischen Besatzungszone lag darin, dass in den Westzonen der »Währungsschnitt« an eine ordnungspolitische Wirtschaftsreform gekoppelt wurde: Im Westen Deutschlands gab man die Preise weitgehend frei, hob die Bewirtschaftung zum großen Teil auf und etablierte die Marktwirtschaft. Im Osten blieben aber Preisregulierung und Bewirtschaftung. Was folgte, war eine weitere Zentralisierung der Wirtschaft und eine auf Mengen ausgerichtete Volkswirtschaftsplanung. In Wahrheit bedeuteten

Drei Tage nach der Währungsreform in den Westzonen erfolgte die Währungsreform der sowjetischen Besatzungsmacht; etwa einen Monat später wurde die »echte Deutsche Mark« in der SBZ verteilt. Der Streit um die Gültigkeit der jeweiligen DM in Berlin führte unmittelbar zur sowjetischen Blockade von Westberlin und damit zur ersten Nagelprobe des Kalten Krieges.
(ND v. 23.6.1948, S. 1; ND v. 24.7.1948, S. 1)

also beide Währungsreformen Enteignungen großen Stils, bei denen die Masse der kleinen Sparer die Verlierer waren.[7]

Damit nahm die deutsche Zweistaatlichkeit zwangsläufig ihren Lauf. Für »Neues Deutschland« wurde der Vertrieb der Zeitung in den Westsektoren Berlins und den Westzonen nun erst recht zum Problem. Schon vorher hatte es im Westen Beschlagnahme und Verbot von kommunistischen Presseerzeugnissen gegeben, was natürlich auch im Ostsektor Berlins und in der SBZ mit der Westpresse passierte.[8]

Mit den Währungsreformen, der Blockade und der damit verbundenen Spaltung von Polizei, Feuerwehr, Post, Justiz, Gesundheitswesen, Nahverkehr und Stadtparlament erreichte der Schlagabtausch zwischen den beiden Pressefronten eine neue Qualität. Das hing damit zusammen, dass die Konflikte in der Öffentlichkeit maßgeblich über die Zeitungen und ihre Journalisten ausgetragen wurden. Im Verband der Deutschen Presse (VDP), der im Oktober 1945 als einheitliche Interessenvertretung aller Journalisten von ganz Berlin gegründet wurde, kam es sehr schnell zu harten Auseinandersetzungen über den Platz und die Funktion des Verbandes. Aufgrund unversöhnlicher Vorstellungen über eine demokratische Presse und der sich weiter zuspitzenden Lage in der Stadt erfolgte die Abspaltung der Westberliner Journalisten vom VDP im August 1948.[9]

Die Auflagenziffern des ND zeigten in der ersten Monaten 1948 eine steigende Tendenz, waren jedoch erheblichen Schwankungen unterworfen. Nach der Währungsreform verringerte sich die Auflage durch Einbrüche im Westsektor erheblich, konnte aber im Gebiet der SBZ dafür zulegen.

unseren Sektoren eine zweitrangige Angelegenheit ist. Wir haben hier die Aufgabe, unter allen Umständen zu erreichen, die sowjetisch lizenzierten Presseerzeugnisse in Westberlin weitmöglichst auszuschalten und dürfen dabei auf niemanden Rücksicht nehmen.«[11]

Der Kalte Krieg: auch ein Zeitungs-Krieg

Vom Westteil Berlins aus entwickelte sich ein regelrechter Zeitungskrieg. Im September 1948 wurde zum Boykott der sowjetisch lizenzierten Presse in den Berliner Westsektoren aufgerufen. Es kam zu Überfällen auf Zeitungskioske, die Ostblätter anboten, und es fanden sogar öffentliche Zeitungsverbrennungen (!) statt. Zeitungshändler wurden massiv unter Druck gesetzt, mancher geradezu terrorisiert. Am 20. September 1948 musste das Zentralorgan »aus vertriebstechnischen Gründen« die Westausgabe von »Neues Deutschland« einstellen. Insbesondere die Zeitungsboten, das heißt diejenigen Frauen und Männer, die »Neues Deutschland« und andere sowjetisch lizenzierte Presseerzeugnisse in Westberlin austrugen, lebten gefährlich. Es folgten zahlreiche Festnahmen, Verurteilungen und Bestrafungen von Zeitungsboten und Zeitungsverkäufern wegen Missachtung der westalliierten Anordnungen.[10] Wegen dieser sich häufenden Vorfälle veröffentlichte »Neues Deutschland« am 30. März 1949 eine Liste der verhafteten Zeitungsausträger. Einleitend wurde der amerikanische Stadtkommandant Howley zitiert: »Ich sage ganz offen, daß das Ansteigen des Verbrecherwesens in

Die Lage wurde noch schwieriger, als mit der »Dritten Verordnung zur Neuordnung des Geldwesens« am 20. März 1949 die Westmark zum allein geltenden Zahlungsmittel in Westberlin wurde. Mit der bis dahin immer noch zugelassenen Ostmark konnte in den Westsektoren nach diesem Stichtag offiziell nichts mehr bezahlt und beglichen werden. Die ostdeutsche Wirtschaftskommission (DWK) in der SBZ erhielt von Unternehmen und Einrichtungen dringende Anfragen, mit welcher D-Mark die Geschäfte in Westberlin abzuwickeln seien. Von der DWK kam daraufhin die unmissverständliche Weisung, dass alle Zahlungen in Westberlin nur in Ostmark geleistet werden dürften. Zahlungen in Westmark wären unzulässig und es dürften keinesfalls Verpflichtungen in Westmark eingegangen werden. Ausnahmen würde man nicht machen. Die Deutsche Reichsbahn der SBZ, die auch für den Betriebsdienst in Westberlin verantwortlich war, weigerte sich beispielsweise, ihren fast 16 000 Westberliner Eisenbahnern die Löhne und Gehälter in »West« zu zahlen. Nach dem Ende der fast ein Jahr dauernden Blockade am 12. Mai 1949 streikten zwei Drittel der Eisenbahner Westberlins. Die Reichsbahn setzte Streikbrecher und bewaffnete Bahnpolizei aus dem Ostsektor ein. Zwischen dem 20. Mai und 28. Juni 1949 kam es zu schweren Auseinandersetzungen mit Toten, Verletzten und Schäden in Millionenhöhe. In der Bevölkerung wurde der Streik weitgehend als richtig empfunden, da es den Eisenbahnern um existenzielle Fragen ging. »Neues Deutschland« berichtete vom Standpunkt der SMAD und SED über die Ereignisse. Demzufolge handelte es sich um einen »Putsch«, eine »Provokation«, einen »bestellten ›Streik‹«, einen »verbrecherischen Anschlag« und um ein »Doppelspiel« des Westens. Der Stil, in dem diese Artikel abgefasst waren, unterschied sich wenig von denen der Westzeitungen: Sie lasen sich wie Kriegsberichte.[12]

Wie sich das Spannungsfeld von 1948/49 auf den Westabsatz und damit auf die Gesamtauflage der Zeitung auswirkte, zeigen die Zahlen: Mit der Ausweitung des Erscheinens der Zeitung auf die Westzonen stieg die durchschnittliche Druckauflage von rund 415 000 Exemplaren im Jahr 1947 auf mehr als 515 000 im Jahr 1948. 1949 sank die Auflagenhöhe auf etwas mehr als 400 000 Exemplare und erreichte 1950 nur noch eine durchschnittliche Auflage von weniger als 335 000 Exemplaren. Das war in der Geschichte der Zeitung zwischen 1946 und 1989 der absolute Tiefpunkt.[13]

Westberliner Schupos schließen gewaltsam eine ND-Filiale. Der »Tagesspiegel« skandierte: »Wer eine Ostberliner Zeitung liest, schließt sich aus der Gemeinschaft der Berliner aus!«

Innerparteiliche Auseinandersetzungen

In dem Maße, wie sich 1948 der Kalte Krieg verschärfte, wurden Gegenpositionen, kritische Diskussionen und oppositionelle Strömungen innerhalb der SED minimiert und Parteidisziplin eingefordert. Die moskauorientierten Funktionäre der SED fürchteten vor allem die massenhafte Unzufriedenheit der zahlreichen Sozialdemokraten in der Partei. Bei der Gründung der SED waren von den fast 1,3 Millionen Parteiangehörigen 53 Prozent ehemalige SPD-Mitglieder gewesen. Bis zum September 1947 stieg die Mitgliederzahl noch einmal um 500 000 neue SED-Mitglieder an, was die Befürchtungen nicht gerade verringerte.[14] Natürlich gab es viel Missmut in der Parteibasis, aber nicht nur bei den Sozialdemokraten, sondern auch bei den Kommunisten. Hinter der Unzufriedenheit vieler Sozialdemokraten verbargen sich weniger das Bemühen um eine Renaissance sozialdemokratischer Staatsführung oder das Bereuen der Entscheidung zur Vereinigung. Vielmehr herrschte große Verärgerung, dass es an innerparteilicher Demokratie fehlte und über die tatsächliche Lage im Land nicht offen und alternativ diskutiert wurde. Die SED-Führung beschwor demgegenüber die

1. Mai 1949: Das Thema »Deutsche Einheit« und ein gerechter Frieden mit den Alliierten bestimmte das Denken der Menschen.

»sozialdemokratische Gefahr« und ging offen gegen den »Sozialdemokratismus« vor, was nach und nach zum Kadertausch jenseits der Parität und zu ersten Säuberungen in der Partei führte, die 1949 systematischen Charakter annahmen.[15]

Die politische Mobilmachung zur »Säuberung der Partei« und zur Ausrichtung auf die »Partei neuen Typus« lief im Sommer 1948 an. Eingeleitet wurde das Ganze im »Neuen Deutschland« am 4. Juli 1948 mit der »Erklärung des Zentralsekretariats der SED zur jugoslawischen Frage«. Im Kern wurde darin kritisiert, dass die jugoslawischen Kommunisten ihren eigenen, demokratischen Weg zum Sozialismus gehen wollten und am Stalin'schen Sozialismus- und Parteimodell kein Interesse hatten. Belgrad respektive Tito sagten sich von Moskau respektive Stalin los. Zugleich wurde als wichtigste Weisung formuliert, dass man mit aller Kraft darangehen müsse, »die SED zu einer Partei neuen Typus zu machen, die unerschütterlich und kompromisslos auf dem Boden des Marxismus-Leninismus steht. Dazu ist es notwendig, einen politisch festen, zielklaren Funktionärskörper in der Partei zu schaffen ... und den Kampf gegen alle Feinde der Arbeiterklasse, insbesondere gegen die Schumacher-Agenten, mit rücksichtsloser Schärfe zu führen.«[16]
Die Jagd war eröffnet: Auf der Tagung des Parteivorstandes vom 28./29. Juli 1948 wurde aufgrund der Moskauer Kritik am jugoslawischen Weg damit begonnen, die von Anton Ackermann im Februar 1946 formulierte These vom »besonderen deut-

schen Weg« zum Sozialismus wieder zurückzunehmen. Eindeutig geschah das im September, als Ackermann seine Auffassung auf der 13. Tagung des SED-Parteivorstandes (15./16.9.1948) höchstpersönlich als »falsche, faule und gefährliche Theorie« bezeichnete, die ausgemerzt werden müsse. Öffentlich rechnete Ackermann mit seiner Sonderwegs-These dann wenig später am 24. September 1948 in dem ND-Artikel »Über den einzig möglichen Weg zum Sozialismus« ab und erhärtete diese Position am 21. Dezember 1948 in einem Geburtstagsartikel mit dem Titel »Stalin, Führer des Weltproletariats«. Die in Ackermanns These steckenden Anregungen für neue theoretische Überlegungen jenseits des Stalin'schen Modells von Sozialismus und Partei wurden aufgrund der durch den Kalten Krieg bewirkten ideologischen Verhärtungen, den inzwischen offen ausgesprochenen Drohungen gegen die Abweichler in der Partei, aber auch »aus Mangel an geistig-konzeptionellen Fähigkeiten der Führungsmitglieder nicht aufgegriffen«.[17]

Der Publizist und Historiker Wolfgang Leonhard lehrte von September 1947 bis März 1949 als Dozent an der SED-Parteihochschule »Karl Marx« in Kleinmachnow. Am 15. April wurde im ND sein Ausschluss aus der Partei bekanntgegeben.

Gleichzeitig richtete die SED-Führung neben dem Instrument der »Parteiabwehr« (September 1948) auch die »Parteikontrolle« ein. Auf der 13. Tagung des Parteivorstandes wurden die Bildung einer »Zentralen Partei-Kontrollkommission« und die Einrichtung von örtlichen »Partei-Kontrollkommissionen« in allen territorialen Gliederungen (Länder und Kreise) zur Sicherung der »Sauberkeit der Partei« beschlossen. Die Aufgabe der Kommissionen bestand vor allem darin, gegen die Aktivitäten der sogenannten »Ostbüros« der SPD aus dem Westen vorzugehen. Zugleich wurde die »Selbstreinigung« innerhalb der Partei gefordert: »Die Parteiorganisationen haben selbst die Aufgabe, Fehler zu korrigieren, um Mißstände zu beseitigen und die Partei von Schumacher-Agenten und anderen Feinden zu säubern, ohne daß die Partei-Kontrollkommission einzugreifen braucht.«[18] Dadurch schnellte die Zahl der Austritte, Parteistrafen und -ausschlüsse in die Höhe. Ein prominentes Beispiel war die Überwechslung des SED-Funktionärs Erich Gniffke in den Westen im Oktober 1948. Gniffke wurde daraufhin unter dem fadenscheinigen Grund des »Parteibetrugs« aus der SED ausgeschlossen. Partei-Protokollen folgend, wurden innerhalb von vier Monaten etwa 5 000 Mitglieder aus den unterschiedlichsten Gründen ausgeschlossen. Zusätzlich gab es 400 Verhaftungen von Sozialdemokraten wegen sogenannter »Agententätigkeit«, und bis 1950 wurden schätzungsweise 5 000 Sozialdemokraten verhaftet oder zumindest zeitweise inhaftiert.[19] Rund 37 000 SED-Mitglieder kehrten »ihrer« Partei den Rücken und traten einfach aus.

In diesem Kontext sind die Meldungen im »Neuen Deutschland« zu verstehen, die von Parteiausschlüssen »wegen trotzkistischer Tätigkeit« kündeten. Ein namhaftes Beispiel ist der Publizist und Historiker Wolfgang Leonhard, der 1945 zur »Gruppe Ulbricht« gehörte und Deutschland im März 1949 in Richtung Jugoslawien verließ. Im »Neuen Deutschland« wurde am 15. April 1949 lakonisch sein Ausschluss aus der Partei bekanntgegeben und wenig später vermerkt: »Wie die Untersuchung des parteifeindlichen Verhaltens Leonhards ergab, hat L. mit der jugoslawischen Mission in Berlin in Verbindung gestanden und in ihrem Auftrage trotzkistische Literatur vertrieben. Er wurde dafür mit jugoslawischen Zigaretten und Lebensmitteln entlohnt. Daraus ergibt sich, daß die jugoslawische Mission in Berlin in der sowjetischen Besatzungs-

zone trotzkistische Tätigkeit entfaltet und damit die demokratische Aufbauarbeit stört. Sie sinkt dadurch zu einer Agentur des amerikanischen Imperialismus herab, dessen Geschäfte sie besorgt. Wir warnen alle Parteimitglieder und Werktätigen vor der verbrecherischen Tätigkeit dieser Agenten.«[20]
Die Säuberungen machten natürlich nicht vor der Parteizeitung halt. Mitarbeiter mit SPD-Buch oder ehemalige »West«-Emigranten waren auch im »Neuen Deutschland« betroffen. Der sozialdemokratische Chefredakteur Max Nierich zum Beispiel wurde zwar nicht verhaftet oder ausgeschlossen, aber in seiner Kaderakte wurde festgehalten, dass er zum »Sozialdemokratismus und Versöhnlertum« neige, was seiner späteren Parteilaufbahn nicht förderlich war.[21] Wirklich hart traf es den Kommunisten Lex Ende, der nach seiner Ablösung als Chefredakteur des ND im Mai 1949 Opfer der Agentenhysterie wurde. Im August 1950 unterstellte ihm die SED-Führung im Zusammenhang mit der Affäre um den vermeintlichen US-Spion Noel Field »offenen Verrat«. Es folgte sein Ausschluss aus der Partei und die Verbannung in die Provinz – nach Muldenhütten im Erzgebirge. Lex Ende bekam Berlin-Verbot, arbeitete in der Lohnbuchhaltung eines Hüttenwerkes und musste von seiner Familie getrennt leben. Er starb am 15. Januar 1951 in Hilbersdorf in der Nähe des sächsischen Freiberg. Die genauen Umstände seines Todes sind bis heute widersprüchlich. Zu seiner Beerdigung kamen im Januar 1951 nur drei Personen: seine Ehefrau, ein Tischler, bei dem er zuletzt gewohnt hatte, und ein parteiloser Arbeitskollege, der am Grab des Kommunisten die letzten Worte sprach. Die Rehabilitierung des ehemaligen ND-Chefredakteurs erfolgte erst im November 1989.[22]

Das ZK der Sozialistischen Einheitspartei Deutschlands zur Verbindung von Funktionären der SED mit amerikanischen Agenten

In Ausführung des Beschlusses der 2. Tagung des Zentralkomitees der SED am 24. August 1950 wurden vom Politbüro folgende Maßnahmen durchgeführt:

Wegen Verbindung mit dem Agenten der amerikanischen Spionage Noel H. Field und umfangreicher Hilfe für den Klassenfeind werden Paul Merker, Leo Bauer, Bruno Goldhammer, Willy Kreikemeyer, Lex Ende und Maria Weiterer aus der Partei ausgeschlossen.
Die Genossen Bruno Fuhrmann, Hans Teubner, Walter Beling und Wolfgang Langhoff, deren Tätigkeit nur zu einer mittelbaren Unterstützung des Klassenfeindes führte, werden aller ihrer Funktionen enthoben.

Berlin, den 31. August 1950.

* * *

Wegen mutmaßlicher Verbindung zum angeblichen amerikanischen Agenten Noel H. Field wurden Westemigranten aus der Partei ausgeschlossen und hart verfolgt. Darunter befand sich auch Lex Ende. »Neues Deutschland« brachte über die vermeintlichen »amerikanischen Agenten« einen ganzseitigen Artikel. (ND v. 1.9.1950, S. 5)

AUS DEM LEBEN UNSERER PARTEI 15. Beilage des „Neuen Deutschland" zur Vorbereitung der Parteikonferenz

Rudolf Herrnstadt: **Auf dem Wege zur Partei neuen Typus**

Die führende Rolle der Arbeiterklasse

Eine Bewegung geht, seit sechs Monaten etwa, durch unsere Partei. Beunruhigt durch die Stagnation, deren historische Unzulässigkeit zutage liegt, mehr und mehr der eigenen Kraft bewußt, verlangt unsere Mitgliedschaft herausgeführt zu werden aus dieser Lage. Mit Recht sieht sie das Mittel hierzu in der Entwicklung unserer Partei zur „Partei neuen Typus".

Welchen Typus? Irgendeines, nur damit er neu sei und vielleicht etwas besser? Natürlich nicht. Das hieße, in müßigem Experimentieren e i n e halbe Wahrheit durch eine andere halbe Wahrheit zu ersetzen. Sondern jenes Typus, wie ihn erstmalig die Arbeiterklasse der Völker der Sowjetunion mit weltumwälzendem Erfolge schuf.

Die Artikel von Herrnstadt bereiteten die I. Parteikonferenz der SED vor, die zwischen dem 25. und 29. Januar 1949 unter dem Motto »Auf dem Wege zur Partei neuen Typus« stand. (ND v. 9.1.1949, S. 3–4; ND v. 25.1.1949, S. 1)

Partei neuen Typus – Zeitung neuen Typus

Über »Neues Deutschland« als »neue« Parteizeitung hatte Lex Ende frühzeitig nachgedacht. Er ließ sich bei seinen Vorschlägen von seinen Erfahrungen aus der Zeit vor 1945 leiten. Ausgehend vom Scheitern der linken Presse 1933 und aufgrund seiner Erfahrungen im Exil suchte er nach besseren Lösungsansätzen und versuchte konsequent das umzusetzen, was Lenin in »Was tun?« oder »Ein Schritt vorwärts, zwei Schritte zurück« über die Aufgaben und Funktion einer zentralen Parteizeitung geschrieben hatte. Mit Blick auf die sowjetische Parteipresse sprach er frühzeitig von der Durchsetzung des »Prinzips einer Zentralfigur« in der Redaktion, er bemühte sich um eine parteimäßige Organisation der Zeitung und forderte im April 1948 schließlich auf der Tagung des Parteivorstandes, mit Hinweis auf die gängige Praxis bei anderen Bruderparteien, den Sitz eines Chefredakteurs von »Neues Deutschland« im Parteivorstand. Das Zentralorgan und das Zentralsekretariat müssten wie »Korb und Klinge eines Degen« sein, so Lex Ende, denn wenn »die Faust den Degen richtig führen soll, muss Korb und Klinge fest und eng zusammensitzen«.[23] Dass er nicht ins Leere sprach, lässt ein SED-Führungsprotokoll vom Mai 1948 erkennen: »Meier, Dahlem, Winzer, Ende, Nierich und Schwab werden beauftragt«, zu ermitteln, »wie eine Verbesserung der Lage in der Redaktion des Zentralorgans herbeigeführt werden kann.«[24]

Zu diesem Zeitpunkt wurde über die »Partei neuen Typus« zwar schon offen geredet, aber es ging dabei noch nicht um die Kaderpartei nach sowjetischem Vorbild. Dieser Wandel vollzog sich erst nach der offiziellen Abkehr von Jugoslawien Anfang Juli 1948.

Hiernach erschienen im »Neuen Deutschland« eine Reihe größerer Artikel zum Thema »Partei neuen Typus«, die unter anderem von Fred Oelßner, Fritz Dahlem und Rudolf Herrnstadt stammten. Die darin vertretene klare Linie bewahrte die Genannten später nicht davor, selbst zu Opfern von Säuberungen und Affären innerhalb der SED zu werden.[25]

Unter der ND-Rubrik »Aus dem Leben unserer Partei«, die auf eine Initiative von Chefredakteur Lex Ende zurückging, veröffentlichte die Parteizeitung in Vorbereitung der I. Parteikonferenz im Januar 1949 einen zweiseitigen Artikel von Rudolf Herrnstadt unter der Überschrift »Auf dem Wege zur Partei neuen Typus«. Darin verkündete der Noch-Chefredakteur der »Berliner Zeitung«: »Alle marxistischen Parteien müssen, wenn sie siegen wollen, zu Parteien neuen Typus werden. Und alle können es nur werden nach dem Beispiel der bolschewistischen Partei.«[26]

Auf der I. Parteikonferenz im Januar 1949 wurde das Zentralsekretariat durch ein kleineres Politisches Büro (Politbüro) ersetzt, das sich mit allen Bereichen der Innen- und Außenpolitik befasste. Es kam zur Aufhebung der Parität und zur straffen Ausrichtung auf die Einparteienherrschaft. Im darauffolgenden Monat fand eine Konferenz der Chefredakteure der Parteipresse statt, da es auf dem Weg zur »Partei neuen Typus« logischerweise auch eine »Presse neuen Typus« geben musste. Inzwischen war auch klar, dass die SED-Führung diesen Weg nicht mit der ND-Redaktion der ersten Stunde vollziehen würde. Schon seit längerem gab es Differenzen zwischen der Chefredaktion und dem Parteivorstand. Die ND-Chefredaktion wurde beispielsweise im Dezember 1948 verwarnt, da in der Ausgabe vom 23. November 1948 auf der Titelseite ein Foto abgedruckt wurde, auf dem bei einer Pressekonferenz in der Sowjetunion neben Otto Grotewohl eine junge Frau zu sehen ist, die in der Bildunterschrift lediglich als »Frau Schumann« bezeichnet wurde. Zwangsläufig stellte sich die Frage: Wer ist Frau Schumann? Genau dieses Problem hatte zumindest der verantwortliche Redakteur beim »Neuen Deutschland« gehabt. Er konnte nicht wissen, dass Otto Grotewohl und »Frau Schumann« ohne Trauschein zusammenlebten und sie ihn auf der Reise in die Sowjetunion begleitete: Frau Schumann, mit Vornamen Johanna, wurde später die Gattin des Parteivorsitzenden bzw. Ministerpräsidenten. Für die unautorisierte Bildveröffentlichung und den unbeabsichtigten Hinweis auf ein Privatleben jenseits der Partei gab es einen Verweis.[27]

Prof. Kastner, Frau Schumann, Otto Grotewohl, Otto Nuschke, Frau Friedel Malter

Wer ist »Frau Schumann«? Diese Frage dürfte sich mancher ND-Leser bei der Betrachtung des Bildes auf der Titelseite vom 23. November 1948 gestellt haben. (ND v. 23.11.1948, S. 1)

Zum Eklat kam es auch, als Walter Ulbricht sich zum Zeitpunkt dieser »Fotoaffäre« darüber aufregte, dass seine und die Aufsätze Wilhelm Piecks vor der Drucklegung in der Chefredaktion korrigiert wurden. Ulbricht forderte eine Aussprache, bei der Lex Ende erklärte, dass er im Zentralorgan der SED keine Artikel des Parteivorstandes mit mangelnden Deutsch- und Rechtschreibkenntnissen dulde. Diese Korrekturarbeiten und die Begründung von Lex Ende bezeichnete Ulbricht erbost als Unverschämtheit.[28] Zudem bekam Sepp Schwab als Dritter im Bunde Ärger mit dem Politbüro, da er in der ND-Ausgabe vom 2. März 1949 einen beschönigenden Artikel über die »verräterische Rolle

Trotzkis« beim »Frieden von Brest-Litowsk« zur Veröffentlichung freigegeben hatte. Zwei Tage später gab es im »Neuen Deutschland« eine offizielle Richtigstellung. Darin hieß es: »Es ist ein Zeichen bedenklicher ideologischer Verwirrung und mangelnder Klassenwachsamkeit, wenn die Redaktion des ›Neuen Deutschland‹ angesichts dieses klaren Tatbestandes den Artikel von E. Strache veröffentlicht hat, der nicht nur Verwirrung stiftet, sondern auch parteifeindlichen und antibolschewistischen Stimmungen Vorschub leistet.« Am 8. März 1949 wurde auf der Sitzung des Politbüros beschlossen, dass Schwab eine »ernste Verwarnung« bekommen und der Autorin Strache eine »strenge Rüge« erteilt werden sollte. Letztere kam von der Parteihochschule der SED, weswegen eine Prüfung angeordnet wurde, ob es dort Mängel bei der »Behandlung des Trotzkismus« gab.[29]

Ein gutes Betriebsklima beim »Neuen Deutschland« wurde von Anfang an großgeschrieben: Neben den obligatorischen Organisationen Partei und Gewerkschaft gab es eine Betriebssportgruppe (BSG), Chor und Tanzgruppe u. v. m.

Am 21. März 1949 legte das Politbüro der SED fest, dass im »Neuen Deutschland« grundlegende Umstrukturierungen im Sinne der Partei neuen Typus stattfinden sollen. So wurde die ständige Verbindung zwischen Redaktion und Parteiführung gefordert und die Ressortleiter der Zeitung sollten aufs Engste mit den Abteilungen des Parteiapparates zusammenarbeiten. Am 6. April gratulierten der Parteivorstand und die Redaktion dem Chefredakteur Lex Ende noch in großer Aufmachung mit Foto im ND zu dessen 50. Geburtstag. Er habe der Parteizeitung bei »Freund und Feind«[30] ein hohes Ansehen verschafft.

Rund eine Woche später, am 12. April 1949, fielen Personalentscheidungen – Lex Ende wurde abberufen. Er bekam den Posten des Chefredakteurs bei der Wochenzeitschrift »Friedenspost«, die von der »Gesellschaft für deutsch-sowjetische Freundschaft« herausgegeben wurde. Die anderen beiden Chefredakteure ereilte ein ähnliches Schicksal: Max Nierich wechselte in das Sekretariat des Deutschen Volksrates und Sepp Schwab landete als Direktor bei der DEFA, ab 1954 befasste er sich in einer neuen Position mit außenpolitischen Aufgaben.[31]

2. Seite: Volksabstimmung für unsere Zukunft

Berliner Ausgabe

NEUES DEUTSCHLAND

ZENTRALORGAN DER SOZIALISTISCHEN EINHEITSPARTEI DEUTSCHLANDS

Berlin, Sonnabend, 30. April 1949

Einzelpreis 15 Pf.

... will, demonstriert im Lustgarten

... den bekannten Sammelplätzen zum Mai-Aufmarsch!

Berliner Aufbauplan 1949 verkündet

Oberbürgermeister Eberts große Rede vor dem Demokratischen Block

NEUES DEUTSCHLAND

ZENTRALORGAN DER SOZIALISTISCHEN EINHEITSPARTEI DEUTSCHLANDS

4. Jahrgang / Nr. 102

Berlin, Dienstag, 3. Mai 1949

Ausgabe B / Einzelpreis 15 Pf.

DIE NEUE AUFGABE

Von Otto Grotewohl

Die überlegene Front des Friedens

In Kundgebungen ohne Beispiel ...

Völker am 1. Mai 1949 ihre wachsende Kraft ... im Lustgarten

Der Wechsel in der Redaktion bedeutete auch einen in der Aufmachung: Ab der Ausgabe vom 3. Mai 1949 erschien die Parteizeitung bis 1953 mit einem Bild in der rechten Ecke der ersten Seite. Das Spektrum reichte von Anna Seghers über Stalin bis zur Winterlandschaft. (ND v. 30.4.1949; S. 1; ND v. 3.5.1949, S. 1)

Der neue Mann

Der Mann der Stunde hieß Rudolf Herrnstadt. Er hatte bis zum Mai 1949 als Chefredakteur der »Berliner Zeitung« mehrfach durch richtungweisende Artikel im »Neuen Deutschland« für Aufsehen gesorgt. Mit Herrnstadt wehte ein frischer Wind durch die Flure und Redaktionsstuben der Parteizeitung. Er trat nicht als Kumpel auf, sondern smart, auf sein Äußeres achtend – als »Weltmann«. Der neue Chefredakteur verlangte vor allem Qualität, und er warf Leute raus oder stellte sie ein, »nicht als Genosse, sondern als Chef«.[32] Mit dem neuen Chefredakteur verschwand die Parität im Zentralorgan. Die Leitung der Zeitung wurde nun als Redaktionskollegium bezeichnet, das sich aus dem Chefredakteur Herrnstadt, dessen Stellvertreter Otto Winzer, dem späteren DDR-Außenminister, sowie drei weiteren Mitgliedern zusammensetzte: Robert Keller, aus der Redaktion des »Vorwärts«, Wilhelm Girnus, bis dahin stellvertretender Intendant beim Berliner Rundfunk, und Walter Franze, der zuvor als Chefredakteur bei der »Märkischen Volksstimme« in Potsdam tätig gewesen war.[33] Otto Grotewohl erklärte in der ND-Ausgabe vom 3. Mai 1949 die neue Zusammensetzung und Machart der Zeitung: »Mit dem heutigen Tage tritt das ›Neue Deutschland‹ in einem neuen Gewande und mit einer vertieften Aufgabenstellung vor die Öffentlichkeit und vor die Partei.« Die Zeitung, so Grotewohl, sei nicht nur aus grafischen und ästhetischen Gründen verändert worden, sondern die neue Aufmachung diene »vielmehr einer neuen und ernst geprüften Systematik zur Erhöhung der journalistischen Durchschlagskraft«. In seinem Artikel machte er deutlich, dass die Veränderungen unmittelbar mit der Entwicklung der SED zu einer »Partei neuen Typus« zusammenhingen. Der »feindlich gesinnten Presse«, die natürlich den Redaktionswechsel ausgiebig kommentierte, hielt Grotewohl entgegen: »Lassen wir die Gegner eifern, denn ihres ›Bellens lauter Schall beweist nur, daß wir reiten‹. Sie sind wie Butterbrote, immer fallen sie auf die falsche Seite.«[34]

Rudolf Herrnstadt wurde im Juni 1945 Chefredakteur der neu gegründeten »Berliner Zeitung« und übernahm schließlich die Leitung des neu gegründeten Presseverlagshauses »Berliner Verlag«, bevor er 1949 Chefredakteur des ND wurde.

Den offensichtlichen Veränderungen in der Chefredaktion und in der optischen Aufmachung folgte der interne Umbau der Zeitung in allen Bereichen. Natürlich verschwanden die Strukturen der Gründerjahre nicht über Nacht. Die paritätische Organisation gab es beispielsweise im Bereich Innenpolitik der ND-Redaktion, die sich in Innenpolitik I für »Deutschland« und Innenpolitik II für »Sowjetische Besatzungszone«, dann DDR, aufteilte, noch einige Monate lang. Im Bereich II agierten der Kommunist Alois Landherr und der Sozialdemokrat Kurt Blauhorn weiter paritätisch. Kurt Blauhorn sorgte dann von sich aus für die Beendigung dieser Parität, indem er sich gegen Ende des Jahres 1949 ins Wochenende verabschiedete und einfach in den Westen ging. Dort fing er als Wirtschaftsredakteur beim Nachrichtenmagazin »Der Spiegel« an, das er bis dahin mit internen Informationen über »Neues Deutschland« und aus der sowjetischen Besatzungszone versorgt hatte.[35]

Früher

Im Monat November 1948 gingen bei der Redaktion des „Neuen Deutschland" ein:

113 Briefe.

Heute

Im Monat November 1949 gingen bei der Redaktion des „Neuen Deutschland" ein:

bis jetzt über 1100 Briefe.

Im November 1949, wenige Wochen nach der Gründung der DDR am 7. Oktober, unternahm »Neues Deutschland« einen neuerlichen Vorstoß, um näher an die Leserschaft heranzukommen. Chefredakteur Rudolf Herrnstadt wollte mit den »Volkskorrespondenten« gezielt die »Kritik von unten« in der Zeitung etablieren. Am 23. November wurde deren Wichtigkeit auf einer ganzen Seite – »Unsere Volkskorrespondenten haben das Wort« – hervorgehoben. Hierzu hieß es: »Volkskorrespondenten sind Auge und Ohr ihrer Betriebe. Sie helfen nicht nur, ›schiefe Sachen‹ wieder ins Lot zu bringen, wenn es in der Produktion nicht klappt oder Bürokraten Sand ins Getriebe geschüttet haben, wenn die Qualität nicht befriedigt oder die Zubringerbetriebe schlecht arbeiten.«[36] Herrnstadt forderte, dass die Texte der »Volkskorrespondenten« in ihrem Rang über den Texten der Redaktionsmitglieder stehen sollten. Mit den Korrespondenten aus den Betrieben und Dörfern war der ernsthafte Versuch verbunden, »Neues Deutschland« langfristig in eine Volkszeitung umzuwandeln.

Noch eine andere Strategie kam im November 1949 erneut auf die Tagesordnung: Die Gestaltung der Zeitung durch Leserbriefe. Wiederum ganzseitig befasste sich »Neues Deutschland« mit deren Bedeutung und Auswertung in der Redaktion. Unter dem Titel »Der Leser bestimmt das Gesicht seiner Zeitung« erschien am 27. November 1949 ein großer Artikel der Redaktion, der die Leserbriefe als »Unser Barometer« bezeichnete. Ein Versuch, die Zeitung zum Leitmedium öffentlicher Kritik zu machen.[37] Es wurden »Früher« und »Heute« verglichen. »Früher«, das war der 24. November 1948, an dem »Neues Deutschland« einen Leserbrief mit 17 Zeilen abdruckte; »Heute«, das war ein Jahr später, als es in der Parteizeitung fünf Leserbriefe mit 287 Zeilen gab, wovon einer als Leitartikel auf der Titelseite veröffentlicht wurde. »Früher«, das war der November 1948 mit 113 Leserbriefen im Monat; »Heute«, das war der November 1949 mit monatlich über 1100 (!) Leserbriefen. Warum waren die Leserbriefe für das Zentralorgan so wichtig? So lautete die Frage im ND-Artikel, und die Antwort hieß, dass man »Neues Deutschland« weder aus Langeweile noch in den Tag hinein machen würde, sondern: »Wir machen eine ganz bestimmte Zeitung: die Zeitung der Werktätigen im Auftrag der Partei der Werktätigen, der SED. Nicht der Profit, nicht das Geschäft sind für uns maßgebend, sondern der Leser, seine Sorgen, Nöte und Bedürfnisse und im großen gesehen, seine glückliche Zukunft. Deshalb müssen wir wissen, worauf man in Leipzig flucht, worüber man sich in Magdeburg freut, und was in Rostock fehlt. Wir brauchen die direkte Verbindung mit den arbeitenden Menschen in jedem Winkel Deutschlands.«[38]

Auch solche Bürgermeister gibt es!
„Schreiben Sie der Redaktion, ich brauche die Angaben Ihres Lesers gar nicht nachzuprüfen. Der Mann hat sich schon dadurch ins Unrecht gesetzt, daß er an eine Zeitung schrieb!"

A B 27. November 1949 / NEUES DEUTSCHLAND / Nr. 278, Seite 4

Eine kleine Zäsur in der Geschichte des ND bildete die Einstellung des »Vorwärts« als Tageszeitung zum 31. Dezember 1949, das heißt, der »Vorwärts« wurde mit »Neues Deutschland« vereinigt. Vom 1. Januar 1950 bis zum 31. Dezember 1958 erschien nun die Berliner ND-Ausgabe (Dienstag – Sonntag) mit der Zeile »Berliner Ausgabe ›Vorwärts‹« im Zeitungskopf. Die beliebte Montagsausgabe des »Vorwärts« wurde weitergeführt und kam nun mit der Zeile »Montagsausgabe des Neuen Deutschland« heraus. Als dann auch noch in Bonn der »Neue Vorwärts« von der SPD erschien, fiel die Entscheidung, den sozialdemokratisch besetzten Namen ab 1959 ganz verschwinden zu lassen.[39]

Der Leser bestimmt das Gesicht seiner Zeitung

Einiges über die Bedeutung der Leserbriefe und ihre Auswertung in der Redaktion des „Neuen Deutschland"

Der neue Chefredakteur Rudolf Herrnstadt wollte eine kritische Parteizeitung sowohl für Genossen als auch für die ganze Bevölkerung machen. Dazu sollten – wie es schon Lex Ende vorgeschlagen hatte – die Leserbriefe beitragen: »Der Leserbrief – das ist das Barometer unserer Zeitung. Zuverlässiger als jedes richtige Barometer gibt er uns die Stimmung und die Probleme der Menschen wieder, für die unsere Zeitung gemacht wird.« (ND v. 27.11.1949, S. 4)

Bis zu diesem Zeitpunkt hatten unter der Leitung solcher erfahrenen Zeitungsleute wie Max Keilson und Alfred Reinert vor allem junge Journalisten mit Enthusiasmus und Tatendrang das Zeitungsgeschäft des fast wie ein Boulevardblatt zugeschnittenen »Vorwärts« betrieben. Zeitweise war die Zeitung als Abendausgabe erschienen, aber auf diese Weise konnte nicht angemessen und aktuell auf die ebenfalls am Abend erscheinenden Boulevardzeitungen in Westberlin reagiert werden, so dass der »Vorwärts« eine Morgenzeitung mit einem sehr beachtlichen Kulturteil und an den Montagen mit ausführlichen Sportberichten war. Der Redakteur Gerhard Dengler, der 1949 beim »Vorwärts« begann, schildert eine offene und unverkrampfte Atmosphäre bei der Zeitung: »In unserer Redaktion in der Mauerstraße ging es immer sehr lebhaft und munter zu. Eberhard Heinrichs scharfer Witz und sein schallendes Gelächter haben manche Redaktionssitzung ausgesprochen amüsant gemacht. Und wenn Ilse Galfert, immer Strümpfe und Schals

BERLINER AUSGABE ·VORWÄRTS·
NEUES DEUTSCHLAND
ZENTRALORGAN DER SOZIALISTISCHEN EINHEITSPARTEI DEUTSCHLANDS
5. (61.) Jahrgang / Nr. 1 — Berlin, Sonntag, 1. Januar 1950

Proletarier aller Länder, vereinigt euch!
NEUES DEUTSCHLAND
ORGAN DES ZENTRALKOMITEES DER SOZIALISTISCHEN EINHEITSPARTEI DEUTSCHLANDS
Berliner Ausgabe „Vorwärts" — Berlin, Mittwoch, 31. Dezember 1958 — 13. (69.) Jahrgang / Nr. 312 / Einzelpreis 15 Pf

Der Zeitungskopf der ersten und letzten Berliner ND-Ausgabe mit dem Verweis auf den »Vorwärts«. (ND v. 1.1.1950, S. 1; ND v. 31.12.1958, S. 1)

für ihren Kulturchef Hermann Müller strickend, mit Wollknäuel und Stricknadel sogar in der Setzerei zum Umbruch ihrer Kulturseite aufkreuzte, gab es immer ein allgemeines Hallo.«[40]

Die Zusammenlegung des »Vorwärts« mit dem ND sorgte für erhebliches Murren unter den Mitarbeitern. Hier zeigte sich die schwierige Seite des neuen Chefredakteurs Herrnstadt: »Die Wohlwollenden erzählten, er sei eine Respektsperson gewesen, kühl, aber auch sehr herzlich, andere, er hätte sich wohl eingebildet, etwas Besonderes zu sein, wieder andere fühlten sich herausgefordert. Einer soll Herrnstadt vor versammelter Parteigruppe angeboten haben, er wolle ihm helfen, die Mauer um sich herum einzureißen.«[41] Herrnstadt soll daraufhin erwidert haben, dass er die Mauer dann einreißt, wann er es will und es dann auch tunlichst selber machen wird. Der Chefredakteur verkörperte etwas, was nach ihm bis zum Ende der DDR keiner der folgenden Chefredakteure mehr erreichte: Selbstständigkeit, Kompetenz, Intelligenz, journalistisches Genie gepaart mit Eigensinn, Durchsetzungskraft und Selbstbewusstsein. Herrnstadt rief nirgendwo rückversichernd an; was er schrieb und vorschlug, kam von ihm selbst. Obwohl er ein SED-Funktionär war, fehlte ihm der Stallgeruch der Funktionäre. Dadurch wirkte er unbefangen und die aus seiner Feder stammenden Artikel klangen frisch und engagiert. Die Kehrseite war, dass er im Umgang mit Menschen nicht wenigen als arrogant, kühl und distanziert erschien.[42]

Herrnstadt war aber auch nur ein Mensch, was sich beispielsweise im Konflikt mit Klaus Huhn zeigte. Der Sportredakteur und der Chefredakteur pflegten

zur selben Frau ein Verhältnis, einer ND-Reporterin. Als Herrnstadt davon erfuhr, erfolgte die Strafversetzung. Klaus Huhn erinnert sich, dass er zum Chefredakteur bestellt wurde und der ihn vor die Entscheidung stellte: »Entweder du wechselst nach Dresden und arbeitest dort als sächsischer ND-Landesredakteur oder ich sorge dafür, dass du nie wieder eine Zeile schreibst!«[43]
In der Angelegenheit »Vorwärts« handelte Herrnstadt ähnlich rigoros, wenngleich aus anderen Gründen: Herrnstadt brauchte gute und erfahrene Leute. Die bekam er vom »Vorwärts« zuzüglich neuer Räumlichkeiten, da sich die Arbeitsbedingungen am Senefelderplatz immer schwieriger gestalteten. Bei der Einführung der Journalisten vom »Vorwärts« im ND stellte Herrnstadt sie vor versammelter Mannschaft vor die Wahl, entweder bei »Neues Deutschland« zu arbeiten oder sich bei der »Wismut« nützlich zu machen.
Das war mehr als nur eine unverhohlene Drohung, da die Arbeitsverpflichtung in den für die Sowjetunion betriebenen Uranbergbau einer Strafversetzung gleichkam. In den Anfangsjahren der »Wismut« wurden nicht wenige dorthin zur Arbeit gepresst. Zwischen 1947 und 1950 flohen schätzungsweise 50 000 Menschen aus der SBZ bzw. der DDR, weil sie unter extremen Bedingungen im Uranbergbau arbeiteten oder dorthin verpflichtet werden sollten.[44]

Am 9. und 10. Februar 1950 wurde beim Parteivorstand der SED die künftige Ausrichtung der Parteipresse durch eine I. Pressekonferenz des SED-Parteivorstandes festgelegt. Zuvor hatte es eine Studienreise nach Moskau gegeben, bei der sich unter anderem Hermann Axen und Rudolf Herrnstadt über die »Presse neuen Typus« genauer informierten. Axen und der ND-Chefredakteur hielten auf der I. Pressekonferenz Leitreferate.
Das Thema von Herrnstadts Vortrag lautete »Die Erziehung der Redakteure einer Presse von neuem Typus«.[45] Darin machte der ND-Chefredakteur programmatisch klar, welche Aufgaben künftig auf das »Neue Deutschland« zukommen sollten: »Das Parteiorgan wird nicht herausgegeben, um Menschen zu unterhalten oder um Geld zu verdienen. Es wird herausgegeben, um Politik zu machen, um einen politischen Kampf zu führen.«[46] Mit seinem berühmt-berüchtigten »Herrnstadt-Blick« erklärte er den Medienvertretern, dass eine Parteizeitung eine politische Institution sei, die aus Zweckmäßigkeit den Charakter einer Zeitung trage und nicht umgekehrt eine Zeitung sei, die sich aus Zweckmäßigkeit mit Politik beschäftige.
Damit schien alles gesagt. Die Journalisten sollten in ihren Artikeln nicht ihre eigene Meinung wiedergeben, sondern sie sollten »das Wort der Partei« – das aber durchaus selbstbewusst und kritisch – führen und die Verbindung zum Volk herstellen. Es ging um die »Übersetzung der Beschlüsse der Partei auf die Massen«.[47] Das schien im Widerspruch zur Absicht zu stehen, langfristig eine Volkspresse entstehen zu lassen. Doch der ND-Chefredakteur sah das zu diesem Zeitpunkt ganz anders und vor allem optimistisch. Er glaubte genau wie sein Vorgänger Lex Ende daran, dass bei Einhaltung der politischen Aufgabe sowohl eine »Zeitung für Genossen« als auch eine »Volkszeitung« möglich seien. Generell stellte Herrnstadt die führende Rolle der SED zu keinem Zeitpunkt infrage, das heißt als »disziplinierter Parteisoldat« überschritt er nie die »vom marxistisch-leninistischen Kanon ge-

setzten Grenzen«. Innerhalb dieser Grenzen wollte Herrnstadt das Parteiorgan zu einer offensiv, originell und dicht an der Masse agierenden Zeitung machen.[48] Dabei trugen ihm seine Prinzipien als »reiner Linker« zusätzliche »Feindseligkeiten« unter seinen Redaktionskollegen ein, da er 1949 beispielsweise sein monatliches Gehalt von sich aus auf 1000 Mark begrenzte, worüber einige seiner Mitarbeiter nur den Kopf schüttelten und dafür wenig Verständnis aufbrachten: Herrnstadt blieb bis zu seinem Lebensende der Ansicht, dass »der Funktionär einer herrschenden Partei ... nicht einmal in den Verdacht kommen (dürfe), dass er einen Posten des Geldes wegen anstrebe. Idealerweise sollte so einer den aktuellen Durchschnittsverdienst eines Landesbürgers erhalten.«[49]

Ein halbes Jahr später, auf dem III. Parteitag der SED im Juli 1950, gab es für die ND-Redaktion eine weitere bemerkenswerte Veränderung. Ihr Chefredakteur wurde ins Politbüro gewählt und saß damit, so wie es schon 1948 Lex Ende gefordert hatte, im »Zentrum der Macht«. Dort bildete Walter Ulbricht mit dem ZK-Sekretariat nach und nach seinen eigenen inneren Führungskreis und schuf sich einen willfährigen Apparat. Damit wurde das Politbüro des ZK bis zum Juni 1953 mehr und mehr zu einem Bestätigungsorgan degradiert. Es war nur eine Frage der Zeit, bis Rudolf Herrnstadt mit seinen kritischen ND-Artikeln gegen dogmatisches Vorgehen, buchstabengelehrte Apparatschiks, Bürokratismus und dem Administrieren über die Interessen der Bevölkerung hinweg mit Ulbricht in Konflikt geraten würde. Vorerst hatte Herrnstadt noch freie Hand. Da durch die Parteisäuberungen die Parteibasis 1950/51 geradezu eingeschüchtert und in Deckung gegangen war, brauchte die SED-Führung für den Aufbau jedoch motivierte und streitbare Parteimitglieder. Von oben kam es zur Inszenierung einer »kontrollierten Entspannung« in Form von Kampagnen wie der »Kritik und Selbstkritik«.[50] Dem Zentralorgan kam hierbei natürlich eine wesentliche Rolle zu. Es erschienen einige Artikel aus der Feder von Herrnstadt, die sich ab Herbst 1951 in scharfer Form mit den Missständen in der Partei und der Gewerkschaft auseinandersetzten. Den Auftakt bildete Herrnstadts zweiseitiger Grundsatzartikel mit dem Titel »Kollege Zschau und Kollege Brumme« vom 14. Oktober 1951, in dem er den Bürokratismus in

Wilhelm Pieck und Otto Grotewohl (2. v. r.) waren zwar die Parteivorsitzenden, aber eigentlich bestimmte über das ND Walter Ulbricht, der seit 1950 Generalsekretär der SED war.

der Gewerkschaft kritisierte und damit eine Reihe weiterer kritischer Artikel im »Neuen Deutschland« und der übrigen Parteipresse auslöste.[51] Ein Höhepunkt wurde mit dem sogenannten »Fall Lohagen« erreicht. Zuerst hatte die »Tägliche Rundschau« am 20. Dezember 1951 den 1. SED-Landessekretär von Sachsen und Vorsitzenden der dortigen Nationalen Front, Ernst Lohagen, kritisiert. Danach griff das »Neue Deutschland« das Thema auf und versuchte die Leserschaft davon zu überzeugen, dass sie »von unten« an den Funktionären Kritik üben sollten. Der Hintergrund der Kampagne gegen Lohagen war dessen Reaktion auf die berechtigte Kritik eines Beschäftigten an der Arbeit der Nationalen Front. Lohagen hatte den Kritiker namens Müller als Antwort darauf einfach hinausgeworfen. Bald wurden dann ähnliche Vorkommnisse mit Bezug auf den Nachnamen des von Lohagen gemaßregelten Mitarbeiters mit dem Begriff »gemüllert« bezeichnet.

Die Verhältnisse in der DDR brachte Herrnstadt im Leitartikel vom 25. Januar 1952 auf der Titelseite auf den Punkt: »Herrscht bei uns jene Atmosphäre der Aufgeschlossenheit und des freudigen Vorwärtsdrängens aller, die aus der Gewißheit stammt, daß jede nützliche Initiative gefördert wird und daß unfehlbar recht erhält, wer recht hat? Sie herrscht noch nicht bei uns. Nicht in der Partei, nicht im Staat. Zahllos sind die Fälle, in denen die Initiative der Massen erstickt oder blockiert wird. Zahlreich sind die Fälle, in denen anmaßende Partei- und Staatsfunktionäre mit dem Mittel des Kommandierens oder Einschüchterns ›ihre‹ Linie durchsetzen, welche weder die Linie unserer Partei noch die des Staates ist. Jeder solche Fall aber ist ein Faustschlag, den wir uns selbst versetzen, wie umgekehrt jeder Faustschlag gegen die Nichtachtung der Initiative der Massen bei uns, gegen die Methode des Kommandierens und Einschüchterns zugleich ein Volltreffer ins Lager der Imperialisten ist.«[52]

Während die öffentliche Pressekampagne auf Hochtouren lief, wurde zugleich die Organisationsstruktur des Zentralorgans weiter verändert bzw. gestrafft. Im Februar 1952 erläuterte Fred Oelßner auf einer Konferenz der Betriebe der Zentrag die neuen Kompetenzbereiche bei der Parteizeitung: »Die Leitung und die politische Verantwortung für das Gesamtunternehmen hat der Chefredakteur. Ihm unterstehen der Verlagsleiter, der für die Verlagsarbeit die volle Verantwortung trägt, und der Druckereileiter, der wiederum alle Belange der Druckerei verantwortlich entscheidet. Beide Genossen sind für ihre Arbeit dem Chefredakteur persönlich verantwortlich und haben die Aufgabe, das Prinzip der wirtschaftlichen Rechnungsführung in jedem ihrer Sektoren durchzusetzen.«[53]

Damit hatte Rudolf Herrnstadt laut ZK-Strukturplan nun offiziell die Gesamtverantwortung über den Zeitungsbetrieb. Das bedeutete viel Macht und jede Menge Unwägbarkeiten: Jeder Druckfehler konnte paranoide Folgen haben. Traurige Berühmtheit erlangte die Geschichte des Journalisten Hugo Polkehn. Aufgrund eines Druckfehlers im SED-Kondolenztelegramm zum Tode Stalins, das die Gewerkschaftszeitung »Tribüne« veröffentlichte, wurde er im März 1953 verhaftet und im Dezember 1953 unter falschen Anschuldigungen wegen »Agententätigkeit« verurteilt. Sein »Fehler« bestand darin, zugelassen zu haben, dass aus Stalin, »dem Kämpfer für die Erhaltung und Festigung des Friedens«, ein »Kämpfer für die Erhaltung und Festigung des Krieges« geworden war.[54]

Insgesamt änderte die Neuverteilung der Verantwortungsbereiche für den Gesamtbetrieb nichts am Grundprinzip: In einer Parteizeitung redete die Parteiführung immerzu rein. Deren Sprache, deren Kampagnen, deren Texte bestimmten die Zeitung nach innen und außen. Zugleich bedeutete der Posten des ND-Chefredakteurs, dass hier nicht nur ein »wichtiger Pressemann« agierte, sondern dieser vor allem ein »wichtiger Mann der Partei« war.[55]
Parallel zur Vereinheitlichung des Aufbaus der Redaktionen und der Verstärkung von Agitation und Propaganda wurde eine Reihe neuer Abteilungen gebildet: »Parteileben, Propaganda, Wirtschaft, Landwirtschaft, Kulturpolitik, Volkskorrespondenten/Leserbriefe und Kader. Die Außen- und Innenpolitik unterstanden direkt dem Chefredakteur. Als ›völlige Neuerung‹ auf dem Gebiet der Redaktionsarbeit wurde die Bildung des Redaktionssekretariats bezeichnet, das die laufende Nummer planen, die Arbeit aller Abteilungen entsprechend dem Wochenplan koordinieren und die Verantwortung für die Herstellung der jeweiligen Nummer bis zu deren Ausdruck tragen sollte. Dieses Redaktionssekretariat war jedoch eine politische und keine technische Einrichtung der Redaktion.«[56]
Diese Umstrukturierungen gingen einher mit der Umbenennung des ND zum »Organ des Zentralkomitees der SED«.

Große Pläne und Aufbauprogramm

Als im Dezember 1949 am Pfefferberg die Nachricht die Runde machte, dass der »Vorwärts« in den ND-Betrieb eingliedert wird, holten nicht wenige aus ganz pragmatischen Gründen erst einmal tief Luft. Es war am Senefelderplatz schlichtweg zu eng geworden. Wo und wie sollte noch mehr Platz geschaffen werden? Die Aufstockung und der Ausbau einzelner Gebäude, um beispielsweise neue Setz- und Druckmaschinen unterzubringen oder um den sich ausweitenden Verwaltungs- und Redaktionsbetrieb arbeitsfähig zu halten, hatten inzwischen extreme Verhältnisse entstehen lassen, die von den ND-Mitarbeitern mit Improvisationskunst und gutem Willen nicht mehr auszugleichen waren. Die Reorganisation des Zeitungsbetriebes war überfällig.
Zu diesem Zeitpunkt gab es Pläne für die Errichtung eines modernen Zeitungs-, Verlags- und Druckereikomplexes in Berlin-Mitte. Im Frühjahr 1950 lagen hierfür die ersten konkreten Entwürfe vor. Am Dönhoffplatz, den es heute nicht mehr gibt, sollte eine neue SED-Medienzentrale entstehen.[57]

Der nach dem preußischen Stadtkommandanten Alexander Graf von Dönhoff benannte Platz lag am

DRUCKHAUS ZENTRAG
DZ
III. BEBAUUNGS-VORSCHLAG
SCHAUBILD
BERLIN IM APRIL 1950.

nordöstlichen Rand des alten Berliner Zeitungsviertels oder besser, am Rand dessen, was nach dem Krieg noch übriggeblieben war. Das Viertel selbst erstreckte sich ursprünglich in der West-Ost-Richtung zwischen der Wilhelmstraße und der Lindenstraße (heute Axel-Springer-Straße) und in der Süd-Nord-Richtung von der Kochstraße bis zur Leipziger Straße. Hier begann in der zweiten Hälfte des 19. Jahrhunderts das Berliner »Presseherz« zu schlagen. Zuerst entwickelte sich das Annoncengeschäft, aber sehr schnell war entlang der Koch-, Zimmer-, Mauer-, Krausen-, Schützen- und Jerusalemer Straße eine Verlags- und Redaktionsadresse nach der anderen zu finden. Am Ende der Weimarer Republik wurden in dieser Gegend tagtäglich um die 60 Zeitungen herausgebracht: neben auflagenstarken Boulevardblättern eine Vielzahl von Zeitschrifte, und es gab mehrere Nachrichtenagenturen. Drei große Buchverlage – Mosse, Scherl und Ullstein – bildeten gleichsam die Fixpunkte dieser eindrucksvollen Presselandschaft. Direkt am Dönhoffplatz, der später durch die Kriegseinwirkungen schwer in Mitleidenschaft gezogen und 1969 im Zuge der Umgestaltung der Leipziger Straße mit Wohnhochhäusern bebaut wurde, befand sich vor dem Krieg die Hauptverwaltung und Zentrale des erzkonservativen Medienmagnaten Alfred Hugenberg, der den Machtaufstieg der Nazis maßgeblich befördert hatte. Der Bärendienst Hugenbergs als Steigbügelhalter rettete sein Medienimperium nach 1933 aber nicht vor der Gleichschaltung und Übernahme durch die Nationalsozialisten. Nach dem Krieg sollte hier nun das neue Verlags- und Druckkombinat der SED entstehen.[58]

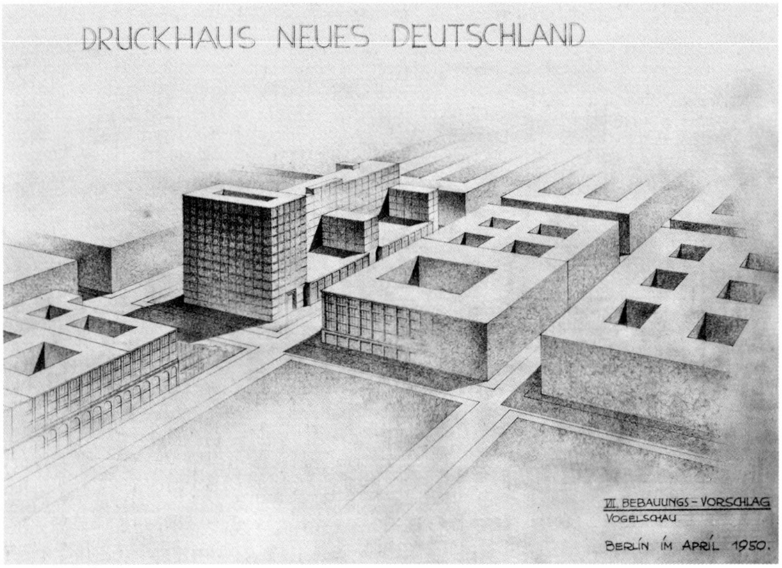

Der Vorschlag für die Schaffung eines Medienkomplexes am Dönhoffplatz ging auf die städtebaulichen Planungen des Ostberliner Magistrats um 1950 zurück. Die Spaltung der Stadt hatte zwangsläufig zu verschiedenen Stadtentwürfen geführt: Während sich in Westberlin die Stadtplaner vom angloamerikanischen Planungsideal leiten ließen, auf Konzepte aus der Zeit der Weimarer Republik (Gartenstadt) zurückgriffen und sich konsequent von der »steinernen Stadt« zu verabschieden suchten, vollzogen die Stadtplaner in Ostberlin eine Rückbesinnung auf die historisch entstandenen Stadtstrukturen und begannen, sich an den sowjetischen Konzepten der »kompakten Stadt« zu orientieren. Zudem wurde 1949 – im Gegensatz zu Westberlin – die Hauptstadtfunktion zum Ausgangspunkt für das »Neue Berlin« genommen. Die Stadt an der Spree sollte deutsche Hauptstadt bleiben, aber unter sozialistischen Vorzeichen. Vor diesem Hintergrund entstanden auf Ostberliner Seite eine Reihe Entwürfe für die neue »Berliner Mitte«, die sofort erkennen ließen, dass der alte und durch die gigantischen NS-Pläne für die Hauptstadt »Germania« in Verruf gekommene Gedanke der Achsenplanung mit einem zentralen Platz und Monumentalgebäude wieder auflebte. Das war eine deutliche Abkehr von dem in den ersten Nachkriegsjahren diskutierten Plan, für Berlin ein mathematisch errechnetes, regelmäßiges Netz von Schnellstraßen auszuarbeiten und darin die Wohn-, Industrie- und Kulturgebiete separat und bandförmig längs des Spreelaufs neu entstehen zu lassen. Der Verleger und Publizist Wolf Jobst Siedler notierte 1948 anlässlich einiger überzogener Vorstellungen beim Umgang mit der Berliner Trümmerlandschaft sarkastisch: »Wer das eiszeitliche Urstromtal zum Leitbild des Wiederaufbaus einer zerstörten Stadt macht, erhebt den Neandertaler zum Generalbaumeister.«[59] Die SED-Führung erhoffte sich durch nationale Töne, durch Bezüge zum klassischen Kulturerbe und durch die Verteufelung der amerikanischen Moderne auch mehr Sympathie im Westen zu gewinnen. Doch die unterschiedlichen städtebaulichen Konzepte der beiden deutschen Staaten und des geteilten Berlins waren in der Konsequenz von Beginn an konfliktgeladene Antipoden im Kalten Krieg und in den gegensätzlichen Systemen.[60]

Am 27. Juli 1950 beschloss die DDR-Regierung die »Sechzehn Grundsätze des Städtebaus«. Darin wurde unter anderem festgeschrieben, dass sich im Zentrum der Stadt die wichtigsten politischen,

Entwürfe für das Druckhaus »Neues Deutschland« am Dönhoffplatz vom April und Juli 1950

administrativen und kulturellen Stätten befinden sollten. Zudem sollte der Stadtkern Raum für Aufmarschplätze und -straßen bieten, damit die Menschen – so eine Anregung aus Moskau im Vorfeld der Ausarbeitung der städtebaulichen Grundsätze – demonstrierend das Zentrum durchschreiten könnten. Zwei Monate später erfolgte die Annahme des »Aufbaugesetzes« für Berlin und 53 weitere Städte der Republik. Mit Blick auf Berlin war das zentrale Element der Planungen der Bau der Stalinallee und der Hauptstraßenzug von der Stalinallee bis zum Brandenburger Tor. Entlang dieser Achse sollten Bauten der Regierung, des Magistrats, der Parteien und Massenorganisationen sowie der Wirtschaft, Medien und Kultur errichtet werden.
Hierzu zählte auch der SED-Medienkomplex am Dönhoffplatz. Entwurfsunterlagen von 1950 belegen, dass die Errichtung großer Druckhäuser für die »Tägliche Rundschau«, die Zentrag und »Neues Deutschland« geplant waren. Das von der Jerusalemer Straße, Krausen-, Markgrafen- und Schützenstraße begrenzte Areal sollte zum künftigen Sitz der Zeitung »Neues Deutschland« werden. Über die Jerusalemer Straße hinweg war eine direkte Gebäudeverbindung zum geplanten Druckhaus der Zentrag am Dönhoffplatz in Richtung Lindenstraße (heute Axel-Springer-Straße) vorgesehen. Es findet sich aber auch der Vorschlag, das ND-Druckhaus an die Stelle des geplanten Gebäudes der Zentrag zu setzen.[61]

Doch es kam anders. Die Stalinallee rückte 1951 in den Mittelpunkt des Wiederaufbaugeschehens. Die Prioritäten hatten sich verschoben, da mit der Ausrichtung der III. Weltfestspiele der Jugend und Studenten vom 5. bis 19. August 1951 in Ostberlin zuerst mit dem Bau der Großen Sporthalle an der Stalinallee begonnen wurde. In nur 148 Tagen war die Wettkampfstätte für die Weltfestspiele fertig, die zwanzig Jahre später wegen großer Baumängel wieder abgerissen werden musste. Neben dem Hochhaus an der Weberwiese gehörte die Sporthalle zu den Pilotprojekten für den in Aussicht genommenen Aufbau der Stalinallee. Ein wirklich schlüssiges Baukonzept fehlte aber noch, zumal die Architekten durch die laufende Kampagne gegen den »Formalismus« in Kunst und Architektur verunsichert waren. Ihre modernistischen Pläne stießen auf Ablehnung bei der SED-Führung.[62]
Und im Juli 1951 nahm 600 Kilometer von Berlin entfernt, in Warschau, eine Idee Gestalt an, die sich auf das künftige Baugeschehen in Ostberlin und auch auf die Standortwahl des neuen ND-Gebäudes entscheidend auswirken sollte. ND-Chefredakteur Herrnstadt reiste nach Warschau. Er beherrschte die polnische Sprache, zumal er vor dem Zweiten Weltkrieg als Warschauer Auslandskorrespondent zuerst für das »Berliner Tageblatt«, später für andere europäische Zeitungen und vor allem für den sowjetischen Militärnachrichtendienst dort gearbeitet hatte. Im Juli 1951 traf er in Warschau seine Mitarbeiterin Margot Pfannstiel, die als ND-Reporterin mit einer Gewerkschaftsdelegation bereits seit Ende Juni dort war. Beide verstanden sich gut, zogen durch das neu erstehende Warschau und waren von der enthusiastischen Aufbruchstimmung begeistert. Warschau lag zwar in Trümmern, aber es wurde in einem hohen Tempo gleichzeitig an rund 1000 Bauvorhaben gebaut. An einer Fassade las Herrnstadt den in Großbuchstaben meterhoch in Sandstein gehauenen Satz: »Caly Narod Buduje Swoja Stolice« – Das ganze Volk baut seine Haupt-

Über den Baustil, den politischen Stil und den Genossen Henselmann

Von Rudolf Herrnstadt

Der erste Artikel in der Kampagne des ND-Chefredakteurs um die Stalinallee: die scharfe Polemik gegen den Architekten Hermann Henselmann vom 29.7.1951

stadt. Warum sollte das nicht auch in Berlin möglich sein? Die Stalinallee, die erste sozialistische Straße Deutschlands! Nach der Rückkehr machte sich Herrnstadt für diese Idee stark. Er nutzte die Zeitung und machte unaufgefordert Öffentlichkeitsarbeit in Sachen Stalinallee. Zuerst wurde am 22. Juli 1951 ein Reisebericht von Margot Pfannstiel mit dem Titel »Das ganze Volk baut seine Hauptstadt« abgedruckt. Sie stellte darin Warschau als die »Stadt der Städtebauer« vor und fragte dann, wie es um Berlin stehen würde. Damit war der Startschuss für die Kampagne um die Stalinallee eröffnet. Rudolf Herrnstadt setzte sich hinter den Kulissen bei Ulbricht dafür ein, der wiederum fand die Idee von einem »Nationalen Aufbauprogramm« gut und verbreitete die Pläne des ND-Chefredakteurs in der SED-Führung. Zugleich erschien im »Neuen Deutschland« »ungefragt« eine Reihe von Artikeln über Baupläne, Entwürfe und die Architektur: Berlin soll wieder aufgebaut werden – und zwar zuerst in der Stalinallee.[63]

Herrnstadt forderte über das ND im Sommer 1951 die großen Architekten heraus. Den später leitenden Architekten der Stalinallee, Hermann Henselmann, griff der ND-Chefredakteur am 29. Juli 1951 in einem ganzseitigen Artikel scharf an. Unter dem Titel »Über den Baustil, den politischen Stil und den Genossen Henselmann« kritisierte er den Architekten wegen seiner Vorschläge, Wohnungen im Stil der »Heimstättenhäuser« zu bauen: »Häuser solchen Stils«, so Herrnstadt, »sind die natürlichen

„Aus kalter Asche und Spucke"

wie der Berliner sagt. Durch die Laubengänge, die Originalität vortäuschen sollen, werden sämtliche Zimmer verdunkelt. Die Fenster sind klein wie Gucklöcher. Man beachte die „Lösung" der Fassade im Erdgeschoß, die von Unvermögen und Gleichgültigkeit zeugt. Jede nationale Herkunft ist ausgelöscht. Das Haus (das in Berlin steht), könnte ebensogut am Karibischen Meer oder in Honolulu stehen.

Produkte der Profitgier und der Menschenverachtung des sterbenden Kapitalismus.« Nach dem Erscheinen des Artikels trafen sich die beiden zu einem Vieraugengespräch. Beide verstanden sich rasch, und es wurde eine vorteilhafte Absprache getroffen: Der wortgewandte Henselmann versprach, einige Artikel zu verfassen, in denen er die formalistische Herangehensweise beim Bauen bzw. eine »modernistische Architekturauffassung« verurteilte, und er wollte umgehend einen neuen, geläuterten Entwurf für die Stalinallee vorlegen. Im Gegenzug sicherte ihm Herrnstadt die volle Unterstützung bei der Umsetzung seiner Entwürfe zu. Im November 1951 war es geschafft. Das ZK unterbreitete am 25. November auf der ND-Titelseite einen Vorschlag für den Aufbau Berlins. Das »Nationale Aufbauprogramm Berlin« mit dem Schwerpunkt Stalinallee war ins Leben gerufen worden. Daneben setzte Herrnstadt seinen Leitartikel: »Wäre es schön? Es wäre schön!« Alle Deutschen wurden nun aufgerufen, sich am Programm für den Aufbau Berlins, der deutschen Hauptstadt, zu beteiligen: Gleichermaßen sollten Ost- und Westdeutsche, Ost- und Westberliner ihre Vorschläge und Entwürfe für den Neuaufbau Berlins einreichen. Herrnstadt schien damit sein Ziel erreicht zu haben: Nun bauten die Deutschen an ihrer Hauptstadt, auch wenn es am Ende nur die Deutschen im Osten Berlins und in der DDR waren. In Westberlin wurde im Mai 1952 der erste Gegenentwurf vorgestellt: das Hansaviertel.[64]

Die Berichterstattung über die Stalinallee lief aber nicht nur über die Zeitung. Vielmehr agierte das ND auch vor Ort. So wurde an der Weberwiese ein ND-Ausstellungspavillon eröffnet, in dem anhand von Modellen über den Stand der Bauarbeiten und die künftige Bebauung der Stalinallee informiert wurde. An manchen Tagen kamen Tausende Besucher. Man schaute nicht nur, sondern diskutierte auch, kritisierte und stritt. Im Pavillon meldeten sich Volkskorrespondenten, Bauleute und Menschen aus der Bevölkerung, um über den Stand der Bauarbeiten, über Hemmnisse und Erfolge zu berichten. Hier nahmen viele ND-Meldungen und Reportagen ihren Ausgang. Die Leitung des Pavillons hatte ND-Redakteur Hans Rehfeldt, der ursprünglich als Volkskorrespondent Artikel und Reportagen über seine Tätigkeit als Bauarbeiter für »Neues Deutschland« geschrieben hatte. Bei einem Volkskorrespondenten-Wettbewerb gewann er einen Preis und wurde daraufhin beim ND eingestellt.[65]

Die Stalinallee rückt in den Mittelpunkt der Stadtplanung im Ostteil Berlins beim Wiederaufbau. Hier der sogenannte »ND-Ausstellungspavillon« um 1952

Die enge persönliche Verbindung des ND-Chefredakteurs mit dem Aufbauprogramm der Stalinallee macht plausibel, warum es Anfang 1952 eine Wettbewerbsausschreibung für den Neubau eines Redaktions-, Verlags- und Druckereigebäudes am Küstriner Platz (heute Franz-Mehring-Platz) in der Nähe der Stalinallee und des heutigen Ostbahnhofs gab. Zudem war schon 1951 klar, dass aufgrund der begrenzten Baukapazitäten und der Konzentration der Kräfte auf die Stalinallee eine Umsetzung der Planungen am Dönhoffplatz auf lange Zeit nicht möglich sein würde. Inzwischen hatte man außerdem am Küstriner Platz mit dem Teilneubau einer ND-Druckerei begonnen. Es lag also nahe, die weiteren Bauplanungen nach dorthin auszurichten. In der Realität wurde aber nur der Teilneubau der Druckerei abgeschlossen und am 1. Januar 1953 dem Betrieb übergeben. Der neue Betriebsteil war bereits mit modernsten Rotationsmaschinen ausgestattet, auf denen ab dem 1. Februar 1953 die Zeitung »Neues Deutschland« erstmalig im »Prawda«-Format gedruckt wurde.[66]

Ein »Gesamt-ND-Neubauprojekt« musste hingegen wieder zurückgestellt werden, da es sich in den Jahren 1952/53 noch als zu kostspielig erwies. Hintergrund hierfür waren maßgeblich einige folgenreiche Weichenstellungen, die Anfang April 1952 in Moskau für die DDR vorgenommen wurden: Für das Bauvorhaben »Neues Deutschland« wirkte sich zum Beispiel nachteilig aus, dass der Aufbau einer 300 000-Mann-Armee und einer entsprechenden Rüstungsindustrie beschlossen wurde. Das führte dazu, dass sich der Anteil der unmittelbaren Militärausgaben von 1951 bis 1952 nahezu verdoppelte und bei fast 1,2 Milliarden Mark lag. Von sowjetischer Seite wurde im Frühjahr 1952 weiterhin empfohlen, dass die SED-Führung für den Aufbau nationaler Streitkräfte vorerst 1,5 Milliarden Mark veranschlagen sollte. Ein Vergleich mit den geplanten Investitionssummen im »Aufbaugesetz« vom September 1950 für den Städtebau verdeutlicht, welche enormen Belastungen auf den DDR-Haushalt zukamen. So waren im Sommer 1951 mehr als vier Milliarden Mark für den Wiederaufbau der Städte vorgesehen. Für Berlin sollten davon allein rund 1,9 Milliarden Mark ausgegeben werden. Es war klar, dass mit der neu entstandenen Situation erhebliche Mittel umverteilt und abgezogen werden mussten. Zudem wurden der Wirtschaft und damit dem Bausektor durch Rekrutierungen gerade viele junge und qualifizierte Facharbeiter entzogen. Die Aufrüstung konfrontierte viele Betriebe außerdem mit zusätzlichen und unvorhergesehenen Aufgaben. Der plötzliche Aufbau von Streitkräften und Rüstungsindustrie trug so maßgeblich zur ersten tiefen Krise der DDR bei, die am 17. Juni 1953 kulminierte.[67]

»Neues Deutschland – Neues Berlin«
Der Verlag »Das Neue Berlin« wurde 1946 gegründet und war in der Kronenstraße 73/74 ansässig; er veröffentlichte hauptsächlich Kriminal- und Abenteuerliteratur.

Die großartigen Baupläne für den SED-Medienkomplex und damit für »Neues Deutschland« verschwanden auf Jahre in der Schublade. Sie wurden erst Ende der fünfziger Jahre wieder hervorgeholt und neu diskutiert. Nach 1953 kam es auch zu einer Kehrtwendung in der Architekturdiskussion der DDR, was zum Abrücken von den bislang vertretenen Auffassungen führte und neue Planungen erforderlich machte. Für das ND-Alltagsgeschäft hatte das zur Folge, dass sich die dezentralen Betriebsstrukturen zwischen 1949 und 1953 verfestigten. Aus ursprünglich kurzfristigen Lösungen wurden beinahe Dauerlösungen. Folgende Standortentwicklung bestimmte die Betriebsorganisation bis zur Fertigstellung des neuen Gebäudekomplexes Anfang der siebziger Jahre: Die Redaktion siedelte vom Pfefferberg am Senefelderplatz zwischen Dezember 1949 und November 1950 in das Gebäude des »Vorwärts« in der Mauerstraße 38/40 um. Da dort umfangreiche Umbauten vorgenommen wurden, konnte der Umzug nur nach und nach erfolgen. Die Maschinensetzerei und Chemigrafie des Druckereibereiches am Senefelderplatz wurden in dieser Zeit ebenfalls in die Mauerstraße verlagert. Der Verlag und ein Großteil der Druckerei blieben weiterhin am Senefelderplatz, wo am 15. November 1950 eine Zentrale Grafische Lehrwerkstatt als Ausbildungsstätte der polygrafischen Industrie und eine Betriebsschule eröffnet wurden. Mit der Übergabe des Druckereineubaus am Küstriner Platz gab es ab Juni 1953 insgesamt fünf verschiedene ND-Standorte: Pfefferberg (Verlag und Druckerei), Saarbrücker Straße (Druckerei), Treptow (Druckerei), Küstriner Platz (Druckerei) und Mauerstraße (Redaktion und Druckerei). Am 1. Juli 1953 erfolgte durch einen ZK-Beschluss die Übergabe des Druckereistandortes Treptow an den Verlag Tribüne, der damit über eine eigene Gewerkschaftsdruckerei verfügte. Die in Treptow angesiedelten Abteilungen Buchbinderei und Offsetdruck blieben beim ND und wurden aus Kostengründen bis zum 30. November 1953 zum Pfefferberg verlagert, wo inzwischen Räumlichkeiten (unter anderem Gaststätte, Mehllager) frei geworden waren. Damit gab es ab Juli 1953 vier ND-Standorte: Pfefferberg (Verlag, Druckerei Werk I), Küstriner Platz (Druckerei Werk II), Saarbrücker Straße (Druckerei Werk III) und Mauerstraße (Redaktion, Druckerei Werk IV).[68]

Tiefenprüfung im Druckereibereich

Im Frühjahr 1952 tauchten im technischen Zeitungsbetrieb vom »Neuen Deutschland« Kontrolleure der Zentrag auf, die den Mitarbeitern sehr genau auf die Finger schauten und unbequeme Fragen stellten. Vom 25. Februar bis zum 3. Mai 1952 wurde eine sogenannte »Großarbeitsstudie« durchgeführt. Die Zentrag benötigte für ein zu diesem Zeitpunkt noch geplantes Verlags- und Druckkombinat »harte Daten«, um das Kombinatsprojekt, wie es hieß, »kapazitätsmäßig« vorzubereiten. Von der Studie erwartete man umfassende Informationen darüber, welche Maschinenausstattung künftig erforderlich war, wie eine effiziente Betriebsorganisation auszusehen hatte und »welche Menschen für die Übernahme in das neue Druckkombinat geeignet« waren. Im neuen ND-Kombinat sollten also neben einer optimalen Betriebsorganisation vor allem ein Maximum an Klassenbewusstsein und ein hohes Maß an Parteidisziplin vorherrschen.[69]
Einen Schwerpunkt bildete die Überprüfung der im ganzen Land laufenden SED-Kampagnen zur Steigerung der Arbeitsproduktivität, der Aufbauleistungen und der Planungstätigkeit in der ND-Druckerei. Immerhin propagierte die Parteizeitung tagtäglich die

Bereits im Mai 1952 trug man sich mit dem Gedanken, aus dem »ND« ein Kombinat zu machen.

neuen Grundlagen für eine sozialistische Planung und Rechnungsführung – das Prinzip der persönlichen Verantwortung, die Einführung der technisch begründeten Arbeitsnormen (TAN), die Brigade- und Wettbewerbsbewegung und die Durchsetzung der wirtschaftlichen Rechnungsführung.
Zudem gab es einen Beschluss des Politbüros vom 13. März 1951, der die Durchsetzung des Prinzips der wirtschaftlichen Rechnungsführung im Verlags- und Druckereiwesen forderte: Nun wurde die ökonomische Effizienz des technischen Zeitungsbetriebs eingehend überprüft. Gleichzeitig mit den betriebstechnischen Kontrollen erfolgte die Überprüfung der politischen Verhältnisse, das heißt es ging um die Einschätzung der Betriebsparteiorganisation, der Gewerkschaftsarbeit und

des Personalwesens. Die Urteile der Zentrag fielen noch während und nach Abschluss der Großarbeitsstudie denkbar ungünstig für das »Neue Deutschland« aus. In einem Zwischenbericht vom April 1952 wurde zur politischen Lage festgestellt: »Das innerparteiliche und innergewerkschaftliche Leben fehlt vollkommen.« Der Geschäftsleitung wurden am Ende unklare Verantwortlichkeiten, Desorganisation, fehlender Ernst bei der Durchsetzung des wirtschaftlichen Rechnungswesens und grobe Fehler in der politischen Arbeit vorgeworfen. Im Hinblick auf die Redaktion und den Verlag empfahl die Zentrag ähnliche Tiefenprüfungen wie für den Druckereibereich, da auch in diesen Betriebsteilen mit an Sicherheit grenzender Wahrscheinlichkeit eine Reihe Mängel bei der wirtschaftlichen und politischen Arbeit vermutet wurden.[70]

Die Zentrag kritisierte vor allem, dass es im technischen Bereich der Zeitung vieles nur dem Namen nach gab und die offiziellen Vorgaben unterlaufen wurden. Im technischen Betrieb scherte sich sozusagen niemand wirklich um die »von oben« geforderten Finanz- und Organisationspläne, da es den Zeitungsleuten in der Praxis vor allem darum ging, den Betrieb durch flexibles Agieren und geschicktes Umverteilen der Mittel am Laufen zu halten. Die Argumentation des ND-Verlagsleiters, Gerhard Ulbrich, war in dieser Beziehung entwaffnend klar. Er erklärte den Kontrolleuren von der Zentrag unverblümt: Die »besonderen politischen Aufgaben« der Parteizeitung erschwerten es ganz einfach, Kosten und Investitionen immer im Voraus zu planen. Vielmehr sei bislang die vorsorgliche Bildung »finanzieller Polster« notwendig gewesen, um die oftmals unerwarteten Anforderungen immer angemessen erfüllen zu können. Gemäß der Rolle als Parteizeitung hatte das »Neue Deutschland« jederzeit in der Lage zu sein, »bei bestimmten politischen Situationen den Druck des entsprechenden Propagandamaterials durchzuführen«. Von einer umfassenden Finanzplanung, so der Geschäftsführer, halte er deshalb »überhaupt nichts«.

Der ND-Direktor machte deutlich, dass er an der von der Zentrag geforderten Trennung der Buchungskreise für die Druckerei und den Verlag im Rahmen der Einführung der wirtschaftlichen Rechnungsführung in keiner Weise interessiert sei und er eine solche Trennung im Tagesgeschäft für kontraproduktiv ansah. Der Verlag könne nur leben, so das Argument, wenn die in den schwarzen Zahlen liegenden Einnahmen der Druckerei – »die Rotation bringt das Geld« – flexibel zur Verfügung stehen würden. So könnte man der Lohnzahlung und auch der Begleichung von Lieferantenrechnungen ohne »Geldsorgen« entgegensehen und vor allem auf unerwartete Anforderungen der Parteiführung reagieren. Mit anderen Worten: Kein geringeres Unternehmen als das Zentralorgan der SED machte frühzeitig auf ein betriebswirtschaftliches Grundproblem der Zentralen Planwirtschaft aufmerksam.[71]

In der »Großarbeitsstudie« wurde als besonderes Problem angesehen, dass immer noch 74 Beschäftigte des technischen Betriebes in den Westsektoren Berlins ihren Wohnsitz hatten.[72] Das sei »ein gefährlicher Nährboden für eine feindliche Agententätigkeit«. In der Tat gab es diese auch beim ND. Im Frühjahr 1952 erhielt das Ministerium für Staatssicherheit (MfS) von einem seiner Geheimen Mitarbeiter (GM »Jacob«), der bei der antikommunistischen »Kampfgruppe gegen Unmenschlichkeit« (KgU) eingesetzt war, die Information, dass ein Mit-

5. August 1953

ND-ECHO

Betriebszeitung des „Neuen Deutschland" · Herausgeber: SED-Betriebsparteiorganisation

Wer sich Ami-Pakete holt, macht sich mitschuldig an den Vorbereitungen eines neuen Krieges

Friede in Korea

Am Morgen des 27. Juli 1953 hörten wir in der Abteilung Chemigrafie die Nachricht vom Waffenstillstand in Korea. Noch nie hatte uns eine Nachricht durch den Abteilungssprecher mit so viel Freude erfüllt wie diese. Sogleich und mit seltener Lebhaftigkeit wurde der Sieg der Friedenskräfte diskutiert. Drei Jahre, vier Wochen und zwei Tage versuchte der amerikanische Imperialismus, mit Hilfe der UN ein fein eingefädeltes Unternehmen zu starten mit dem Ziel, einen gewaltigen amerikanischen Stützpunkt, der gleichzeitig mit Rohstoffen wichtigster Art durchsetzt war, zu schaffen. Dieser Stützpunkt sollte der Ausgangspunkt gegen China und die Sowjetunion sein, um von hier aus einen neuen Weltkrieg zu entfachen. Seit dem 27. Juli 1953, 14 Uhr, hat das heldenhaft kämpfende koreanische Volk Ruhe. Keine Bomben, keine zerfetzten Leiber von unschuldigen Kindern und Frauen, keine verstümmelten und verwundeten Soldaten mehr.

Wer von uns zurückdenkt, wie es bei uns 1914 bis 1918 und 1939 bis 1945 war, der wird mit dem koreanischen Volk aufatmen und die Verpflichtung übernehmen, dem Wiederaufbau der zerstörten koreanischen Erde seine Hilfe zukommen zu lassen.

Neigen wir uns in Ehrfurcht vor den Opfern, die in diesem Ringen um Freiheit und nationale Unabhängigkeit gebracht wurden. Danken wir den Lebenden, welche am Kampf teilnahmen, vor allem auch den chinesischen Freiwilligen.

Unsere Wandzeitung hatte schon zwei Stunden nach Eingang der Nachricht eine Verpflichtung aller Kollegen, weiterhin den Friedenskampf in verstärkter Form zu führen, erhalten. Jetzt müssen wir den kalten Krieg ersticken und die amerikanischen Imperialisten nach Hause schicken. Sorgen wir dafür, daß in allen Abteilungen unseres Werkes alle Kollegen davon überzeugt sind, daß im Frieden leben Wohlstand bedeutet.

Martin Seifert

Welches Ergebnis hatten die Abteilungsversammlungen?

Als Schlußfolgerung aus der Parteiaktivtagung sind in allen Abteilungen unseres Betriebes Belegschaftsversammlungen durchgeführt worden. In diesen Versammlungen sollte eine breite Aussprache über den neuen Kurs von Partei und Regierung herbeigeführt werden und alle beruflichen und persönlichen Sorgen zur Diskussion stehen, die dem einzelnen Kollegen bei der vollen Entfaltung seiner Aktivität am Arbeitsplatz hindernd im Wege stehen oder die geeignet sind, das notwendige Vertrauensverhältnis zwischen dem einzelnen Werktätigen und der Gewerkschaftsorganisation oder der Betriebsleitung zu stören.

Haben die in allen Abteilungen unseres Betriebes stattgefundenen Versammlungen unsere Erwartungen erfüllt?

Diese Frage gilt es jetzt kritisch zu beantworten. Das soll der Sinn dieser Bemerkungen sein.

Es ist eine Tatsache, daß in den meisten Versammlungen die Hintergründe der Provokationen vom 17. Juni 1953 und die neuen Maßnahmen der Regierung nicht genügend erläutert worden sind.

Es wurde vor allem nicht genügend darauf eingegangen, daß der neue Kurs der Partei und der Regierung keinesfalls eine grundsätzliche und prinzipielle Änderung unserer Politik bedeutet, sondern, daß vielmehr die Generallinie der Partei nach wie vor richtig ist und niemals fehlerhaft war.

Das Wesen des neuen Kurses besteht vielmehr darin, in der nächsten Zeit eine ernsthafte Verbesserung der wirtschaftlichen Lage und der politischen Verhältnisse in der Deutschen Demokratischen Republik zu erreichen und auf dieser Grundlage die Lebenshaltung der Arbeiterklasse und aller Werktätigen bedeutend zu heben. Das ist ungenügend erklärt worden, deshalb war auch in unseren Abteilungsversammlungen die Tendenz vorhanden, daß alle Maßnahmen der Partei und der Regierung etwa seit der II. Parteikonferenz falsch gewesen seien.

Das ist völlig unrichtig; es ist vielmehr so, daß die Grundlinie unserer Politik richtig war, weil sie immer von den Lebensinteressen der Nation ausgegangen ist und weil sich unsere Partei ständig von der einzigen wissenschaftlichen Grundlage, die es gibt, leiten läßt, nämlich vom Marxismus-Leninismus.

Auf die entscheidende, mobilisierende und organisierende Rolle der marxistisch-leninistischen Theorie, auf die unbedingte Richtigkeit der Lehren von Marx, Engels, Lenin und Stalin, die der Arbeiterklasse die einzig richtige Perspektive geben, ist in keiner der Abteilungsversammlungen in genügendem Maße eingegangen worden.

Die erste und wichtigste Aufgabe der Versammlungen war, die Politik der Partei zu erläutern und darüber eine entsprechende Diskussion zu entfalten. Die Abteilungsversammlungen standen zweifellos noch nicht auf der Höhe dieser Aufgabe. Die Ursache dafür ist hauptsächlich in der ungenügenden Beachtung der Erklärung des Zentralkomitees unserer Partei vom 21. Juni 1953 „Über die gegenwärtige Lage und die unmittelbaren Aufgaben der Partei" durch die Mitglieder unserer Parteiorganisation zu sehen. Dort wird gesagt: „Wenn Massen von Arbeitern die Partei nicht verstehen, ist die Partei schuld, nicht die Arbeiter."

Wäre diese Erklärung des Zentralkomitees von der gesamten Parteiorganisation entsprechend ihrer Bedeutung beachtet worden, dann hätten es unsere Genossen leichter gehabt, in den Abteilungsversammlungen das Wort zu ergreifen, um die Politik der Partei und besonders das Wesen des neuen Kurses zu erklären.

Kritisierte Mängel werden beseitigt

Die zweite Seite der Versammlungen entsprach vollkommen den Forderungen der Parteiaktivtagung vom 24. Juni 1953. Ein großer Teil unserer Kollegen sprach offen über die verschiedenen Mängel, die innerhalb der Abteilungen oder außerhalb des Betriebes noch vorhanden sind, und es wurden zahlreiche Vorschläge zu Verbesserungen gemacht. In allen Versammlungen ergriffen fast 300 Werktätige unseres Betriebes das Wort und sagten ihre Meinung zu den verschiedenen Fragen.

In fast allen Abteilungen ist die oft mangelhafte Verteilung der bei uns noch nicht in genügendem Maße vorhandenen Waren kritisiert worden. Diese Kritik, die besonders von dem Kollegen Strauß, dem Kollegen Hoeth und Kollegen aus der Setzerei, dem Buchdruck und der Verwaltung geübt worden ist, gab der Betriebsleitung sofort Anlaß, eine bessere Orga-

Die Betriebszeitung war erstmals im September 1948 als »Mitteilungsblatt« und ab der 2. Ausgabe unter dem Titel »ND-Echo« erschienen. Im »ND-Echo« wurde über die Arbeiterversorgung auf dem Betriebsgelände, die Kinderbetreuung, gegenseitige Hilfe, das Betriebsgesundheitswesen, Weiterbildungsveranstaltungen, Ferienlager, die Tanz- und Laienspielgruppe, über den Chor, die Betriebsbücherei, Ausflüge, Weihnachtsfeiern, Modenschauen, Straßenfeste und Sportveranstaltungen berichtet. In dieser Beziehung hatte das Zeitungsunternehmen eine von der Belegschaft gern gesehene und vor allem von ihr auch aktiv mitgestaltete Entwicklung genommen. Was lag außerdem näher, als im traditionellen Berliner Arbeiterstadtbezirk Prenzlauer Berg, am Senefelderplatz, die bewährten Arbeitertugenden neu aufleben zu lassen: Gegenseitige Hilfe, kulturelles Mit- und Füreinander, Arbeitersolidarität.

arbeiter des »Neuen Deutschland«, ein Lastkraftwagenfahrer, mit einer größeren Sabotageaufgabe betraut werden sollte. Der ND-Fahrer arbeitete seit Herbst 1951 unter dem Decknamen »Raupe« für die KgU. Bislang hatte er über den Versand von ND-Druckerzeugnissen in den Westen berichtet und die beim »Neuen Deutschland« hergestellten Zeitungen, Zeitschriften und Drucksachen sozusagen als »Belegexemplare« bei der KgU abgeliefert. Zudem übernahm er mit seinem ND-Laster einen Fahrauftrag für die KgU in Ostberlin. Das war seine Probezeit. Nun sollte er an größere Aufgaben herangeführt werden. Geplant war die Zerstörung oder zumindest Außerbetriebsetzung der Anlage der ND-Leuchtschrift an der Weidendammer Brücke in der Friedrichstraße. Als aufflog, dass er Angaben über die Anlage und deren Betrieb geliefert hatte, wurde der ND-Fahrer am 7. Mai 1952 verhaftet und im November des Jahres zu zehn Jahren Zuchthaus verurteilt.[73]

Generell bekämpften sich in der »Frontstadt« des Kalten Krieges beide Seiten gleichermaßen gnadenlos. Das Spektrum reichte von gefälschten Briefmarken über Entführungen und Sprengstoffanschläge bis hin zu Morden. 1952 war einer der traurigeren Höhepunkte in diesem immer härter geführten geheimen Krieg.[74] Die Festnahme des ND-Fahrers durch die Staatssicherheit hing indirekt auch mit der Aufdeckung von anderen Aktivitäten der KgU und des ebenfalls von Westberlin aus agierenden »Untersuchungsausschusses Freiheitlicher Juristen« (UFJ) zusammen, der in großem Maßstab Informationen über die DDR sammelte. So gab es vonseiten der KgU Pläne für die Sprengung einer Eisenbahnbrücke bei Erkner während der Durchfahrt eines Fernschnellzuges nach Moskau. Die Aktion scheiterte, und im Mai 1952 wurde den Beteiligten der Prozess gemacht. In großer Aufmachung berichtete das ND darüber. Da der Prozess am 23. Mai 1952 bis in den späten Abend ging, diktierten die ND-Reporter Gerhard Dengler und Arne Rehahn nach ihren Notizen die Berichte druckreif in die Setzmaschine. Die Chefredaktion räumte dem Ereignis »fast unbegrenzten Platz« ein.[75]

Als ein ideologisches Risiko im ND betrachtete man auch, dass Betriebsangehörige Verwandte in den Westsektoren der Stadt hatten, die sie besuchten, um sich dort auch gleich mit Waren zu versorgen. Der Sohn eines ND-Setzers war sogar Angehöriger der Westberliner Polizei – die vom »Neuen Deutschland« immerzu als verhasste »Stummpolizei« geschmäht wurde.[76] Doch das Leben begann sich in den Westsektoren der Stadt inzwischen deutlich sowohl vom grauen Nachkriegsalltag als auch von der sozialistischen Aufbauwelt im Ostsektor Berlins abzuheben.

Die ND-Journalistin Margot Pfannstiel erklärte ein Jahr später ihrem Chefredakteur gerade heraus, dass es denen im Westen längst besser gehe als denen im Osten und dass er keine Ahnung habe, was da drüben wirklich geschehe, weil er sich das nicht anschaue. Also fuhren die beiden mit der S-Bahn in die Westsektoren. Nach Margot Pfannstiel soll Herrnstadt im Angesicht des für damalige Verhältnisse pulsierenden Konsum- und Stadtlebens gesagt haben: »Dann ist ja alles falsch, was wir darüber schreiben!«[77] Friedrich Nietzsche hat wohl recht, wenn er meint, dass die Überzeugungen die gefährlicheren Feinde der Wahrheit sind als die Lügen.

Course de la Paix – Die Friedensfahrt

VII. Internationale Friedensfahrt
14. MAI – 10. ETAPPE VON DECIN NACH PARDUBICE ÜBER 186 KILOMETER
Krolak gewann den Spurt in Pardubiče
Die 10. Etappe von Decin nach Pardubice entschied sich erst auf den letzten 60 Kilometern / „Täve" Schur und Lothar Meister führten Verfolgergruppe bis auf 50 Sekunden an die Spitzengruppe heran
Von unserem Sonderkorrespondenten Klaus Ullrich

Anfang der fünfziger Jahre begann eine Erfolgsgeschichte der Zeitung »Neues Deutschland«. Gemeint damit ist die 1952 erstmalig vom SED-Zentralorgan mit organisierte Friedensfahrt, die zu ihren besten Zeiten Millionen von Menschen für den Radrennsport begeisterte und an den Straßenrändern versammelte. In den fünfziger und sechziger Jahren avancierte das mitteleuropäische Drei-Länder-Straßenrennen hinter dem »Eisernen Vorhang« zu einem alljährlichen Gesellschaftsereignis, das es allemal mit einer Fußballweltmeisterschaft aufnehmen konnte. »Hinbestellen« musste man zur Friedensfahrt niemanden, die Leute kamen freiwillig. Der erste große Star der DDR war ein Radrennfahrer, der zweimalige Gesamtsieger von 1955 und 1959: Gustav-Adolf Schur, bewundernd kurz Täve genannt. Den Namen bekam er übrigens nicht bei der Friedensfahrt, sondern von seinen Mitschülern auf dem Schulhof. Sie verkürzten den langen Vornamen Gustav-Adolf »magdeburgisch« zu Täve. Dabei blieb es dann. Nur eine Person soll sich zeit ihres Lebens nicht daran gehalten haben, Täves Mutter, die nannte ihn »Bubi«.

Täve Schur ging sogar in die Literatur ein: Der Schriftsteller Uwe Johnson rückte in seinem 1961 erschienenen kritischen DDR-Roman »Das dritte Buch über Achim« einen Radrennsportler aus der DDR, Achim T., und einen Journalisten aus der Bundesrepublik, Karsch, in den Mittelpunkt der Romanhandlung. Letzterer soll ein weiteres Buch, ein drittes Buch, eine Biografie über den Sportler aus dem Osten schreiben. Doch der Journalist scheitert bei dem Versuch, als einer aus dem Westen über einen aus dem Osten zu schreiben. Ihm bleibt unverständlich, warum der Sportler zu seinem Staat hält, und der Sportler ver-

„Täfes" große Fahrt auf der Schlußetappe
Die DDR-Mannschaft entriß Belgien den dritten Platz / Ehrgeizige Kämpfe trotz Regen und Hagelschauer / Steel ließ Vesely nicht entweichen und behauptete den Gesamtsieg / Englands Mannschaft vor der CSR
Von unseren Dgl./Kl.-Sonderberichterstattern

Gustav-Adolf Schur als »Täfe« im ND-Bericht 14. Mai 1952. Zwei Jahre später dann richtig genannt als »Täve« Schur. (ND v. 14.5.1952, S. 8; ND v. 15.5.1954, S. 6) steht nicht, wie der aus dem Westen ihn sieht. Johnson zeigte damit, wie tief die Teilung Deutschlands schon fortgeschritten war. Als diese 1990 aufgehoben wurde, schrieb der ehemalige ND-Reporter und Freund Täve Schurs, Klaus Huhn, ein viertes Buch über Täve und ließ damit auch erkennen, dass die unterschiedlichen Wahrnehmungen der Deutschen voneinander vor allem Fragen der Generationen und der Weltanschauungen sind. Es mag etwas hochgegriffen klingen, aber die Teilung Deutschlands und damit der Welt spiegelt sich beispielhaft in der Biografie des Radrennfahrers Täve Schur. Johnson hat schließlich das »Dritte Buch« nicht von ungefähr geschrieben.[78]

Vor allem für die Jugend besaßen die Friedensfahrt und Täve Schur lange Zeit eine große Faszination: Halbwüchsige fertigten Jahr für Jahr Sammelalben mit Bildern und Zeitungsausschnitten ihrer »Helden der Landstraße« an, stiegen selbst auf das Rad, um den großen Vorbildern nachzueifern, und einige dieser Fans fuhren später sogar selbst mit und errangen Siege.

Die Ursprünge der Friedensfahrt gehen auf das Jahr 1947 zurück. Damals wollte der Chefredakteur der in der Tschechoslowakei für die polnischsprachige Bevölkerung erscheinenden Zeitung »Głos Ludu« (»Volksstimme«), Henryk Jasiczek, mit einer sportlich verbindenden Großveranstaltung die Beziehungen zwischen Polen, Tschechen und Slowaken verbessern. Zuerst dachte der Chefredakteur an einen Boxkampf, aber sehr schnell wurde ihm klar, dass diese Art der sportlichen Auseinandersetzung die freundschaftlichen Beziehungen kaum befördern würde. Nachdem er kurzzeitig ein Motorradrennen erwogen hatte, fiel seine Wahl schließlich auf eine Radrennveranstaltung zwischen der polnischen und tschechoslowakischen Hauptstadt.

Gustav-Adolf Schur, genannt Täve, war der erste deutsche Gesamtsieger der Friedensfahrt von 1955. Vier Jahre später konnte er diese Leistung noch einmal wiederholen und wurde zu einer Radsportlegende. (ND v. 18.5.1955, S. 6)

Was den Namen anging, so war damals noch der Vorschlag »Tour der Slawen« im Gespräch, aber »Friedensfahrt« klang doch besser und war in dieser Zeit passender als »Slawenfahrt«.
Die Austragung des Rennens übernahmen 1948 die polnische KP-Zeitung »Trybuna Ludu« (»Volkstribüne«) und das tschechoslowakische KP-Organ »Rudé Právo« (»Rotes Recht«). Die Anfänge gestalteten sich aufgrund der schwierigen Nachkriegssituation mitunter recht abenteuerlich; es waren vor allem Organisationstalent und Improvisationskunst gefragt. So mussten auf tschechischer Seite die Rennräder mit allem Zubehör bis zur Luftpumpe zum Beispiel gegen harte Devisen im Ausland angeschafft werden. Beim ersten Rennen startete übrigens noch eine Hälfte der Fahrer von Warschau nach Prag (1104 Kilometer in sieben Etappen) und die andere trat das Rennen von Prag nach Warschau (842 Kilometer in fünf Etappen) an. Im darauffolgenden Jahr ging es dann nur noch in eine Richtung.[79]

Für den DDR-Radrennsport und »Neues Deutschland« begann die Friedensfahrt mit einer Einladung im April 1950. Der Sportredakteur von »Głos Ludu«, Włodek Golebiewski, hatte sich trotz vieler Warnungen dafür stark gemacht, dass auch eine Mannschaft aus der DDR zum Radrennen eingeladen wurde. Die Teilnahme von deutschen Radrennfahrern im dritten Jahr des Rennens war damals alles andere als selbstverständlich. Das Ende des Zweiten Weltkriegs, der 1939 mit dem Überfall Deutschlands auf Polen vom Zaun gebrochen worden war, lag gerade erst fünf Jahre zurück. Polen, Tschechen und Slowaken begegneten den Deutschen aus begreiflichen Gründen mit großer Verachtung, Kühle, Wut und Distanz.

Was die Fahrer, Betreuer und Reporter aus der DDR im Jahr 1950 auf den neun Etappen der insgesamt 1539 Kilometer langen Friedensfahrt von Warschau nach Prag erlebten, kann nur jemand angemessen schildern, der selbst dabei gewesen war.
Klaus Huhn, der von 1950 bis 1992 jede Friedensfahrt begleitet, betreut und mitorganisiert hat, erzählt Folgendes über den schwierigen Anfang im Jahre 1950: »Als das Rennen gestartet wurde, stieg ich in den Bus und empfand, ich wäre Luft. Niemand nahm Notiz von mir. Als ich mich aufraffte, einen Kollegen auf der Bank vor mir um Auskunft zu bitten, ob die Trümmer zur linken Seite die des Warschauer Schlosses seien, sah der Befragte demonstrativ rechts aus dem Fenster. Spätestens diese Geste ließ mich begreifen: Deutsche waren hier unerwünscht. Es war nicht die einzige Enttäuschung dieses Tages. Am Abend kam der Mechaniker der Mannschaft – ein immer gut gelauntes Leipziger Original mit dem Spitznamen ›Schlingschlang‹ – und forderte, dass man ihm augenblicklich eine Rückfahrkarte nach Berlin beschaffe. Der polnische Mechaniker, der sich mit ihm den mit Ersatzrädern beladenen Lastwagen teilte, hätte weniger nach seinen Fahrern und ihren Defekten Ausschau gehalten als nach Ruinen und bei jeder laut gerufen: ›Das waren die Faschisten! Du Faschist!‹ Vielleicht hatte er es rüder formuliert, aber es war der Inhalt seiner Worte, und man muss sie … mit dem Hinweis ergänzen, dass rechts und links der Straßen in und um Warschau nur Trümmer waren und er demzufolge pausenlos seine Anklage in den von Rennfahrern und Lastwagen aufgewirbelten Staub schrie.«[80]

Am 13. und 14. Februar 1952 wurden in Warschau die Bestimmungen für die im Mai dieses Jahres stattfindende V. Internationale Friedensfahrt festgelegt. Nun war »Neues Deutschland« offiziell mit dabei.

Wieder hatte sich der polnische Zeitungsmann Golebiewski dafür eingesetzt, und mit ihm machte sich auch der Chefredakteur Rudolf Herrnstadt für die Fahrt stark. Die Einbeziehung der DDR in das Radrennen stieß diesmal auf offene Ohren, da es seit dem 27. Januar 1951 einen offiziellen Grenzvertrag zwischen der DDR und Polen gab, in dem beide Seiten die Oder-Neiße-Grenze als »Friedens- und Freundschaftsgrenze« bezeichneten.[81] Es lag nun nahe, auch die DDR in den Kreis der Veranstaltungsländer aufzunehmen, zumal die Idee einleuchtend war: »Friedliches Überqueren von Grenzen, die einmal gewaltsam überschritten wurden. Versöhnung mit den Polen und Tschechen. Dazu der sportliche Anspruch dieser neuen Staaten: keine Bezahlung, keine Berufssportler.«[82]

Die Friedensfahrt, auch Course de la Paix genannt, entwickelte sich über die Jahre zum schwersten Amateurradrennen der Welt und hatte jeweils Volksfestcharakter in den beteiligten Ländern.

Das ZK der SED beauftragte das »Neue Deutschland« und den »Deutschen Turn- und Sportbund« (DTSB) mit der Organisationsarbeit. Im Verlauf der Jahre sollte sich die Friedensfahrt zum größten internationalen Amateurradrennen der Welt entwickeln. In ihren besten Zeiten galt sie als hochklassig und hervorragend organisiert. Ab 1952 war eine ND-Sonderredaktion immer auf der Fahrt dabei, so dass die Berichterstattung für die damalige Zeit schon ein Niveau erreichte, wie es für heutige Sportgroßveranstaltungen als selbstverständlich gilt. Das Organisationsbüro tagte meist zweimal im Jahr, und es gehörte zur Veranstaltungspolitik, so viele Länder wie möglich zur Fahrt einzuladen. So nahm 1954 erstmals auch eine Mannschaft aus Indien daran teil. Freilich, den indischen Fahrern fehlte es nicht nur an jeglicher Erfahrung, sie litten vor allem unter dem außergewöhnlich kalten und regnerischen Wetter, das im Mai 1954 herrschte.[83]

Der zu den ND-Friedensfahrtleuten der ersten Stunde gehörende Gerhard Dengler schrieb später über die indische Mannschaft: »Dennoch – oder gerade deshalb – wurden die indischen Radsportler überall besonders gefeiert. Es war ja auch eine exotische Besonderheit, den indischen Fahrer Danah Singh während des Rennens mit einem Turban zu sehen. Nach und nach schieden die indischen Fahrer aus – bis auf einen. Dieser Teufelskerl Chravali fuhr bis zum Ziel mit, auch wenn er immer weit abgeschlagen vom Hauptfeld landete. In Prag wurde er darum wie ein Sieger gefeiert, obwohl er erst zwei Stunden nach dem Hauptfeld im Stadion eintraf. Die Zuschauer in den Straßen der Stadt hatten ebenfalls bis zu seinem Eintreffen ausgeharrt und ihn stürmisch umjubelt.«[84]

Fünf Mark für ein ND

Am Donnerstag, dem 11. Juni 1953, geschah in der Geschichte der Parteizeitung etwas höchst Seltenes. Innerhalb weniger Stunden war die Berlin-Ausgabe restlos ausverkauft. Einige, die kein Exemplar mehr ergattern konnten, waren sogar bereit, bis zu fünf Mark für eins zu bezahlen. Der Grund war das »Kommuniqué des Politbüros« vom 9. Juni 1953. Auf der ND-Titelseite des 11. Juni empfahl die SED-Führung dem regierenden Ministerrat Maßnahmen, die zur »entscheidenden Verbesserung der Lebenslage aller Teile der Bevölkerung« und zur »Stärkung der Rechtssicherheit« im Land führen sollten. Begründet wurde das Vorgehen lediglich mit der dünnen Bemerkung, dass von Partei und Staat »in der Vergangenheit eine Reihe von Fehlern begangen wurde«. Kein weiterer Kommentar, keine weitere Erklärung. Das Politbüro bedauerte das repressive Vorgehen gegenüber der Bevölkerung, vor allem gegen Gewerbetreibende, Einzelbauern und gegen die Kirche, sowie die damit einhergehende massenhafte Abwanderung in den Westen. Diese Nachricht verbreitete sich am Morgen des 11. Juni über den Rundfunk, im Berufsverkehr und am Arbeitsplatz wie ein Lauffeuer. Von dem knapp ein Jahr zuvor auf der II. Parteikonferenz der SED (9.–12.7.1952) beschlossenen Aufbau der Grundlagen des Sozialismus war keine Rede mehr. Das Wort »sozialistisch« fand man im »Neuen Deutschland« seit einigen Tagen nur noch im Zusammenhang mit der vollständigen Nennung des Parteinamens: SED – Sozialistische Einheitspartei Deutschlands. Seit dem 4. Juni kein Wort mehr über die »Beschlüsse der II. Parteikonferenz«, keine Propaganda für Landwirtschaftliche Produktionsgenossenschaften (LPG) und vom »Baumeister des Sozialismus in der DDR«, Walter Ulbricht, wurde auch nicht mehr berichtet. Es zeigte sich, dass sowohl die Bevölkerung als auch die Parteimitglieder von den Ankündigungen der SED-Führung vollkommen überrascht wurden. Das war auch im Juli 1952 ähnlich gewesen, als plötzlich der Aufbau des Sozialismus in der DDR verkündet wurde. Damals hatte es zuvor keinerlei Diskussion in der SED darüber gegeben. Selbst das Zentralkomitee informierte man erst kurz vor der Konferenz über den Aufbaubeschluss. Ein früherer Zeitpunkt wäre schlecht möglich gewesen, da für die öffentliche Verkündung erst am Vorabend der II. Parteikonferenz, am 8. Juli 1952, »grünes Licht« aus Moskau kam. Im Grunde wurde am 11. Juni 1953 das Land »mit der Absage des Sozialismus ebenso überrumpelt wie ein Jahr zuvor mit der Ansage«.[85]
Die einen, die rund 1,5 Millionen SED-Mitglieder, die über Monate das Aufbauprogramm mit heißen Herzen propagierten, die Forderungen durchdrückten sowie die Überspitzungen rechtfertigten und die Willkürlichkeiten als notwendiges Übel abtaten, wussten nun nichts mehr zu sagen; die anderen, bei denen sich die SED-Führung zu entschuldigen versuchte, begriffen, dass hier jemand eine Niederlage eingestand – etwas gescheitert war. Und genau das

NEUES DEUTSCHLAND

ORGAN DES ZENTRALKOMITEES DER SOZIALISTISCHEN EINHEITSPARTEI DEUTSCHLANDS

Berliner Ausgabe „Vorwärts“ — Berlin, Donnerstag, 11. Juni 1953 — 8. (64.) Jahrgang / Nr. 134 / Einzelpreis 15 Pf

Über den Patriotismus unseres Volkes

KOMMUNIQUÉ des Politbüros des Zentralkomitees der SED vom 9. Juni 1953

Vorwärts zum Aufbau des Sozialismus!

NEUES DEUTSCHLAND

ORGAN DES ZENTRALKOMITEES DER SOZIALISTISCHEN EINHEITSPARTEI DEUTSCHLANDS

Berliner Ausgabe „Vorwärts“ — Berlin, Sonnabend, 12. Juli 1952 — 7. (63.) Jahrgang / Nr. 162 / Einzelpreis 15 Pf.

In unserer heutigen Ausgabe:

Für einen starken Staat der Werktätigen unserer Republik Wortlaut der Diskussionsrede des Parteivorsitzenden Genossen Otto Grotewohl auf der II. Parteikonferenz . . . Seite 3

Zwickauer Kumpel entwickeln Kampfplan zur Mobilisierung aller Reserven / Diskussionsbeitrag des Nationalpreisträgers Genossen Alfred Baumann auf der II. Parteikonferenz der SED Seite 5

»Vorwärts zum Aufbau des Sozialismus!« wurde auf der II. Parteikonferenz der SED im Juli 1952 überraschend verkündet. Knapp ein Jahr später gestand die SED-Führung am 11. Juni 1953 genauso plötzlich ihr Scheitern ein. (ND v. 12.7.1952, S. 1; ND v. 11.6.1953, S. 1)

war es, was die Bevölkerung am 11. Juni unbedingt schwarz auf weiß haben wollte, vor allem im SED-Zentralorgan lesen, auch wenn sie dafür mehr als das Dreißigfache des Verkaufspreises der Zeitung hinlegen mussten.[86]

Die Annahme der Empfehlungen des Politbüros durch den Ministerrat am 11. Juni 1953 war eine reine Formsache, da sich die SED-Führung die Maßnahmen ja im Grunde selbst empfahl: Ministerpräsident Otto Grotewohl und sein Stellvertreter Walter Ulbricht waren paritätisch SED-Vorsitzender (1946–1954) bzw. Generalsekretär der SED (1950–26.7.1953). Am 12. Juni 1953 erschienen konkrete Verordnungen des Ministerrates in der Presse. Sie betrafen das Bildungswesen, den Strafvollzug, das Finanzwesen, die Bevölkerungsversorgung, die Sozialversicherung, die Kirche und vor allem die Landwirtschaft. Zudem wurden all denjenigen, die in den Westen geflüchtet waren, die straffreie Rückkehr und die Rückgabe ihres Eigentums versprochen. Doch immer noch fehlten erläuternde Kommentare und erklärende Stellungnahmen der SED-Führung.

Der Bevölkerung wurde klar, dass dieser Kurswechsel keine Idee der SED war, sondern im Moskauer Kreml geboren worden war. Das verdeutlichte auch die ND-Titelseite vom 11. Juni 1953, da unter dem Kommuniqué über den Antrittsbesuch des neuen Moskauer Hohen Kommissars und Botschafters, Wladimir Semjonow, berichtet wurde. Bei all den angekündigten Maßnahmen fehlte aber die Rücknahme einer Verordnung, die in der Arbeiterschaft für großen Unmut gesorgt hatte: die am 28. Mai 1953 vom Ministerrat angeordnete allgemeine zehnprozentige Normerhöhung. Warum, so die Logik der SED-Führung, sollte die Normerhöhung auch zurückgenommen werden? Das ganze Maßnahmepaket vom 9. Juni zielte ja auf das Herunterfahren des verschärften Klassenkampfes, auf eine neue Deutschlandpolitik und nicht auf eine Drosselung des wirtschaftlichen Aufbautempos. Aus der Sicht Moskaus und der SED-Führung waren die Arbeiter außerdem keine Gegner im Klassenkampf. Die Normerhöhung wurde ganz selbstverständlich als richtig angesehen, da die höheren Arbeitsleistungen mittel- und langfristig den Arbeitern zugute kommen würden und eine leistungsfähige Wirtschaft im Sinne der neuen Deutschlandpolitik zudem die Attraktivität der DDR stärkte.

Doch wie kam es eigentlich zum Beschluss des planmäßigen Aufbaus des Sozialismus vom Juli 1952? In der Konsequenz bedeutete er nur die Umsetzung von Entscheidungen, die Anfang April 1952 in Moskau getroffen worden waren. Dort, im Kreml bei Stalin, war der Ausbau der DDR zu einem starken Vorposten des Sozialismus vereinbart worden, was wiederum mit dem ersten Heißen im Kalten Krieg zu tun hatte – dem Krieg in Korea (1950–1953). So wie dieser Krieg für die Bundesrepublik der Katalysator für die Beschleunigung der Westintegration war, so bedeutete er in ähnlicher Weise für die DDR die Forcierung der Ostintegration. Die Ingangsetzung des ersten deutschen Sozialismus-Projekts sollte nach Stalin so schnell wie möglich vonstattengehen. Die vorgegebenen Ziele lauteten im April 1952: massiver Aufbau der Streitkräfte und Rüstung, Kollektivierung auf dem Lande, straffe Organisation des Staates, Ausbau der planwirtschaftlichen Strukturen mit Konzentration auf die Schwerindustrie sowie eine deutliche Abgrenzung zum Westen Deutschlands. Die radikale und gleichzeitige Umsetzung dieser Ziele brachte die Wirtschaft der DDR schon im Herbst 1952 in eine gefährliche Schieflage. Die Ausrichtung der permanent knappen Investitionsmittel auf die Schwerindustrie, der Aufbau einer Armee und die Rüstungsanstrengungen, der wachsende Kollektivierungsdruck und die zugleich weiterlaufenden Reparationen an die Sowjetunion schufen schnell eine außerordentlich prekäre Lage. Doch die SED-Führung reagierte mit einer weiteren Verschärfung der Gangart. Um aus der schwierigen Situation herauszukommen, wurden private Unternehmer, Einzelbauern und Gewerbetreibende gezielt benachteiligt. Es kam zur Verstärkung des Kampfes gegen »innere Feinde« wie etwa die Kirche und die Einzelbauern.

Von großer Bedeutung war bei dieser Entwicklung der Tod Stalins am 5. März 1953, der echte Trauer, Bestürzung und Ratlosigkeit auslöste. Der Tod des »größten Menschen unserer Epoche«, so die ND-Schlagzeile vom 7. März, ließ aber auch viele aufatmen und wurde mit spitzem, zum Teil zynischem Humor kommentiert. Die Stimmungsberichte der SED und der Staatssicherheit vermerkten im März 1953 eine Vielzahl von Äußerungen der folgenden Art: »Es gibt keine Butter, weil Stalin einbalsamiert wird«, »Wir können keine Kohle bekommen, weil damit das Fegefeuer für Stalin angeheizt wird«, und am Tag der Beisetzung stimmte der eine oder andere mit kirchlicher Liedgutsozialisation auch schon einmal in »Nun danket alle Gott« ein.[87]

Entscheidend für die SED und die DDR war am Tod Stalins, dass mit dem Führungswechsel in Moskau neue politische Konzepte zum Vorschein kamen. Gespräche über eine neue Politik und Reformen fanden auch beim »Neuen Deutschland« statt. Der ND-Chefredakteur, so der Journalist und Reformkommunist Helmut Just, lud SED-Funktionäre aus verschiedenen Arbeitsbereichen zu Beratungen in die ND-Redaktion ein. Helmut Just war dabei und hoch erfreut darüber, wie weit dabei die Reformvorstellungen von Herrnstadt gingen.[88]

NEUES DEUTSCHLAND

ORGAN DES ZENTRALKOMITEES DER SOZIALISTISCHEN EINHEITSPARTEI DEUTSCHLANDS

Berliner Ausgabe „Vorwärts" | Berlin, Sonnabend, 7. März 1953 | 8. (64.) Jahrgang / Nr. 56 / Einzelpreis 15 Pf.

Das Herz des größten Menschen unserer Epoche, des Genossen J. W. STALIN, hat aufgehört zu schlagen

Berliner Ausgabe „Vorwärts" | Berlin, Sonntag, 8. März 1953 | 8. (64.) Jahrgang / Nr. 57 / Einzelpreis 15 Pf.

Im Säulensaal des Hauses der Gewerkschaften in Moskau am 6. März 1953. Die Führer der Partei und der Regierung am Sarge J. W. Stalins

Berliner Ausgabe „Vorwärts" | Berlin, Dienstag, 10. März 1953 | 8. (64.) Jahrgang / Nr. 58 / Einzelpreis 15 Pf.

J. W. STALIN ruht an der Seite W. I. LENINS

Moskau (ADN/Eig. Ber.). Am Montagmittag um 12 Uhr wurden nach einer feierlichen Trauerkundgebung auf dem Roten Platz in Moskau, auf der G. M. Malenkow, L. P. Berija und W. M. Molotow Gedenkansprachen hielten, die sterblichen Überreste Josef Wissarionowitsch Stalins im Mausoleum an der Seite W. I. Lenins beigesetzt.

Ganz Moskau, die Vertreter aller Völker der Sowjetunion sowie Delegationen vieler Völker der Erde erwiesen dem großen Führer und Lehrer der Werktätigen der ganzen Welt, dem Vorsitzenden des Ministerrates der UdSSR und Sekretär des Zentralkomitees der Kommunistischen Partei der Sowjetunion, Generalissimus Josef Wissarionowitsch Stalin, die letzte Ehre.

Der 5. März 1953: Stalin ist tot. Am 7. März 1953 bringt »Neues Deutschland« die Nachricht vom Tod »des größten Menschen unserer Epoche«. Das bestimmt die Titelseiten der ND-Ausgaben bis zum 12. März. In den Oberlausitzer Glaswerken in Weißwasser kommentierte ein Arbeiter die trauernde Parteipresse mit der Bemerkung: »Diese Blätter sind gut zur Verwendung hinterlistiger Zwecke.«

Am 2. Juni 1953 stimmte der neue sowjetische Ministerrat den »Maßnahmen zur Gesundung der politischen Lage in der DDR« zu. Am nächsten Morgen erfuhr eine kleine SED-Abordnung von der radikalen Kehrtwendung; Walter Ulbricht, Otto Grotewohl und Fred Oelßner waren noch am gleichen Tag nach Moskau beordert worden. Im Kreml wurde den drei Deutschen die Lage in der DDR als äußerst bedrohlich geschildert. Eindringlich forderte Moskau eine schnelle und grundlegende politische Neuorientierung – einen »Neuen Kurs«: Die Sozialismus-Beschlüsse waren plötzlich nicht mehr gültig, dafür sollte als großes Ziel wieder die Einheit Deutschlands ins Auge gefasst werden. Es wurde angeordnet, dass alles, was die Annäherung der beiden Teile Deutschlands erschwerte, nun vermieden werden sollte. Die Kernpunkte der Moskauer Kursänderung wurden noch am 3. Juni nach Berlin telegrafiert.

Am Tage der Rückkehr der kleinen SED-Abordnung, am 5. Juni 1953, fand eine außerordentliche Politbürositzung statt; die nächste folgte am 6. Juni 1953. Die in Moskau beschlossenen Maßnahmen wurden heftig und emotional diskutiert. Walter Ulbricht geriet aufgrund seines Führungsstils und seiner Selbstinszenierungen unter Kritik. Mit Hinweis auf die seit Stalins Tod bestehende kollektive Führung in Moskau forderte der größte Teil des Politbüros die Übernahme des sowjetischen Modells.

Der ND-Chefredakteur sollte für die nächsten Tage und Wochen als »Schreibfeder« des Politbüros fungieren. Herrnstadt bekam aber nicht nur die Aufgabe, die Empfehlungen des Politbüros an den Ministerrat und dessen Sofortmaßnahmen für den 11. und 12. Juni abzufassen, sondern er wurde auch mit dem Schreiben der Entwürfe aller anderen Schlüsseltexte beauftragt: Krisenanalyse, Schlussfolgerungen und neue Leitungsstrukturen. Genau genommen schrieb der ND-Chefredakteur an einem neuen Parteiprogramm. Ein enormes Arbeitspensum ad hoc und unter enormen Zeitdruck. Als er um einen Termin beim neuen sowjetischen Statthalter in der DDR, Semjonow, bat, sprach dieser den inzwischen hinlänglich bekannten sibyllinischen Satz aus: »In 14 Tagen werden Sie vielleicht schon keinen Staat mehr haben.« Vom Tagesgeschäft beim ND zog sich Rudolf Herrnstadt zurück, übergab den Betrieb seinem Stellvertreter Heinz Friedrich und begann zu schreiben.[89]

In der Redaktion des »Neuen Deutschland« ging der Zeitungsalltag weiter. So gab es am 5. Juni einen großen ND-Artikel mit dem Titel »Die Stalinallee im Kampf um höhere Normen«. Am 11. Juni 1953 erschien zudem eine Selbstkritik der Zeitung unter der Überschrift »Zu einem Bild im ›ND‹ und zur Frage des Arbeitsschutzes«. Es hatte Leserkritik gegeben, da Bilder abgedruckt worden waren, auf denen der Arbeitsschutz sträflich missachtet wurde: eine Dreherin ohne Kopfschutz auf der Titelseite oder zwei Kupferschmiede bei Schweißarbeiten ohne Schutzbrille.

Am 12. Juni 1953 veröffentlichte das »Neue Deutschland« im Rahmen des »Wettbewerbs für den besten Beitrag aus der Geschichte Berlins« einen Artikel des Archivars Werner Königsmann aus Berlin-Pankow über die »Bauarbeiterstreiks im Jahre 1898«. Der Archivar verglich die Situation der Berliner Bauarbeiter von 1898 mit der Lage der Bauarbeiter in Westberlin 1953, aber eigentlich las sich der Beitrag auch wie eine Streikanleitung für die Kollegen im Osten der Stadt.

Genauer betrachtet, trafen zwischen dem 11. und 17. Juni 1953 zwei unterschiedliche Entwicklungen und Interessenlagen aufeinander. Einerseits warteten die Mittelschicht und die Einzelbauern auf die Einlösung der Versprechen der beiden Kommuniqués vom Juni; andererseits waren gerade die Arbeiter sehr aufgebracht darüber, dass sich die SED-Führung bei allen anderen Bevölkerungsgruppen entschuldigte, sie hingegen bei all diesen Maßnahmen leer ausgingen.
Am Morgen des 16. Juni 1953 protestierte am Strausberger Platz in der Hauptstadt der DDR eine Handvoll Bauarbeiter gegen die zehnprozentige Normerhöhung. Ein Blick in die Lohntüten zeigte nicht nur den Männern in der Stalinallee, welche Folgen die Ende Mai beschlossene Normerhöhung für sie persönlich hatte. Dieser Blick in die Lohntüte war in der Konsequenz der Funke für den landesweiten Flächenbrand am 17. Juni 1953. Das Vorspiel hatten wiederum die Mittelschichten und Bauern seit dem 12. Juni geliefert, als sie in Brandenburg, Neuruppin und anderenorts vor die Gefängnisse und Gerichte zogen und die Einlösung der Versprechungen vom 11. und 12. Juni 1953 forderten.[90]

Marschkolonnen in Berlin

Einige der ND-Mitarbeiter, die sich am Morgen des 17. Juni 1953 zur Arbeit begaben, waren beim Anblick der Marschkolonnen, denen sie begegneten, zuerst einmal der irrigen Meinung, dass die SED zu einer Kundgebung für den »Neuen Kurs« aufgerufen habe. Doch sehr schnell bemerkten sie, dass von den in Richtung Alexanderplatz und Leipziger Straße strömenden Menschen alles andere als Zustimmung ausging. Die auf der ND-Titelseite abgedruckte Erklärung des Politbüros über die Aufhebung der angeordneten obligatorischen Erhöhung der Arbeitsnormen kam zu spät.[91] Gerhard Dengler, der am Morgen des 17. Juni mit einem Dienstwagen zur Redaktion in die Mauerstraße unterwegs war, berichtete: »In der Stralauer Allee marschierte dann wieder eine große Menschenmenge in Richtung Alexanderplatz. Wir konnten sie nicht überholen und mußten stehen bleiben. Da schaute einer der Vorbeimarschierenden in unser Auto, riß die Wagentür auf, zeigte auf mein Par-

Noch vor dem großen Strafgericht: ND-Chefredakteur Rudolf Herrnstadt und der Generalsekretär der SED Walter Ulbricht

Im Juli 1953 veranlasste die SED, dass in den wichtigen Betrieben sogenannte Kampfgruppen der Arbeiterklasse gebildet wurden: Auch im ND rekrutierte sich eine bewaffnete Hundertschaft.

teiabzeichen und sagte nicht einmal unfreundlich: ›Den Bonbon mach dir mal schnell ab und verdufte, sonst geht's euch verdammt dreckig!‹«[92]

Harri Czepuck traf auf seinem Weg zur ND-Redaktion auf friedlich marschierende Menschenkolonnen und war ebenfalls der Ansicht, dass die Leute mit ihren Fahnen und mitgeführten Losungen zu einer Kundgebung der SED unterwegs waren. Doch bald gab es heftige Diskussionen und Unmutsäußerungen gegen die SED. In der ND-Redaktion fehlte am Morgen des 17. Juni eine Reihe von Mitarbeitern, da zum Teil die öffentlichen Verkehrsmittel nicht fuhren oder die Zugangsstraßen schon gesperrt waren. Bis gegen Mittag waren alle wichtigen Straßenkreuzungen, Regierungs- und Parteigebäude militärisch gesichert. Am Ende befanden sich in Berlin drei sowjetische Divisionen mit 600 Panzern. Hinzu kamen noch etwa 15 000 Mann Polizei bzw. Kasernierte Volkspolizei (KVP). Das Zentrum Ostberlins glich im Verlauf des Tages einem riesigen Heerlager. In der ND-Redaktion gab es zudem am Vormittag die aufgeregte Meldung, dass die Druckereien der »Berliner Zeitung« und der

»Täglichen Rundschau« in Brand gesetzt worden seien, weshalb sich die Redaktion auf den »Häuserkampf« vorbereitete. So wurde der Feuerlöschschlauch angeschlossen, um ihn im Fall der Fälle als »Wasserwerfer« benutzen zu können. Nach der Verhängung des Ausnahmezustandes erschien »Neues Deutschland« übrigens als einzige Zeitung im Osten Berlins an jedem Tag. Möglich war das unter anderem durch Sonderausweise, die das ND von der sowjetischen Militärkommandantur bekam, damit beispielsweise die nächtlichen Transporte der Matern aus der Setzerei in der Mauerstraße zum Werk II am Küstriner Platz durchgeführt werden konnten. Doch die eingeschränkte Bewegungsfreiheit und die Unsicherheiten erschwerten die inhaltliche Gestaltung der Zeitung. Insgesamt lief der Zeitungsbetrieb in dieser Zeit aber weitgehend ohne Störungen ab: Mitarbeiter übernachteten in der Redaktion, in der Rotationsabteilung arbeiteten die Maschinenbesatzungen fast 24 Stunden hintereinander, vom Betriebsschutz über die Telefonzentrale bis zum Versand waren alle im Dauereinsatz. Diskussionen und Arbeitsniederlegungen gab es aber auch, so etwa im Werk Treptow und im Bereich der Reinigung des Zeitungsbetriebes.[93]

Am Sonntagmorgen des 21. Juni kam Rudolf Herrnstadt auf dem Weg in das ZK bei der ND-Redaktion in der Mauerstraße vorbei und ließ sich auf den aktuellen Stand bringen. Dort ergoss sich inzwischen eine wahre Flut von Anfragen aus dem ganzen Land. Es gab vor allem Erstaunen und auch Verärgerung darüber, dass die SED-Führung bislang noch keine öffentliche Erklärung abgegeben hatte. Durch das Schweigen waren auch die Parteiorganisationen im Land zum Schweigen verurteilt, was natürlich als Schwäche ausgelegt wurde. Im ZK traf Herrnstadt vor der nächsten, inzwischen zur Normalität gewordenen außerordentlichen Politbürositzung auf Ulbricht; er informierte ihn über die Situation in der ND-Redaktion und schlug vor, umgehend ein ZK-Plenum einzuberufen und danach eine öffentliche Erklärung abzugeben. Ulbricht war dafür, fragte aber sofort, wer den Entwurf der Entschließung schreiben würde, und Herrnstadt – wer sonst – erklärte sich dazu bereit. Das Politbüro stimmte in der dann beginnenden Sitzung dem Vorschlag ohne große Diskussion zu. Mit einer groben Disposition des Inhaltes ausgestattet, machte er sich in einem Zimmer des ZK-Gebäudes umgehend an das Schreiben, da der Beginn des ZK-Plenums für 22 Uhr angesetzt wurde. Als Hilfe wurde ihm übrigens Hermann Axen von der ZK-Abteilung für Agitation beigegeben. Herrnstadt wurde rechtzeitig fertig, und physisch war er es auch. Nach einigen wenigen Ergänzungen nahm das ZK-Plenum den Entwurf einstimmig an.[94] Am nächsten Tag erschien dann eine ND-Extra-Ausgabe mit einer Erklärung der SED-Führung unter dem Titel: »Über die Lage und die unmittelbaren Aufgaben der Partei«. Darin findet sich der berühmte Satz: »Wenn Massen von Arbeitern die Partei nicht verstehen, ist die Partei schuld, nicht der Arbeiter!« Doch der Satz stand in der dritten Spalte weit unten. Zuvor wurden in der Erklärung andere Schuldige für den 17. Juni gesucht und gefunden – der Westen, der dort organisierte »Tag X« und »faschistische Provokateure«.[95]

Das Zentralorgan propagierte nun intensiv die Weststeuerung des 17. Juni, und die Staatssicherheit suchte nach den Beweisen. Dort wurde schon im Juli und August 1953 intern festgestellt, dass der 17. Juni noch nicht der »Tag X« gewesen war und die

Parteipresse das alles nur aus propagandistischen Gründen öffentlich so darstellte. Die Staatssicherheit hatte in den ersten Wochen nach dem 17. Juni Tausende Menschen verhört, aber dennoch ergab sich nichts, was gerechtfertigt hätte, von einer »faschistischen Provokation« zu sprechen.[96] Im November 1953 mussten die »Kämpfer an der unsichtbaren Front« der SED-Führung eingestehen, »daß es uns bis jetzt noch nicht gelungen ist, nach dem Auftrag des Politbüros die Hintermänner und die Organisatoren des Putsches vom 17. Juni festzustellen. Es ist uns bisher nicht gelungen, diesen Auftrag zu erfüllen«.[97] Das sollte auch nicht glücken, da es nicht bewiesen werden konnte.

Auch nach dem 17. Juni 1953 drehte sich in der ND-Redaktion alles weiter um das Kommuniqué vom 9. Juni. In der Bevölkerung, aber auch in den verschiedenen ND-Redaktionen machte sich große Verunsicherung bemerkbar, die durch den 17. Juni zwangsläufig noch verstärkt wurde. Es musste ein offenkundiger Widerspruch aufgelöst werden: Vor dem 17. Juni sprach die SED-Führung in ihrem Kommuniqué von der Annäherung der beiden deutschen Staaten; nach dem 17. Juni suchte man die Schuldigen im Westen. Es galt also, die einige Tage zuvor vorgenommene radikale Umorientierung in den Tagen nach dem 17. Juni abzumildern. Hierfür berief der ND-Chefredakteur – für jeweils einen halben Tag lang – zwischen dem 17. und 27. Juni 1953 zwei große Sitzungen beim »Neuen Deutschland« ein. Die eine Sitzung mit allen Mitarbeitern der zentralen Berliner Redaktion; die andere mit ND-Leuten aus allen Bezirksredaktionen.[98]

Zugleich war Herrnstadt natürlich nicht nur für seinen Stellvertreter in der Redaktion zu sprechen, sondern jeder aus der Zeitung konnte bei wichtigen Fragen und Problemen weiterhin zu ihm kommen, sofern man ihn »erwischte«. Die stellvertretende Leiterin der Kulturredaktion, Rosemarie Rehahn, wandte sich am 18. Juni beispielsweise an Herrn-

In der Außendarstellung versuchte man schnell, wieder zur Tagesordnung überzugehen: Die Kinderorganisation »Junge Pioniere«, nach sowjetischem Vorbild, bei einem Besuch im Neuen Deutschland 1953.

stadt mit der Information, dass die Redaktion durch ständige Anrufe von Künstlern und Schriftstellern unter Druck gerate. Einerseits wünschten die Anrufer Aufklärung; andererseits äußerten sie sich auch ironisch über das Kommuniqué vom 9. Juni, indem sie darauf verwiesen, dass der Kulturbund so etwas schon gleich nach dem Krieg verkündet hätte und dieser ganze neue Kurs im Grunde doch nur ein Abklatsch von längst Bekanntem sei. Am nächsten Tag bekräftigte der Chef der Kulturredaktion, Wilhelm Girnus, die von seiner Stellvertreterin gegebenen Informationen noch einmal in einem Gespräch mit Herrnstadt. Daraufhin erschien am 20. Juni ein Artikel unter der Überschrift »Wie ich mich schäme!« vom Dichter Kurt Barthel (Kuba), der darin den Arbeitern vorhielt, sie hätten ihre eigenen Klasseninteressen verraten, und noch damit argumentierte, dass der »Tischler Walter Ulbricht« einer ihresgleichen sei. Da rief am 21. Juni Johannes R. Becher in der Redaktion an und hatte zufällig den Chefredakteur am Telefon. Becher fragte, ob die ND-Redaktion denn überhaupt kein Gefühl für die Stimmung im Land habe, andernfalls hätte man diesen Artikel und die Art der Erwähnung Ulbrichts wohl unterlassen. Herrnstadt ärgerte Bechers Ton und er dachte daran, dass gerade Becher einer derjenigen gewesen war, die Walter Ulbricht zuvor immer »dienstfertig unterstützt hatten«. Wütend fragte er zurück, wer von ihnen beiden denn die Biografie »Walter Ulbricht. Ein Arbeitersohn« geschrieben hätte. Diese Zurechtweisung sollte Becher dem Chefredakteur übel nehmen, denn als diesem bei der großen Abrechnung auf dem 15. Plenum (24.–26.7.1953) aufgrund der Anschuldigungen gegen ihn die Worte fehlten, da höhnte Becher: »Sonst kannst du so leidenschaftlich sein, und hier kannst du nur stammeln!«[99]

»Schreib das auf, Kollege Herrnstadt ...«

»Schreib das auf, Kollege Herrnstadt, sag das dem ZK, sag es der Regierung, so denken, so sprechen die Arbeiter von Siemens-Plania.«[100] Diese Aufforderung erging an den ND-Chefredakteur während einer Belegschaftsversammlung mit rund 1500 Beschäftigten am 23. Juni 1953 bei Siemens-Plania (später VEB Elektrokohle) in der Herzbergstraße in Berlin-Lichtenberg. Zehn Tage später zitierte Margot Pfannstiel dies in ihrem Artikel »Ein Sofortprogramm nach altem oder neuem Stil?«, in dem sie über die inzwischen bei Siemens-Plania erfolgten Maßnahmen und vorgenommenen Verbesserungen im Hinblick auf den »Neuen Kurs« und den 17. Juni 1953 berichtete.

Herrnstadt war bei einem öffentlichen Auftritt am 23. Juni in Lichtenberg auf eisiges Schweigen gestoßen. Keiner der Anwesenden wollte sich zu Wort melden; keiner wollte über die Streiks, über Demonstrationen, Massenproteste, geschweige denn über seine Wut und den eigenen Ärger auf »die da oben« reden. Herrnstadt musste erneut das Wort ergreifen und versichern, dass niemandem Schaden daraus erwachsen würde, wenn er den Mut hätte, ehrlich seine Meinung zu sagen. Provozierend fügte der ND-Chefredakteur hinzu, dass er sich nur darüber wundern könne, dass die gleichen Arbeiter gestern noch streikten und heute nicht ihre Motive dafür erklären würden. Mit diesem Argument brach er plötzlich das Eis und es folgte eine offene, emotional geladene Diskussion, die über Stunden ging.[101] In seinem Schlusswort, das am 26. Juni im »Neuen Deutschland« in Auszügen abgedruckt wurde, erklärte Herrnstadt: »Ich könnte mir vorstellen, daß diese Versammlung zu einem Wendepunkt in der Geschichte von Siemens-Plania wird. Aus zwei Gründen. Hier wurde der Mund aufgemacht und Kritik geübt in einer Weise, daß stellenweise den Rednern selber der Atem wegblieb. Damit ist der Boden aufgelockert. Und zweitens: Durch jedes Wort, durch jede Kritik schrie förmlich der Wille der Arbeiter: Wir wollen doch das Beste, wir können doch Ungeheures leisten, nur macht uns den Weg frei und hindert uns nicht durch Unverständnis und Bürokraten.«[102] Nach seiner Schlussrede zollten die Arbeiter dem ND-Chefredakteur stürmischen Beifall. Herrnstadt hatte an diesem Tag die Arbeiter auf seine Seite gezogen und sie vor allem überzeugt. Der Beifall war echt, kein Pflichtklatschen und auch kein Strohfeuer. Als Herrnstadt einen Monat später plötzlich zum »Parteifeind« erklärt wurde, waren es dieselben Arbeiter aus Berlin-Lichtenberg, die erklärten, für den Chefredakteur der Parteizeitung (!) streiken zu wollen, weil sie nicht glauben konnten, dass dieser Mann nun ein Verräter sein sollte.[103]

»Plattform Zaisser-Herrnstadt«

Der diktatorische Führungsstil des SED-Generalsekretärs und seine Selbstinszenierungen sorgten seit längerem im Politbüro für Verärgerungen und Unverständnis, aber auch für Ironie. Gemeinsam mit dem Minister für Staatssicherheit, Wilhelm Zaisser, war Rudolf Herrnstadt der Meinung, dass es besser sei, wenn Ulbricht nicht mehr direkt die Führung ausübte, sondern »im Kollektiv und über das Kollektiv«. Nach dem 17. Juni wurden mehrere Kommissionen gegründet. Eine davon war die Organisationskommission, in der über künftige Führungsstrukturen nachgedacht wurde. Dazu gehörten Otto Grotewohl, Walter Ulbricht, Fred Oelßner, Hans Jendretzky, Wilhelm Zaisser und Rudolf Herrnstadt.[104] Die Kommission tagte erstmals am 26. Juni und hier stellte der ND-Chefredakteur die entscheidende Frage: »Es tut mir leid, Walter, noch Folgendes sagen zu müssen, ich habe noch einen zweiten Antrag: Wäre es nicht besser, wenn du die unmittelbare Anleitung des Parteiapparats abgibst?« Walter Ulbricht erwiderte: »Wenn du diesen Antrag nicht gestellt hättest, hätte ich ihn gestellt.« Diese 1. Sitzung verlief ruhig und Ulbricht schien akzeptiert zu haben, dass von ihm der Rücktritt erwartet wurde.

Doch dann geschah in Moskau etwas, was Einfluss nahm auf den Verlauf der 2. Sitzung der Organisationskommission, am 3. Juli 1953. Die Atmosphäre war im Gegensatz zur ersten gespannt; Ulbricht trat brüsk auf und war auf Angriffe eingestellt. Herrnstadt erklärte später: »Ich hatte den Eindruck, daß zwischen der 1. und 2. Kommissionssitzung irgendwelche, mir nicht bekannten Dinge vor sich gegangen waren, auf Grund deren Ulbricht sein Verhalten in der 1. Kommissionssitzung bereute und für überflüssig hielt.« In der Tat, etwas Entscheidendes war geschehen: In Moskau war Stalins Geheimdienstchef Berija am 26. Juni verhaftet worden. Herrnstadt wusste davon nichts; Ulbricht schien aber vage Informationen darüber zu haben, die ihm ausreichend erschienen, nicht kampflos das Handtuch zu werfen. Er hatte nun damit begonnen, die »Plattform Zaisser-Herrnstadt« zu konstruieren.[105]

Daneben war Herrnstadt zugleich in der Redaktionskommission tätig, wo er an den Entschließungsentwürfen für das nächste ZK-Plenum arbeitete. Meist in den Morgenstunden diktierte er in seinem Büro beim »Neuen Deutschland« seiner Sekretärin die Textentwürfe. Gretel Klemm tippte das alles sozusagen auf einer ND-Schreibmaschine. Die Entwürfe bestanden aus einem politischen, ökonomischen und parteiorganisatorischen Teil, wobei Anfang Juli 1953 maßgeblich über den letzten Teil von Walter Ulbricht, Hermann Matern und Fred Oelßner eine heftige Diskussion im Politbüro entfacht wurde. Ulbricht sprach plötzlich von spalterischer Tätigkeit, sozialdemokratischen Tendenzen und der Aufgabe des Klassencharakters der Partei. Die meisten der Politbüromitglieder waren verblüfft und teilten keinesfalls die Meinung Ulbrichts. Im Gegenteil, während einer Nachtsitzung des Politbüros vom 7. zum 8. Juli – Walter Ulbricht, Otto Grotewohl und Fred Oelßner waren für den 8. Juli erneut nach Moskau beordert worden und vorher sollte noch die inhaltliche Linie für den Besuch in Moskau festgelegt werden – sprachen sich elf von 13 anwesenden Mitgliedern für den Rücktritt Ulbrichts aus. Eine Entscheidung wurde aber nicht gefällt, da ja ausdrücklich Ulbricht nach Moskau beordert wurde und sich nun nicht, so dir nichts, mir nichts, anstelle Ulbrichts ein neuer Kandidat in den Morgenstunden des 8. Juli ins Flugzeug setzen konnte. In Moskau hatte das ZK der KPdSU (2.–7.7.1953) getagt, und alle erwarteten im Politbüro, dass die drei im Kreml über die Beschlüsse des Moskauer ZK-Plenums informiert wurden, die, so wurde geglaubt, den vor einem Monat vorgenommenen Kurswechsel bekräftigen und konkretisieren würden. Es kam aber alles anders.

In Moskau hatte sich der Machtkampf endgültig entschieden: Nach Berijas Verhaftung wurden auf dem ZK-Plenum die Beweise für dessen Schuld präsentiert. Chruschtschow, Malenkow und Molotow hatten sich durchgesetzt und gaben die im Mai und Juni 1953 verfolgte Politik gegenüber der DDR mit einem Schlag wieder auf. Sie wünschten keine weitere Destabilisierung in der DDR, das heißt keinen Führungswechsel, keine weitere Öffnung, keine forcierte deutsch-deutsche Annäherung, keine weiteren Liberalisierungen in Sachen Klassenkampf. Es sollte wieder offen von Sozialismus gesprochen werden. Der als Verlierer nach Moskau gereiste Ulbricht war über Nacht zum Gewinner geworden, denn es wurden für die »doppelte Kurskorrektur« Verantwortliche, Schuldige und Unbequeme gesucht. In der DDR konnte der Generalsekretär des ZK nach seiner Rückkehr den Spieß umdrehen.

Alle Inhaftierten kommen vor ein ordentliches Gericht

Interview mit dem Minister der Justiz, Max Fechner, über die mit dem 17. Juni in Zusammenhang stehenden Verhaftungen

Glückwunsch des Zentralkomitees der SED an den Genossen Walter Ulbricht

Minister Fechner seines Amtes enthoben

Das Presseamt beim Ministerpräsidenten teilt mit:

Ministerpräsident Grotewohl hat Herrn Max Fechner wegen republikfeindlicher Tätigkeit von seinem Amt als Minister der Justiz enthoben.

Als Minister zur Leitung des Ministeriums der Justiz hat der Ministerpräsident Frau Dr. Hilde Benjamin, bisher Vizepräsident des Obersten Gerichts der Deutschen Demokratischen Republik, berufen.

Berichtigung

Durch einen technischen Fehler sind in der gestrigen Ausgabe in einem Teil der Auflage im Interview mit dem Minister der Justiz, Max Fechner, einige Sätze ausgelassen worden.

Es muß richtig heißen: Es dürfen nur solche Personen bestraft werden, die sich eines schweren Verbrechens schuldig machten. Andere Personen werden nicht bestraft. Dies trifft auch für die Angehörigen der Streikleitung zu. Das Streikrecht ist verfassungsmäßig garantiert. Die Angehörigen der Streikleitung werden für ihre Tätigkeit als Mitglieder der Streikleitung nicht bestraft. Dabei weise ich noch auf folgendes hin: Selbst Rädelsführer dürfen nicht auf bloßen Verdacht oder schweren Verdacht hin bestraft werden. Kann ihnen ein Verbrechen nicht nachgewiesen werden, sind keine Beweise vorhanden, erfolgt keine Bestrafung. Es werden also, ich darf das noch einmal wiederholen, nur diejenigen der Bestrafung zugeführt, die Brände anlegten, die raubten, mordeten oder andere gefährliche Verbrechen begangen haben. Es wird also nicht etwa gegenüber denen, die gestreikt oder demonstriert haben, eine Rachepolitik betrieben.

Das »Fechner-Interview« und die Glückwünsche für Walter Ulbricht zu seinem 60. Geburtstag. Zwei Tage später folgte die Berichtigung, und am 16. Juli wurde die Amtsenthebung Max Fechners bekanntgegeben. (ND v. 30.6.1953, S. 5; ND v. 2.7.1953, S. 6; ND v. 16.7.1953, S. 3)

Gleichwohl wurde in der DDR weiter vom »Neuen Kurs« geredet, aber es war in Wirklichkeit eine Rückkehr zu den alten politisch-ideologischen Positionen. Wer diese erneute Kehrtwendung nicht mitmachte oder davon ganz einfach nur überrascht wurde, der wurde nun ausgeschaltet, kaltgestellt oder in die Schranken verwiesen.[106]

Für Rudolf Herrnstadt und Wilhelm Zaisser, die beide seit vielen Jahren getreue Männer des sowjetischen Geheimdienstes waren, bedeutete die Ausschaltung des Geheimdienstchefs Berija und seiner Gefolgsleute, dass sie ihren Rückhalt in der Moskauer Machtzentrale schlagartig verloren hatten und nun fallengelassen wurden. Alles, was die beiden zuvor erklärt, geschrieben oder gefordert hatten, sollte ihnen nun zum Verhängnis werden.

Als Erstes kam es zur Statuierung eines Exempels: Justizminister Max Fechner hatte in einem Interview, das auf Wunsch der ZK-Abteilung für

Agitation vom Presseamt des Ministerrates in den DDR-Medien verbreitet worden war, von einem »verfassungsmäßig garantierten Streikrecht« gesprochen. Wörtlich sagte Fechner: »Das Streikrecht ist verfassungsmäßig garantiert. Die Angehörigen der Streikleitung werden für ihre Tätigkeit als Mitglieder der Streikleitung nicht bestraft.« Das Presseamt redigierte die Fassung unter Zeitdruck. So kamen sowohl die Erstfassung mit der Aussage über das »verfassungsmäßig garantierte Streikrecht« und die korrigierte Fassung ohne diese Aussage an die Öffentlichkeit. In der Berliner ND-Ausgabe vom 30. Juni 1953 erschien die korrigierte Fassung von Fechners Interview. Die zwei Fassungen des Interviews fielen natürlich auf; vor allem den Redakteuren beim RIAS in Westberlin, die den ganzen 1. Juli die Erstfassung mit den besagten Sätzen zitierten. Daraufhin ordnete Otto Grotewohl als Ministerpräsident an, dass das Presseamt für eine Berichtigung sorgen sollte, die am 2. Juli veröffentlicht wurde. Mit dem Hinweis auf »einen technischen Fehler« wurden die fehlenden Sätze nun auch im ND zitiert. Für Max Fechner bedeutete das Interview, dass er vierzehn Tage später als staatsfeindlich eingeschätzt, seiner Funktion enthoben und verhaftet wurde. Der Ausschluss aus der Partei folgte. Die Hauptkritiker an Walter Ulbricht, Zaisser und Herrnstadt, ahnten nun, was auf sie zukommen würde.

Auf dem 15. ZK-Plenum (24.–26.7.1953) wurden zuerst der Staatssicherheit und dem Zentralorgan Versagen auf der ganzen Linie vorgeworfen, dann ging es um Wilhelm Zaisser und Rudolf Herrnstadt. Am Ende des Plenums erfolgte der Ausschluss der beiden aus dem ZK. Begründung: parteifeindliche Plattformbildung und fraktionelle Tätigkeit. Als am 27. Juli 1953 Herrnstadt noch einmal in die ND-Redaktion fuhr und seine Sachen packte, waren die meisten dort ratlos und glaubten nicht, was ihrem Chef vorgeworfen wurde. Doch das sollte sich bald ändern. Es folgten ellenlange Partei- und Betriebsversammlungen.

Die wohl längste Versammlung in der Geschichte der Zeitung fand am 5. August 1953 statt und dauerte von sechs Uhr abends bis sechs Uhr morgens. In dieser Betriebsgruppenversammlung des »Neuen Deutschland« »entlarvte« Fred Oelßner in einer dreistündigen Rede Rudolf Herrnstadt als Parteifeind. Damit lag über der Zeitung der Verdacht, Teil einer »trotzkistischen« Plattform, also einer feindlichen Verschwörung zu sein. In den folgenden neun Stunden bestimmten erstaunliche Bekenntnisse,

Die wohl längste Betriebsversammlung in der Geschichte des ND fand in der Nacht vom 5. zum 6. August 1953 statt: Rudolf Herrnstadt sollte als »Parteifeind entlarvt« werden.

opportunistische Schuldzuweisungen, widersinnige Vorwürfe, viel Schweigen und Resignation den Saal. Kollegiumsmitglied Wilhelm Girnus meldete sich, bestätigte das von Fred Oelßner entworfene »Feindbild« und donnerte gegen Herrnstadt. Harri Czepuck kommentierte in seinen Erinnerungen das Verhalten einiger Anwesenden mit einem Wort: »Ekelhaft.« Die engen Mitarbeiter von Herrnstadt, beispielsweise sein Stellvertreter Heinz Friedrich und Redaktionskollege Walter Graul, hielten sich auffallend zurück und bezogen keine klare Position. Am 27. Juli hatten sie gegenüber Herrnstadt noch versichert, dass sie an ihn glauben würden. Heinz Friedrich hatte erklärt: »Das ist doch ein Verbrechen! Das kann doch nicht gut gehen! Das wird Walter Ulbricht büßen!«[107]

Zu den wenigen, die in dieser Nacht offen für Herrnstadt eintraten, gehörte Erna Büttner. Die Mitarbeiterin bei den ND-Volkskorrespondenten stand während der Versammlung auf und rief, dass sich alle schämen sollten. Daraufhin kündigte sie beim ND und war später die Einzige, die mit Herrnstadt Verbindung hielt. Auch andere gingen oder wurden gegangen: Der Chefreporterin Margot Pfannstiel und der Stellvertretenden Leiterin des Kulturressorts, Rosemarie Rehahn, wurde ebenfalls Zugehörigkeit zur parteifeindlichen »Gruppierung Zaisser-Herrnstadt« vorgeworfen. Arne Rehahn, der Ehemann von Rosemarie Rehahn, und Walter Graul verschwanden bald im »sozialistischen Alltag«. Seit dieser Versammlung existierte ein tiefer Bruch und so etwas wie ein Trauma: Wenn es jemals eine gewisse »Leichtigkeit« im Journalismus des Parteiorgans gegeben hatte, dann war sie jetzt vorüber. Die Ereignisse des Sommers 1953 sollten sich direkt und indirekt auf die Geschichte der Zeitung bis 1989 auswirken …

Auf der Sitzung des SED-Politbüros vom 18. August 1953 wurde die Zentrale Parteikontrollkommission (ZPKK) damit beauftragt, »die Parteimitglieder, die im Zusammenhang mit Herrnstadt und Zaisser hinsichtlich ihrer Plattform und ihrer fraktionellen Tätigkeit irgendwie zu tun hatten, zu vernehmen«.[108] Die Berichterstattung darüber sollte schon eine Woche später erfolgen. Zu diesem Zeitpunkt hielten sich Herrnstadt und seine Familie aber nicht mehr in Berlin auf. Er war in das Staatsarchiv nach Merseburg strafversetzt worden. Für Herrnstadt wurde es aber auch dort bedrohlich, weil am 18. August im Politbüro beschlossen wurde, dass am 22. August im »Neuen Deutschland« ein ungezeichneter Artikel erscheinen sollte, der sich mit der fraktionellen Tätigkeit und der Plattform von Herrnstadt und Zaisser befasste. Zu dieser Zeit hieß es in den Protokollen Herrnstadt-Zaisser. Erst mit dem Artikel vom 22. August wurde daraus die »Gruppe Zaisser-Herrnstadt«. Der Verfasser des im ND veröffentlichten Artikels war Fred Oelßner, der damit sozusagen eine Kurzfassung seiner am 5. August 1953 bei der marathonartigen Versammlung gerittenen Philippika ablieferte.[109]

Die Strafversetzung nach Merseburg war für den schwer lungenkranken Herrnstadt wie ein langsam wirkendes tödliches Gift. Merseburg lag im berühmt-berüchtigten Chemiedreieck Halle-Bitterfeld-Leuna. Christa Wolf beschrieb in ihrem Roman »Der geteilte Himmel«, was Herrnstadt dort erwartete: »… geballter Rauch aus hundert Fabrikschornsteinen … Leute, seit langem an diesen verschleierten Himmel gewöhnt, … und das Wasser – dieses verfluchte Wasser, das nach Chemie stank … schmeckte … bitter.«[110]

Im Januar 1954 erfolgte der Parteiausschluss von Zaisser und Herrnstadt. Während Max Fechner nach dem XX. Parteitag im Februar 1956 amnestiert und 1958 rehabilitiert wurde, blieb der SED-Chef Ulbricht bei seinen beiden Hauptkritikern bis zuletzt hart: keine Rehabilitierung, keine Annäherung, keine Geste. Welch bittere Ironie war es, als am 16. April 1966, im Abendprogramm des DDR-Fernsehens, die beliebte Fernsehshow »Mit dem Herzen dabei« lief. Sie war dem 20. Jahrestag der Gründung der SED gewidmet. »Neues Deutschland« berichtete am darauffolgenden Tag auf der Titelseite: »Die Sendung erreichte ihren Höhepunkt, als auf Einladung Hans-Georg Poneskys der Erste Sekretär des ZK und Vorsitzende des Staatsrates, Walter Ulbricht, auf der Bühne des Friedrichstadtpalastes erschien, wo er mit dem verdienten Arbeiterveteran Max Fechner – einem ehemaligen SPD-Funktionär – zusammentraf. Walter Ulbricht und Max Fechner umarmten einander.«[111]
Dem »Parteifeind« von damals wurde nun durch einen symbolischen Akt noch einmal vergeben, der andere »Parteifeind« lag seit Anfang des Jahres im Krankenhaus. Vier Monate später, am 28. August 1966, starb Herrnstadt, Zaisser war bereits acht Jahre zuvor verschieden. Von denen, die mit ihm beim »Neuen Deutschland« zusammengearbeitet hatten, war nur eine Person an sein Grab gekommen: Erna Büttner, die einst in dem Bereich arbeitete, der die Parteizeitung nach der Vorstellung von Herrnstadt zur Volkszeitung machen sollte – bei den »Volkskorrespondenten«.[112]

Das ND-Archiv Ende der 50er Jahre. Auch Rudolf Herrnstadt wurde in ein Archiv verbannt und starb krank und einsam in der Chemiestadt Merseburg.

Überlegungen und Erwägungen seines Chefs nichts gewusst habe, was offenkundig nicht stimmen konnte. Doch man wollte ihm glauben, zumal er wenig Ehrgeiz im Hinblick auf eine journalistische Profilierung zeigte, die administrativen Aufgaben gut im Griff hatte und als beruhigendes Element in der Redaktion gesehen wurde. Das Politbüro sah ihn als Übergangslösung an, und so sah es auch Heinz Friedrich.[113]

Interregnum

Nach Herrnstadt gab es ein Interregnum beim »Neuen Deutschland«; ein neuer Chefredakteur wurde zunächst nicht ernannt. Der stellvertretende Chefredakteur, Heinz Friedrich, leitete die ihm übergebenen Geschäfte weiter. Vom 28. Juli bis zum 13. August 1953 standen sein Name und seine Funktion als Stellvertreter im ND-Impressum. Ab dem 14. August 1953 verschwand dann jede personenbezogene Nennung aus dem Impressum der Zeitung. Mehr als vier Jahre lang erfolgte nur noch die Bezeichnung »Redaktionskollegium« – kein Name, keine Funktion, nur eine Anschrift und Telefonnummer. In der Verlagskartei der Zentrag ist vermerkt, dass Friedrich vom 28. Juli 1953 bis zum 27. März 1955 zunächst als stellvertretender Chefredakteur, dann als Chefredakteur fungierte. Mit 39 Jahren war er der jüngste Chefredakteur in der Geschichte der Zeitung. Er steuerte die Redaktion mit Umsicht und diplomatischem Geschick, galt als sehr ruhig und wurde als angenehm im persönlichen Umgang eingeschätzt. In Bezug auf Herrnstadt warf man ihm aber vor, dass er nicht kämpferisch genug gegen dessen »parteifeindliche Machenschaften« aufgetreten sei. Friedrich beteuerte, dass er von den

Nach der Herrnstadt-Krise bemühte sich »Neues Deutschland«, wieder Tritt zu fassen. Es zeigte sich jedoch, dass es nach den Ereignissen vom Sommer 1953 noch schwieriger wurde, die Zeitung lebendig und volksnah zu gestalten. Ein Versuch, das Zentralorgan zu entkrampfen, war die im Januar 1955 erstmals erscheinende »ND Unterhaltungsbeilage«, die nun alle zwei Wochen herauskommen sollte. Es wurde mit Grafiken und Comics gearbeitet; die Beiträge auf den Unterhaltungsseiten hatten einen aufgelockerten Stil. Insgesamt ähnelte sie in der Aufmachung etwas der Montagsausgabe des »Vorwärts«. Doch das Experiment lief nur kurze Zeit und wurde ab dem 8. Mai 1955 durch eine »konservativere« Variante ersetzt.[114]

ND Unterhaltungs-Beilage

Erscheint 14täglich — Nr. 25

AUF DER REEPERBAHN nachts um halb eins...

EIN HAMBURG-BUMMEL ZWISCHEN „GROSSER" UND „KLEINER FREIHEIT" MIT JENS DIETRICH

Honni soit qui mal y pense. Gar seltsam ist diese plötzliche Begegnung mit des Hosenbandordens Spruch. Kein Seidenstrumpf eines Lords weit und breit zu sehen. Kein Samtband dezent, wie es Brauch, Würde und Tradition vorschreiben, unter das linke Knie eines Sire gebunden. Kein festlicher Salon, nicht Empfang und große Feier unter dem Lichtgeschmetter vielhundertkerziger Kronleuchter.

Honni soit qui mal y pense. Es regnet. Honni soit qui mal y pense. Schande dem, der Arges dabei denkt. So heißt das wohl. Nicht fein gestickt auf Orden ist der Spruch. In knalligen Neonlichtern schreit er in die dunkle — nein, das stimmt nicht — in die zimtfarbene, rote, rosige, gelbe, grüne Nacht.

* FÜR * UNSERE * FRAUEN *

Einfach · tragbar · vom Stoff bestimmt.

Was der Briefträger brachte

Hohle Wichtigtuer

Der Einsenderin des Artikels „Klein-Ursel wird zum Friseur geschickt" (Unterhaltungsbeilage Nr. 29) muß ich vollständig zustimmen. Schon immer gab es solche „Klein-Ursels", die herausgeputzt als „junge Damen" zur Schule kamen. In meinem kindlichen Unverstand beneidete ich diese um ihr Aussehen und vergoß die bittersten Tränen, wenn meine Mutter erfreut feststellte, daß ich endlich die Sachen meiner zehn Jahre älteren Schwester abtragen konnte (wir waren elf Geschwister).

Während des Schulunterrichtes schweiften dann oft meine Blicke nach dem feinen Kleid der Schulkameradin, was mich sehr vom Unterricht ablenkte. Ich kam mir so armselig vor, und schon als Kind wurde ich scheu und bekam Minderwertigkeitsgefühle. Erst als Erwachsene, als ich die „Klein-Ursels" in oberflächlichen und hohlen Wichtigtuern wiederfand, erkannte ich die Sinnlosigkeit meiner kindlichen Beurteilung der Menschen nach Äußerlichkeiten.

Außerordentlich gut und wertvoll finde ich deshalb die schöne Sitte der einheitlichen Schulkleidung in der Sowjetunion. Die Kinder werden durch nichts vom Unterricht abgelenkt und konzentrieren sich nur auf den Lehrstoff. Sie lernen die Menschen nach ihrem inneren Wert, Charakter, Fähigkeit und Wissen zu beurteilen und nicht nach ihrem Äußeren. Minderwertigkeitsgefühle, Scheu und Hemmungen belasten sie nicht. Sie bleiben freie, fröhliche und glückliche Kinder, solange sie zur Schule gehen.

Liesl Lehmann,
Berlin-Hohenschönhausen

Auch die Pflanzen leiden

Angst vor dem Essen

Draußen beginnt es zu dunkeln. „Ist der Zeiger schon oben, Mutti?" fragt die kleine Dagmar. — „Ja, gleich, mein Kind." Dagmar schaut mit Bedauern auf ihr Spielzeug und mit Angst auf den gedeckten Tisch zum Abendessen. Auch Vati freut sich nicht allzusehr auf das Essen. Alle beseelt die gleiche bange Frage: Ob es heute wieder „schief" geht am Tisch?

Langsam klettert Dagmar auf ihren Stuhl. Da beginnen die Eltern auch schon ihrem Redeschwall: „Du hast wieder ... gewaschen, aber nun ... Dagmar davon.

Der Nachfolger von Heinz Friedrich wurde Georg Stibi. Als er am 28. März 1955 die Chefredaktion übernahm, brachte er fast 30 Jahre Erfahrungen im Zeitungsgeschäft mit. Stibi war Bayer und ehemaliger Westemigrant, konnte »intellektuelles Geschwafel« nicht ausstehen und galt mitunter als aufbrausend und streitbar. Er verlor aber »nie den Überblick und war ein sympathischer Anhänger leisen, aber deutlichen Humors«. Er war menschlich beliebt und arbeitete bereits seit Februar 1954 im »Neuen Deutschland«. Die Chefredaktion übernahm Stibi nur widerstrebend, da er diesen Posten schon aufgrund seines Hintergrundes als Westemigrant und der Schicksale von Lex Ende und Rudolf Herrnstadt als eine Art Schleudersitz betrachtete. Die Entwicklungen des Jahres 1956 sollten ihm recht geben.[115]

Von Januar bis April 1955 erschien 14-tägig eine unterhaltsam aufgemachte ND-Beilage. Ab Mai 1955 wurde diese durch eine »konservativere« Variante ersetzt. (ND v. 15.1.1955, S. 9–16; ND v. 24.4.1955, S. 9–16; ND v. 8.5.1955, S. 9–12)

Interessant und wegweisend

berichtet NEUES DEUTSCHLAND täglich vom Zeitgeschehen im In- und Ausland. Weit spannt sich der Alltag fleißiger Menschen. Nicht minder weit dehnt sich der Bogen aktueller Berichte des NEUEN DEUTSCHLAND, der größten und der bedeutendsten Tageszeitung der Deutschen Demokratischen Republik. Wollen Sie Kenntnis haben von der schnellen Entwicklung unserer Republik, von den Leistungen der Arbeiter, Bauern und Geistesschaffenden, wollen Sie regelmäßig die Meinungen hervorragender Politiker und Fachleute über Kunst, Literatur und Wissenschaft erfahren, dann gibt Ihnen NEUES DEUTSCHLAND die beste Antwort auf Ihre Frage. Auch über aktuelle Probleme aus dem Alltag europäischer Länder und aus Übersee unterrichten Sie ausführlich die Auslandskorrespondenten des NEUEN DEUTSCHLAND

Proletarier aller Länder, vereinigt euch!

NEUES DEUTSCHLAND

ORGAN DES ZENTRALKOMITEES DER SOZIALISTISCHEN EINHEITSPARTEI DEUTSCHLANDS

NEUES DEUTSCHLAND erscheint täglich, sichert Ihnen also — wie all seinen $^3/_4$ Millionen Abonnenten — eine lückenlose Information. Darüber hinaus erhalten Sie jeden Sonnabend eine interessante vierseitige Beilage, in der Fragen der Kultur, der Literatur und der Wissenschaft behandelt werden.

Im Jahre 1956 begann ein neues Kapitel in der Geschichte des »Neuen Deutschland«. In diesem Jahr bot sich nach dem XX. Parteitag der KPdSU in Moskau (14.–25.2.1956) die Chance, die Last des Stalinismus in der DDR abzuwerfen und damit auch die Partei, die Gesellschaft und auch die Zeitung zu erneuern. Der SED-Chef Walter Ulbricht sorgte dafür, dass vom Zentralorgan diesmal nicht wie im Sommer 1953 »Störungen« ausgingen. Er ernannte einen ihm treuen Parteiarbeiter, Hermann Axen, im Juli 1956 zum neuen Chefredakteur. Das ND blieb in den Krisenjahren 1956/57 auf der von der SED-Spitze vorgegebenen parteipolitischen Linie und es gab keine »Abweichungen«.[1]

Zugleich versuchte die Zeitung nach 1956, erneut den Ruf als »Abdruckorgan« loszuwerden. Diese Bemühungen wurden am stärksten gegen Mitte der sechziger Jahre – in der Zeit der Wirtschaftsreform (1963–1970) – erkennbar. In der Redaktion gab es nach dem Mauerbau ab 1961 nicht selten bis in die Morgenstunden hinein Diskussionen, wie das ND zu einer wirklichen Tribüne des Sozialismus und der Massen werden könnte. Die Zeitung bekam bald mehr Farbe (blauer Zeitungskopf, blaue Farbelemente), und neben der äußerlichen Aufmachung änderte sich einiges in der inhaltlichen Gestaltung. Spätestens aber das berüchtigte 11. ZK-Plenum vom Dezember 1965, auf dem die SED-Führung mit Künstlern, Filmemachern und Schriftstellern ins Gericht ging, bedeutete auch für die Parteizeitung die Beendigung der Reformdiskussionen bzw. das Ende der sogenannten »blauen Phase«. Nach außen hin hatte das ND den kulturpolitischen Rundumschlag der SED-Führung auftragsgemäß mit vorbereitet und vermittelt; nach innen sollte sich der Wechsel in der Chefredaktion auswirken: Hermann Axen wurde im Februar 1966 zum ZK-Sekretär für Internationale Verbindungen befördert, zu seinem Nachfolger als ND-Chefredakteur bestellte die SED-Führung den seit 1963 als Leiter der Agitationskommission des Politbüros fungierenden Rudi Singer. Auf seiner ersten Redaktionsversammlung verkündete er im Februar 1966 unmissverständlich, dass er aus dem ND wieder ein ordentliches Zentralorgan der Partei machen werde.[2]

Zwar nicht bezüglich inhaltlicher Fragen, aber in baulicher, materieller und technischer Hinsicht entwickelte sich die Zeitung in der zweiten Hälfte der sechziger Jahre nach und nach zu einem modernen Zeitungsbetrieb. Der Machtwechsel von Walter Ulbricht zu Erich Honecker bewirkte aber zwangsläufig auch einen Wechsel in den leitenden Positionen der Parteizeitung. Chefredakteur Rudi Singer wurde im Juli 1971 durch Joachim Herrmann ersetzt. Damit begann das nächste Kapitel in der Geschichte der Zeitung.

Offener Brief der SED an die Delegierten des SPD-Parteitages 1966. Darin werden gemeinsame Gespräche vorgeschlagen. Um den DDR-Funktionären die Einreise zu ermöglichen, beschließt der Bundestag das »Handschellengesetz«, das die Genossen von der Strafverfolgung ausnehmen sollte. Darauf sagte die DDR am 29. Juni 1966 sämtliche Kontakte ab.

Schadensbegrenzung

Als sich im Februar 1956 eine kleine SED-Abordnung unter Walter Ulbricht auf den Weg nach Moskau zum XX. Parteitag der KPdSU machte, ahnte niemand von ihnen, dass nach diesem Parteitag die kommunistische Welt plötzlich und unwiderruflich in ein »Davor« und »Danach« geteilt sein würde. In einer internen Sitzung rechnete der Erste Sekretär des ZK der KPdSU, Nikita Chruschtschow, am Ende des Parteitages mit Stalin ab. Unter dem Thema »Über den Personenkult und seine Folgen« klärte er am 25. Februar die Delegierten in einer sechsstündigen Rede über Stalins Terrorherrschaft auf. Chruschtschow versetzte die Anwesenden mit seinen Enthüllungen geradezu in einen Schockzustand. Innerhalb weniger Stunden löste er die »Klammer«, die bis dahin die kommunistische Welt zusammengehalten hatte, und hinterließ in den Köpfen eine große »Leere«. Das sollte sich bald als das eigentliche Problem erweisen: Der Kreml-Chef hatte zwar Stalin an den Pranger gestellt, aber er präsentierte kein wirkliches Konzept, um das erzeugte Vakuum auszufüllen. Der so entstandene ideologische »Hohlraum« machte das ganze System auf Dauer instabil. Die Rede Chruschtschows setzte einen Prozess in Bewegung, der mehr als 30 Jahre später zur Auflösung der kommunistischen Welt führen sollte. Im ND ist Chruschtschows »Abrechnung mit Stalin« nie erschienen, aber 1956 war diese Rede in nicht wenigen Artikeln und Kommentaren der Zeitung präsent, da die SED-Führung über das ND versuchte, eine »Schadensbegrenzung« vorzunehmen. Immerhin, es sollte 34 Jahre dauern, bis die Rede Chruschtschows in einem Dokumentenband des Dietz-Verlages unter dem Titel »SED und Stalinismus« – kurz vor ihrem Ende – in der DDR publiziert wurde.[3]

Wie ahnungslos das Zentralorgan im Vorfeld des XX. Parteitages gewesen war, verdeutlicht ein Brief des ND-Chefredakteurs vom 2. Februar 1956. Georg Stibi wandte sich an das ZK und äußerte seine große Sorge darüber, dass für den Abdruck der Reden des bevorstehenden KPdSU-Parteitages nicht genügend Papier zur Verfügung stehen würde, zumal es selbstverständliche Pflicht war, dem Politereignis sehr breiten Raum einzuräumen. Im Schreiben hieß es: »Voraussichtlich am 14. Februar beginnt der XX. Parteitag der KPdSU. Die Erfahrungen des ›ND‹ vom XIX. Parteitag besagen, daß etwa zehn Tage hindurch, vom Beginn des Parteitages an gerechnet, das ›ND‹ vorwiegend mit Material aus Moskau in weitestem Umfang eingedeckt ist. Es wird, selbst wenn der Umfang der Zeitung beim Eintreffen der Hauptreferate über den Durchschnitt erweitert wird, nur noch der knappeste Raum für die wichtigsten laufenden Informationen bleiben. Von Eurer Seite sollte im Sekretariat des ZK eine für alle Abteilungen und auch für die wichtigsten Massenorganisationen bindende Festlegung getroffen werden, daß in der Zeit vom 13. Februar bis etwa 23. Februar keine größeren Materialien an das ›ND‹ gegeben werden und auch sonst von den üblichen Raumwünschen Abstand genommen wird. Die in dem Beschluss über die Papierversorgung für 1956 genannte Abteilung müßte das Vorhandensein einer gewissen Papierreserve für diese zehn Tage garantieren können. Man muss daran denken, dass die Frostperiode für unsere Presse fast jedesmal Papierschwierigkeiten mit sich bringt.«[4] Das Schreiben verdeutlichte nicht nur die Ideologiegläubigkeit des Parteiorgans, sondern lässt auch zwei immer wieder auftauchende Probleme erkennen: erstens den großen Platzbedarf der Parteimaterialien bei der Zeitungsgestaltung und zweitens die kritische Lage bei der Papierversorgung zur kalten Jahreszeit. Der Winter 1955/56 war in der Tat sehr streng. Ganz Berlin lag bei heftigen Minusgraden unter einer etwa viertel Meter hohen Schneedecke. Das »Tauwetter« begann bei richtigem Frost und viel Schnee.[5]

In den zwischen dem 14. und 25. Februar 1956 im ND abgedruckten Redetexten konnten die Leser durchaus erkennen, dass mit der kritischen Beurteilung der Person Stalins auch Bewegung ins ND kam.[6] So fiel erstmals auf, dass auf dem Parteitag plötzlich niemand mehr über den »Generalissimus« und »bedeutendsten Staatsmann des Jahrhunderts« redete. Lediglich die kommunistischen Bruderparteien schickten zum Beginn des XX. Parteitages die üblichen Grußbotschaften nach Moskau. In der SED-Grußbotschaft stand am Ende: »Es lebe die unbesiegbare Lehre von Marx, Engels, Lenin und Stalin!«[7] Außerdem gedachte man zu Beginn des Parteitages des einst »größten Menschen unserer Epoche« in einer Schweigeminute nicht einzeln, sondern gemeinsam mit den ebenfalls 1953 verstorbenen Kommunisten Klement Gottwald und Kyuichi Tokuda. Die offensichtliche Gleichsetzung Stalins dürfte nicht wenige der Delegierten erst einmal irritiert haben. Die leichte Verwunderung setzte sich fort, als während des Parteitages der Name Stalin im überlangen Rechenschaftsbericht von Chruschtschow höchstens noch im Zusammenhang mit seinem Tod, den Bauern der »Stalin-Kolchose« oder den Arbeitern von »Stalingrad« Erwähnung fand. Stalin war das geworden, zu was er viele aufrechte und von der Sache überzeugte Kommunisten zu seinen Lebzeiten gemacht hatte – er war nun selbst eine »Unperson«.[8]

Anstatt »Stalin« wurde nun immer wieder das »Prinzip der kollektiven Leitung« hervorgehoben. Im Zusammenhang mit der Parteiarbeit und den ideologischen Fragen beriefen sich die Redner nun auf Lenin. ZK-Mitglieder wie Michail Suslow, Nikolai Bulganin, Georgi Malenkow, Wjatscheslaw Molotow und Anastas Mikojan kritisierten den Personenkult und erklärten, dass dieser eine dem Marxismus-Leninismus fremde Führungsmethode sei.[9] Am weitesten ging dabei Mikojan, der bemerkte: »Der Grundsatz der kollektiven Leitung ist ein elementares Gesetz für die proletarische Partei, für die Partei Lenin'schen Typs, und doch muss man diese alte Wahrheit unterstreichen, weil ungefähr 20 Jahre lang bei uns faktisch keine kollektive Leitung bestand, weil der Persönlichkeitskult blühte, der schon von Marx und später von Lenin verurteilt wurde, das musste sich natürlich negativ auf die Lage in der Partei und ihre Tätigkeit auswirken.«[10] Zwar wurde Stalin als Person nicht genannt, aber jeder wusste natürlich sofort, wer gemeint war, wenn vom Fehlen einer kollektiven Führung die Rede war. Noch ein weiterer Beitrag ragte in der ND-Berichterstattung über den XX. Parteitag heraus. Die Historikerin Anna Pankratowa äußerte sich offen über den Zustand der sowjetischen Gesellschaftswissenschaften. Unter dem ideologisch korrekten Titel »Unsere ruhmvolle Geschichte – wichtige Quelle des Studiums« befasste sie sich mit dem Personenkult und kritisierte außergewöhnlich offen die Fehltritte der eigenen Zunft und der Nachbarwissenschaften. Den Historikern schrieb sie ins Stammbuch: »Gewisse Historiker frisieren die geschichtlichen Ereignisse, simplifizieren sie, behandeln sie einseitig und infolgedessen unrichtig.« Im Zusammenhang mit dem Personenkult wies sie darauf hin, dass bei Büchern ganze Seiten ausgelassen wurden, weil sie Fehler benannten und unbequeme Wahrheiten erzählten. Sie forderte Professionalität ein und wiederholte in ihren Worten den »Hinweis« aus Chruschtschows Rechenschaftsbericht, »dass die konkreten Tatsachen gut erforscht und eine den Tatsachen entsprechende Einschätzung ohne jede Schönfärberei vorgenommen werden soll, damit sich unsere gesamte ideologische Arbeit auf einem hohen theoretischen Niveau in entschlossenem Kampf gegen Dogmatismus und Buchstabengelehrsamkeit entwickelt«.[11] In der Tat, eine solche »unverklausulierte Darstellung vom Zustand der sowjetischen Gesellschaftswissenschaften hatte es im ND noch nie gegeben«[12], aber bis auf eine zwei Wochen später erscheinende positive Reaktion des Wirtschaftshistorikers Jürgen Kuczynski gab es im »Neuen Deutschland« keine weiteren öffentlichen Wortmeldungen zu dieser Moskauer Generalkritik. Eine auf die DDR-Wissenschaft zugeschnittene kritische Diskussion kam im Zentralorgan nicht zustande.[13]

Für die ND-Geschichte ist interessant, dass der damalige Leiter der Wirtschaftsredaktion, Werner Eberlein, die SED-Delegation als Dolmetscher begleitete. Damit war ein ND-Redakteur mitten im Brennpunkt des Geschehens. Bei Eberleins Dienstantritt beim ND schien es ihm zunächst, als ob er wählen könne, in welcher Redaktion er künftig arbeiten wollte. Zumindest wurde er danach gefragt, und Eberlein entschied sich für den Bereich Außenpolitik. Doch dann ließ im Januar 1955 der amtierende Chefredakteur Heinz Friedrich die Katze aus dem Sack und erklärte, dass die Zeitung vor allem jemanden brauche, »der Prügel vertragen kann«. Für einen solchen Mann hielt ihn Friedrich und deshalb schlug er statt der Außenpolitik die Abteilung für Wirtschaftsfragen vor. Das Argument von Werner Eberlein, er hätte von Wirtschaft keinen blassen Schimmer, wurde damit entschärft, dass ihn die gesamte Abteilung unterstützen würde und vor allem eben jemand gebraucht würde, der Rückgrat hatte und nicht gleich umfiel, wenn der Ton im ZK gegenüber dem ND etwas harscher ausfiel. Über seine erste Amtshandlung als Leiter bei der ND-Wirtschaftsredaktion erzählte Eberlein später, dass er eine Mitteilung des Verkehrsministeriums über Änderungen im Fahrplan der Reichsbahn für den Abdruck abzeichnen sollte. Dabei übersah er, dass in der Vorlage für die Setzerei noch die beim Fernschreibverkehr übliche Abkürzung für »Semikolon« – »SMK« – enthalten war, was wiederum bei Erscheinen der Ausgabe am 22. Januar 1955 im Verkehrsministerium für helle Aufregung sorgte. Hierzu bemerkte Eberlein in seinen Erinnerungen später: »Nie wieder habe ich irgendwas unterzeichnet, was ich mir nicht erklären konnte.«[14]

Was die Diskussion in der Parteispitze über den XX. Parteitag ergeben hatte, konnte am 4. März 1956 im »Neuen Deutschland« nachgelesen werden. In großer Aufmachung wurde unter dem Titel »Über den XX. Parteitag der Kommunistischen Partei der Sowjetunion« ein Artikel Walter Ulbrichts – »die amtliche Deutung des Parteitages« – abgedruckt. Kein Wort und auch keine Andeutung darin über die Rede Chruschtschows auf der Geschlossenen Sitzung am 25. Februar. Vielmehr wurde verharmlosend und neutral das wiederholt, was schon in den zuvor abgedruckten Parteitagsreden im ND gestanden hatte. Nur zwei Passagen des Berichtes fielen aus dem Rahmen und sorgten für Verblüffung. Zuerst einmal wurde der Eindruck erweckt, dass schon während des XX. Parteitages ganz offen über die stalinschen Säuberungen geredet worden war. Im Zusammenhang mit dem Thema »Sowjetdemokratie« und »sowjetische Gesetzlichkeit« wurden der Rechenschaftsbericht von Chruschtschow und der Diskussionsbeitrag von Kliment Woroschilow erwähnt und hierzu dann unvermittelt erklärt: »Zweifellos gab es Verletzungen der Gesetze besonders in den Jahren 1936 bis 1938 und nach dem Kriege. Durch Erscheinungen des Personenkults war die Sowjetdemokratie teilweise entstellt worden.«[15] In dem im ND abgedruckten Rechenschaftsbericht Chruschtschows war aber nur etwas über die Verletzung sowjetischer Gesetze im Zusammenhang mit der Ausschaltung Berijas zu lesen, und in Woroschilows im ND wiedergegebenen Redebeitrag stand im Hinblick auf den Personenkult überhaupt nichts weiter dazu.[16] Die zweite Überraschung folgte dann wenige Absätze später, als Ulbricht in seinem Bericht die fiktive Frage von Genossen stellte, ob Stalin zu den Klassikern des Marxismus gehören würde, und lieferte dann folgende Antwort: »Zweifellos hat Stalin nach dem Tode Lenins bedeutende Verdienste beim Aufbau des Sozialismus und im Kampf gegen parteifeindliche Gruppierungen der Trotzkisten, Bucharinleute und bürgerlichen Nationalisten. Als sich Stalin jedoch später über die Partei stellte und den Personenkult pflegte, erwuchsen der KPdSU und dem Sowjetstaat daraus bedeutende Schäden. Zu den Klassikern des Marxismus kann man Stalin nicht rechnen.«[17]

Dass der SED-Chef das Thema Stalin und Stalinismus nicht einfach mit einem »Machtwort« aus der Welt schaffen konnte, zeigte sich auf vielfältige Weise überall im Land. Mit der ND-Ausgabe vom 4. März in der Hand wurden auf Parteiversammlungen, in den Betrieben und Universitäten unbequeme Fragen gestellt. Die überlieferten Stimmungsberichte des MfS und der SED legen darüber ein beredtes Zeugnis ab.[18] Wie sich das konkret abspielen konnte, verdeutlicht ein in diesen Berichten gemeldeter Vorfall aus Greifswald, wo am 5. März 1956 die Medizinstudenten der Universität den Ausführungen ihres Dozenten in der obligatorischen Vorlesung über die marxistisch-leninistische Welt-

WALTER ULBRICHT: **Über den XX. Parteitag der Kommunistischen Partei der Sowjetunion**

»Zu den Klassikern des Marxismus kann man Stalin nicht rechnen«, erklärte Walter Ulbricht in seinem im ND abgedruckten Beitrag am 4. März 1956. Damit gab er das vermeintliche Maß vor, dass er zu akzeptieren bereit war, wenn es in der Öffentlichkeit um Stalin und den Stalinismus gehen sollte. (ND v. 4.3.1956, S. 3–4)

anschauung folgten. Der Dozent hatte das ND vom Vortage nicht gelesen. Er hob also wie üblich Stalin als großen Theoretiker des Marxismus-Leninismus hervor, worauf einer der Studenten fragte, ob Stalin ein Klassiker des Marxismus-Leninismus sei? Der Dozent setzte daraufhin zu einer ausführlichen Beweisführung anhand von Stalin-Zitaten an. Die Studenten lachten und klatschten ironisch Beifall. Schließlich zog einer der Studenten das ND aus der Tasche und klärte den Dozenten auf. So wie dem Greifswalder Dozenten ging es nicht wenigen SED-Genossen, die plötzlich »hilflos in der Ecke« standen und keine Argumente mehr fanden.[19] Die Staatssicherheit registrierte nach dem ND-Artikel vom 4. März 1956 überall im Land kritische und vor allem auch sarkastische Reaktionen: »Warum hat man nicht schon auf dem XVIII. und XIX. Parteitag den Genossen Stalin kritisiert? Erst jetzt, nachdem er drei Jahre tot ist, fällt es den Genossen ein«, oder: »Es ist doch eine Schweinerei, wenn man jetzt Stalin schlechtmacht, damit die anderen ins richtige Licht gerückt werden.«[20]

Georg Stibi (li.) übernahm am 28. März 1955 die Chefredaktion des »Neuen Deutschland«. Er brachte 30 Jahre Zeitungserfahrung mit.

Fünf Ratschläge für die demokratische Presse

Auch der Leiter der Agitationskommission beim Politbüro der SED, Albert Norden, zog Ende April 1956 Bilanz und erteilte sowohl der Parteizeitung als auch der gesamten DDR-Presse Vorgaben für die weitere Arbeit, veröffentlicht im ND am 28. April 1956. Unter dem Titel »Fünf Ratschläge für die demokratische Presse« hieß es: »1. Die Journalisten dürfen nie vergessen, daß sie Verkünder der Politik der SED sind; 2. Die Redaktionen wurden aufgefordert, die besten Autoren aus Wissenschaft, Wirtschaft und Kultur zu gewinnen, damit in der sozialistischen Tagespresse mit hoher Sachkenntnis über den sozialistischen Aufbau berichtet werden kann; 3. Durch das Studium des Alltags der Arbeiter und Bauern sollten die Journalisten tiefere Kenntnisse über deren Leben erhalten, um dann lebendiger und interessanter in der Zeitung darüber berichten zu können; 4. Es wurde erneut die Förderung der Bewegung der Volkskorrespondenten angemahnt, um die Verbindung zwischen Presse und Massen zu verbessern; 5. Der Kampf um die journalistische Meisterschaft sollte wirksamer organisiert werden, damit die Journalisten zu wahren Beherrschern des Wortes und der Feder werden.« Albert Norden erklärte pathetisch: »Ihr seid als Journalisten die Verkünder der hohen Ideen der Menschheit, der Ideen des Marxismus-Leninismus.«[21]

Doch die Umsetzung dieser Ratschläge sollte sich angesichts der kurz zuvor im ZK festgelegten Informationsrichtlinien als überaus zweischneidig erweisen. Genau genommen hatte es für die Parteipresse einen faulen Kompromiss gegeben: Der »Mundfunk« sollte übernehmen, was offiziell weiter totgeschwiegen und als parteiinterne Information an die Basis weitergegeben wurde. Im Grunde verdeutlicht der Umgang mit der Rede Chruschtschows exemplarisch das Grunddilemma der SED-Informationspolitik. Das ehemalige ND-Redaktionsmitglied Harri Czepuck bemerkte nach 1990 resigniert: »Ich habe in späteren Jahren ... mit einer Reihe von Mitgliedern der SED-Parteiführung Debatten darüber geführt, wie wichtig gerade in unserer Lage eine offenere Informationspolitik wäre. Aber der etwas beschränkte Standpunkt, wir müssen nicht alles sagen, was zu überflüssigen Diskussionen führen könnte, war nicht nur ausgesprochen dumm und zeugte von wenig Selbstbewußtsein, sondern war auch ein Beweis dafür, daß man die eigene Bevölkerung für beschränkt hielt und man den Einfluß der Propaganda der anderen Seite sträflich unterschätzte. ... Obwohl der eine oder andere Gesprächspartner die bequeme Antwort parat hatte: Im Grunde hast du recht, aber ..., änderte sich trotz mannigfacher Versuche grundsätzlich nie etwas an der fatalen Informationspolitik in der DDR. Im Gegenteil. Es wurde besonders verschlimmert, wenn ich an die achtziger Jahre denke.«[22]

In der ND-Redaktion fanden natürlich, wie anderswo auch, Diskussionen statt. Nach außen hin wurde aber gehorsam den Regieanweisungen der SED-Spitze gefolgt. Der Sommer von 1953 dürfte in der Parteizeitung noch allgegenwärtig gewesen sein. Hinzu kam, dass der Chefredakteur Georg Stibi durchaus seinen eigenen Kopf hatte, bei Gesprächen mit der SED-Führung forsch auftrat und »mit Ulbricht ständig im Streit« lag. Mit Blick auf das Jahr 1953 wollte Walter Ulbricht in der Parteizeitung »Ruhe« haben, das hieß: keine überraschenden »Abweichungen«, eigensinnigen Streitgespräche oder gar ungefragten »Eigeninitiativen«. Als es Ende Juni 1956 dann noch zum Aufstand im polnischen Poznań kam, der viele Parallelen zum 17. Juni 1953 in der DDR aufwies, ordnete Walter Ulbricht einen umgehenden Wechsel in der Chefredaktion an. Georg Stibi wurde als Botschafter nach Rumänien geschickt. Seine Nachfolge trat ab dem 15. Juli 1956 Hermann Axen an.
Der neue Chefredakteur galt als überdurchschnittlich intelligent, kannte Shakespeare in- und auswendig, beherrschte mehrere Sprachen und hatte das KZ der Nazis überlebt. Er wurde als leidenschaftlicher, entschlossener, aufgeweckter, engagierter und zugleich auch ungemein ehrgeiziger Parteiarbeiter charakterisiert. Er galt als Mann Walter Ulbrichts und Garant dafür, dass der SED-Chef künftig keinen Streit mehr mit einem ND-Chefredakteur haben würde.[23]

Die dramatischen Entwicklungen zuerst in Polen und dann in Ungarn im Verlauf des Sommers und Herbstes 1956 ließen die kritischen Stimmen in der DDR immer lauter werden. Nach den Stimmungsberichten des MfS wurde im Oktober 1956 immer

Fünf Ratschläge für die demokratische Presse

wieder der Rücktritt Walter Ulbrichts gefordert und vor allem die Veröffentlichungspraxis des »Neuen Deutschland« kritisiert. Der neue ND-Chefredakteur hatte also gezeigt, dass er die Weisungen der SED-Führung widerspruchslos durchsetzte und dabei keine Kompromisse bei der Umsetzung zuließ.[24] Bezeichnend ist in diesem Zusammenhang eine Anweisung Hermann Axens vom 20. Oktober 1956, die forderte, »dass bis auf Widerruf kein Nachrichtenmaterial aus polnischen Quellen zu verwenden sei, dass alle Berichte der Warschauer Korrespondenten zentral zu zensieren seien und Kommentare zur Lage Polens nur von der sowjetischen Agentur TASS übernommen werden dürften«.[25] Welcher Veröffentlichungs- und Informationspraxis das ND im Herbst 1956 und dann auch bei späteren Krisen oder Konfliktfällen folgte, lässt ein vorsichtig kritisierender Zehnpunktekatalog der Parteiorganisation des DDR-Schriftstellerverbandes vom November 1956 erkennen. Darin wurde vor allem bemängelt, dass im ND Kenntnisse über Sachverhalte und Dinge vorausgesetzt wurden, über die es bislang in der Zeitung keinerlei Information gegeben hatte. Plötzlich tauchten in Artikeln und Kommentaren neue Namen ohne den geringsten biografischen Hinweis auf. Das ND benutzte ständig Superlative und berichtete von »einmütigen Entschließungen«, wo doch – so die Genossen des Schriftstellerverbandes – gerade das Gegenteil zutreffend gewesen war. Vor allem störte, dass die Reden ausländischer und westdeutscher Politiker – wenn überhaupt – nur im Auszug, bruchstückhaft, verstümmelt oder in indirekter Rede im ND wiedergegeben wurden. In der Parteizeitung »zerpflücken« die Kommentare solche Reden und Artikel »Wort für Wort«, aber die Leserschaft kannte das zugrundeliegende Material der ND-Kritik zumeist gar nicht, so dass die Kommentare und Artikel »völlig unverständlich« blieben.[26]

Im November 1956 reagierte das »Neue Deutschland« scharf auf den Volksaufstand in Ungarn, indem die Zeitung ihn als ein Werk der »Horthy-Faschisten« im Auftrag des amerikanischen Imperialismus entlarvte. Die in Polen errungene Souveränität wurde verfälscht dargestellt und in Richtung Konterrevolution interpretiert. Wie sehr die oben genannte Kritik des Schriftstellerverbandes gegen die Veröffentlichungspraxis des ND zutraf, verdeutlichte ein grober und beleidigender Artikel von Hermann Axen gegen die polnische Journalistin Edda Werfel am 27. November. Die meisten ND-Leser kannten den Artikel der Journalistin unter dem Titel »An die Genossen der Bruderparteien« wieder einmal nicht. Werfel hatte sich darin vor allem gegen diejenigen kommunistischen Parteien gewandt, die den Weg Polens zu einem »menschlichen Sozialismus« ignorierten oder – und damit wandte sie sich vor allem gegen die Praxis beim »Neuen Deutschland« – die Ereignisse so umfälschten, dass die Entwicklung in Polen nicht als revolutionärer sozialistischer Umbruch, sondern als Konterrevolution erschien.[27]

Gegen die Verfälschung des Marxismus-Leninismus und Tendenzen der Spaltung der Arbeiterbewegung

Eine Antwort auf den Artikel „An die Genossen der Bruderparteien“ von Edda Werfel („Przeglad Kulturalny“ Nr. 44)

Anfang November erschien in Nr. 44 der „Przeglad Kulturalny“ („Kulturelle Rundschau“ — Organ des Rates für Kultur und Kunst beim Ministerium für Kultur und Kunst der Regierung der Volksrepublik Polen) ein Artikel der Genossin Edda Werfel unter dem Titel „An die Genossen der Bruderparteien“. Dieser Artikel strotzt von antimarxistischen Auffassungen. Die Auseinandersetzung mit antimarxistischen Auffassungen einer parteigenössischen Publizistin ist selbstverständlich in erster Linie eine Sache der polnischen Bruderpartei selbst. Wir halten es aber für notwendig, uns mit diesem Artikel zu beschäftigen, da er einmal grobe Ausfälle gegen unsere Partei enthält, die den Charakter einer unzulässigen Einmischung in unsere Angelegenheiten tragen und zum anderen, weil bezeichnenderweise westdeutsche bürgerliche Zeitungen und Rundfunkstationen diesen Artikel der Genossin Werfel geflissentlich für ihre Hetze gegen die Arbeiter-und-Bauern-Macht in der DDR und die SED benutzen.

★

Die Gegenantwort des Chefredakteurs Hermann Axen auf einen Artikel der polnischen Journalistin Edda Werfel. Das Credo lautete: In Polen lauert die Konterrevolution. (ND v. 27.11.1956, S. 3)

Zwei Tage nach dem Erscheinen eines Artikels von Hermann Axen eröffnete die SED-Führung ihre Offensive gegen die kritischen Stimmen in den eigenen Reihen. Es erfolgten die Festnahmen des Chefredakteurs der »Deutschen Zeitschrift für Philosophie«, Wolfgang Harich, und seiner Mitstreiter Bernhard Steinberger, Manfred Hertwig und Irene Giersch. Am 1. Dezember 1956 wurde auf der ND-Titelseite gemeldet: »Staatsfeindliche Gruppe unschädlich gemacht«.[28] Wenige Tage später, am 6. Dezember, kam es zur Verhaftung des Leiters des Aufbau-Verlages Walter Janka. Als die Schriftstellerin Brigitte Reimann aus den Medien von den Verhaftungen erfuhr, notierte sie am 10. Dezember 1956 in ihr Tagebuch: »Der Geist bei uns lebt illegal – Herrgott, ist das eine Welt!«[29]

Der Prozess gegen die sogenannte »Harich-Gruppe« fand vom 7. bis 9. März 1957 statt. Im ND erschien ein von Günter Kertzscher verfasster Prozessbericht, der die ND-Leser – sicher unbeabsichtigt – erstmalig konkret über die wichtigsten Punkte des 1956 entwickelten und diskutierten »Reformkonzepts« informierte. Generell sollten die ND-Artikel über den

Strafanträge im Harich-Prozeß

Gruppe Harich abgeurteilt

Ostbüro der SPD bestätigt Verbindung mit Angeklagten

Prozess die DDR-Intelligenz vor allem einschüchtern. Mit Überschriften wie »Die Verbrechen der Harich-Gruppe« oder »Die Verschwörung ...« wurden propagandistisch die Instrumente gezeigt. Vom 23. bis 25. Juli 1957 fand der zweite große Prozess statt. Die »Gruppe Aufbau-Verlag« stand nun als Teil der »Harich-Gruppe« vor Gericht. Neben Walter Janka wurden die Redakteure Gustav Just und Heinz Zöger sowie der Rundfunkjournalist Richard Wolf

Die Verbrechen der Harich-Gruppe

Mit Hilfe imperialistischer Sabotagezentralen sollte die Staatsmacht der DDR liquidiert werden

Aus der Anklage vor dem Obersten Gericht

Berlin (ND). Vor dem Ersten Strafsenat des Obersten Gerichts der Deutschen Demokratischen Republik findet gegenwärtig die Hauptverhandlung gegen den ehemaligen stellvertretenden Cheflektor im Aufbau-Verlag, Dr. Wolfgang Harich, den Aspiranten Bernhard Steinberger und den Dozenten Manfred Hertwig statt. Sie werden beschuldigt, eine staatsfeindliche Gruppe gebildet zu haben mit dem Ziel, die verfassungsmäßige Staats- und Gesellschaftsordnung der Deutschen Demokratischen Republik zu liquidieren.

Wir veröffentlichen nachstehend Auszüge aus der von Generalstaatsanwalt Dr. Melsheimer vertretenen Anklage gegen die Harich-Gruppe.

1957: ND-Berichterstattung als Abschreckung für die DDR-Intelligenz. Artikel über die Prozesse gegen Wolfgang Harich, Walter Janka und deren Mitstreiter vom März und Juli 1957. (ND v. 9.3.1957, S. 1; ND v. 9.3.1957, S. 4; ND v. 10.3.1957, S. 1)

wegen »staatsfeindlicher Verschwörung« verurteilt. Wolfgang Harich erhielt zehn Jahre Zuchthaus, Walter Janka fünf und die anderen sechs Mitverurteilten darunterliegende mehrjährige Haftstrafen.[30]

Nach den Prozessen gegen die »Gruppe Harich« und »Gruppe Janka« ging es direkt im ZK weiter: die »fraktionelle Gruppe Schirdewan, Wollweber und andere« wurde ausgemacht.[31] Das ND spielte 1956 bis 1958 dabei eine ganz wesentliche Rolle: einerseits als verlässliches Sprachrohr; andererseits im Hinblick auf die »verzerrte« Kommunikation zwischen SED-Führung, Partei und DDR-Intelligenz: »Die Repressionen zogen sich durch das ganze Jahr 1957, hatten ihre Ausläufer 1958, dann konnte die Disziplinierung der Intelligenz als beendet angesehen werden, der V. Parteitag der SED im Juli 1958 ist der politische Schlussstrich unter die Entwicklungen seit Chruschtchows Kritik an Stalin.«[32]

Zehn Jahre ND

Am 23. April 1956 gab es die SED-Parteizeitung seit zehn Jahren. Dafür erhielt das ND die höchste Auszeichnung der DDR – den Karl-Marx-Orden, der ganz nach sowjetischem Vorbild ab dem 25. April 1956 im Kopf des SED-Zentralorgans erschien. Eine richtige Mitarbeiterfeier erwies sich aber als großes Problem. Die Belegschaft war inzwischen so angewachsen, dass sich die Frage stellte, wo gefeiert werden sollte: Keiner der verschiedenen ND-Betriebsteile verfügte über eine Räumlichkeit, in der alle Angestellten hätten Platz finden können. Immerhin hatte die Zeitung inzwischen um die 1800 Beschäftigte. Eine Notlösung fanden die Organisatoren beim VEB Bergmann-Borsig in Berlin-Wilhelmsruh, doch auch der dortige Kultursaal war immer noch zu klein, so dass zweimal gefeiert werden musste: am 26. Mai und am 2. Juni 1956. Durch das jeweilige Begleitprogramm führte der »beweglich plaudernde« Heinz Quermann, zwei Kapellen spielten im Wechsel zum Tanz auf und eine gut ausgestattete Tombola rundete das Ganze ab.[33]

Mit Blick auf das Gründungsjahr der Zeitung musste zehn Jahre später erstaunt festgestellt werden, dass die Zahl derjenigen, die seit der ersten Stunde

NEUES DEUTSCHLAND

ORGAN DES ZENTRALKOMITEES DER SOZIALISTISCHEN EINHEITSPARTEI DEUTSCHLANDS

Berliner Ausgabe „Vorwärts“ | Berlin, Mittwoch, 25. April 1956 | 11. (67.) Jahrgang / Nr. 100 / Einzelpreis 15 Pf

Am 25. April 1956 erschien »Neues Deutschland« erstmals mit dem Karl-Marx-Orden im Zeitungskopf. Zum 25. Jahrestag, 1971, kam dann der Vaterländische Verdienstorden dazu. Ab dem 1. Oktober 1979 gab es die Zeitung wieder ohne Orden.

dabei waren, inzwischen sehr klein geworden war. Es gab nur noch 26 Betriebsjubilare. Von 1946 bis zum Sommer 1953 hatte sich Zahl der Mitarbeiterinnen und Mitarbeiter auf mehr als 2500 Personen erhöht. Deutlich verringerte sich die Arbeitskräftezahl nur noch einmal mit der Übergabe des Treptower Hochdruckbereichs zum 1. Juli 1953 an die Gewerkschaftszeitung »Tribüne«. Dadurch sank die Zahl der Gesamtbeschäftigten auf unter 2 000 ab und pegelte sich bis zum Ende der DDR bei einer Mitarbeiterzahl von durchschnittlich rund 1800 Beschäftigten ein. Von diesen gehörten gut 70 Prozent zum Druckereibereich. Zum Zeitpunkt des Jubiläums verfügten die Redaktion und der Verlag etwa über 550 Mitarbeiter. Den größten Arbeitskräftezuwachs hatte die ND-Redaktion im ersten Jahrzehnt des Bestehens mit der Eingliederung der Leute des »Vorwärts« zum 1. Januar 1950 erfahren. Damals stieg die Zahl der Redaktionsmitarbeiter von 89 auf 153. Von diesen waren etwa die Hälfte Redakteure, Hilfsredakteure, Reporter oder Assistenten, der andere Teil umfasste das technische Personal. Abgesehen vom Druckereibereich war der Frauenanteil sowohl in der Redaktion als auch im Verlag mit knapp 50 Prozent sehr hoch.[34]

ND-Chefredakteur Georg Stibi empfängt im April 1956 aus den Händen von Staatspräsident Wilhelm Pieck den Karl-Marx-Orden mit Urkunde, der höchsten staatlichen Auszeichnung in der DDR.

In den ersten zehn Jahren hatte sich die durchschnittliche Druckauflage von 444010 Zeitungen im Jahre 1946 auf 633704 Exemplare im Jahr des Jubiläums erhöht. Die Steigerung der Druckauflage vollzog sich insgesamt unter schwierigen materiell-technischen Rahmenbedingungen. Einerseits verfügte der Betrieb seit 1953 über moderne Rotationsmaschinen; andererseits wurde beispielsweise in der Setzerei vorrangig immer noch mit Maschinen gearbeitet, die man in der Anfangszeit aus Trümmern geborgen hatte. Generell war der

größte Teil des Maschinenbestandes überaltert und verschlissen. Neuanschaffungen für die Setzereiabteilungen scheiterten in der Vergangenheit auch deshalb, weil durch den Westen ein »stilles« Embargo bei modernen Setzmaschinen verhängt war und dringend benötigter Ersatz über Importe nicht zustande kam. So wurden die alten Dinger immer wieder repariert. Aber es war offensichtlich, dass diese Maschinen ihre Leistungsgrenzen längst überschritten hatten. Hinzu kamen ideologische Vorbehalte: In Zeiten des Kalten Krieges wurde es nicht gern gesehen, dass »sozialistische« Zeitungen auf »kapitalistischen« Maschinen gedruckt wurden.[35] Die Lage entspannte sich 1957 etwas, als die Sowjetunion neue Setzmaschinen aus eigener Produktion an das »Neue Deutschland« lieferte. Ihr Anblick war für die ND-Setzer etwas gewöhnungsbedürftig, da die neuen Maschinen nicht in traditionell schwarzer, sondern grüner Farbe angeliefert wurden. Im Druckereibereich entbrannte nun ein Streit über ihren künftigen Standort. Die Setzerei am Senefelderplatz war der Auffassung, dass die neuen Setzmaschinen bei ihnen platziert werden sollten. Doch die Betriebsleitung entschied die Aufstellung der Maschinen in der Mauerstraße, was der dortigen Setzerei bald die Bezeichnung »grüne Abteilung« einbrachte. Ausschlaggebend für die Standortentscheidung war am Ende gewesen, dass die Setzerei in der Mauerstraße produktionstechnisch den Druck des ND absicherte. Die Erfüllung dieser Aufgabe rangierte vor allen anderen.[36]

Neue Rotationsmaschine im Werk II am Küstriner Platz

Das soziale Gefüge des Zeitungsbetriebes konnte sich seit 1953 weiter festigen. Aus Eigenmitteln wurde die Errichtung eines Kinderwochenheims und einer Kindertagesstätte am Küstriner Platz finanziert. Nicht zu vergessen: Es musste immer noch daran gedacht werden, dass die ND-Belegschaft möglichst oft etwas »Handfestes« in der Kantine zu schmecken bekam. Aus diesem Grund kam es 1953 zur Einrichtung einer betriebseigenen Schweinemast. Ein Jahr später konnten immerhin 24 Schweine geschlachtet werden, das heißt, der »ND-Schweinestall« versorgte die Betriebskantine gut mit Fleisch. Im Jahre 1954 wurde zudem beschlossen, dass aus sogenannten »überplanmäßigen Gewinnen« der Bau eines Betriebsferienlagers in Pätz für mehr als 300 Kinder finanziert werden sollte. Im Frühjahr 1955 begannen die Bauarbeiten. Nach der Fertigstellung verfügte das Ferienlager über 30 kleine Holzhäuschen für die Unterbringung der Kinder. Es gab einen massiven Küchenbau, Kultur- und Waschräume, eine Sanitätsbaracke, eine Wetterwarte für »künftige Meteorologen«, einen Spielplatz, und auch eine Freibadanlage mit Sprungturm und Wasserrutsche gehörte dazu. Um die Wohnraumsituation zu verbessern sowie Anreize für neue Mitarbeiter zu bieten, gründete der Zeitungsbetrieb 1955 die Arbeiter-Wohnungsbau-Genossenschaft (AWG) »Neues Deutschland« in Berlin-Pankow. Innerhalb von vier Jahren erhöhte sich die Zahl der AWG-Mitglieder von 47 auf 450 und es standen inzwischen fast 200 bezugsfertige Wohnungen zur Verfügung.

Alles in allem wurde die soziale und vor allem die kulturelle Seite des Betriebslebens zu keinem Zeitpunkt vernachlässigt. Der soziale Standard spiegelte sich auch musikalisch wider – in der ND-Kapelle »Die Pfefferberger«. Dieses sehr beliebte Tanz- und Unterhaltungsensemble war ursprünglich aus einer Vier-Mann-Band der »Vorwärts«-Druckerei entstanden. Die Proben fanden immer an einem Mittwoch, um 16 Uhr statt.[37] Die Betriebsgeschichte vermerkt über die Kapelle: »Zu allen Betriebsveranstaltungen spielten ›Die Pfefferberger‹, und sie sorgten mit den auf das Publikum eingehenden Melodien, ohne große technische Mittel und mit nur einem Mikrofon, immer für ausgezeichnete Stimmung. Die vielen Abendveranstaltungen wurden durch die Mitwirkung der Kapelle stets ein voller Erfolg. Die Kapelle hatte sich über den Betrieb hinaus einen Namen gemacht.«[38]

Im Redaktions- und Verlagsbereich blieben Schreibmaschine, Telefon und der Fernschreiber noch für einige Jahre das Modernste an Bürotechnik. Mehr

Seit 1952 konnten die Kinder von ND-Mitarbeitern unbeschwert in das betriebseigene Ferienlager in Hartmannsdorf fahren.

und mehr wurden auch die »journalistischen Drähte« ins Land ausgebaut: Mit der Auflösung der Länder und der Bildung von 14 Bezirken in der DDR entstanden bis 1956 in allen Bezirksstädten auch ND-Redaktionen. Seit 1954 verfügte das ND mit Gerhard Dengler zudem über einen Bonn-Korrespondenten, der 1958 von Harri Czepuck abgelöst wurde. Kompliziert gestalteten sich demgegenüber die Auslandskontakte, »die sich anfangs auf mehr oder weniger zufällige Korrespondenzen von Vertretern linker Zeitungen in Westeuropa und von ADN in osteuropäischen Ländern beschränkten«.[39] Einer

Am 1. April 1957 wurde durch den Ministerrat der DDR die 45-Stunden-Arbeitswoche eingeführt. Die Redaktionen hatten davon wenig: Zeitungsbetrieb war und ist ein rollendes Geschäft, auch in der DDR.

der Ersten war der spätere Chef der Auslandsaufklärung Markus Wolf, der durch das Politbüro am 5. April 1949 zum Korrespondenten des »Neuen Deutschland« in Moskau ernannt wurde.[40] Weitere Moskauer ND-Korrespondenten, die dann auch als Sonderkorrespondenten beispielsweise aus Korea oder China berichteten, waren Otto Trillitzsch (1953) sowie Heinz und Katja Stern (1954). Wie wenig die Auslandsbeziehungen der Zeitung in den fünfziger Jahren ausgeprägt waren, verdeutlicht die Forderung nach der Schaffung eines ND-Büros in Moskau im Herbst 1964 in einer Politbürovorlage. Statt nur eines oder zweier ND-Korrespondenten müsste dort ein ND-Büro mit einem festen Mitarbeiterstamm geschaffen werden.[41]

Als sich die politischen Turbulenzen 1956/57 etwas gelegt hatten, begann das ND erneut, sich um ein besseres Image der Zeitung zu bemühen. Die Berichterstattung wurde aufgelockert und die Nähe zur Leserschaft gesucht. Im September 1957 gab es eine erste Leserumfrage mit acht Fragen in der Zeitung, die ausgeschnitten und mit wenigen Sätzen beantwortet werden konnten. Das Kennwort für Einsendungen lautete »8 Fragen«.[42] Im November 1957 wurde in einem Beitrag der Redaktion eine erste Zwischenbilanz gezogen und die Umfrage als Erfolg gewertet.[43] In der Neujahrsausgabe von 1958 meldete sich der Chefredakteur zu diesem Thema zu Wort und präsentierte auch Lesermeinungen aus der Umfrage. Da heißt es unter anderem: »Weiter so voran, ›Neues Deutschland‹, noch besser! Prinzipieller und volkstümlicher, schärferen Blick für das Hauptsächliche und stets Herz für die tausend kleinen Dinge, feinfühliger und streitbarer, lebendiger und sachlicher, leidenschaftlicher und humorvoller! Mehr Kühnheit für den freien Streit der Meinungen! Größere Aufmerksamkeit dem Wort des Arbeiters! Mehr Raum der Stimme der Massen in der Zeitung! Seid nicht nur ein Organ der Funktionäre, sondern entwickelt ›Neues Deutschland‹ zur sozialistischen Massenzeitung!«[44]

Neben dieser Leserumfrage erschienen auch wieder vermehrt Artikel, die mit den Namen der ND-Journalisten gezeichnet waren. Am 1. Januar 1958 – nach mehr als vier Jahren – trat auch das Redaktionskollegium der Zeitung aus der im Sommer 1953 verordneten Anonymität heraus, und die Namen der zehn Mitglieder erschienen wieder im Impressum: Hermann Axen (Chefredakteur); Georg Hansen, Dr. Günter Kertzscher, Herbert Kopietz (stellv. Chefredakteure); Walter Florath, Dr. Rolf Gutermuth, Eberhard Heinrich, Willi Köhler, Karl-Ernst Reuter, Ingo Seipt.

Die Berlin-Redaktion bei der Auswertung einer Leserumfrage

Insgesamt erhielten die verschiedenen ND-Redaktionen unter der Regie Hermann Axens durchaus mehr Handlungsspielräume. Dazu trug bei, dass der neue Chefredakteur vor allem auf die Professionalität seiner Mitarbeiterinnen und Mitarbeiter vertraute und sich nur wenig in das Tagesgeschäft der Zeitungsredaktionen einmischte.[45] Harri Czepuck bemerkte rückblickend zum Klima in der Redaktion unter Hermann Axen, dass dieser sich durch die Hereinnahme von Journalisten und Nichtjournalisten nach und nach ein neues Redaktionskollegium schuf: »Diese Entwicklung versprach, dass es zu einer Wende der de facto Interregnumszeit seit der Herrnstadt-Ära kommen könnte, was sich teilweise auch bewahrheitete. Eine Reihe von ›Jungtürken‹, die es in der Redaktion natürlich gab, nahm auf Axen einen gewissen Einfluss, was auch mit seinen Intentionen übereinstimmte, aus dem trotz aller Neuerungen nach 1953 weiterhin komplizierten Blatt eine massenwirksame Zeitung zu machen.«[46]

Zudem schrieb Hermann Axen regelmäßig auch wieder Leitartikel; er verfasste eigene Beiträge und kommentierte das aktuelle politische Geschehen. Immerhin brachte es der Chefredakteur in seiner Amtszeit zwischen Juli 1956 und Februar 1966 auf 143 Wortmeldungen im »Neuen Deutschland«.[47] Von Anfang an hatte Axen übrigens für die Neugestaltung des Zentralorgans seine französische Lieblingszeitung »France-soir« – die er in seiner Emigrationszeit in Frankreich schätzen gelernt hatte – im Hinterkopf. Es sollte aber fast bis zum Ende seiner Amtszeit als Chefredakteur dauern, dass er am 3. Januar 1965 das ND in einer Aufmachung präsentieren konnte, bei der die Anlehnung an seine französische Lieblingszeitung unverkennbar war.[48] »France-soir« war besonders in den 1950er und 1960er Jahren als Nachfolgeblatt des Journals des französischen Widerstandes gegen die deutsche Besatzung erfolgreich. Die Zeitung erreichte zu ihren besten Zeiten ebenfalls eine Auflage von über einer Million Lesern.

»France-soir« vom 8. Mai 1954 anlässlich der französischen Aggressionen in Indochina.

EDITION SPÉCIALE

France-soir

CE SOIR COURSES VINCENNES

DIEN-BIEN-PHU EST TOMBÉ

submergé par le grand assaut des Viets

M. Laniel a annoncé la dramatique nouvelle à l'Assemblée qui l'a écoutée debout

LE CENTRE DE RESISTANCE SUD (ISABELLE) TIENT TOUJOURS

Pour briser la résistance des défenseurs, le Viet-

Les dernières heures de la bataille

Notre nourriture n'a plus la vertu de

Ereignis »Sputnik«

Am 4. Oktober 1957 sorgte die Sowjetunion für weltweites Aufsehen. In Kasachstan wurde um 22 Uhr 28 Minuten und 34 Sekunden Moskauer Zeit erfolgreich der erste künstliche Erdsatellit gestartet. Das Objekt mit der Bezeichnung »Sputnik« hatte einen Durchmesser von 58 Zentimetern und ein Gewicht von 83,6 Kilogramm. Ein simpler Radiosender strahlte im Kurzwellenbereich jenes berühmte »Piep, Piep, Piep« ab, das von Funkamateuren und Radiostationen auf der ganzen Welt aufgefangen werden konnte: »Listen now for the sound that forevermore separates the old from the new«, verkündete die US-Radiostation NBC und übertrug das »Piepen« aus dem Weltall in den Nachrichten. Das künstliche Flugobjekt konnte auch am Nachthimmel beobachtet werden. Überall in der Welt reckten Menschen ihre Hälse. Doch gab es einige Irritationen, da zwei sich schnell bewegende Lichtpunkte in verhältnismäßig geringem Abstand voneinander am Himmel zu sehen waren: der lichtschwächere »Sputnik« und die viel heller leuchtende letzte Stufe der Trägerrakete. Die meisten Beobachter sahen damals also nicht den »Sputnik«, sondern einen Teil der Trägerrakete, die den Satelliten ins All gebracht hatte. Das ND machte am 8. Oktober 1957 darauf aufmerksam und druckte eine Art »Beobachtungsfahrplan« auf der Titelseite ab. Nach drei Wochen verstummte der Sender, das »Piepen« hörte auf. Am 1. Dezember 1957 verschwand die Trägerstufe vom Sternenhimmel und verglühte in der Erdatmosphäre, einen Monat später, am 4. Januar 1958, folgte der »Sputnik« diesem Schicksal.[49]

Sowjetischer Erdsatellit gestartet

Moskau (ND). Wie TASS berichtet, wurde am 4. Oktober in der Sowjetunion ein künstlicher Erdsatellit, der erste in der Welt, erfolgreich gestartet. Der Satellit beschreibt jetzt eine elyptische Flugbahn um die Erde, in Höhe bis zu 900 km. Er hat die Form einer Kugel mit einem Durchmesser von 58 cm und einem Gewicht von 83,6 kg. Der Satellit ist mit einer Radiosonde ausgerüstet.

Der erfolgreiche Start des ersten künstlichen Erdsatelliten »Sputnik« durch die Sowjetunion erzeugte im Westen einen tiefen Schock. Im ND konnte nun propagiert werden, dass dem Sozialismus die Zukunft gehört. (ND v. 5.10.1957)

Die Moskauer Nachrichtenagentur TASS hatte die Erfolgsnachricht noch in der Nacht an die Nachrichtenagenturen weitergegeben. Zwar war die ND-Samstagsausgabe vom 5. Oktober schon druckfertig, aber trotzdem gelangte noch in letzter Minute eine fettgedruckte sechszeilige Kurzmeldung über zwei Spalten mit der Überschrift »Sowjetischer Erdsatellit gestartet« auf die Titelseite des kommenden Tages. Am 6. Oktober stieg »Neues Deutschland« dann groß in das Thema ein: Die Schlagzeilen verkündeten die Verwirklichung eines jahrtausendealten Traums der Menschheit und feierten die epochale Pioniertat der sozialistischen Wissenschaft. Der Bau noch größerer Satelliten wurde angekündigt, eine erste Stellungnahme aus den USA zitiert (»Sowjet-Wissenschaftler haben den Wettstreit gewonnen«), und der ND-Kommentar auf der Titelseite trug die Überschrift »Völker hört die Signale«. Überall auf der Welt herrschte an diesem Wochenende Hochbetrieb in den Zeitungsredaktionen. Die Fernschreibmaschinen ratterten unablässig und liefen heiß. Bei der »Frankfurter Rundschau« sogar so stark, dass am Abend des 5. Oktober 1957 durch einen Kurzschluss ein Feuer im Fernschreibraum ausbrach.[50]

Das Ereignis wurde zu einem Meilenstein der Menschheitsgeschichte, das überall auf der Welt für Schlagzeilen sorgte und als Jahrhundertereignis gefeiert wurde. Das Spektrum der Reaktionen reichte von höchster Euphorie über tiefe Bewunderung bis hin zum eiskalten Schock. Vor allem in den USA waren diejenigen von der sowjetischen Technologieleistung am meisten beeindruckt, die das kommunistische System am wenigsten mochten. Die US-Presse verglich den Sputnikstart mit einem »technological Pearl Harbor«. Generell konnte im Kalten Krieg niemand absehen, wer am Ende als Sieger aus diesem Systemwettstreit hervorgehen würde. Wie sehr die Anfangserfolge der sowjetischen Raumfahrt die Welt faszinierten, verdeutlichte wenig später die Brüsseler Weltausstellung von 1958. Zwischen April und Oktober ergossen sich dort wahre Besucherströme in den sowjetischen Ausstellungspavillon, um die originalgetreuen Nachbildungen der ersten Satelliten, die Modelle einer künftigen sowjetischen Raumstation und einer Mondrakete zu bestaunen. Ständig

Plakat auf der Berliner Stalinallee für Sputnik 2 mit der Hündin Laika an Bord, 1958

Ein jahrtausendealter Traum der Menschheit wurde Wirklichkeit

Sowjetischer Erdtrabant kreist seit Freitag um den Erdball

Epochale Pioniertat der sozialistischen Wissenschaft / Flug in 900 km Höhe mit einer Geschwindigkeit von 29000 km in der Stunde / Sowjetische Funksignale aus dem Kosmos / Größere Erdtrabanten im Bau Erste Stellungnahme aus den USA: „Sowjet-Wissenschaftler haben den Wettstreit gewonnen"

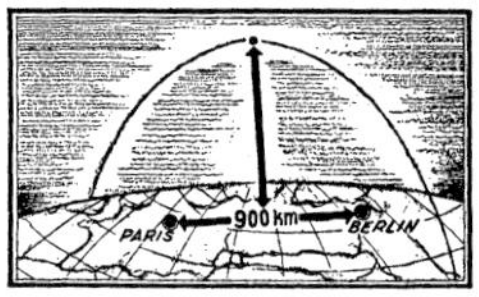

war im sowjetischen Pavillon das monotone »Piep, Piep, Piep« zu hören, und die Menschen nahmen stundenlange Wartezeiten in Kauf, um nur einen kurzen Blick auf die technischen Wunderwerke werfen zu können. Der klare Sieger in der inoffiziellen Länderwertung der Weltausstellung war damals die Sowjetunion.[51]

ND-Chefredakteur Hermann Axen schrieb nach dem erfolgreichen Sputnikstart einige seiner Kommentare und Artikel im »Neuen Deutschland« übrigens unter dem Pseudonym »raketus«. Erstmals meldete er sich unter diesem Namen am 26. Oktober 1957 zu Wort. Unter der Überschrift »Wie Jupiter den lieben Gott küßte« kommentierte Axen die nach dem erfolgreichen sowjetischen Satellitenstart von den US-Streitkräften durchgeführten Tests mit der Rakete »Jupiter«. Aufgrund der Meldungen des amerikanischen Militärs schossen am 23. Oktober 1957 plötzlich die Aktienkurse an der New Yorker Börse in die Höhe. In seinem Kommentar verglich der ND-Chefredakteur die Entwicklungen an der Wall Street vom Oktober 1957 mit dem Börsenkrach vom Oktober 1929: »War das nicht das Jahr des Beginns der kapitalistischen Krise? Folgte der damaligen sensationellen eintägigen Kurssteigerung nicht der noch sensationellere Kurssturz der Krise? Der römische Gott Jupiter hat die Krise nicht verhütet. Glaubt Ihr, daß die Rakete Jupiter dazu imstande ist?«[52] Die Spekulation auf den Beginn einer neuen Weltwirtschaftskrise kam nicht von ungefähr. Die marxistischen Krisentheoretiker waren in der zweiten Hälfte der fünfziger Jahre zutiefst davon überzeugt, dass sich der Westen am Vorabend einer neuen Weltwirtschaftskrise befand, und damit schien das gesetzmäßige Absterben des Kapitalismus – nach der Theorie – programmiert und nur noch eine Frage der Zeit zu sein.[53]

Die SED-Führung sah im Start des »Sputniks« vor allem ein deutliches Zeichen der Überlegenheit des eigenen Systems. Wenige Monate vor dem »Sputnik« hatte außerdem die CDU im Westen Deutschlands auf ihrem 7. Bundesparteitag die Zukunft der Bundesrepublik auf eine prägnante und äußerst anziehende Formel gebracht: »Wohlstand für alle!« Das wurde wiederum von der SED-Führung als Herausforderung betrachtet. Begünstigend kam 1957 hinzu, dass die DDR-Volkswirtschaft im Vergleich zu den Vorjahren bessere ökonomische Ergebnisse erzielte. In der Bundesrepublik bahnte sich zugleich eine »konjunkturelle Zwischenschwäche« an, die in der DDR als Beginn einer tiefen Wirtschaftskrise interpretiert wurde. Dadurch bestärkt, kam es auf dem V. Parteitag der SED im Juli 1958 zur Verkündung der »ökonomischen Hauptaufgabe«: Der Westen Deutschlands sollte bis 1961 im Pro-Kopf-Verbrauch bei den wichtigsten Lebensmitteln und Konsumgütern eingeholt und übertroffen werden. Fortan nutzte das »Neue Deutschland« die sowjetischen Weltraumerfolge, um auf die vermeintlich eigene Überlegenheit hinzuweisen.[54]

Ende eines Tauwetters

Chefredakteur Hermann Axen stellte in der ND-Ausgabe vom 1. Januar 1958 eine überraschende Frage. Unter den erstmalig wieder im Impressum abgedruckten Namen des Redaktionskollegiums wertete Axen die ND-Leserumfrage vom September 1957 aus: »Liebe Leser! Zum neuen Jahr alles Gute! Zum Guten zählt auch die gute Zeitung. Ist ›Neues Deutschland‹ gut?« Es gehört natürlich zum Geschäft, dass der Chefredakteur als Erstes eine Meinung präsentiert, die verdeutlicht, dass die Zeitung schon »gut« ist und eigentlich nur noch besser werden konnte. Aus der Rubrik »Süchtige Leserschaft« zitierte Axen folgende Meinung: »Ich könnte ohne ›Neues Deutschland‹ gar nicht arbeiten. Wir brauchen ›Neues Deutschland‹ wie das tägliche Brot!«[55] Am Ende der Grußbotschaft schrieb der Chefredakteur euphorisch über die Rolle und die Wirkungen der Leserkritik in der Parteizeitung: »Kritik der Massen – sei willkommen! Du erfrischst die Luft der Redaktion, du tilgst den Rost der Routine und verscheuchst die laue Atmosphäre der Selbstzufriedenheit. Du erziehst und stählst jene, die zur ehren- und verantwortungsvollen Tätigkeit in der Parteipresse berufen wurden.«[56] Was sollten nun die kritischen Köpfe unter den ND-Lesern davon halten? Knapp ein Jahr zuvor, auf dem 30. ZK-Plenum der SED (30.1.–1.2.1957), wurde das »Tauwetter« beendet, indem Walter Ulbricht die im Gefolge des XX. Parteitages diskutierten kritischen Reformideen, Konzeptvorschläge und Programmentwürfe als »revisionistisch«, »opportunistisch« und »konterrevolutionär« verurteilt hatte.[57] Danach folgten die Prozesse gegen Wolfgang Harich, Walter Janka, Gustav Just »und andere« zur Abschreckung.
Doch das war längst nicht alles, was an Kampagnen, Kritik, Karrierebrüchen und Weggängen in den Westen folgen sollte. In der SED-Führung rumorte es gegen Walter Ulbricht. ZK-Mitglieder wie Fred Oelßner, Karl Schirdewan, Fritz Selbmann, Ernst Wollweber und Gerhart Ziller – die 1953 kein Problem mit Walter Ulbricht gehabt hatten – wollten etwas gegen den wieder stark hervortretenden Anspruch des SED-Chefs auf »Alleinherrschaft« unterneh-

Redaktionssitzung zum V. Parteitag der SED 1958. Die im Juli gefassten Beschlüsse waren geprägt vom Ende der vorsichtigen »Tauwetterperiode« in der DDR.

men. Zumindest kritisierten bzw. missbilligten sie dessen Verhalten. Im Gegenzug ließ Walter Ulbricht ein »wachsames Auge« auf diese Genossen ZK-Mitglieder werfen und sammelte Material gegen sie. Zum Verhängnis geriet Gerhart Ziller und Fritz Selbmann die Teilnahme an einem Festbankett bei der SDAG Wismut am 9. Dezember 1957 in Karl-Marx-Stadt. Es wurde viel getrunken und das lockerte die Zungen. Gerhart Ziller sprach offen aus, dass er auf der nächsten ZK-Tagung auspacken werde, und verkündete, vom Alkohol berauscht, über Walter Ulbricht: Entweder er oder wir! Schon am nächsten Tag wusste der SED-Chef über alles Bescheid, und es begann ein Kesseltreiben gegen die beiden. Gerhart Ziller fühlte sich so in die Enge getrieben, dass er sich am 14. Dezember 1957, kurz nach Mitternacht, mit seiner Dienstpistole erschoss.[58] In der ND-Mitteilung über dessen Tod hieß es: »In einem Anfall von Depression verübte am 14. Dezember 1957 Genosse Gerhart Ziller Selbstmord.«[59]

Was für eine Art von Kritik stellte sich Hermann Axen in der Parteizeitung also vor, als er sie in seiner Neujahrsbotschaft von der ND-Leserschaft so überschwänglich einforderte? Eine konkrete Antwort auf diese Frage gab das ND wenige Tage später selbst: Im Zuge der ideologischen Gegenoffensive verschärften sich zwangsläufig auch wieder die Auseinandersetzungen um Formalismus, Moderne und den Sozialistischen Realismus. Was sich dabei über das ND im Zusammenhang mit einer Kunstausstellung in Halle abspielte, hat der Maler Walter Womacka rückblickend in seinen Erinnerungen geschildert: »Die ›Debatte‹ fand unter anderem auch so statt, daß 1958 beispielsweise rund sechstausend Werktätige in die Hallenser Galerie Moritzburg geschickt wurden, um dann anschließend ihren Unmut über die dort gezeigten Arbeiten – (Willi) Sitte, (Gustav) Weidanz und anderen Lehrern der Kunsthochschule Giebichenstein – in der Presse zu artikulieren. Die bestellte ›Stimme des Volkes‹ fand Verstärkung in den Medien des Landes, um dann von den Polit- und Kulturfunktionären, die alles inszeniert hatten, aufgegriffen und verstärkt zu werden.«[60]

Im »Neuen Deutschland« erschien ein zweiteiliger Artikel unter dem Titel »Hintergründe einer Ausstellung«.[61] Die Zwischenüberschriften des Artikels vom 7. Januar 1958 verdeutlichten schnell, um was es ging: »Einfluß der Dekadenz«, »Jury ohne politische Konzeption« und »Kein dritter Weg!«. Die Polemik gegen den »dritten Weg« hing vor allem mit der Revision der Anti-Haltung gegenüber Jugoslawien nach 1953 zusammen. Dadurch wurden nicht nur Ökonomen wie beispielsweise Fritz Behrens dazu ermutigt, sich am jugoslawischen Modell des Selbstverwaltungssozialismus zu orientieren und den »jugoslawischen Weg« – den »dritten Weg« – auch für die DDR zu diskutieren. In ähnlicher Weise setzten sich auch Künstler, Schriftsteller und DEFA-Filmemacher mit neuen Formen der Darstellung und Gestaltung auseinander. Dagegen hatte sich die SED-Führung schon auf dem 30. ZK-Plenum dezidiert ausgesprochen. Der ND-Redakteur Karl-Heinz Schleinitz[62] stellte deshalb am Ende des ersten Teils seines Artikels auftragsgemäß noch einmal heraus, dass es keinen »dritten Weg« geben würde, sondern nur »ein Für und ein Gegen den Sozialismus«.[63] Dem zweiten Teil des Artikels folgte am 6. Februar 1958 die kulturpolitische Generalkritik an der Parteiorganisation der Künstler in Halle.[64]

Dass der Inhalt der im ND abgedruckten Reden der SED-Führung tödliche Folgen haben konnte, ist dem Brief der Frau des verstoßenen Staatssicherheitsministers Wilhelm Zaisser vom 10. Juni 1958 zu entnehmen. Ihr Mann, der nach dem XX. Parteitag auf Rehabilitierung gehofft hatte, verstarb wenige Tage nachdem er im ND vom 25. Februar 1958 den Diskussionsbeitrag von Hermann Matern auf dem 35. ZK-Plenum gelesen hatte. Else Zaisser wandte sich in ihrem Brief an die Teilnehmer des im Juli 1958 stattfindenden V. SED-Parteitages und erklärte: »Die unmittelbare Ursache für den Tod meines Mannes war die am 25. Februar 1958 im ›Neuen Deutschland‹ veröffentlichte Rede des Genossen Hermann Matern auf der 35. Tagung des Plenums des ZK der SED. Mein Mann entnahm aus der hochmütigen Formulierung von ›paar ehemaligen Genossen‹, daß auch nach einem halben Jahrzehnt darauf bestanden wird, ihn vor der Partei und der Öffentlichkeit in der Rolle des Feindes, Kapitulanten, Fraktionisten und Mannes ohne Vergangenheit zu belassen ... Er konnte sich nicht beruhigen über die Gleichsetzung von Zaisser-Herrnstadt mit Schirdewan-Oelßner ... Es irritierte meinen Mann, daß auf dem 35. Plenum des ZK der SED der Karrierismus Schirdewans und die opportunistischen Tendenzen Oelßners als etwas Neues hingestellt wurden, während er doch im Jahre 1953 sich gerade dadurch den besonderen Haß zuzog, daß er auf den Karrierismus Schirdewans hinwies und die Entfernung Oelßners aus dem Politbüro der SED ... mit der gleichen Begründung vorhersagt(e), die nun wörtlich vom 35. Plenum ausgesprochen wurde ... Deshalb wende ich mich ... an die Delegierten des V. Parteitages der SED mit der Bitte, ... den Antrag zu stellen: Der Parteitag beschließe, ein aus unbeteiligten Genossen bestehendes Gremium einzusetzen, das den Fall Zaisser-Herrnstadt allseitig überprüft.«[65]

Auch Rudolf Herrnstadt kämpfte damals um eine Rehabilitierung. Nach dem XXII. Parteitag der KPdSU (17.–27.10.1961) schöpfte der ehemalige ND-Chefredakteur wieder Hoffnung auf menschliche Behandlung durch die Oberen, da im Oktober

Kaum eine Setzerei verfügte über Maschinen, die nicht aus Trümmern geborgen wurden. Ab 1958 zogen dann die legendären grünen Zeilensetz- und Gießmaschinen vom Typ »Rossia« aus dem Leningrader Werk für Polygraphische Maschinen im ND ein.

1961 ganz öffentlich Stalin und der Personenkult thematisiert wurden: Für alle Welt sichtbar, wurde Stalins körperliche Hülle vom Mausoleum an die Kremlmauer »verlegt«. Die DDR vollzog daraufhin ebenfalls eine umfassende »Symbolbereinigung«. Der Name Stalin und dessen Denkmale verschwanden von Straßen und Plätzen; Betriebe und Einrichtungen wurden umbenannt. Am 13. November 1961 beschloss der Berliner Magistrat die Umbenennung der Stalinallee und die Entfernung des Stalin-Denkmals. Am gleichen Tag löste der 18. Bezirkstag von Frankfurt (Oder) das leidige Namensproblem, in dem die Städte Stalinstadt und Fürstenberg (Oder) zu Eisenhüttenstadt vereinigt wurden.[66] Wie bitter muss es für Herrnstadt gewesen sein, als auf der 14. Tagung des ZK (23.–26.11.1961) die »parteifeindliche Fraktion Zaisser-Herrnstadt« erneut angeprangert wurde.[67]

Ausgerechnet vom amtierenden Chefredakteur Hermann Axen musste Herrnstadt am 2. Dezember 1961 aus dem ND erfahren, dass er ein Dogmatiker ersten Ranges gewesen war und 1953 die Absicht gehabt hatte, die DDR dem Imperialismus preiszugeben.[68] Tief resigniert schrieb Herrnstadt ein Jahr später, dass ihm eine Auffassung unterstellt wurde, die nie in seinem Kopf existiert hat: »… ich erfahre von ihr aus der Zeitung – aber was tut's. Sie wird gebraucht und daher erfunden. Und ich habe keine Möglichkeit, mich zu wehren. … Und würde ich wagen, jemandem zu sagen, daß mir Unrecht geschieht, so würde ich damit rechnen müssen, in allen Zeitungen zu lesen: ›Er bezichtigt das ZK der Lüge! Er verleumdet die Partei!‹«[69] Herrnstadt schrieb das am 28. November 1962 in Halle nieder. Wie hätte Rudolf Herrnstadt wohl auf die eingangs zitierte Frage von Hermann Axen geantwortet?

Veränderte Aufmachung – Kollegium Axen

Mit der Ausgabe vom 1. Januar 1958 hatte sich auch die Aufmachung des ND etwas verändert. Das Zentralorgan erschien nun im sechsspaltigen Umbruch und aus besonderem Anlass mit roter Farbe im Zeitungskopf. Der Chefredakteur wies darauf in der Grußbotschaft hin und versäumte es nicht, in diesem Zusammenhang auch die »Sputniks« als Beweis für die Überlegenheit des Sozialismus und als Aufforderung für mehr Modernität in der Parteizeitung zu erwähnen: »So sei's! Heute zum neuen Jahr erscheint ›Neues Deutschland‹ in neuer Gestaltung. Dies geschieht nicht, weil wir die herkömmliche Kalendereinteilung besonders verehren, sondern weil die Moskauer Beratungen der kommunistischen und Arbeiterparteien im Kalender der Geschichte der internationalen Arbeiterbewegung mit roter Schrift einen neuen Abschnitt anzeigen, weil die beiden Sputniks den Anbruch und den Sieg eines neuen Zeitalters, der Epoche des Sozialismus, signalisieren.«[70]

Das neue Impressum auf Seite 2 der Neujahrsausgabe mit den Namen des Redaktionskollegiums – intern auch »Kollegium Axen« genannt – sollte demonstrieren, dass die nach dem XX. Parteitag

NEUES DEUTSCHLAND

DAS REDAKTIONSKOLLEGIUM:

Hermann Axen, Chefredakteur; Georg Hansen, Dr. Günter Kertzscher, Herbert Kopietz, stellv. Chefredakteure; Walter Florath, Dr. Rolf Gutermuth, Eberhard Heinrich, Willi Köhler, Karl-Ernst Reuter, Ingo Seipt

Impressum auf Seite 2 der Neujahrsausgabe vom 1.1.1958

immer wieder eingeforderte Umsetzung des Prinzips der »kollektiven Führung« in der Parteizeitung ebenso erfolgte. Später, nach der Übernahme der Chefredaktion durch Rudi Singer im Februar 1966, saßen dann sogar fünf Stellvertreter im Redaktionskollegium.[71]

Am Ende der fünfziger Jahre hatten die zunehmenden Aufgaben auch die Redaktionsstrukturen deutlich verändert. Es gab nun die Abteilungen/Bereiche: Wirtschaft, Landwirtschaft, Parteileben, Staatliche Verwaltung, Kultur, Wissenschaft und Propaganda, Außenpolitik mit den Auslandskorrespondenten, das Ressort Gesamtdeutsche Fragen mit dem Korrespondentenbüro in Bonn, den Sport sowie »Volkskorrespondenten und Leserbriefe« mit 14 Bezirksredaktionen. Hinzu kamen das Redaktionssekretariat, die Bildredaktion, das Archiv und die Bibliothek sowie – die wichtige Kaderabteilung. Von diesen Abteilungen/Bereichen waren 1959 sechs Leiter zugleich Mitglieder im Redaktionskollegium: Eberhard Heinrich als Redaktionssekretär, Walter Florath von der Wirtschaft, Rolf Gutermuth von der Abteilung »Wissenschaft und Propaganda«, Willi Köhler vom Kulturbereich, Karl-Ernst Reuter von der Abteilung »Parteileben« und Ingo Seipt von der Landwirtschaft.[72]

Was im Redaktionskollegium gemeinsam besprochen wurde, gab das jeweilige Kollegiumsmitglied in den sogenannten Kollegiumsinformationen an die Redakteure in den Abteilungen/Bereichen weiter. Eberhard Russek, der an vielen »Kollegiumsinformationen« – die Zahl liegt sicher im vierstelligen Bereich – teilgenommen hat, bemerkte hierzu: »Es blieb dem Fingerspitzengefühl des jeweiligen Leiters überlassen, wieweit er mit internen Informationen an seine Redakteure gehen konnte. Staatsgeheimnisse verriet er nicht, aber doch eine ganze Menge Dinge, die wir nicht in der Zeitung drucken durften. Das betraf zum Beispiel Meinungsunterschiede zwischen Bruderparteien bei Begegnungen ihrer Spitzenleute (zum Beispiel mit Rumänien, Ungarn oder Polen); Schwierigkeiten im Außenhandel der DDR, die sich auf die wirtschaftliche Entwicklung negativ auswirkten; Probleme in der Auseinandersetzung mit bestimmten Gruppen der DDR-Bevölkerung wie zum Beispiel Kulturschaffende, Bischöfe, Pfarrer und andere. Wie gesagt, solche internen Informationen schlugen sich nicht unmittelbar in der Zeitung nieder; aber es war schon wichtig und nützlich, daß wir sie beim Schreiben und Redigieren im Hinterkopf hatten.«[73]

Zum 1. März 1958 galt für den Verlag »Neues Deutschland« auch eine neue »Arbeitsordnung«.[74] Darin wurden die Grundregeln des Arbeitsverhältnisses bei der Redaktion und beim Verlag – für die Druckerei gab es eine eigene Arbeitsordnung – festgelegt: die Einstellung in den Betrieb, Lohn und Gehalt, Arbeitszeit, Urlaub und Freizeit, Krankheitsfall und Kündigung. Bemerkenswert ist, dass die Arbeitsordnung des Verlages eine wöchentliche Arbeitszeit –

Eine neue »Arbeitsordnung« wurde 1958 eingeführt.

außer für Betriebsangehörige im Alter von 14 bis 18 Jahren – von 48 Stunden festlegte. Das stand genau genommen im Widerspruch zu dem 1957 allgemein propagierten Übergang zur 45-Stunden-Arbeitswoche. In der Druckerei hatte es deshalb 1957 immerhin erregte Diskussionen gegeben, da die bislang in 48 Stunden zu erreichenden Leistungen nun in 45 Stunden erbracht werden sollten und sich dadurch vielfach Lohndifferenzen ergaben. Dem Druckereibereich gelang es im Verlauf des Jahres 1957 erfolgreich, die Einführung der 45-Stunden-Woche zu bewerkstelligen und damit dem immer bestehenden Anspruch auf Vorbildwirkung nachzukommen.[75]

Für die Entlohnung legte die Arbeitsordnung des Verlages übrigens fest: »Die Lohn- und Gehaltszahlungen finden im Betrieb und während der Arbeitszeit statt. Die Zahltage sind für Gehaltsempfänger in der Regel der 26. und für Lohnempfänger der 6., 16. und 26. des laufenden Monats.«[76] Das Prinzip »Lohntüte« bestimmte noch viele Jahre den Betriebsalltag. Erst mit der Elektronischen Datenverarbeitung (EDV) – gab es dann nur noch »Lohnstreifen«. Was wurde noch in der neuen Arbeitsordnung geregelt? Nun, die Pflichten und Rechte der Chefs und die der Mitarbeiter. Es ging zudem um Auszeichnungen, Bestrafungen und die Betriebssicherheit. In den Schlussbestimmungen der Arbeitsordnung wurde festgelegt: »Änderungen und Ergänzungen können nur durch den Chefredakteur und den Verlagsleiter im Einvernehmen mit der Betriebsgewerkschaftsleitung vorgenommen werden. Die Änderungen und Ergänzungen sind einen Monat im Betrieb auszuhängen, bevor sie Bestandteil der Arbeitsordnung werden.«[77] Ganz allgemein verdeutlichen die gesonderten Arbeitsordnungen für Redaktion/Verlag und die Druckerei, dass sich für diejenigen am Schreibtisch und für diejenigen an den Druckmaschinen aufgrund der verschiedenen Standorte und durch die unterschiedlichen Arbeitsbereiche zwangsläufig Trennungen im Betriebsalltag ergaben.

Zwei Jahre nach dem Wechsel in der Chefredaktion begann sich dann auch im Verlag und in der Druckerei das Postenkarussell zu drehen. In der Druckerei wurde 1958 der Werkleiter Heinz Sonntag zur Zentrag abberufen. Er hatte sich in seiner dreieinhalbjährigen Amtszeit einen Namen bei der Druckereibelegschaft gemacht. Dem großen, fast wuchtig wirkenden Mann begegneten die Setzer und Drucker

mit Respekt. In der Betriebsgeschichte der Druckerei ist vermerkt: »Seine kräftige Stimme, die Brille mit den starken Gläsern, seine ganze Erscheinung war ganz und gar Direktor. Eine Persönlichkeit – eben der Werkleiter, wie es damals noch hieß.«[78] Sein Nachfolger Bernhard Cekan wurde wiederum folgendermaßen charakterisiert: »Im Gegensatz zu seinem Vorgänger eher klein und schmächtig von der Figur her. Auffallend war sein Lodenmantel. Sein Umgangston recht unkonventionell. Er war Kommunist! Er war Kumpel! Aber er war auch ein Unikum als Mensch! Wohltuend unbürokratisch! Konsequent in seinen Entscheidungen und immer parteilich. Sein persönliches Verhältnis zur Belegschaft war als einfach und populär zu bezeichnen. Ein streitbarer Skatspieler und meisterhafter Witzeerzähler von hoher Qualität.«[79]
Im Juli 1959 vollzog sich auch im ND-Verlag ein Führungswechsel. Den Posten des seit dem 21. Februar 1951 amtierenden Verlagsleiters Gerhard Ulbrich übernahm zum 1. Juli 1959 Harri Wolff.[80]

Premiere für das Pressefest

Am 1. Juni 1958 wurde um sieben Uhr morgens das 1. ND-Pressefest durch Musikkorps und Spielmannszüge der NVA und Volkspolizei eröffnet. Im 32-seitigen Programmheft für 20 Pfennige hieß es »Wecken in der Stalinallee«. Zwischen Strausberger Platz und Frankfurter Tor gab es 16 Stunden lang über 200 Veranstaltungen auf 30 Bühnen und Plätzen: Zwei Dutzend Orchester, Jazz- und Tanzkapellen, sieben Modenschauen, Sportveranstaltungen, Kinderzoo und -feste, diverse Vorführungen, beliebte Künstler und Schauspieler, Artisten, Kabaretts und vieles andere mehr standen auf dem Programm. Großen Andrang gab es zum Beispiel beim »Starkasten«, wo in neun Boxen Filmlieblinge saßen und Autogramme gaben. Nicht wenige Besucher warteten stundenlang auf den Filmschauspieler Günther Simon, der an diesem Tag noch bei Dreharbeiten in Görlitz weilte und erst gegen Abend per »Aerotaxi« eingeflogen wur-

1. ND-Pressefest auf der Stalinallee am 1. Juni 1958

Proletarier aller Länder, vereinigt euch!

NEUES DEUTSCHLAND

ORGAN DES ZENTRALKOMITEES DER SOZIALISTISCHEN EINHEITSPARTEI DEUTSCHLANDS

Berliner Ausgabe „Vorwärts“ | Berlin, Donnerstag, 1. Mai 1958 | 13. (69.) Jahrgang / Nr. 102 / Einzelpreis 15 Pf

Ab dem 1. Mai 1958 erschien für mehr als 31 Jahre der letzte Satz des Kommunistischen Manifestes im ND-Kopf. Nach dem außerordentlichen Parteitag der SED vom 16. Dezember 1989 wurde der Satz wieder aus dem Zeitungskopf gestrichen. (ND v. 1.5.1958, S. 1)

de. Das ND stellte sich selbst im Rahmen einer Ausstellung vor; es wurde ein großes Preisausschreiben durchgeführt, und alle Redaktionen boten »Sprechstunden« an. Der Berliner Rundfunk veranstaltete in der hoffnungslos überfüllten Sporthalle in der Stalinallee einen »Zeilen- und Notensalat«, bei dem unter dem Jubel von ungefähr 3000 Besuchern vier Kandidaten gewählt wurden, die als ND-Reporter »auf Zeit« eine Sonderausgabe am Ende der Veranstaltung präsentierten. Am Abend gab es ein Festprogramm und ein Riesenfeuerwerk zum Ausklang. Insgesamt wurden an diesem Tag 300000 Besucher gezählt.[81]

Das Organisationsbüro befand sich im ND-Pavillon in der Stalinallee, in dem bereits zwei Wochen lang Hochbetrieb herrschte. Im ND hieß es: »Es summt dort wie in einem Bienenkorb. Telefone klingeln, Boten gehen ein und aus. Vier Hände müßte man haben, stöhnen die im Pavillon beschäftigten Mitarbeiter«.[82] Die Programmankündigungen und vor allem die große Tombola mit einem PKW »Wartburg 311« als Hauptgewinn, Urlaubs- und Wochenendreisen, Sachpreisen wie Mopeds, Motorrädern und Fernsehgeräten sowie 9000 Geldgewinne sorgten für einen regelrechten Ansturm auf die Pressefestplakette, die zugleich mit einer Losnummer die Tombola-Teilnahme sicherte.[83]

Der 1. Juni war als Veranstaltungstag bestimmt worden, da vor 100 Jahren, am 1. Juni 1848, die von Karl Marx geleitete »Neue Rheinische Zeitung« zum ersten Mal erschien. Auf der am Nachmittag des Pressefestes stattfindenden Großkundgebung würdigte dies Otto Grotewohl als »eine große und bedeutsame Tatsache«. Zwei Monate zuvor symbolisierte schon der Zeitungskopf durch den Imperativ des Kommunistischen Manifestes »Proletarier aller Länder, vereinigt euch!«[84] die verstärkte Besinnung auf proletarisch-revolutionäre Traditionen …

Der Erfolg des 1. Pressefestes als einer Mischung aus Volksfest und politischer Kundgebung führte schnell zu dem Entschluss, alljährlich eine solche Veranstaltung zu organisieren. Im darauffolgenden Jahr kamen dann sogar 500000 Menschen in die

Treff aller Berliner

SONNTAG, 29. JUNI, STALINALLEE

ND-Pressefest

Strausberger Platz, 15.00 Uhr

Großkundgebung mit Tagesfeuerwerk

Es sprechen:

Otto Grotewohl	Mitglied des Politbüros der SED
Hermann Axen	Chefredakteur NEUES DEUTSCHLAND
P. A. Satjukow	Chefredakteur Prawda
André Stil	Chefredakteur l'Humanite

Mehr als 200 Veranstaltungen
auf dreißig Bühnen und Plätzen

Zwei Dutzend Orchester und Kapellen
Künstler aller Berliner Theater · Sieben Modenschauen
Kabaretts und Artistikprogramme
Internationale Volkskunstensembles
Radrennen hinter Motoren · Drei große Kinderfeste
Vorführungen der VP, GST, des DRK
Jazz- und andere Tanzkapellen · Sport auf allen Plätzen
Riesenfeuerwerk am Abend
und neben vielen anderen Veranstaltungen die

große Tombola

Losplaketten zu 1,— DM
gleichzeitig Berechtigung zum Besuch aller Veranstaltungen
nur im Vorverkauf überall erhältlich.
32seitiges Programmheft 20 Pf.

Im Vorfeld des 1. ND-Pressefestes: Organisationsbüro und Werbung. (ND v. 10.5.1958, S. 3)

Verlosung mit Wartburg 311 – 1. Pressefest 1958

Stalinallee. Insgesamt besuchten rund 1,1 Millionen Gäste die Pressefeste der ersten drei Jahre. Das 4. ND-Pressefest von 1961 wurde dann nicht mehr zwischen Strausberger Platz und Frankfurter Tor begangen, sondern fand im Volkspark Friedrichshain statt. Der alte Park in der Innenstadt sollte – mit wenigen Ausnahmen in den sechziger Jahren – zum beständigen Veranstaltungsort der ND-Pressefeste bis 1989 werden. Zudem fanden die Feiern nun an zwei Tagen, jeweils an einem Wochenende im Juni, statt. Lediglich das Pressefest von 1969 wurde wegen des 20. Jahrestages der DDR an drei Tagen gefeiert; und bis 1989 fiel das ND-Pressefest zweimal aus: 1979 und 1984 wurden jeweils Nationale Jugendfestivals der FDJ in der sonst üblichen Zeit der ND-Pressefeste veranstaltet.[85]

Höhenflüge in Berlin

Am 5. Januar 1959 füllte sich am frühen Nachmittag, gegen 14.30 Uhr, das Zimmer des ND-Chefredakteurs. Dort war die 1. Kommissionssitzung zur »Ausarbeitung eines Planes zum Bau des neuen ND-Gebäudes« angesetzt. Hermann Axen erläuterte, »dass es in ökonomischer, organisatorischer und technischer Hinsicht sowie aus Gründen der Sicherheit unbedingt notwendig sei, die derzeitigen verschiedenen Betriebsteile des ND in ein Druckkombinat zusammenzufassen«. Als Nächstes wurde auf der Sitzung geklärt, warum und unter welchen Umständen die Bauplanungen um 1950 entstanden waren und dass die Planungen dann 1952/53 zurückgestellt wurden, da sich der ursprüngliche Bau als »außergewöhnlich kostspielig« erwiesen hatte. Alle waren sich einig, dass die gegenwärtige Situation einer dringenden Änderung bedurfte: »Unsere Aufgabe sei es heute, sich zuerst Klarheit darüber zu verschaffen, wo gebaut werden, welchen Umfang die Anlage einnehmen soll und wie hoch sich die Kosten stellen dürfen. Dabei ist von vornherein streng darauf zu achten, daß alle Druckmöglichkeiten eingeschlossen werden, weil es nach Beendigung des Baues keine Änderungen mehr geben kann. Besonders zu beachten ist, daß unsere Druckerei eine Druckerei des ZK ist, die in erster Linie der Herstellung des ›ND‹ dient einschl. der Materialien des ZK sowie der Erzeugnisse des Dietz-Verlages.«[86]

Der ausdrückliche Verweis auf die angemessene Berücksichtigung des Druckereibereiches bei den künftigen Bauplanungen hing mit den »ewigen« Unzulänglichkeiten und provisorischen Lösungen bei der Aufstellung neuer Druckmaschinen oder Produktionslinien in den vergangenen Jahren zusammen. Wie hart die Realität war, wurde erneut 1960 deutlich, als im Werk I zwei neue Bogenrotationsmaschinen aufgestellt wurden. Die dafür notwendigen Formen mussten auf neuen Pressen in der Blei- und Kunststoffstereotypie hergestellt werden, für die sich aber die Deckentragfähigkeit im ersten Stockwerk des Werkes als nicht ausreichend erwies. Nun begann mal wieder das große Umziehen: Die Blei- und Kunststoffstereotypie zog in das Erdgeschoss, die »Deckenmacherei« nach oben und die Chemigrafie wurde in neue Räume des Werkes III in der Seydelstraße verlegt. Das alles geschah bei laufender Produktion und ging ohne Produktionsausfall vonstatten.[87]

Die innerbetrieblichen Gründe für den Neubau und die Konzentration der verschiedenen Werke in einem Gebäudekomplex waren offensichtlich und einleuchtend bzw. dringend erforderlich. Es gab aber auch noch einen ganz anderen – externen – »Baugrund« in Gestalt des westdeutschen Zeitungsverlegers Axel Cäsar Springer. Springer reiste mit einem »Wiedervereinigungsplan« in der Tasche Anfang 1958 zu Chruschtschow nach Moskau. Diese Reise erwies sich für ihn als große Enttäuschung, und über den Verlauf seines Aufenthaltes war er zutiefst verärgert. Nach seiner Rückkehr ordnete Springer im März 1958 bei sämtlichen seiner Zeitungen an, die DDR scharf zu attackieren. Der SED-Parteipresse erwuchs innerhalb weniger Wochen ein mächtiger Gegner, der bis zu seinem Lebensende alles daransetzte, die Verhältnisse in der DDR kompromisslos und mit allen zur

Das ND-Reisebüro mit Theaterkasse und Anzeigenannahme in der Berliner Friedrichstraße

Verfügung stehenden journalistischen Mitteln zu bekämpfen.[88] Wie sehr Springer im Verlauf der folgenden Jahre zu einem Reizthema für die SED-Führung wurde, zeigen ND-Artikel und vor allem auch der vom DDR-Fernsehen 1968 ausgestrahlte mehrteilige Anti-Springer-Film »Ich – Axel Cäsar Springer«. Den Auftrag hierzu hatte die ZK-Agitationsabteilung gegeben, und das Drehbuch entstand unter Mitwirkung des stellvertretenden ND-Chefredakteurs Harri Czepuck.

Am 25. Mai 1959 fand die Grundsteinlegung des Springergebäudes in Westberlin statt. Das Haus sollte die Berliner Springer-Redaktionen beherbergen und eine »geistige Zentrale« in der deutschen Hauptstadt darstellen.[89] Mit 130 Metern Höhe sollte der geplante Bau an der Sektorengrenze zu Ostberlin das zweithöchste Gebäude nach dem Funkturm werden. Am Ende wurde aus dem 35 Stockwerke zählenden Wolkenkratzer ein Hochhaus mit 19 Etagen. Übrigens sahen die ersten Pläne für das neue Redaktions- und Verwaltungsgebäude des »Neuen Deutschland« ebenfalls ein Hochhaus mit 15 Stockwerken vor, aber die Planungen verzögerten sich im Zusammenhang mit der Errichtung der Grenze 1961 und wurden erst Mitte 1963 wieder aufgenommen. Es fiel auch die Entscheidung, aufgrund der hohen Gründungs- und Baukosten von einem Hochhausbau abzusehen. Das neue Projekt sah dann den heutigen 7-geschossigen Typenbau vor. Als Antwort auf das Springer-Hochhaus, das am 6. Oktober 1966 eingeweiht wurde, gab es Ende der sechziger Jahre mit der Umgestaltung der Leipziger Straße dann auch baupolitische Reaktionen der SED.[90]

ND-Gebäude als Hochhaus (15 Etagen) und als Modellentwurf (7-geschossiger Typenbau)

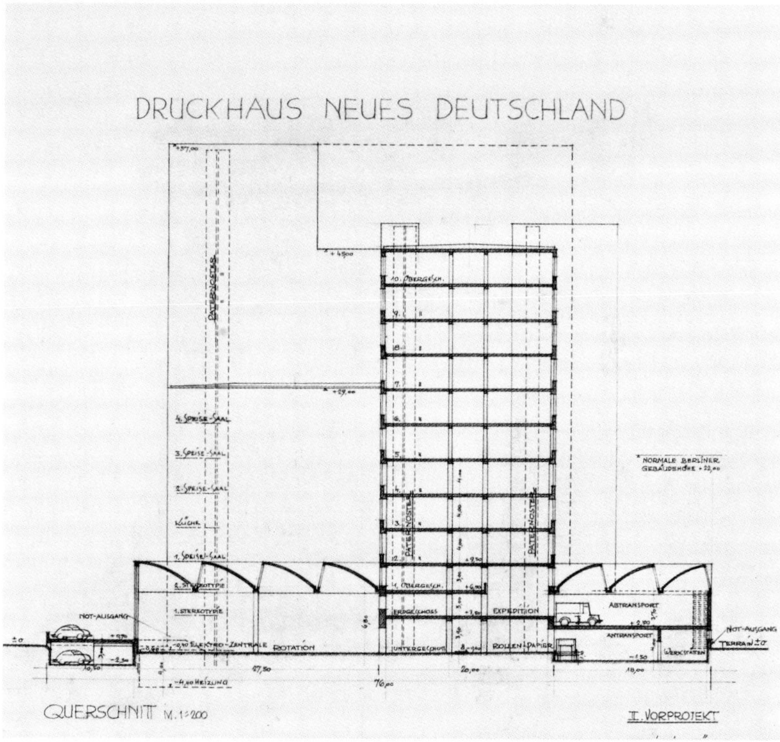

Auf der Überholspur

»Großer Plan des sozialistischen Sieges« titelte »Neues Deutschland« den Beginn des V. Parteitages der SED (10.–14.7.1958) und verkündete im Telegrammstil die »ökonomische Hauptaufgabe«: »DDR muß bis 1961 im Pro-Kopf-Verbrauch an wichtigsten Lebensmitteln und Konsumgütern Westdeutschlands erreichen und übertreffen.«[91] Dieser friedliche wirtschaftliche Wettbewerb der Systeme wurde zuerst von der Moskauer Führung in den Mittelpunkt gerückt. Parteizeitungen wie die »Prawda« veröffentlichten konkrete Termine darüber, wann die USA eingeholt und überholt sein würde. Diese Kampagne wurde nach altbewährter Methode auch auf die DDR übertragen, zumal es den festen Glauben daran gab, dass der »große Sprung« gelingen werde und alles nur noch eine Frage der Zeit sei. Für die DDR bedeuteten der permanente Vergleich mit dem Westen, der stetige Weggang von Menschen und der sich zeigende wirtschaftliche Rückstand zur Bundesrepublik, dass die scheinbar größere Attraktivität des Sozialismus nachgewiesen werden musste. Nur so war die Flucht in den Westen einzudämmen. Am Ende wurde die SED-Führung aber im wahrsten Sinne beim »Überholen eingeholt«.[92]

Aus heutiger Sicht beinhalten viele der ND-Artikel der Jahre 1958 bis 1961 den ideologisch geführten Wettbewerb der Systeme, das heißt sie versuchten den vermeintlichen Höchststand des Sozialismus oder die Überlegenheit gegenüber Westdeutschland nachzuweisen: »Auf Erhards Kontra geben wir ein Re!«, »Siebenjahrplan – Sputnik der Wirtschaft«, »Möbelbauer schlagen Adenauer« oder »Planwirtschaft besiegt Wirtschaftsanarchie«.[93] Für die DDR wurde in letzterem Artikel festgestellt: »Wir eilen mit Siebenmeilenstiefeln vorwärts, Westdeutschland schleicht im Schneckentempo.« Was am Ende über die Westdeutschen in der kapitalistischen Marktwirtschaft ausgesagt wurde, würde heute wohl niemand für propagandistischen Unfug halten, sondern höchstens bestätigen: »Die Linie der westdeutschen ökonomischen Entwicklung endet in einem großen Fragezeichen. Die Werktätigen der Westzone sind Objekt der westdeutschen Wirtschaftsanarchie. Gestern hatten sie Arbeit, heute

Auf dem V. Parteitag verkündete die SED die »ökonomische Hauptaufgabe«. Die Attraktivität des Sozialismus sollte nachgewiesen und damit zugleich die Flucht in den Westen eingedämmt werden. (ND v. 11.7.1958, S. 1; ND v. 15.11.1958, S. 1; ND v. 28.1.1958, S. 1)

Programmatische Rede Walter Ulbrichts auf dem V. Parteitag

Großer Plan des sozialistischen Sieges

Sicherung des Friedens ist Hauptinhalt der Deutschlandpolitik geworden
Ökonomische Hauptaufgabe: DDR muß bis 1961 im Pro-Kopf-Verbrauch an wichtigsten Lebensmitteln und Konsumgütern Westdeutschland erreichen und übertreffen
SED schlägt sofortige Normalisierung der Lage in Berlin vor
Wirtschaftliche Planziele 1959/60 werden beträchtlich erhöht
V. Parteitag berät Grundlinie des dritten Fünfjahrplans (1961–1965)
Industrieproduktion im Jahre 1965 doppelt so hoch wie 1957
Delegationen von 45 Bruderparteien mit großer Begeisterung begrüßt

Thesen zum Chruschtschow-Referat auf dem XXI. Parteitag der KPdSU veröffentlicht

UdSSR überholt USA bis 1970

Beispielloser Aufstieg der Volkswirtschaft: Industrieproduktion der SU steigt von 1959 bis 1965 um 80 Prozent, landwirtschaftliche Erzeugung um 70 Prozent
Siebenjahrplan – ein Angebot zum friedlichen Wettbewerb an die kapitalistische Welt
Länder des Sozialismus werden 1965 mehr als die Hälfte der Weltindustrieproduktion bestreiten

liegen sie auf der Straße. Sie leben nur von heute auf morgen, und was das Übermorgen bringt, das wissen sie nicht. Im Schatten der Kohlenhalden ist es dunkel. Die Zukunft ist ungewiß.«
Im Zusammenhang mit der ersten Überholkampagne in den Jahren 1958 bis 1961 ist auch der jahrzehntelang in den Medien herumgeisternde Satz im ND zu lesen, dass sich die DDR unter den ersten zehn der Welt-Industrienationen befinden würde. Das verkündete Walter Ulbricht bei einem Empfang zur Eröffnung der 14. Tagung des RGW am 1. März 1961 im Festsaal des Roten Rathauses: »Die Deutsche Demokratische Republik befindet sich unter den ersten zehn Industriemächten der Welt.«[94]
Knapp zwei Monate später, am 3. Mai 1961, musste im engsten Führungskreis jedoch zur Kenntnis genommen werden, dass die ökonomische Hauptaufgabe doch nicht mehr zu erreichen war. Und schon fünf Tage später erfolgte die Präzisierung des nach sowjetischem Vorbild bereits 1959 beschlossenen Siebenjahrplans, was in der Konsequenz das »Aus« für ihn bedeutete.[95]

Der Siebenjahrplan – 1959 beschlossen

In dieser Zeit wurde auch der berühmte Aphorismus des Systemstreits »erfunden«, dessen Wiederholung am Ende der DDR für viel Unmut und Kopfschütteln sorgte. Erich Honecker erklärte nämlich am 25. März 1961 in seinem Referat »Der Plan – Sache aller arbeitenden Menschen« auf der Beratung über den Volkswirtschafts- und Staatshaushaltsplan 1961: »Den Sozialismus in seinem Lauf hält weder Ochs noch Esel – oder richtiger gesagt – hält weder Strauß noch Brandt auf. (Starker Beifall)« In der ND-Ausgabe vom 26. März 1961 findet sich der Satz, der noch Geschichte(n) machen sollte.[96]

Volksweisheit bestätigt, die in den Worten zum Ausdruck kommt: Den Sozialismus in seinem Lauf hält weder Ochs noch Esel — oder richtiger gesagt — hält weder Strauß noch Brandt auf. (Starker Beifall)

Am 25. März 1961 präsentierte Erich Honecker eine Volksweisheit, die am Ende der DDR für Kopfschütteln und Unmut sorgen sollte. (ND v. 26.3.1961, S. 3)

Es war aber nicht nur der Wettbewerb mit dem Westen, der über das ND propagiert wurde, sondern auch der Führung in Moskau wollte die Partei beweisen, dass die DDR ein leistungsfähiger kleiner Bruder der großen Sowjetunion war. Zur Frühjahrsmesse im März 1959 wollte Ulbricht diese Leistungsfähigkeit dem zu Besuch weilenden sowjetischen Parteichef Chruschtschow überzeugend demonstrieren. Einer Delegation aus Moskau sollte ein von deutschen Flugzeugbauern entwickeltes, modernes strahlgetriebenes Mittelstreckenflugzeug (Typ »152«) in einer spektakulären Aktion vorgeführt werden. Für den 4. März 1959 war geplant, dass die Versuchsmaschine »152 V-1« nachmittags Leipzig überfliegen sollte, wo wiederum eine Massenkundgebung mit Chruschtschow und Ulbricht angesetzt war. Doch das Flugzeug stürzte am Vormittag dieses Regentages beim Testflug ab, und so fiel die Show vom »Überflügeln« – auch zum Glück für die 250 000 Besucher – buchstäblich ins Wasser. Das ND hatte schon am 3. März auf der Titelseite die innovativen Vorzeigeobjekte der DDR-Industrie in großer Aufmachung präsentiert: das Flugzeug »152«, das Turbinen-Strahltriebwerk »Pirna 014« und den Kleinwagen »P50 – Trabant«. Doch statt einer großen Schlagzeile über den erfolgreichen Überflug der »152« während der Leipziger Kundgebung erschien am 5. März 1959 nur eine äußerst spärliche Nachricht vom Absturz der Maschine und dem Tod der vier Besatzungsmitglieder.[97]

Gebilde, die sich leider an den Kassen mancher Selbstbedienungsläden bilden und sich mit den herkömmlichen Mitteln noch nicht bändigen lassen. Daran ist nicht die Kassiererin schuld, sondern der Mangel an geeigneten Aufrechnungskassen.«[99]
Interessant sind auch Artikel Ende der fünfziger Jahre aus der Feder der »ND-Brigaden«: Reporter, Redakteure und Volkskorrespondenten gingen in Berlin und anderswo auf Spurensuche. Die Untersuchungen drehten sich um alltägliche Probleme, Schlendrian, Angebotslücken oder »Hilferufe« aus der Produktion. Im Dezember 1958 veröffentlichte eine ND-Volkskorrespondenten-Brigade ihre Recherchen über »Sortimentslücken im Handel« des Bezirkes Erfurt. Im Juli 1959 befasste sich die »ND-Brigade Berlin Treptow« unter dem Titel »Die Katze im Sack gekauft« mit dem Verhältnis von Einzelhandel, Großhandel und Produktion. Eine Woche später wurde gefragt: »Alles oder nichts. Warum gibt es so wenig moderne Kleider in den Größen 46 und 48?«[100] Unter solchen Überschriften wurden also die »Kopplungsgeschäfte« zwischen dem Einzel- und Großhandel unter die Lupe genommen.

Volkskorrespondenten-Brigade des „ND“ spürt in Erfurt auf: Sortimentslücken im Handel

Journalismus der ND-Wirtschaftsredakteure am Ende der fünfziger Jahre.

Wer in der Lage ist, die ideologischen Botschaften und üblichen Überspitzungen auszublenden, der wird zum Ende der fünfziger und Anfang der sechziger Jahre auf nicht wenige ND-Beiträge mit einem sehr kritischen Akzent stoßen. In überraschend offener Weise wurde damals über Mängel in der Leitung und Organisation, über Auswirkungen der Tonnenideologie in der Planabrechnung, Produktionsprobleme, Engpässe, Sortimentslücken, Planungschaos, Arbeitsbummelei oder Schlamperei berichtet. Das war ernst gemeinter, für DDR-Verhältnisse beinahe »investigativer« Journalismus.
Unter der Überschrift »Ascota – die Schlangenbändigerin«[98] berichtete beispielsweise ND-Redakteur Eberhard Russek nicht etwa über ein Abenteuer im Urwald, sondern es ging um »jene unschönen

Beim bloßen Aufdecken und Kritisieren blieb es übrigens nicht. Dort, wo großer Handlungsbedarf bestand, veranstaltete das ND sogar eine »Leserversammlung« – so etwa im Juli 1959 im VEB Großberliner Vieh- und Schlachthöfe zu einem kritischen ND-Artikel unter dem Titel »Stoßarbeit und Däumchendrehen«.[101]

Lücken bei Handel und Versorgung: Ende der fünfziger Jahre kritisierte das »Neue Deutschland« ohne Wenn und Aber …

Dieses Niveau konnte in den sechziger Jahren konstant gehalten werden, aber mit dem Machtwechsel von Walter Ulbricht zu Erich Honecker überwog ab Mai 1971 schließlich die Schönfärberei im Blatt, und die Wirtschaftsartikel im ND waren kaum noch attraktiv für Leser.[102]

Einige der erwähnten Artikel verfügen über ein sogenanntes »rotes Schwänzchen«. So wurde intern durch ND-Redakteure die Nahtstelle zwischen Politik, Ideologie und Ökonomie bezeichnet. Am 4. Juli 1960 erschien zum Beispiel ein Bericht Eberhard Russeks über vorgenommene Preissenkungen für verschiedene Textilwaren in der DDR. Sein »rotes Schwänzchen« las sich folgendermaßen: »Das geschieht zu einer Zeit, da die westdeutschen Militaristen gerade durch CDU-Scharfmacher im Bundestag lautstark verkünden: Unsere Politik der Stärke geht weiter, die Eroberung der DDR bleibt unser Programm und die atomare Rüstung wird fortgesetzt. Eben um diese – ohnehin bankrotte – Politik

Angebotslücken und »Hilferufe« aus der Produktion

zu finanzieren, holt Raketen-Strauß mit Hilfe des Lückeschen Mietwuchergesetzes, der Blankschen Krankenkassenreform und diverser Verkehrs-, Strom- und anderer Tariferhöhungen zu neuen Attacken auf den Geldbeutel der Werktätigen aus.«[103]
Generell war es mit dem »roten Schwänzchen« auch möglich, sich bei kritischen Themen damit nach oben abzusichern.
Auf der am 17. und 18. April 1959 stattfindenden 3. ZK-Pressekonferenz in Leipzig – noch vor der als »Bitterfelder Weg« berühmt gewordenen Autorenkonferenz im VEB Chemiekombinat Bitterfeld am 24. April 1959 – wurde verkündet, dass die Journalisten in die Betriebe und auf das Land gehen sollten, um angemessen und richtig darüber berichten zu können. Die ND-Journalistin Lieselotte Thoms hielt auf der Pressekonferenz ein Referat unter der Überschrift »Das Gesicht des neuen Menschen« und bemerkte hierzu: »Gut schreiben ist gut kennen. ... Wenn wir mit den Menschen arbeiten, lernen wir nicht nur ihre Arbeit achten, ihre Lebensbedingungen kennen, sondern erwerben auch ihr Vertrauen. Aber ich glaube, mit dem Arbeiten ist es noch nicht genug. Wir müssen auch unseren Feierabend mit den Menschen teilen, über die wir schreiben.«[104] Lieselotte Thoms hat nicht nur darüber geredet, sie hat es auch selbst praktiziert. Die Vielzahl ihrer Reportagen verdeutlichen das: »Bernburger Baustoff-Ballade«, »Zwei Städte im ›Schatten‹ der Chemieriesen«, »Kastanienallee No. 100«, »Lackmetall Weißensee«, »Der Bauernforscher«, »Als der Funke übersprang«, die Serie »Wer wohnt im Schloß?« und viele andere Berichte mehr.[105] – Politisches Feuilleton auf hohem Niveau.
Es entwickelte sich aber auch noch eine andere Art des Wettbewerbs, dem die Bonner Regierung ganz im Stillen mit einem gewissen Respekt begegnete. Gemeint ist die ungebrochene NSDAP- und SS-Vergangenheit von nicht wenigen Politikern, Wirtschaftsmanagern, Richtern oder Staatsbeamten der Bundesrepublik. Natürlich gab es auch in den Reihen der SED ehemalige NSDAP-Mitglieder, aber der Bruch mit den NS-Eliten wurde in der DDR deutlich radikaler und umfassender vollzogen als in der anderen deutschen Republik. Am Ende der fünfziger Jahre schoss sich »Neues Deutschland« vor allem auf den im Bundeskanzleramt tätigen Staatssekretär Hans Globke ein, der nach 1933

unter anderem an den Nürnberger Rassegesetzen mitgewirkt hatte. Als der israelische Geheimdienst Adolf Eichmann in Südamerika aufspürte und ihm in Israel 1961 der Prozess gemacht wurde, nutzte das ND natürlich die Situation und setzte Bonn mit Globkes NS-Vergangenheit und seinen Kontakten zu Eichmann unter Druck. In Abwesenheit Globkes verurteilte das Oberste Gericht der DDR im Sommer 1963 in einem Schauprozess den Bonner Staatssekretär zu lebenslanger Haft.[106]

Bemerkenswert ist noch eine andere ND-Kritik in Sachen NS-Vergangenheit. Der Raketenpionier Wernher von Braun wurde im Hinblick auf seine Verstrickungen mit dem NS-Regime »abgeklopft«. Hintergrund hierfür war ein Film, der 1959 unter der Regie des Briten J. Lee Thompson mit Curd Jürgens in der Hauptrolle über den Raketenkonstrukteur gedreht wurde. Der Titel lautete: »Wernher von Braun – Ich greife nach den Sternen«. Die DEFA antwortete darauf 1967 mit einem zweiteiligen Film – »Die gefrorenen Blitze«. In der Filmversion von 1959 wurde von Braun als ein unpolitischer Wissenschaftler und begeisterter Raketenforscher gezeigt. Zudem nahm die amerikanische Seite erheblichen Einfluss auf die Dreharbeiten, und die NASA gab extra für diesen Film attraktives Dokumentarmaterial frei. Die Stellung von Brauns im Waffenprojekt des Heeres wurde im Film geflissentlich abgeschwächt und seine Mitverantwortung am SS-Regime in der unterirdischen Raketenfabrik »Mittelbau-Dora« einfach ausgeblendet. Der Bonner ND-Korrespondent Harri Czepuck ging im September 1960 in Bonn ins Kino und schaute sich den Griff zu den Sternen an. Sein Fazit wählte er zum Titel seines Artikels: »Man greift sich an den Kopf«.[107]

Niemand hat die Absicht …

Am 15. Juni 1961 lud Walter Ulbricht in seiner Funktion als Staatsratsvorsitzender zu einer internationalen Pressekonferenz ein. Es ging um die sowjetischen Vorschläge für einen Friedensvertrag und vor allem um Westberlin. Im Großen Festsaal des Hauses der Ministerien hatten sich rund 350 Presse-, Rundfunk- und Fernsehleute aus aller Welt versammelt. Der Saal war überfüllt. Die Kameras, Scheinwerfer, Mikrofone und die Blicke der Journalisten bzw. Medienvertreter waren erwartungsvoll auf das fünfköpfige Präsidium[108] gerichtet. In der Mitte hatte Walter Ulbricht Platz genommen; ganz links saß ND-Chefredakteur Hermann Axen. Schon vor dem Beginn der Pressekonferenz war die Atmosphäre im Saal mit höchster Spannung erfüllt. Nach einer langatmigen Rede kamen endlich die Journalisten an der Reihe.[109] Frage auf Frage wurde gestellt, darunter auch die von Annemarie Doherr von der »Frankfurter Rundschau«: »Herr Vorsitzender! Bedeutet die Bildung einer freien Stadt Ihrer Meinung nach, dass die Staatsgrenze am Brandenburger Tor errichtet wird?« Als Antwort gab es ein vielsagendes Dementi, das bis heute für kontroverse Diskussionen sorgt: »Ich verstehe Ihre Frage

so, dass es in Westdeutschland Menschen gibt, die wünschen, dass wir die Bauarbeiter der Hauptstadt der DDR dazu mobilisieren, eine Mauer aufzurichten. Mir ist nicht bekannt, dass eine solche Absicht besteht. Die Bauarbeiter unserer Hauptstadt beschäftigen sich hauptsächlich mit Wohnungsbau, und ihre Arbeitskraft wird dafür voll eingesetzt. Niemand hat die Absicht, eine Mauer zu errichten.«
In der ND-Ausgabe des folgenden Tages wurde in einem umfassenden Bericht zur Pressekonferenz die berühmt gewordene Antwort Walter Ulbrichts abgedruckt.[110]

Blick in den überfüllten Festsaal des Hauses der Ministerien

Die internationale Pressekonferenz im Haus der Ministerien am 15. Juni 1961. Danach gefragt, ob am Brandenburger Tor eine Staatsgrenze errichtet wird, antwortet Walter Ulbricht: »Niemand hat die Absicht, eine Mauer zu errichten.« Am 16. Juni berichtet »Neues Deutschland« auf fünf von acht Seiten ausführlich darüber. (ND v. 16.6.1961, S. 5)

Ob nun Absicht oder Versehen, die Antwort von Walter Ulbricht zeigt, dass für die SED-Führung die grundsätzliche Entscheidung über die Grenzabriegelung längst gefallen war und es schon eingehende Überlegungen im Hinblick auf die technische Umsetzung gab: Kein Zaun oder etwas anderes, sondern eben eine »Mauer« sollte errichtet werden. Die Journalistin von der FR hatte auch nicht nach einer »Mauer«, sondern nach einer »Staatsgrenze« gefragt. Der Begriff »Mauer« wurde im Übrigen nach dem 13. August 1961 für einige Zeit im ND bzw. in der gesamten DDR-Presse tabuisiert. Dafür wurde ab November 1961 der Begriff »antifaschistischer Schutzwall« aus der Taufe gehoben, der eine Erfindung des damaligen Leiters der Abteilung Agitation und Propaganda beim ZK, Horst Sindermann, gewesen sein soll.[111]
Das »Neue Deutschland« thematisierte vor dem 13. August 1961 immer wieder die Flucht in den Westen und die sogenannten »Grenzgänger«, die im Osten lebten und im Westen arbeiteten. Für das ND und damit für die SED-Führung trugen der »Bonner Menschenhandel« und dessen »System der Käuflichkeit« die Hauptverantwortung für das Fluchtgeschehen. In der Berichterstattung wurden die Schattenseiten der Massenflucht (Weggang aufgrund krimineller Delikte in der DDR oder die Zurücklassung von Kindern bei der Flucht) als Argumente für die Verwerflichkeit des »Seelengeschäfts« herausgestellt.[112]
Obwohl die Flüchtlinge seit Mitte der fünfziger Jahre für die Bundesrepublik direkt einen wirtschaftlichen Zugewinn statt einer Belastung darstellten, blieb die offizielle Politik der Bundesrepublik jedoch darauf ausgerichtet, einer Entvölkerung der DDR keinen Vorschub zu leisten. Man befürchtete in Bonn, die Fluchtbewegung könnte den innenpolitischen Druck auf die DDR-Regierung in Richtung eines Politikwechsels abschwächen und damit die Chance einer künftigen Wiedervereinigung mindern. Zur westdeutschen Zurückhaltung trugen auch finanzielle Engpässe und die Sorge diverser Vertriebenen-Organisationen bei, sie müssten die ihnen zugedachten Leistungen mit den Flüchtlingen aus der »Ostzone« teilen. Dass die zunächst sehr eingeschränkte Aufnahmepraxis im Westen immer großzügiger wurde, hing vor allem mit dem zahlenmäßigen Druck der großen Fluchtwelle von 1952/53 und mit der besonderen Notlage Berlins zusammen.[113]

Am 13. August 1961 rückten die ND-Kampfgruppen aus.

In ND-Artikeln wehte damals ein scharfer ideologischer Ostwind, weil der massenhafte Weggang natürlich auch einem politischen Ansehensverlust der DDR gleichkam. Entscheidend für die sich anschließenden Ereignisse war auch, dass sich die Flucht von überwiegend jungen und gut qualifizierten Arbeitskräften – die im Westen gern gesehen waren – katastrophal auf die wirtschaftliche Stabilität der DDR auswirkte.

Die Flüchtlingskrise spitzte sich im Verlauf des Jahres 1960 erneut zu, was mit der unter Zwang vollzogenen Kollektivierung der Landwirtschaft und gravierenden Versorgungsmängeln zusammenhing. Von den insgesamt rund 2,7 Millionen zwischen 1949 und 1961 im Westen registrierten DDR-Flüchtlingen verließen fast 15 Prozent 1960 und 1961 das Land. Allein 1961 gingen aufs Jahr gerechnet im Durchschnitt monatlich 19 000 Menschen weg, das heißt, monatlich verließ eine ganze »Kleinstadt« die DDR. Die SED-Führung steckte vor allem in einem wirtschaftspolitischen Dilemma, da alle kurzfristigen binnenwirtschaftlichen Lösungen unpopulär waren, steigende Importe zum Ausgleich der Mangelsituation eine höhere Verschuldung bedeuteten und durch notwendige Reformen des Wirtschaftsmechanismus keine schnellen positiven Ergebnisse zu erwarten waren – vor allem nicht bei einer offenen Grenze. Generell verstärkte jede dieser ökonomischen Gegensteuerungen oder deren Unterlassung die Fluchtbewegung. Vonseiten der Staatlichen Plankommission wurde 1962 geschätzt, dass allein im Zeitraum 1960/61 durch den Transfer an »Humankapital« eine Produktion im Wert von fast vier Milliarden Mark ausgefallen war.

Insgesamt ergaben sich für die DDR Milliardenverluste im zweistelligen Bereich. Die Wirtschaftsplanung wurde damit immer unberechenbarer und konnte nur noch unter Vorbehalt geschehen. Der Mauerbau im August 1961 bedeutete deshalb auch nichts anderes als das Ziehen einer »außerökonomischen« Notbremse. Dadurch verschaffte sich die SED neuen Handlungsspielraum gegenüber der eigenen Bevölkerung, da bei politischen und wirtschaftlichen Entscheidungen nicht immer gleich

Rücksicht darauf genommen werden musste, wie viele Menschen die DDR in Richtung Westen verließen.[114]

Auch die Druckerei des Zentralorgans blieb von den Fluchtbewegungen nicht verschont. In der Betriebschronik ist vermerkt: »25 Mitarbeiter verließen unseren Betrieb und unsere Republik für immer, sie erlagen der Westpropaganda und wurden republikflüchtig.«[115] Gegen Mitte 1961 fehlten schon 100 Arbeitskräfte in den verschiedenen Betriebsteilen der Druckerei. Die monatliche Fluktuation lag 1961 im Durchschnitt bei 26 Arbeitskräften und im August 1961 sogar bei 40. Der Weggang von ND-Mitarbeitern führte dazu, dass am 9. Juli 1961 die SED-Grundorganisation der ND-Druckerei eine Mitgliederversammlung durchführte, um »eine stabile Lage herbeizuführen«.
Das ZK-Sekretariat hatte zuvor den Beschluss gefasst, dass im Druckereibereich die Situation gefestigt werden könnte, indem sich die Druckerei zu einem »Betrieb der sozialistischen Arbeit« herausbildete. Was darunter zu verstehen war, erklärte der Chefredakteur auf der Versammlung Anfang Juli 1961: »Ein Betrieb der sozialistischen Arbeit, das ist mehr als die Entwicklung von Brigaden oder Arbeitsgemeinschaften. Das heißt innerhalb einer bestimmten Zeit durch die Überzeugung der Kollegen, durch ihre politische und fachliche Qualifizierung, durch vorbildliche Organisation der Produktion, durch die Entwicklung von Wissenschaft und Technik, der kulturellen und sozialen Einrichtungen unser Betriebskollektiv dahin zu bringen, daß alle sozialistisch arbeiten, lernen und leben.«[116] Doch die Entwicklung zum »sozialistischen Musterbetrieb« ließ sich leichter beschließen als umsetzen. Um das akute Arbeitskräfteproblem zu lösen, wurde zunächst unter nicht berufstätigen Hausfrauen geworben. Dadurch entstanden in den weiterverarbeitenden Abteilungen der ND-Druckerei die »Hausfrauenbrigaden«.
Die Werbung der Arbeitskräfte war die eine Seite der Medaille; die andere war die ihres Bleibens im Betrieb, denn von den etwa 1300 Mitarbeitern des Druckereibereiches waren um 1961 etwa 40 Prozent weniger als fünf Jahre beim ND beschäftigt. Nach dem 13. August 1961 mussten dann zügig mehr als 250 Neueinstellungen vorgenommen werden, von denen rund 35 Prozent ehemalige »Grenzgänger« gewesen sind.[117]

Im Juli 1961 fehlten der Druckerei schon 100 Arbeitskräfte.

Inwiefern die ND-Redaktion und die ND-Druckerei in die Vorbereitungen des 13. August 1961 unmittelbar einbezogen wurden, ist nicht ganz geklärt. Man kann aber davon ausgehen, dass die Parteizeitung im Vorfeld auf jeden Fall beteiligt war. Wie sonst hätten all die Befehle, Plakate und Mitteilungen in ausreichender Zahl in »Echtzeit« vorliegen können? Zudem gab es in der ND-Druckerei den »Drucksaal

D« – den »Verschlussdrucksaal« – in dem vor allem interne Materialien für den Parteiapparat gedruckt wurden.[118]

In der Planungsphase des Mauerbaus hatte Walter Ulbricht, so der sowjetische Botschafter Julij A. Kwizinskij, auf DDR-Seite angeblich nur Erich Mielke (Staatssicherheitsminister), Heinz Hoffmann (Verteidigungsminister), Erwin Kramer (Verkehrsminister) und Karl Maron (Innenminister, der kurzzeitig bis August 1950 stellvertretender ND-Chefredakteur gewesen war) eingeweiht. Selbstverständlich wusste auch der persönliche Dolmetscher Ulbrichts, ND-Redakteur Werner Eberlein, von den laufenden Planungen, denn er übersetzte schließlich die entscheidenden Gespräche für Ulbricht.[119] Die wenigen, die davon wussten, hatten ausdrücklichen Befehl, das Material nur persönlich vorzubereiten, mit der Hand zu schreiben und im eigenen Safe aufzubewahren. An der Ausarbeitung des Gesamtkonzeptes hatte Walter Ulbricht direkt teil.[120]

Am Nachmittag des 12. August 1961 schließlich lud Walter Ulbricht die Mitglieder des Politbüros, des Präsidiums des Ministerrates und des Staatsrates ins Gästehaus der Regierung an den Döllnsee ein. Werner Eberlein berichtet über den geschichtsträchtigen Tag in der Schorfheide: »Ich hatte einen sowjetischen Lustspielfilm im Gepäck, um gegebenenfalls die Zeit bis zum Abendessen zu überbrücken, und sollte für alle Eventualitäten verfügbar sein. Ich wusste nicht, wer über die in Vorbereitung stehenden Maßnahmen informiert war. Alle unterhielten sich in angeregter sommerlicher Partystimmung, niemand ahnte Ulbrichts Absichten.«[121] Den Einsatzbefehl unterschrieb Walter Ulbricht gegen 16 Uhr im Gästehaus am Döllnsee. Nach dem Abendessen informierte Ulbricht dann seine Gäste.[122] Als diese die Party verließen, »mussten sie sowjetische Panzerkolonnen passieren, die auf Berlin zurollten«.[123] Die Gruppe der sowjetischen Streitkräfte in Deutschland war also zu diesem Zeitpunkt schon sichtbar involviert in die Vorbereitungen.

Am Folgetag, um ein Uhr nachts, wurde dann auf Befehl des Vorsitzenden des Nationalen Verteidigungsrates Alarm ausgelöst: Polizei-, Pionier- und Kampfgruppeneinheiten begannen am 13. August damit, die 45 Kilometer langen innerstädtischen Westberliner Sektorengrenzen und die 160 Kilometer um Westberlin herum verlaufenden Sektorengrenzen abzuriegeln. Reguläre Verbände der NVA und die in der DDR stationierten sowjetischen Streitkräfte hielten sich in Aufmarschräumen bereit. Fünf Minuten nach ein Uhr gingen am Brandenburger Tor plötzlich die Lichter aus. Es galt »Alarmstufe I«. Der DDR-Rundfunk unterbrach am 13. August 1961, um 1.11 Uhr nachts die »Schönen Melodien um Mitternacht« für die Sondermeldung, dass nun an der Grenze zu Westberlin »eine solche Ordnung eingeführt wird, mit der der ›Wühltätigkeit‹ ein Ende gesetzt« werde.[124]

In der Nacht vom 12. zum 13. August 1961 lief dann beim ND – unter ungewöhnlichen Bedingungen – der Druckmaschinenpark auf voller Last, da neben der Herstellung des ND weitere kurzfristige Druckaufträge vonseiten des ZK erteilt wurden. Nach der Fertigstellung der ND-Tagesausgabe für den 13. August rückten dann am Sonntagmorgen die im Juli 1953 gebildeten ND-Kampfgruppeneinheiten in Richtung Sektorengrenze aus.[125] Während viele ND-Mitarbeiter nun als bewaffnete Kampfgruppenangehörige an der »Linie« standen, fuhr der ND-

Korrespondent für Bonn, Harri Czepuck, in seinem Auto aus reiner journalistischer Neugier geradewegs nach Westberlin hinein, um sich dort selbst ein Bild von der Lage zu machen. Hintergrund hierfür war, dass Walter Ulbricht am 12. August 1961 alle DDR-Chefredakteure und Korrespondenten zu einer Pressekonferenz in das ZK für den 14. August bestellt hatte.[126]

Czepuck, der als ND-Korrespondent am 12. August 1961 Beobachter beim Deutschlandtreffen der SPD in Nürnberg war, machte sich noch in der Nacht auf den Weg nach Berlin und besuchte bei dieser Gelegenheit auch gleich nebenbei seine Eltern in der Niederlausitz. Auf seiner Fahrt konnte er den Ost- und Westnachrichten im Radio zwar entnehmen, dass an der Grenze etwas Besonderes geschah, aber was genau los war, blieb erst einmal unklar: »Ich konnte wieder einmal das Informationswesen der DDR genießen, das sehr oft in Kommentierungen von Ereignissen bestand, dessen Kerngehalt beim zufälligen Leser oder Zuhörer nicht unbedingt bekannt war. Mein Vater konnte mir indes auch nur sagen, der DDR-Rundfunk habe frühmorgens bekannt gegeben, dass die Staatsgrenze der DDR durch den Beschluss der Regierung und des Warschauer Vertrages gesichert worden sei. Auch der Westrundfunk gab mir keine klare Antwort auf die Frage, was denn nun tatsächlich passiert sei. Auch da wurden im Wesentlichen Leute zu den neuesten Ereignissen befragt, die auf die DDR schimpften, weil sie den Flüchtlingen keine Möglichkeit mehr ließen, auf Westberliner Gebiet zu gelangen. Von einem Mauerbau war zu der Stunde keine Rede. Und es gab sie ja auch noch nicht.«[127]

Als Czepuck in Berlin ankam, lenkte er sein Auto erst mal Richtung Stadtzentrum nach Westberlin. »Ich fuhr dann durch bis zum Brandenburger Tor und war zunächst erstaunt, dass ich ungehindert in Richtung Westberlin passieren konnte, wozu mich dann auch meine journalistische Neugier trieb. Später erfuhr ich, dass zu dieser Zeit noch Fahrzeuge mit einer westdeutschen Nummer die durch NVA und Kampfgruppen sowie mit spanischen Reitern abgesperrte Grenze passieren konnten. Erst nach und nach kamen Betonplatten hinzu, die zu einer ersten Art Mauer gestapelt wurden. Aber so entdeckte ich, dass britische Truppen bei einer Absperrung auf Westberliner Seite aktiv geworden waren, um aufgebrachte Westberliner, die dann im Tiergarten noch einmal von Westberliner Polizei gehindert wurden, weiter in Richtung Grenze vorzudringen, von Unbedachtheiten abzuhalten. Als ich später über die Friedrichstraße wieder in den DDR-Hauptstadtteil einreiste, sah ich auch sowjetische und amerikanische Soldaten auf der jeweils von ihnen kontrollierten Seite. Zumindest in Berlin vollzog sich also die erste Sperrung der Grenze und die Vorbereitung des Mauerbaus unter alliierter Aufsicht und deshalb wohl auch relativ friedlich.«[128]

Am 14. August wurde Harri Czepuck durch ND-Chef Hermann Axen in die weiteren Einzelheiten eingeweiht, und er berichtete auf der Pressekonferenz im ZK über seine persönlichen Eindrücke vom Vortage in Westberlin.

Der »13. August 1961« beschäftigte das ND und die zuständige ZK-Abteilung Agitation an den folgenden Jahrestagen immer wieder von neuem. Das geschah schon deshalb, weil es in Westberlin jeweils am »13. August« Protestaktionen gab. Zum ersten Jahrestag des Mauerbaus wurden beispielsweise in der von der DDR-Reichsbahn in Westberlin

Beginn des Dauerprotestes: Zum ersten Jahrestag des Mauerbaus wurden in Westberlin in der von der DDR betriebenen S-Bahn 17 Notbremsungen ausgelöst.

betriebenen S-Bahn um 12 Uhr mittags 17 Notbremsungen ausgelöst. Anlässlich des dritten Jahrestages rief der Regierende Bürgermeister Willy Brandt zu »einer Stunde des Schweigens« auf. Für solche Fälle wurden beim ZK verschiedene Gegenmaßnahmen beraten und die Reaktionen von Presse, Funk und Fernsehen abgestimmt. Ein bizarrer Vorschlag von Anfang August 1964, der erst später zur Anwendung kommen sollte, fand im »Mauerkampf« zunächst keine Würdigung. Unter der Überschrift »Maßnahmen zum 13. August 1964« wurde vorgeschlagen: »Man sollte sich überlegen, was wir als geeignet betrachten, die ›Stunde des Schweigens‹ neben den oben erwähnten Maßnahmen zu durchkreuzen. Man sollte zum Beispiel den Fliegerlärm verstärken, Durchbrechen der Schallmauer.«[129] Diese Idee wurde für den dritten Jahrestag des Mauerbaus wieder fallengelassen und aus dem Protokoll gestrichen.

Als jedoch der Deutsche Bundestag ein halbes Jahr später am 7. April 1965 eine Plenartagung in Westberlin durchführte, um Besitzansprüche zu manifestieren, reagierten die sowjetische Führung und die SED-Spitze verärgert: Jetzt setzten sie dann das um, was eigentlich für den 13. August 1964 überlegt worden war. Zwischen 14 und 15 Uhr flogen mehrere Wellen sowjetischer Jagdflugzeuge und auch NVA-Maschinen mit donnernden Triebwerken und Überschallkrach über den Tagungsort des Bundestages in Westberlin. Der Überflug fand im Rahmen einer zwischen dem 5. und 11. April ablaufenden gemeinsamen sowjetisch-deutschen Truppenübung statt. Insgesamt operierten im Manövergebiet rund 45 000 Mann, 900 Panzer, 500 Geschütze und Granatwerfer, 9 000 Kraftfahrzeuge sowie 500 Flugzeuge und Hubschrauber. Neben den Westberliner Überflügen von Jagdflugzeugen wurden zudem weiträumige Truppenbewegungen auf der Autobahn Berlin–Helmstedt durchgeführt, was den zivilen Verkehr zeitweise vollständig zum Erliegen brachte.[130]

Staatsrat verurteilt friedensgefährdende Bundestags-provokation

Kommuniqué der 17. Sitzung in der Hauptstadt

Im Tiefflug über den Kudamm

Bundestag fühlte sich „wie im Luftschutzbunker"

Überschalljäger der MIG-Serie. Darunter: Die Tageslosung für die Westberliner hieß „Kopf hoch"

»Im Tiefflug über den Kudamm«; »Hunderte Panzer fuhren vorüber«; »Rote Jäger im Sturzflug«: Bei der Bundestagssitzung am 7. April 1965 flogen rund 400 sowjetische Jagdflugzeuge und NVA-Maschinen in mehreren Wellen über Westberlin. Die Triebwerksgeräusche und der Überschallkrach störten die Plenartagung der Bundesregierung in der Tat nachhaltig. Einige Bundestagsabgeordnete gingen sogar in Deckung. Gestört fühlten sich aber auch viele Berlinerinnen und Berliner im Osten Berlins. Es gab Beschwerden. (ND v. 9.4.1965, S. 1 u. 3)

Im Auge des Orkans

Im Oktober 1960 wurde der Tageszeitung »Neues Deutschland« ein »Kollege« des MfS zugeteilt, der im außerordentlichen Auftrag vor allem dafür sorgen sollte, dass bestehende Sicherheitslücken beim Zentralorgan aufgedeckt und beseitigt wurden. Das war in fast allen politisch oder volkswirtschaftlich wichtigen Betrieben der DDR üblich.

Ein Antrittsgespräch bei Hermann Axen ließ jedoch auf sich warten. Vergebens bemühte sich der Offizier im Range eines Leutnants um einen Termin beim Chefredakteur, der schlichtweg keine Zeit für den »Kämpfer an der unsichtbaren Front« hatte. Erst im neuen Jahr, am 6. Januar 1961, fand eine erste Aussprache zwischen beiden statt. Nur staunte der Geheimdienstler nicht schlecht, als ihn Hermann Axen ohne Umschweife fragte, mit wem die Staatssicherheit beim ND Kontakt hielt bzw. bei welchen Mitarbeitern ein Interesse an einer Kontaktaufnahme bestehen würde. Alles in allem, so vermerkte der MfS-Mitarbeiter in einem Bericht, war das keine gute Ausgangsposition für eine erfolgreiche Zusammenarbeit.[131]

Der Leutnant versuchte dem Chefredakteur zu begründen, warum Angestellte des ND zur inoffiziellen

Zusammenarbeit herangezogen werden sollten. Daraufhin bot Hermann Axen an, persönlich mit dem Parteisekretär zu beraten, um eine geeignete Person vorzuschlagen. Der Offizier war wahrscheinlich noch verblüffter, als ihm der Chefredakteur die Kaderleiterin der Zeitung als inoffizielle Mitarbeiterin (IM) vorschlug. In seinem Bericht vermerkte er zumindest: »Ich muß annehmen, daß der Gen. Axen kaum bzw. wenig mit den Aufgaben des MfS vertraut ist.« Die weitere Unterhaltung drehte sich dann um den »politisch-moralischen Zustand« der Mitarbeiter in der ND-Redaktion. Dieser wurde als »nicht besonders gut« eingeschätzt und somit als Schwachstelle, »wo der Gegner gute Möglichkeiten des Eindringens hat«. Der Leutnant führte einige Beispiele an. So würden einige Sekretärinnen der Berliner Redaktion und der Abteilung Wirtschaft laufend die Westpresse lesen, in Westberlin einkaufen oder dort ins Kino gehen; de facto würden sie laufend mit »westlichen Ideologien« infiltriert. Der Offizier schlug vor, dass die Redakteure im Rahmen einer Patenschaft »direkt ideologischen Einfluß« auf die technischen Redaktionskräfte nehmen sollten, um deren schlechten ideologischen Zustand aufzubessern. Das war irgendwie doppeldeutig. Axen konnte scheinbar über dieses »Romeo-Konzept« nur mit dem Kopf schütteln und erklärte, dass er die parteilosen Sekretärinnen mit der Zeit durch zuverlässige Genossinnen ersetzen werde.[132] Auch wollte Axen direkt mit MfS-Chef Mielke Kontakt aufnehmen, was den Aufpasser aus dem Ministerium schließlich verunsicherte: »Da in dieser Art eine gute, koordinierte Zusammenarbeit fragwürdig erscheint, wäre es angebracht mit dem Gen. Axen über den Weg der Partei zu sprechen, um ihm mitzuteilen, daß uns keine größeren Schwierigkeiten bezüglich der Absicherungsaufgaben entgegengestellt werden.«[133]

Ein Jahr später, am 19. Juni 1962, gab es eine weitere Aussprache zwischen dem Chefredakteur und seinem »Berater«. Diesmal machte der MfS-Mann auf wirtschaftliche Probleme in der Druckerei aufmerksam. Im September 1961 hatte die Druckerei im Werk II insgesamt 20000 Stoffbehälter für die Verpackung und den Transport der Zeitungen angeschafft. Mit diesen neuen Verpackungsbehältern sollte es schneller und billiger gehen, aber das genaue Gegenteil trat ein. Dem Leutnant war zu Ohren gekommen, dass bislang in die Transportbehälter der Post 30 Zeitungspakete geladen werden konnten. Mit den neuen Stoffbehältern passten nur noch 18 Pakete hinein. Am Ende blieb ein erhöhter Transportaufwand, die Stoffbehälter mussten regelmäßig gereinigt werden und für das Schreiben sowie Aufkleben der Adressen waren zusätzliche Arbeitskräfte notwendig.[134] Der Leutnant wusste außerdem zu erzählen, dass seine MfS-Kollegen an der Autobahnraststätte Michendorf einen Drucker vom ND, dessen Frau und eine weitere ND-Mitarbeiterin bei einem illegalen Treff mit einer Westberlinerin, der Schwester des ND-Druckers, beobachtet hatten. Dabei übergab die Schwester ihrem Bruder Zigaretten, Alkohol, Kaffee und anderes mehr. Hermann Axen erfuhr auch, dass der betreffende ND-Mitarbeiter bis zum August 1961 Kampfgruppenkommandeur des Werkes II gewesen war, aber aufgrund seiner Westverwandtschaft auf Betreiben des MfS von diesem Posten abgelöst wurde. Axen blieb nichts anderes übrig, als ein Parteiverfahren und die Entlassung aus dem ND einzuleiten.[135] Was dann noch besprochen wurde, fiel unter die Rubrik Klatsch und

Tratsch. Das MfS wusste also auch gut über alle Affären, Eheprobleme und dergleichen Bescheid.
Wer wem letztendlich etwas zu sagen hatte, beweist das beständige Problem der Republikflucht: Im Juni 1963 wurden sechs ND-Mitarbeiter des Werkes II von der Staatssicherheit verhaftet. Die Mitteilung darüber ging am 26. Juni 1963 an den ND-Chefredakteur. Am Ende des streng vertraulichen Schreibens erklärte der für das ND zuständige Leutnant: »Sollten im Rahmen der Untersuchung Hinweise bekannt werden, die das ›ND‹ betreffen, werden Sie umgehend informiert.«[136] Über die genauen Hintergründe und das Schicksal der sechs ND-Arbeiter aus dem Werk II ist nichts weiter bekannt, aber generell blieb gerade der wichtige Druckbereich des ND für die Staatssicherheit bis zum Ende der DDR ein hochsensibles Beobachtungsfeld. Für die siebziger und achtziger Jahre ist ein beachtliches Informantennetz überliefert, und auch die relativ hohe Zahl an nachweislichen operativen Vorgängen ist ein starkes Indiz dafür.[137]
Das Verhältnis von MfS und ND erhellen zwei Meinungen von ND-Mitarbeitern vom April 2006.[138] Der ehemalige Redakteur Franz Knipping meinte, »die Staatssicherheit sollte vor allem sichern, dass in der Redaktion und Druckerei ungehindert und ungestört produziert werden konnte. Es gab auch Leute, die im ND als sogenannte Offiziere im besonderen Einsatz an Schlüsselpositionen saßen und über alle Vorgänge bestens informiert waren. Und es gab eine Reihe von IMs im ND. Das hat sich herausgestellt, als einige frühere Redakteure Akteneinsicht beantragten«. Und Rosemarie Blaschke, von 1965 bis 1997 in der Abteilung Wirtschaft, sagte: »Wir wussten, dass unsere Telefone zuzeiten abgehört wurden. … Ein bisschen war es wie im Auge des Orkans.«

Die »blaue Phase« des ND

Es standen weit mehr als nur simple Äußerlichkeit und »Aufmachungskosmetik« dahinter, als die ND-Ausgabe vom 3. Januar 1965 mit einem weißen Titel auf blauem Untergrund erschien. Es ging vielmehr um eine neue inhaltliche Gestaltung und Ausrichtung der Parteizeitung: Der Chefredakteur meldete sich selbst auf der Titelseite »In eigener Sache« zu Wort und erklärte das künftige Konzept: »Da liegt sie nun vor Ihnen, die neue Sonntagsausgabe des ›ND‹. Wie gefällt sie Ihnen? Auf die neue Sonntagszeitung folgt unsere neugestaltete und nunmehr sechsseitige Montagszeitung (»Hallo, Sportfreunde!«). Auch an allen übrigen Tagen wird ›ND‹ mit reicherer Thematik, zweckmäßiger Gliederung und größerem Umfang erscheinen. Zur traditionellen Wochenendausgabe ›Gebildete Nation‹ gesellt sich die neue Monatsbeilage für schöne und wissenschaftliche Literatur.«[139]
Die kommenden Ausgaben wechselten zwischen vier-, sechs- und achtspaltigem Text und verfügten über einen wesentlich erweiterten Bildteil. Für das ND vom Dienstag, Freitag und Sonntag war jeweils eine ganze Seite mit Anzeigen vorgesehen. Die angekündigte Literaturmonatsbeilage erschien erst-

malig am 13. Januar 1965. »Die Welt« in Westberlin meldete am 4. Januar 1965 von den Veränderungen beim ND. Richtig wurde dort ergänzt, was Hermann Axen im ND am Vortag »vergessen« hatte zu erwähnen: Bei der Konzipierung der neuen Aufmachung dienten vor allem auch führende Tageszeitungen der Bundesrepublik als Vorbild. Konkret orientierte sich das ND an der »Süddeutschen Zeitung« und der Zeitung »Die Welt«. Der Verfasser der Meldung der Springerzeitung hatte also aufmerksam hingeschaut und richtig vermutet.[140]

Mit der neuen Aufmachung wagte sich die ND-Redaktion in der Geschichte der Zeitung von 1946 bis Herbst 1989 ziemlich weit aus der Deckung: Die blaue Farbe wurde bald zum Synonym für das »blaue ND« oder die »blaue Phase«; es war der ernstgemeinte »Großversuch«, das Zentralorgan zu einer sozialistischen Tageszeitung zu entwickeln. Er verfolgte das Ziel, ein seit Gründung der Zeitung bestehendes Motto erneut umzusetzen: die Zeitung zu einer verantwortungsvollen »Tribüne der ganzen Gesellschaft« zu machen. Hierfür bat der ND-Chefredakteur ausdrücklich um Unterstützung bei der gesamten Leserschaft, damit der Anspruch, ein »Volksblatt« zu sein, auch wirklich funktionieren konnte. Um das zu erreichen, so Axen, »bedarf es insbesondere Ihrer Mitarbeit, lieber Leser! Darum bittet Ihr Hermann Axen«.[141]

Die beim ND zwischen 1962 und 1964 stattgefundenen inhaltlichen Diskussionen, die zum »blauen ND« führten, müssen im Zusammenhang mit den Entwicklungen nach dem Mauerbau gesehen werden. Damals boten sich für Staat, Wirtschaft und Gesellschaft neue Handlungsspielräume. Der Wegfall des unmittelbaren Konkurrenzdrucks durch die Bundesrepublik ließ innere Reformexperimente zu. Es schienen damit günstige Voraussetzungen vorhanden zu sein, um positive Veränderungen im Land herbeizuführen. Später sprachen einige Genossen vom Sozialismus unter »Laborbedingungen«. Es herrschte Aufbruchstimmung. Am deutlichsten zeigte sich das auf ökonomischem Gebiet: Im Januar 1963 – mit dem VI. SED-Parteitag (15.1.–21.1.) – startete die SED das »Neue Ökonomische System der Planung und Leitung der Volks-

Proletarier aller Länder, vereinigt euch!
NEUES DEUTSCHLAND
ORGAN DES ZENTRALKOMITEES DER SOZIALISTISCHEN EINHEITSPARTEI DEUTSCHLANDS
20. Jahrgang / Nr. 3 — Berlin, Sonntag, 3. Januar 1965 — Berliner Ausgabe / Einzelpreis 15 Pf

Am 3. Januar 1965 erschien das ND in neuer Aufmachung. Fast zwei Jahre hatte die Umsetzung der Ideen und Konzepte gedauert. Ein bekanntes Problem wirkte sich hierbei aus – der Papiermangel. (ND v. 3.1.1965, S. 1)

Proletarier aller Länder, vereinigt euch!

NEUES DEUTSCHLAND

ORGAN DES ZENTRALKOMITEES DER SOZIALISTISCHEN EINHEITSPARTEI DEUTSCHLANDS

18. Jahrgang / Nr. 16 — Berlin, Mittwoch, 16. Januar 1963 — Berliner Ausgabe / Einzelpreis 15 Pf

Der VI. Parteitag der SED ist eröffnet

Frieden durch friedliche Koexistenz
Umfassender Aufbau des Sozialismus –
Generallinie des VI. Parteitages

Walter Ulbricht begründet das Programm des Sozialismus und die geschichtliche Aufgabe der SED / Ovationen für Genossen N. S. Chruschtschow und die anderen Leiter der Delegationen der Bruderparteien aus 70 Ländern

Der erste und auch letzte ernsthafte Versuch, eine moderne sozialistische Wirtschaft zu entwickeln, wurde mit dem VI. Parteitag der SED im Januar 1963 begonnen. (ND v. 16.1.1963, S. 1)

wirtschaft« (NÖSPL) – das größte sozialökonomische Reformexperiment der DDR. Es ging darum, die Eigenverantwortung und Selbstständigkeit der Industriebranchen und Betriebe zu erhöhen. Der Gewinn sollte zum zentralen Leistungsmaßstab werden. In der Konsequenz sollte mit dem Reformprogramm wirtschaftlich endlich das erreicht werden, was vor dem Mauerbau gescheitert war.

Einige ND-Redakteure bezeichneten das Ganze später als den Versuch, eine Art »sozialistische Marktwirtschaft« zu entwickeln. Doch schon Mitte der sechziger Jahre wurde erkennbar, dass die SED-Führung an den Grundfesten des Systems nicht ernsthaft rütteln wollte und es auch nicht konnte. Das gesamte Reformkonzept blieb widersprüchlich, inkonsequent, und es scheiterte schließlich. Das gleiche Schicksal erwartete dann auch das »ND-Experiment«.[142]

Zu Beginn dieser Entwicklung waren die Aufbruchstimmung im Land und auch der sich vollziehende Generationswechsel beim »Neuen Deutschland« entscheidend. So rückte in der ND-Redaktion eine jüngere Generation in leitende Positionen auf. Hierzu zählten beispielsweise Harri Czepuck, Armin Greim, Eberhard Heinrich, Klaus Höpcke oder Harald Wessel. In der Redaktion herrschte damals eine anregende und für einen Gedankenaustausch offene Atmosphäre: »Wir diskutierten manchmal nächtelang, wie wir beispielsweise das ND zu einer wirklichen Massenzeitung machen könnten, wie wir wegkommen können von der schematischen und immer noch an die ›Prawda‹ erinnernden Rolle eines Abdruckorgans. Das war ein schmaler Grat, wenn wir uns nicht den Zorn der Herausgeber im ›großen Haus‹ zuziehen wollten. Chefredakteur Axen war eigentlich schon gewonnen. Nur hat er nicht immer den notwendigen Mut gezeigt. Immerhin lagen in unseren Schubladen Pläne für eine, auch äußerliche Umgestaltung der Zeitung.«[143]

Die Ideen und Überlegungen nahmen nach und nach Gestalt an. Zugleich betrieben die ND-Redakteure Lobbyarbeit und nutzten Veranstaltungen oder Begegnungen mit Vertretern der SED-Führung dafür, um ein »bißchen Werbung« für die Pläne der ND-Redaktion zu machen. Das »ND-Experiment« wurde ab Januar 1963 zudem absichtsvoll mit der Wirtschaftsreform in Verbindung gebracht. Am 15. März 1963 erfolgte eine Beratung der ND-Redaktion mit SED-Chef Walter Ulbricht, der die beim ND entwickelten Vorstellungen befürwortete, Unterstützung zusagte und die Redaktion ermunterte, weiterzumachen.

Ein gutes Jahr später, am 10. Oktober 1964, legte Chefredakteur Axen dem SED-Politbüro eine 42 Seiten dicke Vorlage vor. Unter der Überschrift »Plan zur weiteren Verbesserung der Zeitung ›Neues Deutschland‹« wurde jedoch eingeräumt, dass eine qualitative Verbesserung der Parteizeitung unter den bisherigen Bedingungen nicht durchführbar sei. In der Vorlage hieß es, dass die Parteizeitung umfangreicher, vielseitiger, genauer, sachlicher und beständiger informieren müsse. Im nächsten Satz wurde aber gleich klar herausgestellt, dass es sich hierbei nicht »um eine revisionistische Forderung nach absoluter Informationsfreiheit« handeln würde.[144]

Im Vorfeld hatte die Zeitung bei über 16 000 Lesern eine Umfrage durchgeführt. Zur Handhabung des Fragebogens gab es eine originelle Anregung: »Sie finden ihn, wenn Sie die Zeitung umdrehen, auf der letzten Seite.« Dort war er doppelt abgedruckt worden, um Streit in der Familie darüber zu vermeiden, wer das Ausfüllen übernahm. Der Fragebogen war zudem so gestaltet worden, dass er mit modernen rechentechnischen Methoden ausgewertet werden konnte.[145] Die Umfrage ergab unter anderem, dass die Leserschaft erweiterte Informationen über Bücher, die Entwicklung des Theaters, des Films, des Fernsehens und der Kunst im In- und Ausland wünscht. Bei der Auswertung zeigte sich, dass es inzwischen eine neue Leserschaft aus der Generation der 25- bis 40-Jährigen gab. Diese Generation, so die Politbürovorlage vom Oktober 1964, »ist höher gebildet als die Leserschaft vor fünf oder zehn

Auswertung der Leserumfrage 1964

Da unsere Hühnerkükenbrüterei ausgelaufen ist, können wir für 1966 **keine Hühnerküken-Bestellungen** mehr entgegennehmen.

VEG Gnewikow

„Wer behauptet, ich könne nicht nach Noten singen? Ich singe nur nach Noten!"

Zeichnung: Paul Rosié

Jahren und wird bis 1970 ihr Wissen weiter vermehren«. Im Hinblick auf Information, Kommentierung, Wissensvermittlung und Unterhaltung würde dieses Nutzerpublikum höhere Anforderungen stellen, die unter den bestehenden Bedingungen nicht zu erfüllen waren. Die Zeitung benötigte unbedingt »neue politisch-praktische, kadermäßige und materielle Bedingungen«. Vor allem sollte die Parteizeitung künftig »rechtzeitig und offen die Wahrheit über die Ursachen von bestimmten Schwierigkeiten, Widersprüchen und Missständen sagen«.[146]

Der Weg nach oben

Zeichnung: Helmut Gabbert

Am 12. Oktober 1963 druckte das ND in der Wochenendbeilage erstmals eine Humorseite ab. Mehr als zwei Jahre hielt sich die Rubrik, dann wurde sie mit dem Wechsel in der Chefredaktion 1966 wieder abgesetzt. Nach dem 11. ZK-Plenum im Dezember 1965 war vielen in der DDR das Lachen vergangen. (ND v. 12.10.1963, S. 12; ND v. 27.11.1965, S. 12)

Seit Frühjahr 1963 hatte das »Neue Deutschland« journalistische Experimente durchgeführt.[147] Dazu gehörte der Abdruck einer Humorseite in der Wochenendbeilage »Die gebildete Nation«, wofür übrigens zeitweise die »Rätselecke« gestrichen wurde. Das Hamburger Nachrichtenmagazin »Der Spiegel« widmete sich im November 1963 der Zeitungsneuerung in einem Extrabeitrag unter der Überschrift »Es darf gelacht werden«. Den Wegfall der Rätselrubrik begründeten die Hamburger damit, dass die Partei ihren Genossen nun keine Rätsel mehr aufgeben würde. Dann wurde auch der »ND-Humor« unter die Lupe genommen und die Zuschrift eines Lesers aus dem thüringischen Triptis zitiert, der sich statt der regelmäßig beabsichtigten Heiterkeit wieder seine Rätselecke zurückwünschte. Sein Fazit lautete etwa so: Genossen, Humor kann man nicht machen, den muss man haben![148]

Auf einer der ersten Humorseiten empfahl übrigens eine Leserin, dass die Stellen, an denen ein Lachen vorgesehen war, zur besseren Verständlichkeit fett gedruckt werden sollten. Bemerkenswert ist auch die Jahresendausgabe vom 31. Dezember 1964, in der unter der Überschrift »Im Wald und auf der Heide« eine Satire über die Jagdleidenschaft von Funktionären und Prominenten abgedruckt wurde. Zumindest schien Chefredakteur Hermann Axen über Selbstironie zu verfügen, denn er nahm an dieser fiktiven Jagd, zu der Landwirtschaftsminister Gerhard Grüneberg eingeladen hatte, teil.[149]

Der Diktator

Ein Diktator von Dings
Da um Dingsda herum,
War den Leuten von Links
Ein Martyrium.
Eine Revolution
Zwang den Mann in die Knie.
Nun diktiert er ganz brav
Seine Biographie.

Hausfriedensbruch

Die Insel Kuba nennt man gern
Das Schlüsselloch Amerikas.
Sie liegt nur wenig Meilen fern
Vom Sonnenstrande Floridas.
Ein Schlüsselloch? Vielleicht. Jedoch
Steht damit zugleich fest,
Daß sich besagtes Schlüsselloch
Nicht mit dem Dietrich öffnen läßt.

Strategie der männlichen Annäherung

Zeichnungen: James Thurber

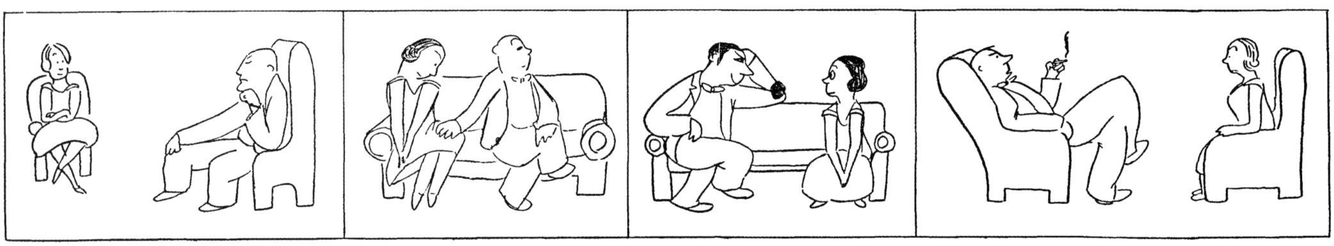

System „Stark und schweigsam" — Die Tätschel-Taktik — Methode: „Seltsam faszinierend" — Die Ich-verreise-vielleicht-für-ein-oder-zwei-Jahre-Praktik

Mit fortschreitender Zeit hatten es aber Humor und Satire immer schwerer im Zentralorgan. In Hamburg, so berichtete der ehemalige Beilagenredakteur Hans Uslar, wurde eine Umfrage zum »Neuen bürokratischen System der Volkswirtschaft« auf der ND-Humorseite in Auszügen vom »Spiegel« einfach 1:1 übernommen. Diese »Spiegel«-Meldung landete auch auf den Schreibtischen der beiden »Väter« der Wirtschaftsreform – Erich Apel und Günter Mittag. Während Erich Apel die Meldung mit der Bemerkung »Das habt ihr nun von eurem Quatsch« kommentierte und dann die Angelegenheit für erledigt betrachtete, war Günter Mittag nachtragender und zeigte keinen Humor. Nach dem Freitod Apels am 3. Dezember 1965, so Harri Czepuck, »gab es auf wirtschaftlichem Gebiet im ND nichts mehr zum Schmunzeln, geschweige denn zum Lachen«.[150]

Bei der Abstimmung über die im Oktober 1964 eingereichte Vorlage zur Gestaltung des ND im Politbüro hatte es Diskussionen um das neue Konzept gegeben. Trotzdem wurde dem Vorhaben Ende 1964 mit »Bauchschmerzen« zugestimmt.[151] In den ersten Wochen und Monaten des Jahres 1965 stießen die neue Aufmachung, die inhaltliche Gestaltung und die sich an der »Süddeutschen« orientierende ND-Literaturbeilage auf große Resonanz bei der ND-Leserschaft. Brigitte Reimann schrieb überschwänglich ihrer Freundin: »Sogar das ND ist interessanter geworden, stell Dir vor, bringt bessere Informationen und jeden Monat eine dicke Literaturbeilage.«[152] Mit Stirnrunzeln wurde in der SED-Führung damals beobachtet, dass die SED-Bezirkszeitungen mit Hinweis auf die Veränderungen beim »Neuen Deutschland« nun ebenfalls versuchten, ihren Blättern mehr Profil zu geben.[153] Im Februar 1965 deutete sich an, dass es so nicht lange weitergehen würde. Im Politbüro wurde in Vorbereitung auf die bevorstehende 4. Journalistenkonferenz des ZK wieder deutliche Kritik geäußert.[154] Wenige Monate später war es mit den »lockeren Zügeln« dann endgültig vorbei: Das 11. ZK-Plenum (15.–18.12.1965) entschied, wie es Christa Wolf formulierte: »Die Realität wird abgeschafft.«[155]

Sogar im Politbüro stellte man 1964 fest, dass die Leserschaft der Zukunft höhere Ansprüche an die Kommunikation und an das Tempo der Informationen stellen würde.

Hakenkreuze im ND

Die forcierte Modernisierung im Herstellungsbereich des ND Mitte der sechziger Jahre beruht unter anderem auf einem völlig obskuren und bislang unbekannten Vorfall, als die Drucktechnik der Zeitung im Mai 1965 in ziemlich unerquickliches Gerede geriet: Am 19. Mai 1965 legte nämlich die Technische Untersuchungsstelle des MfS ein Gutachten vor, das sich mit dem »Zustandekommen eines hakenkreuzähnlichen Gebildes« in einem ND-Bild auf der Titelseite der Ausgabe vom 7. Mai 1965 befasste. Pikant war die Angelegenheit deshalb, weil das »Gebilde« angeblich auf einem Foto mit SED-Chef Walter Ulbricht zu sehen war, und zwar auf dessen goldener Ehrenspange zum Vaterländischen Verdienstorden mit zwei Brillanten. Walter Ulbricht und seine Ehefrau Lotte gehörten zu den Ersten, die diese Ehrenspange damals erhielten. Der ND-Fotograf Gerhard Murza hatte eine offizielle Gratulationsszene zwischen Walter Ulbricht und Willi Stoph mit Blitzlicht aufgenommen. Es gab dabei Reflexlichter, die im späteren Druckverfahren im Bereich der beiden Brillanten der Spange zu einer Abbildung führten, die bei genauem Hinsehen wie das NSDAP-Symbol aussah. Irgendjemand hatte die ND-Ausgabe vom 7. Mai sehr gründlich inspiziert und dabei das »hakenkreuzähnliche Gebilde« entdeckt. Der Vorfall wurde der Staatssicherheit gemeldet, und dort befasste sich die Technischen Untersuchungsstelle mit der möglichen »staatsfeindlichen Angelegenheit«.

Hohe Auszeichnungen für deutsche und sowjetische Persönlichkeiten

Willi Stoph überreicht Genossen Walter Ulbricht die erstmals verliehene Auszeichnung: die Ehrenspange zum Vaterländischen Verdienstorden in Gold *Foto: ND/Murza*

Walter Ulbricht mit »hakenkreuzähnlichem Gebilde« auf der Ehrenspange. (ND v. 7.5.1965, S. 1)

Die Untersuchungsstelle beauftragte ihrerseits zwei Ingenieure für Polygrafie des MfS mit der Suche nach manuellen, manipulativen Eingriffen bzw. Retuschen. Es galt eindeutig zu klären, ob das umstrittene hakenkreuzähnliche Gebilde absichtlich herbeigeführt wurde oder produktionsbedingt zufällig entstanden war.[156] Als Erstes erfolgte eine mikroskopische Untersuchung, die ergab, dass in dem infrage kommenden Bereich des Rasternegativs keine Spuren manueller Eingriffe wie Schabungen, Eindeckungen oder Abschwächungen zu finden waren. Als Nächstes betätigten sich die beiden Experten selbst als Retuscheure, um genau herauszubekommen, welche Spuren Retuschen auf dem Rasternegativ hinterlassen könnten. Sie stellten drei Versuchretuschen her und kamen zu dem Schluss, dass am Original-Rasternegativ für die Titelbildausgabe keine derartigen »manuellen Eingriffe« vorgenommen wurden.[157] Doch wie kam das hakenkreuzähnliche Gebilde zustande?

Im Gutachten gaben die beiden Experten eine fast nur Fachleuten verständliche Erklärung über das Zustandekommen: »Für die Herstellung des Rasternegatives wurde wie üblich ein 24er Kreuzlinienraster benutzt, bei dem sich die Linien rechtwinkelig kreuzen. Das als ›Licht‹ reproduzierbare Detail der Ehrenspange nimmt im gegebenen Fall genau die Fläche von 3 x 3 Rasterpunkten ein. Da die im rechten Winkel sich kreuzenden Rasterlinien einen

Winkel von 45° zur gedachten Senkrechten bilden, erscheint diese Fläche von 3 x 3 Rasterpunkten als ein auf der Spitze stehendes Quadrat. Liegt der Rastertonwert des abzubildenden Details nahe unterhalb 50 % (etwas weniger als Kreuzlage), so bilden sich durch reproduktionsfotografische Effekte häufig sogenannte Stege, durch die einzelne Rasterpunkte im Negativ miteinander verbunden werden und folglich linienartig verschmelzen. ... Häufiger als es bemerkt wird, kommen auf diese Weise in den Rasternegativen hakenkreuzähnliche Gebilde (wie auch andere elementare geometrische Formen) zustande.«[158]

Dieser Zufall in der Herstellung des ND hinterließ natürlich einen recht befremdlichen Eindruck; ausgerechnet auf der Ehrenspange des SED-Chefs in einem Titelbild des Zentralorgans eine solch zufällige geometrische Form? Zufall hin oder her – die beiden Experten suchten nach weiteren »hakenkreuzähnlichen« Rasterpunktkombinationen in den Zeitungen der DDR-Verlage. In der »Berliner Zeitung« fanden sie zum Beispiel in der Ausgabe vom 11. Mai 1965 in einem Bild über den Empfang des Fliegerkosmonauten Juri Gagarin und seiner Frau Valentina in Paris im Uniformjackenknopf eines französischen Polizisten ein weiteres Gebilde dieser Art. Noch augenfälliger wurden die drucktechnischen Zufälle wiederum bei einem Rasterbild im »Neuen Deutschland« vom 20. April 1965, aufgenommen beim Übungsspiel der DDR-Nationalmannschaft im Fußball. Auf Seite 6 waren gleich mehrere Zuschauerköpfe drucktechnisch zu »hakenkreuzähnlichen Gebilden« mutiert.[159]

Schließlich kamen beide MfS-Experten zu dem Schluss, dass es sich nicht um »absichtlich herbeigeführte hakenkreuzähnliche Gebilde« handelte. Das »Hakenkreuz« auf der Brust Walter Ulbrichts war produktionsbedingt »zufällig entstanden«. Am Ende des Gutachtens regten die beiden MfS-Offiziere an, die Bilder künftig auch nach »Formgebilden« zu kontrollieren, um Reaktionen durch die Leserschaft zu vermeiden. Der ganze Vorfall trug wesentlich mit dazu bei, die laufenden Vorbereitungen zur Modernisierung des Druckbetriebes noch mehr zu beschleunigen.

Schon Ende Dezember 1964 war festgelegt worden, dass angesichts der wachsenden Aufgaben und der »Perspektive eines späteren Zeitungsaustausches« mit Zeitungen in der Bundesrepublik ein spezieller Plan für die Entwicklung der technischen Basis des ND bis 1970 und dann bis 1980 ausgearbeitet werden sollte«. Als großes Ziel wurde formuliert, den Druck und Vertrieb des ND auf den wissenschaftlich-technischen Höchststand zu bringen.[160]

Im Dezember 1965 beschloss das Politbüro der SED die Errichtung eines Neubaus für das ND und die Einführung des Lichtsatzes. Auf dem Bild eine moderne Bildbelichtungsanlage.

Versuche des Kahlschlags

Ende des Jahres 1965 erholte sich die beliebte und bekannte DDR-Schauspielerin Eva-Maria Hagen in Bad Elster bei einer Kur. Sie liebte den Liedermacher Wolf Biermann und beide schrieben sich einander Briefe. Am 5. Dezember 1965 wurde sie von einem anderen Kurgast deshalb schadenfroh gefragt, ob sie denn heute schon das ND gelesen hätte? Er zeigte ihr einen Artikel des damaligen Kulturredakteurs und späteren Chefs der Hauptabteilung Verlage im Ministerium für Kultur der DDR, Klaus Höpcke, unter der Überschrift »... der nichts so fürchtet wie Verantwortung«.
Mit diesem Artikel wurde im ND die ideologische Kampagne gegen Wolf Biermann eröffnet, die wiederum fatale Folgen für Kunst und Kultur in der DDR insgesamt haben sollte. Besorgt und wütend zugleich schrieb Eva-Maria Hagen noch am gleichen Tag an ihren Geliebten: »Diesem Schmierfink Höpcke sollte man eine Stinkbombe in die Redaktion schmeißen!«[161]

Wolf Biermann studierte an der Humboldt-Universität Berlin Politische Ökonomie und von 1959 bis 1963 Philosophie und Mathematik. Zu dieser Zeit veröffentlichte er Gedichte in verschiedenen DDR-Zeitungen. Als er mit Freunden 1961/62 ein altes Berliner Hinterhofkino zum »Berliner Arbeiter- und Studententheater« ausbaute, wurde es bereits vor der Premiere geschlossen, ein erstes Auftrittsverbot für ihn dauerte bis Juni 1963. Seit der im März 1963 von der SED-Grundorganisation »Philosophie« an der Universität getroffenen Entscheidung, Biermann nicht in die Partei aufzunehmen, hatte die Kulturabteilung beim ZK ein Auge auf ihn geworfen; mit einem anderen Auge beobachtete ihn das MfS. Die Alarmglocken schrillten bis zum November 1965 mehrfach bei Auftritten und Veröffentlichungen Biermanns – vor allem in der Bundesrepublik. Besonders läuteten sie 1965, als Biermanns Texte in dem vom Kabarettisten und Schauspieler Wolfgang Neuss herausgegeben Anti-DDR-Blatt »Neuss Deutschland« und dem linken Magazin »konkret« in der Bundesrepublik erschienen. Im Herbst 1965 brachte der Westberliner Verlag Klaus Wagenbach in seiner Reihe »Quarthefte« – einem Forum für ost- und westdeutsche Literatur/Lyrik – einen Gedichtband von Biermann unter dem Titel »Die Drahtharfe« heraus.
Der ND-Artikel vom Dezember 1965 gegen Biermann war natürlich »bestellt« und Klaus Höpcke verfasste weisungsgemäß eine scharfe Polemik. Der Beschluss hierzu erfolgte wenige Tage zuvor an höchster Stelle, im Politbüro der SED: »Im ›Neuen Deutschland‹ ist die öffentliche Auseinandersetzung mit den Gedichten von Biermann, besonders mit dem in Westdeutschland veröffentlichten Gedichtband, zu beginnen.«[162] Der dann vorgelegte Text wurde sowohl in der Redaktion als auch in der zuständigen ZK-Abteilung redigiert, stellenweise umgearbeitet bzw. noch weiter zuge-

spitzt. Klaus Höpcke erzählte später die Anekdote, wonach ihn zu DDR-Zeiten einmal eine Journalistin aus dem Westen fragte, ob er wirklich der alleinige Verfasser des Artikels gewesen sei, da doch Teile der Schmähschrift so gar nicht zu seinem Stil passen würden. »Als Antwort«, so Klaus Höpcke, »habe ich nur gesagt: Nun, wenn Sie das so sehen … Und dann habe ich einfach nur vielsagend gelächelt.«[163]

Der Artikel von Klaus Höpcke, der sich auf Biermanns »Drahtharfe« bezog, war nur einem ganz kleinen Kreis von Adepten in der DDR überhaupt bekannt. Zudem wurde im besagten ND-Artikel der Name des Gedichtbandes nicht einmal erwähnt. Hierin spiegelte sich das Informationsgebaren der DDR wider, wie es bereits in den fünfziger Jahren und bis 1989 auch im ND immer wieder stattfand. Für den Verleger Wagenbach übrigens bedeutete die Generalkritik gegen Biermann ein Lizenz-, Einreise- und Transitreiseverbot durch die DDR. Wagenbachs – für damalige Verhältnisse einmaliges – Projekt, einen Ost-West-Verlag auf- und auszubauen, scheiterte dadurch.[164]

Auf dem 11. ZK-Plenum der SED im Dezember 1965 wurde dann mit Wolf Biermann richtig »abgerechnet«. Daneben geriet auch eine Vielzahl anderer Künstler, Filmemacher, Schauspieler und Schriftsteller direkt oder indirekt in die Parteikritik: Manfred Bieler, Frank Beyer, Werner Bräunig, Stefan Heym, Günter Kunert, Kurt Maetzig, Heiner Müller und viele andere. Karrieren knickten oder brachen ab; eine ganze DEFA-Jahresproduktion verschwand im »Giftschrank«; Bücher blieben unvollendet oder erschienen später im Westen bzw. erst nach 1990. Das Ganze war ein kulturpolitischer Rundum- und Kahlschlag, der die Kunst und Kultur der DDR bis in ihre Wurzeln traf. Für manchen in der DDR war das 11. Plenum von 1965 dann auch der Anfang vom Ende.[165]

Das ND transportierte die Politik des Kahlschlags nach außen hin reibungslos, was nicht heißt, dass es intern keine Diskussionen darüber gegeben hat. Zum Beispiel wehrte sich Klaus Höpcke in der ND-Redaktion im Dezember 1965 dagegen, bei dem Schriftsteller Werner Bräunig eine ähnliche Generalverurteilung vorzunehmen, wie es bei Biermann der Fall war. Bräunig hatte einen authentischen Roman über den sowjetisch-deutschen Uranerzbergbau (»Wismut«) unter dem Titel »Der Rummelplatz« verfasst. Ein Kapitel des Romans erschien im Oktoberheft 1965 in der »Neuen Deutschen Literatur« (NDL), der Zeitschrift des Schriftstellerverbandes. Zur Hauptkritik wurde erhoben, dass Bräunig angeblich im »Schmutz« über die Wismut-Arbeiter und deren Frauen geschrieben hatte.[166] Fatalerweise wurde zu diesem Zeitpunkt auch mit der sogenannten »Beat-Kultur« bzw. den »Gammlern« in der DDR abgerechnet: »Sie waschen sich nicht und stinken, ihre zottlige Mähne ist verfilzt und verdreckt, sie gehen der Arbeit und dem Lernen aus dem Wege.«[167] Zeitgleich zu dieser Kampagne beschloss das Politbüro, die Auseinandersetzung mit Werner Bräunig auch im ND zu führen: »Es ist zu organisieren, daß Arbeiter, die den Aufbau der Wismut miterlebt haben, dazu schreiben.«[168] Die Kritiker schossen sich nun darauf ein. Ein zentraler Vorwurf lautete, dass Bräunig der jungen Gene-

Vor dem 11. Plenum setzte die Kampagne gegen Beat-Musik und die sogenannten »Gammler« ein. (ND v. 17.10.1965, S. 12)

Sie waschen sich nicht und stinken, ihre zottlige Mähne ist verfilzt und verdreckt, sie gehen der Arbeit und dem Lernen aus dem Wege

Die Amateur-Gammler

Von Max Stiller

ration angeblich ein nicht der Wahrheit entsprechendes Bild der historischen Vorgänge präsentieren würde.[169]

Gegen eine stärkere Kritik im ND, zum Beispiel durch gezielte Leserzuschriften, wandte sich nun Klaus Höpcke. Er setzte sich bei Hermann Axen mit dem Argument durch, dass Biermann und Bräunig eine unterschiedliche Behandlung erfahren sollten. Als es Ende Januar 1966 bei der »Wismut« eine öffentliche Aussprache zum Buch mit Bräunig gab, verfasste Klaus Höpcke darüber einen großen Bericht, der am 29. Januar 1966 im ND erschien. Höpckes Bericht »war sachlich, enthielt sich polemischer Überspitzungen und schloß die gesamte Diskussion mit der Bemerkung, daß Bräunig gegenwärtig sein Buch überarbeite«.[170]

Im Sommer 1966 sollte sich das Ganze noch einmal wiederholen, als die Romanverfilmung »Spur der Steine« von Frank Beyer nach kurzer Laufzeit in den Kinos verboten wurde. Dem Film wurde wie dem Roman von Bräunig die reale Darstellung des Arbeiterlebens zum Verhängnis. In der Presse der DDR erschien nur eine einzige Filmkritik – im

Szene aus dem Film »Spur der Steine« (1966): Manfred Krug als Brigadier Balla bei der ND-Lektüre.

ND.[171] Darin hieß es am 6. Juli 1966: »Es lassen sich aus diesem Film viele Beispiele zitieren, an denen ablesbar ist, wie kraß der Regisseur der Wahrheit unseres Lebens Gewalt angetan, wie wenig er die revolutionären Triebkräfte unserer sozialistischen Gesellschaft künstlerisch erfaßt hat.«[172] Der Verriss des Films wurde, wie sollte es anders sein, von ganz oben angeordnet. Hans Uslar von der ND-Beilagen-Redaktion weiß zu berichten, wie der Name des Verfassers der Filmkritik zustande gekommen war: »Als ein Verriß des Films ›Spur der Steine‹ angeordnet wurde, schrieben drei Redakteure gemeinsam die Rezension, immer jeder einen Satz, und wählten das Pseudonym ›Hans Conrad‹. Dieser ›Hans Conrad‹ wurde immer dann zum Leben erweckt, wenn wir gegen unsere Überzeugungen – dennoch – schrieben. Unsere subtile ›Widerstandskultur‹ ...«[173]

Die Frage bleibt, warum die SED-Führung in einer Phase relativer innenpolitischer Stabilität diese Politik des kulturellen Kahlschlags betrieb. Die von Walter Ulbricht befürwortete und geförderte Wirtschaftsreform – sozusagen sein persönliches Prestigevorhaben – war 1965 in schwieriges Fahrwasser geraten. Die neue Moskauer Führung hatte zudem im September 1965 klar zu verstehen gegeben, dass sie die umfangreichen wirtschaftlichen Forderungen der DDR an die Sowjetunion, die eine erfolgreiche Weiterführung der Reform gewährleisten sollten, weder erfüllen konnte noch wollte. Die bis heute nicht aufgeklärten Hintergründe des Freitods von Erich Apel, einem der »Väter« der Wirtschaftsreform und engen Vertrauten Walter Ulbrichts, hängen damit zusammen.
Als die Nachricht von Apels Freitod im ND veröffentlicht wurde, stellten nicht wenige ähnliche Überlegungen an wie die Schauspielerin Eva-Maria Hagen: »Nun hat sich der Apel auch noch das Leben genommen. Wie muss man ihm zugesetzt haben. Möcht nicht wissen, wie es um unsere Planwirtschaft bestellt ist, wie tief die Karre im Dreck steckt und wer zieht sie wieder raus?«[174] Ursprünglich sollte das 11. ZK-Plenum sich mit Wirtschaftsfragen befassen, aber nach Absprache mit Moskau wurde dieses Thema Ende November 1965 endgültig zurückgenommen und dafür die Generalabrechnung mit Kunst und Kultur festgelegt.[175]
Wie sehr die sowjetische Führung in die SED-Politik hineinredete, verdeutlicht außerdem ein skurriles Beispiel aus der ND-Geschichte des Jahres 1965: Am 20. Dezember wurde der Moskauer ND-Korrespondent, Dr. Franz Krahl, aufgrund von Hinweisen sowjetischer Genossen von dort abberufen. Ihn erwarteten eine eingehende Überprüfung durch das ND-Redaktionskollegium und die Parteileitung. Der Grund für die Abberufung entsprach so gar nicht dem Bild der deutsch-sowjetischen Freundschaft: »Krahl hatte weniger durch seine politische Berichterstattung aus Moskau den Unwillen der sowjetischen Genossen auf sich gezogen, denn durch eine unbedachte Höflichkeitsgeste: Er war spontan der Filmdiva Marlene Dietrich mit seinem Schirm zur Hilfe geeilt, als diese während der Begrüßung auf dem Moskauer Flughafen von einem Regenschauer überrascht wurde und die Empfangs-Organisatoren auf eine solche Situation nicht vorbereitet waren.«[176]

In tiefer, schmerzlicher Trauer geben das Zentralkomitee der Sozialistischen Einheitspartei Deutschlands, die Volkskammer, der Staatsrat, der Ministerrat der Deutschen Demokratischen Republik und der Nationalrat der Nationalen Front des demokratischen Deutschland bekannt, daß am 3. Dezember 1965 der Kandidat des Politbüros des Zentralkomitees der SED, der Stellvertreter des Vorsitzenden des Ministerrates und Vorsitzende der Staatlichen Plankommission der Deutschen Demokratischen Republik, Genosse Dr. Erich A p e l, im Alter von 48 Jahren plötzlich und unerwartet von uns geschieden ist. Sein tragischer Tod riß ihn mitten aus einer fruchtbringenden und schöpferischen Arbeit.

Der Tod Erich Apels am 3. Dezember 1965 symbolisierte zugleich das Scheitern der 1963 begonnenen Wirtschaftsreform in der DDR. (ND v. 4.12.1965, S. 1)

Wie wurde die Parteizeitung von Künstlern, Film- und Rundfunkmachern, Schriftstellern und Intellektuellen vor und nach dem 11. ZK-Plenum wahrgenommen? Welchen Schaden hat das Image der Zeitung durch diese Entwicklung genommen? Die

Schriftstellerin Christa Wolf hat zum 50. Jahrestag der Zeitung im Jahre 1996 darauf folgende Antwort gegeben: »Als ich Studentin war – und noch Jahre später – las ich die seitenlangen Reden und Grundsatzartikel im ›Neuen Deutschland‹ gewissenhaft ›mit dem Stift‹, das heißt, ich nahm sie ernst. ... Spätestens seit Anfang der sechziger Jahre wurden aus den Ausrufezeichen und Strichen am Rand Fragezeichen und höhnische Bemerkungen. Immerhin war diese Zeitung nach dem 11. Plenum des ZK im Dezember '65 in der Lage, mich krank zu machen: Über den Ergebenheitsadressen vieler ›Kulturschaffender‹ und anderer ›Werktätiger‹ zu den kunstfeindlichen Ausfällen und Beschlüssen entwickelte ich eine Phobie gegen das ND, konnte es lange nicht einmal ansehen, ohne eine körperliche Beklemmung zu verspüren.«[177]

Christa Wolf, Autorin des Erfolgsbuches »Der geteilte Himmel« (1963), fragte sich resigniert, ob das »Neue Deutschland« sogar in der Lage sei, sie krankzumachen. (Szenenfoto aus der gleichnamigen Verfilmung von Konrad Wolf)

Das ND bekommt einen roten Kopf

Das 11. ZK-Plenum zeitigte auch Veränderungen in der Leitung der ND-Redaktion. Hermann Axen war zudem fast ein Jahrzehnt im Amt, so dass der Beschluss vom 15. Februar 1966, ihn zum ZK-Sekretär für Internationale Verbindungen zu befördern, niemanden wirklich überraschte. Axen war übrigens seit 1963 in der Position des ND-Chefredakteurs auch wieder im Politbüro vertreten. Bei Diskussionen um die Erneuerung der Zeitung 1963/64 konnte Axen durchaus seinen Einfluss geltend machen. Zu seinem Nachfolger ernannte die SED-Führung 1966 Rudi Singer, der vor 1963 zuerst bei der Hallenser SED-Bezirkszeitung »Freiheit«, dann bei der Geraer Parteizeitung »Volkswacht«, kurzzeitig beim »Deutschen Freiheitssender 904« und schließlich wieder bei der »Freiheit« gearbeitet hatte. Danach rückte Singer zum Leiter der Agitationskommission des Politbüros auf und übernahm dann ab dem 18. Februar 1966 im Alter von 50 Jahren den Posten des ND-Chefredakteurs.[178]

Während Hermann Axen Mitarbeitern in der ND-Redaktion weitgehend freie Hand gelassen hatte, galt Rudi Singer zwar als gutmütiger, aber zugleich überaus korrekter Chef mit einem Hang zu Kontroll-

zwang und Bürokratie, was natürlich nicht bei allen im ND auf Gegenliebe stieß. Singer hatte in seiner Laufbahn schon einige »Beulen am Parteihelm« einstecken müssen, was dazu führte, dass er als Chef nicht selten »übervorsichtig reagierte«.[179]

Schon als Leiter der Agitationskommission beim Politbüro (1963–1966) wollte Rudi Singer der Parteizeitung ein »strenges Korsett« anlegen, was wiederum bedeutete, dass er nicht zu den Anhängern der »blauen Phase« der Parteizeitung gehörte und den »Erneuerern« in der Redaktion keine übermäßigen Sympathien entgegenbrachte. Bei seinen vor 1966 stattgefundenen Versuchen, personellen Einfluss zu nehmen, wurde er jedoch vom Leiter der Abteilung Auslandsinformation beim ZK, Werner Lamberz, »ausgebremst«. Trotzdem mussten unter Singer zwei erfahrene, das »blaue ND« maßgeblich mitprägende Redakteure gehen: der stellvertretende Chefredakteur Eberhard Heinrich Anfang Januar 1966 und Ende November 1967 der stellvertretende Chefredakteur der Wirtschaftsabteilung Walter Florath. Während Eberhard Heinrich vor allem auf Betreiben Rudi Singers die Zeitung noch zu Amtszeiten Hermann Axens verließ, der sich für seinen stellvertretenden Chefredakteur keinesfalls stark machte, suchte sich Walter Florath beim Allgemeinen Deutschen Nachrichtendienst (ADN) neue Arbeit, da er mit Günter Mittag ernsthafte Probleme hatte.[180]

Damit war zumindest allen Beteiligten in der ND-Redaktion schon ein Vorgeschmack darauf gegeben, was sie nach der Berufung Rudi Singers zum Chef erwarten würde. Wie Rudi Singer seine

ND-Ausgabe mit »rotem Kopf« 1968

Rudolf (Rudi) Singer, ND-Chefredakteur von 1966 bis 1971, bei der Grundsteinlegung für den ND-Gebäudekomplex am Küstriner Platz am 6. Januar 1968

Arbeit beim Zentralorgan begann, schilderte Harri Czepuck in seinen Erinnerungen folgendermaßen: »Rudi Singer verkündete … auf der ersten Redaktionsversammlung, die er als neuer Chefredakteur leitete, gewissermaßen als seine Inauguraladresse: Ich werde erstens aus dem ND wieder ein Zentralorgan der Partei machen und nicht mehr die Spielwiese einzelner Meinungen (damit richtete er sich gegen die namentlich gezeichneten Artikel). Wir werden künftig auf die blaue Farbe, wie sie von bürgerlichen Zeitungen auch verwendet wird, verzichten und, wie es einer sozialistischen Zeitung zukommt, mehr Rot einsetzen. Denn, so wörtlich: Rote Politik geht über blaue Form. Damals wurde tatsächlich einige Zeit der Zeitungskopf statt mit blauer mit roter Farbe unterlegt, was natürlich scheußlich aussah. Als der Spott republikweit zunahm, das ND habe einen roten Kopf bekommen, wurde das – auch aus Ersparnisgründen – schnell wieder abgeschafft.«[181]

Der neue Chefredakteur war kaum zwei Monate im Amt, als er seine erste echte Krise im Zeitungsbetrieb bewältigen musste, die er genau genommen selbst mit verschuldet hatte. Die Einführung des ersten arbeitsfreien Sonnabends wurde dafür genutzt, um die Wochenendausgabe neu zu konzipieren: mehr Seiten und weg vom »blauen ND«. Doch Rudi Singer hatte mit dieser Aktion die Rechnung ohne den Wirt, also die Drucker, gemacht.

Am langen Osterwochenende (8.–11.4.1966) sollte das ND erstmals als 12-seitige Ausgabe – sozusagen als Probenummer – gedruckt werden. Doch technisch-organisatorisch war diese Aktion in der Druckerei des Werkes II überhaupt nicht vorbereitet worden. Bei der Erweiterung der ND-Ausgabe am Karfreitag offenbarten sich gravierende logistische Mängel. Der Druck konnte nur durch den persönlichen Einsatz der Belegschaft des Werkes II und unter größter Anspannung erfolgreich über die Bühne gezogen werden. Als am 9. April vom Chefredakteur eine erneute Erweiterung der Ausgabe für den Ostersonntag und dann regelmäßig für die kommenden Wochenenden ohne jeden Kommentar angekündigt wurde, kam es, wie ein Bericht des MfS vermerkte, unter den Druckern des Werkes II am Küstriner Platz »zu einer größeren Mißstimmung«.

Die betroffenen Schichtbrigaden verfassten am 9. April und am 11. April 1966 verärgert Schreiben bzw. eine Protestresolution an die Chefredaktion, in denen sie äußerten, dass die Umfangerweiterungen unüberlegte Vorhaben seien, die einer weiteren Verschlechterung der ohnehin schon ungünstigen Arbeitsbedingungen im Werk II Vorschub leisteten. Inzwischen mussten in der Druckerei wöchentlich bereits 60 Stunden gearbeitet werden. Ein Großteil der Belegschaft lehnte es deshalb ab, unter den gegebenen Bedingungen weiterzumachen.[182] Die Situation war in einer solchen Weise angespannt, dass eine Arbeitsniederlegung drohte: »Begünstigt wird diese Situation noch dadurch, daß auch die Wirtschaftsfunktionäre des Werkes II Diskussionen darüber mit den Genossen und Kollegen vermeiden und Auseinandersetzungen aus dem Wege gehen, weil sie von den geplanten Maßnahmen ebenfalls nicht überzeugt wären. Ferner wurde diese Mißstimmung durch Mängel in der Zusammenarbeit zwischen der Redaktion und der Druckerei des ›ND‹ begünstigt.«[183]
In dem am 9. April 1966 von der Brigade »Völkerfreundschaft« des Werkes II an die ND-Redaktion gerichteten Schreiben wurde die angespannte Lage geschildert und damit auch noch einmal auf die mangelhafte Vorbereitung der Ausgabenerweiterung aufmerksam gemacht. Es wurde erklärt: »Bisher arbeiteten wir in der Nachtschicht Sonntag 8,5 Std., Montag bis Freitag je 8 Stunden, sonnabends 11 Std., von 16.30 bis 4.00 Uhr, das sind 60 Stunden in der Woche. Durch die Umfangserweiterung müßten wir freitags auch 11 Std., von 16.30 Uhr bis 4.00 Uhr, arbeiten. Das wären 2 Tage hintereinander 11 Stunden und in der Woche 63 Stunden. ... Es ist unmöglich, daß diese Arbeit in 8 Stunden geschafft werden kann. Das ist bei der physischen und körperlichen Beanspruchung beim Zeitdruck eine derartige Belastung der Kollegen, daß wir es ablehnen, unter diesen Bedingungen zu arbeiten.«[184]
Am 11. April 1966, wenige Tage vor dem 20. Jahrestag der Zeitungsgründung, bekam Chefredakteur Singer dann ein Protestschreiben auf seinen Schreibtisch, das folgendermaßen begann: »Die nachstehenden Kollegen der Brigade ›Völkerfreundschaft‹ protestieren auf das Entschiedenste gegen die diktatorisch geplante und gegen die, bereits gegen den Willen der Kollegen, durchgeführten Umfangserweiterungen der Tageszeitung ›Neues Deutschland‹.«[185] Doch auch dieser Protest blieb folgenlos – »Neues Deutschland« erschien von nun an zum Sonnabend immer mit zwölf Seiten Umfang.

Manueller Transport von Zeitungspaketen

Wie denken die Leser?

Die ersten beiden ND-Leserumfragen wurden 1957 und 1964 noch mit einem Fragebogen im »Neuen Deutschland« veröffentlicht. Dass sich bei der Art und Weise der Umfragen bald etwas ändern würde, verdeutlichte ein einziger Satz in dem auf dem VI. Parteitag im Januar 1963 beschlossenen Parteiprogramm der SED: »Von den Gesellschaftswissenschaften werden verstärkt soziologische Forschungen durchgeführt.«[186] Bald danach entstand in der DDR so etwas wie ein System sozialistischer Meinungsforschung. Ab 1966 wurde bei den ND-Umfragen dann auch mit wissenschaftlichen Methoden gearbeitet: Das Institut für Theorie und Praxis der Pressearbeit an der Leipziger Karl-Marx-Universität legte der ND-Redaktion Ende März 1966 ein 140 Seiten umfassendes Arbeitsmaterial mit Anhang vor. Eine Befragungsgruppe des Instituts hatte vom 23. Januar bis zum 10. Februar 1966 in Leipziger Haushalten systematisch und mit wissenschaftlicher Umfragemethodik nach dem ND gefragt. In einem Anschreiben des Institutsdirektors wurde den für die Umfrage Ausgewählten erklärt, wie es dazu kam, dass ausgerechnet sie für die Befragung ausgesucht wurden: »Es wird Sie vielleicht verwundern, warum wir gerade um Ihre Unterstützung bitten. ›Schuld‹ daran ist die Mathematik. Wir haben Ihren Namen und Ihre Adresse nach einer zufälligen Auswahl der Karteien der Leipziger Postämter ermittelt. Ich möchte Ihnen auch noch sagen«, so der Direktor, »daß Ihre Antworten technisch ausgewertet werden und ähnlich wie bei der letzten Volkszählung als statistische Größe in die Gesamtheit der Antworten eingehen, also anonym sind.«[187]

»Zeitung in der Schule«: Das »Neue Deutschland« im Einsatz an einer Erweiterten Oberschule (EOS) in Rostock

Aus den 15896 Adressen hatten die Meinungsforscher nach der systematischen Zufallsauswahl eine Stichprobe entnommen, es standen 1588 Haushalte für die Befragung zur Verfügung. Insgesamt konnte das Befragungsteam 1390 Mal erfolgreich an Leipziger Haustüren klopfen. Interessant war die Feststellung der Interviewer, dass manche der befragten ND-Leser in Leipzig erklärten, »sie seien einfach von den Werbern beschwatzt worden. Um endlich Ruhe zu haben, stimmten sie schließlich einem Abonnement zu, jedoch nur, um es im nächsten Monat wieder zu kündigen. Mehrmals ist ein Abonnement anderer Publikationen (Mosaik und Magazin) davon abhängig gemacht worden, ob zugleich auch das ND mit bestellt wurde. Auch diese Abonnements sind in den meisten Fällen sofort wieder aufgegeben worden.«[188] Aber generell bestätigt die Studie von 1966 die alte Umfrageregel: »Nicht der Interviewer, der Fragebogen muss schlau sein.« Zudem schien die eine oder andere Schlussfolgerung bei der Auswertung etwa nach dem Muster vorgenommen worden zu sein: »Weil die Grillen zirpen, geht die Sonne auf.«[189]

Die nächste wissenschaftliche ND-Umfrage startete 1969. Diesmal wurde das Institut für Meinungsforschung beim ZK der SED beauftragt. Zudem wurden von der Redaktion auch Untersuchungen in Auftrag gegeben, die sich mit der Wirkung bestimmter ND-Seiten oder Neuerungen wie Farbdruck befassten. Daneben gab es 1969 und 1972 auch Umfragen, die vom Zentralinstitut für Jugendforschung für das ND durchgeführt wurden, das damals von Lothar Bisky mit geleitet wurde. Doch schon im Jahr 1969 geriet die wissenschaftliche Arbeit der Leipziger Forscher das erste Mal in die Kritik der Partei: Dem Institut wurden eine empiristische, realitätsferne Betrachtungsweise und methodische Mängel vorgeworfen. Diese Vorwürfe führte zu Restriktionen, die beispielsweise im Verbot der Publikation bestimmter Forschungsergebnisse bestanden. 1979 löste die verunsicherte SED-Führung bis auf das Leipziger Institut die offizielle Meinungsforschung in der DDR fast ganz auf. Danach galt für die ND-Redaktion wieder die alte Kaffeesatz- und Berufsverkehrmethode. Letztere bedeutete, morgens in der U- oder S-Bahn einfach nur darauf zu achten, wie das ND gelesen wurde und von wem.

In diesem Zusammenhang muss auch die Leserpost erwähnt werden. Welche Sehnsüchte das Land antrieben, führte der ND-Redaktion die Leserpost am Ende des Jahres 1965 vor Augen. Es ging um eine vom ND unterstützte Mittelmeerfahrt. Enthusiasten hatten eine hochseetüchtige Segeljacht gebaut und waren damit auf Große Fahrt gegangen. Der ND-Reporter Fritz Schröder begleitete die Expedition, was zur Folge hatte, dass Hunderte von Leserbriefen die ND-Redaktion erreichten, in denen sich vor allem junge Leute wünschten, auch an solchen Reisen teilnehmen zu können. Das ND hatte damit sozusagen »schlafende Hunde« geweckt. Daraufhin wurde die Berichterstattung über die »Mittelmeer-Expedition« von oben kurzerhand abgebrochen, obwohl der ND-Reporter immer noch fleißig von unterwegs »Funkberichte« schickte. Wie diese Reise zustande kam und was sich damals hinter den Kulissen alles abspielte, erzählt eine 2007 gesendete Fernsehdokumentation unter dem Titel »Bis zum Horizont und zurück«.[190]

Im Übrigen gab es im März 1966 auch ND-Ausgaben, die wie »Straßenfeger« wirkten und im Handumdrehen vergriffen waren: Am 26. März 1966 wurde ein Briefwechsel zwischen SED und SPD im ganzen Wortlaut veröffentlicht. Die Tagesauflage war im Nu ausverkauft. Die SPD hatte in ihrem Brief unter anderem sieben Fragen gestellt und damit offen das sensible Problem der Grenze, Grenztoten und nicht vorhandenen Reisefreiheit

Meinungsforschung in der DDR: In Studien über das ND wurde die Beliebtheit von Farbgebung, Seitenbelegung und Themenschwerpunkten erfasst. Die Berliner lasen »ihren« Berlin-Teil zuerst.

angesprochen: »Wie soll denn in Deutschland offen und unbefangen diskutiert werden«, so die erste Frage der SPD, »wenn auf Menschen geschossen wird, weil sie aus dem durch Minenfelder, Mauer und Drahtverhaue abgetrennten Teil ihres deutschen Vaterlandes ausbrechen wollen? Oder weil sie einfach nur von Deutschland nach Deutschland wollen – zu ihren Angehörigen, ihren Freunden, ihren Landsleuten.«[191]

Moderne Zeiten

Ab dem 9. Januar 1968 wurde damit begonnen, das ND komplett im Offsetverfahren zu drucken. Die Parteizeitung war nun die erste große Tageszeitung der Welt, die so eine hohe Auflage – mehr als 800 000 Exemplare[192] – komplett in diesem modernen Druckverfahren herstellte. Natürlich war der Offsetdruck weltweit schon etabliert. Das Verfahren selbst wurde zu Anfang des 20. Jahrhunderts unabhängig voneinander in den USA und Deutschland entwickelt. Weltweit gab es in der zweiten Hälfte der sechziger Jahre bereits mehr als 400 Zeitungsverlage, die ihre Blätter im Offsetverfahren drucken ließen. In Deutschland war neu, dass erstmalig in einer Auflage von weit über 100 000 Exemplaren in einem großen Format – 168 Zentimeter Rollenbreite – gedruckt wurde.[193]

Was bedeutete Offsetdruck eigentlich? Unter »Welt der Technik« klärten Hans Kämmerer und Walter Randau am 13. Januar 1968 die ND-Leserschaft auf: »Der Offsetdruck ist ein indirektes Flachdruckverfahren, bei dem der Abdruck von der Druckplatte nicht unmittelbar auf das Papier, sondern zunächst auf einen Zwischenträger – ein Gummituch – erfolgt. Von diesem Tuch wird dann das Ab-

bild auf das Papier übertragen.«[194] Damit fielen die beim Hochdruck störenden »Quetschränder« weg, es gab keine Schattierungen oder Prägungen mehr auf der Rückseite des bedruckten Bogens und die »Rundschärfe« des Textes, der Bilder und Flächen war sehr hoch. Vor allem hatte der Offsetdruck bewiesen, dass qualitätsmäßig hochwertige Mehrfarbenbilder auf rauem, also relativ schlechtem Papier gedruckt werden konnten.[195]
Die neuen Offset-Rotationsmaschinen vom Typ »Hyperset 1700«, auf denen das ND nun gedruckt wurde, waren eine Eigenentwicklung der DDR. Immerhin konnte jede Druckeinheit bis zu 16 Seiten im ND-Format zweifarbig herstellen. Durch das Koppeln zweier Druckeinheiten war auch ein vierfarbiger Druck möglich. Vor allem der grafischen Gestaltung der Zeitung boten sich nun weitaus mehr Möglichkeiten als beim Hochdruck. Es konnten beispielsweise Farbfotos im Vierfarbendruck und »in absehbarer Zeit fast originalgetreu wiedergegeben werden«. Die »Hyperset 1700« schaffte damals effektiv einen stündlichen Ausstoß von knapp 20 000 Exemplaren.[196]
Nach zehnmonatiger Bauzeit wurde am 9. Juli 1968 auch eine neue »ND-Lichtzeitung« am Bahnhof Friedrichstraße dem Betrieb übergeben. Die von einem ungarischen Unternehmen errichtete Anlage war »vollelektronisch«. Am 10. Juli 1968 berichtete das ND von der Neuerung und ihrer Funktionsweise: »Die über eine Fernschreibverbindung von der Redaktion übermittelten Informationen dienen zur direkten Steuerung der elektronischen Lichtzei-

Laufband am Bahnhof Friedrichstraße

Ab 1968 wurden täglich 800 000 Exemplare des ND im Offsetverfahren gedruckt.

tung. Bei sich ständig wiederholenden Meldungen fungiert der in der Fernschreibmaschine erzeugte Lochstreifen als Informationsspeicher. Seine Informationen werden über einen Lochstreifensender immer wieder neu in die elektronische Anlage eingegeben. Die jeweilige Betriebsart wird im Steuerpult … festgelegt. Mit Halbleitern bestückte Logikbausteine veranlassen die zur Steuerung der 4 400 Glühlampen notwendigen Schaltvorgänge.«[197]

Diese Sprengung am Küstriner Platz, unweit des Ostbahnhofes, leitete am Donnerstag ein neues Kapitel in der Geschichte unserer Zeitung ein. Das alte Gebäude, in dem unsere Zeitung viele Jahre lang gedruckt wurde, mußte weichen. In einiger Zeit werden an dieser Stelle Redaktion, Verlag und Druckerei des ND gemeinsam in einem modernen Kombinat produzieren
Foto: Dargelis

Die Druckerei des Werkes II wurde am 20. Juni 1968 gesprengt. Damit war der Anfang für die Grundsteinlegung des neuen Gebäudes im Januar 1969 gemacht. (ND v. 21.6.1968, S. 8)

Knapp drei Wochen zuvor hatten am Küstriner Platz die Sprengungen für den Bau des neuen Gebäudekomplexes begonnen. Am 21. Juni 1968 berichtete das ND über das Ereignis vom Vortag: Die Sprengung leitete »ein neues Kapitel in der Geschichte unserer Zeitung ein. Das alte Gebäude, in dem unsere Zeitung viele Jahre lang gedruckt wurde, mußte weichen. In einiger Zeit werden an dieser Stelle Redaktion, Verlag und Druckerei des ND gemeinsam in einem modernen Kombinat produzieren.«[198]

Am Montagnachmittag, dem 6. Januar 1968, erfolgte schließlich die Grundsteinlegung. ZK-Sekretär Werner Lamberz hob hervor, dass nun ein modernes Pressekombinat entstehen werde, das für die massenhafte Verbreitung »der besten und modernsten Politik« sorgen wird, die es je in Deutschland gab – die der SED.[199] In rund drei Jahren sollte der neue Gebäudekomplex fertig sein. Die ursprüngliche Hochhausvariante war schon 1964 fallengelassen worden. In der Projektierungsbeschreibung von 1967 heißt es: »Während die Entwürfe früherer Jahre für den Neubau ›Neues Deutschland‹ für das Redaktions- und Verwaltungsgebäude mit einem Hochhaus vorgesehen waren, wurde nach vielen Diskussionen mit den Architekten, auch Mitarbeitern der Deutschen Bauakademie, davon Abstand genommen, weil die hohen Gründungs- und Baukosten nach den heutigen Erkenntnissen ökonomisch nicht zu vertreten sind. Die Ausführung dieses 7-geschossigen Typenbaues anstelle des früher geplanten 15-geschossigen Hochhauses entspricht sowohl den Forderungen der Bauindustrie als auch den besseren Arbeitsbedingungen der Redaktion. Die Raumnutzung ist viel höher, und in Abstimmung mit der Redaktion wird auch die Bürotechnologie vorteilhafter gelöst. Die Bautechnologie für die Errichtung von Hochhäusern ist noch nicht klar entwickelt. Der vorgeschlagene Baukörper ist viel billiger in der Ausführung und die betriebswirtschaftlichen Kosten sind niedriger.«[200]

Ursprünglich war der Baubeginn des neuen ND-Gebäudekomplexes für das Jahr 1968 festgelegt gewesen und die Übergabe sollte noch 1970 erfolgen, aber die Verzögerungen bei der Einführung des neuen Druckverfahrens hatten zugleich auch

ND-Redaktion in der Mauerstraße

zur Verschiebung des Baubeginns geführt. Der neue Gebäudekomplex konnte entgegen der ursprünglichen Planungen deshalb erst im Frühjahr 1972 übergeben werden. Zum Zeitpunkt der Grundsteinlegung gab es im ND-Zeitungsbetrieb folgende Produktionsstrukturen: Die Zeitung verfügte über drei getrennte Standorte, die untereinander rund vier Kilometer voneinander entfernt waren: In der Mauerstraße in Berlin-Mitte waren nach wie vor Redaktion, Bildherstellung und die Setzerei untergebracht. Der Verlag und weitere Bereiche der Druckerei befanden sich in der Schönhauser Allee und der Offsetdruck wurde im sogenannten »Übergangsobjekt Schmidtstraße« betrieben. Und am Küstriner Platz wurde mit Hochdruck am Neubau gearbeitet.[201]

Die Kunst der Umschreibung

Der mediale Schlagabtausch zwischen Ost und West verlief 1968 anfangs nicht schlecht für die DDR. Ausführlich hatte das »Neue Deutschland« über die große Protestbewegung in Westdeutschland berichtet. Das Attentat auf den Studentenführer Rudi Dutschke und die Einführung der Notstandsgesetze wurden genutzt, die verkrusteten Verhältnisse und die Gefährdung demokratischer Grundrechte in der Bundesrepublik medial unter Feuer zu nehmen. Studenten unter Roten Fahnen – das war eine Schlagzeile wert. Doch als Truppen des Warschauer Vertrages die Tschechoslowakei besetzten, befanden sich die Medien der DDR in einer unangenehmen Lage.

ND druckte am 21. August 1968 auf Seite 1 eine »Mitteilung von TASS«, darunter ein vom ZK der SED, vom Staatsrat und Ministerrat signierter Appell an alle DDR-Bürger, daneben wurde die »gute und stabile Entwicklung der Volkswirtschaft unserer Republik« gefeiert.

Im Verlauf des Jahres 1968 hatten die DDR-Medien öfters gegen den tschechoslowakischen Reformprozess Stellung bezogen. Das änderte sich, als am 2. August 1968 die Parteiführungen der DDR

Zitterpartie um den Weltfrieden: Die ČSSR-Krise 1968. Beim Pressefest desselben Jahres ahnte noch niemand in der DDR etwas von der Gefahr.

Proletarier aller Länder, vereinigt euch!

NEUES DEUTSCHLAND

ORGAN DES ZENTRALKOMITEES DER SOZIALISTISCHEN EINHEITSPARTEI DEUTSCHLANDS

23. Jahrgang / Nr. 231 — Berlin, Mittwoch, 21. August 1968 — Berliner Ausgabe / Einzelpreis 15 Pf

ND-Kopf vom 21. August 1968

und der ČSSR eine gemeinsame Erklärung verabschiedeten. Das Dokument wurde im »Neuen Deutschland« veröffentlicht. In der Folge stellte das Zentralorgan der SED seine Angriffe auf die Reformbewegung in der ČSSR ein. Nach der Landung sowjetischer Truppen auf dem Prager Flugplatz begann jedoch eine Medienschlacht um die Deutung der Ereignisse. Das ND sah sich in einer Zwickmühle. Kritik an der Intervention kam nicht nur vom politischen Gegner, sondern auch von westlichen kommunistischen Bewegungen. Auch die gerade noch vom ND medial unterstützte Studentenbewegung protestierte – wieder unter Roten Fahnen – gegen den Einmarsch. Das ND bemühte sich, die Proteste totzuschweigen. Die Leser erfuhren nur indirekt davon: Das Blatt veröffentlichte die Kritik westdeutscher Kommunisten an den Studenten. Auffallend war für aufmerksame Zeitgenossen auch: Während die westlichen Medien in Hülle und Fülle Fotos der in Prag agierenden sowjetischen Truppen sowie von Demonstrationen veröffentlichten, bot das ND, wie die gesamte DDR-Presse, kaum Bildmaterial. Als Grund für die Invasion nannte das offizielle Partei- und Regierungsblatt einen »politisch-ideologischen Einbruch« des Gegners in der ČSSR. »Verantwortungslose, prinzipienlose, parteifremde Politiker« hätten sich der KPTsch-Führung bemächtigt und würden zusammen mit »konterrevolutionären Organisationen« ein Kesseltreiben gegen »aufrechte Kommunisten« führen. Wie jedoch »parteifremde« Politiker die Führung der KPTsch angeblich übernehmen konnten, blieb für die Leser rätselhaft. Und warum war der Einmarsch erfolgt, wenn es doch am 2. August eine einvernehmliche Übereinkunft gab? Im ND hieß es, der Eingriff sei notwendig gewesen, weil die »Sprachrohre antikommunistischer Propaganda« sonst ihre Hetze fortgesetzt hätten. Klar blieb nur die Führungsrolle der UdSSR. Im ND stand: »Wie einer zum Sozialismus und zum Frieden steht, ist an seiner Stellung zur Sowjetunion abzulesen.« Ob jemand als imperialistischer Agent oder aufrechter Kommunist zu gelten hatte, wurde in Moskau bestimmt. Und die dortige Sicht konnte sich sehr schnell ändern. Eine Woche nach dem Einmarsch kehrten die zeitweilig inhaftierten Prager Reformer in ihre Ämter zurück. Solch ein Kurswechsel war schwer glaubhaft zu machen. Das ND konnte also nur allgemein »konterrevolutionäre Elemente« als Gegner anführen. Rätselhaft blieb auch, wer denn die Genossen waren, »die sich an die Bruderländer um Hilfe gewandt haben«. In der ČSSR war die Empörung über die Besetzung so groß, dass auch die orthodoxen Kommunisten sich nicht mehr dazu bekennen wollten. So musste sich das ND wieder mit Umschreibungen begnügen, konnte keine Namen nennen.[202]

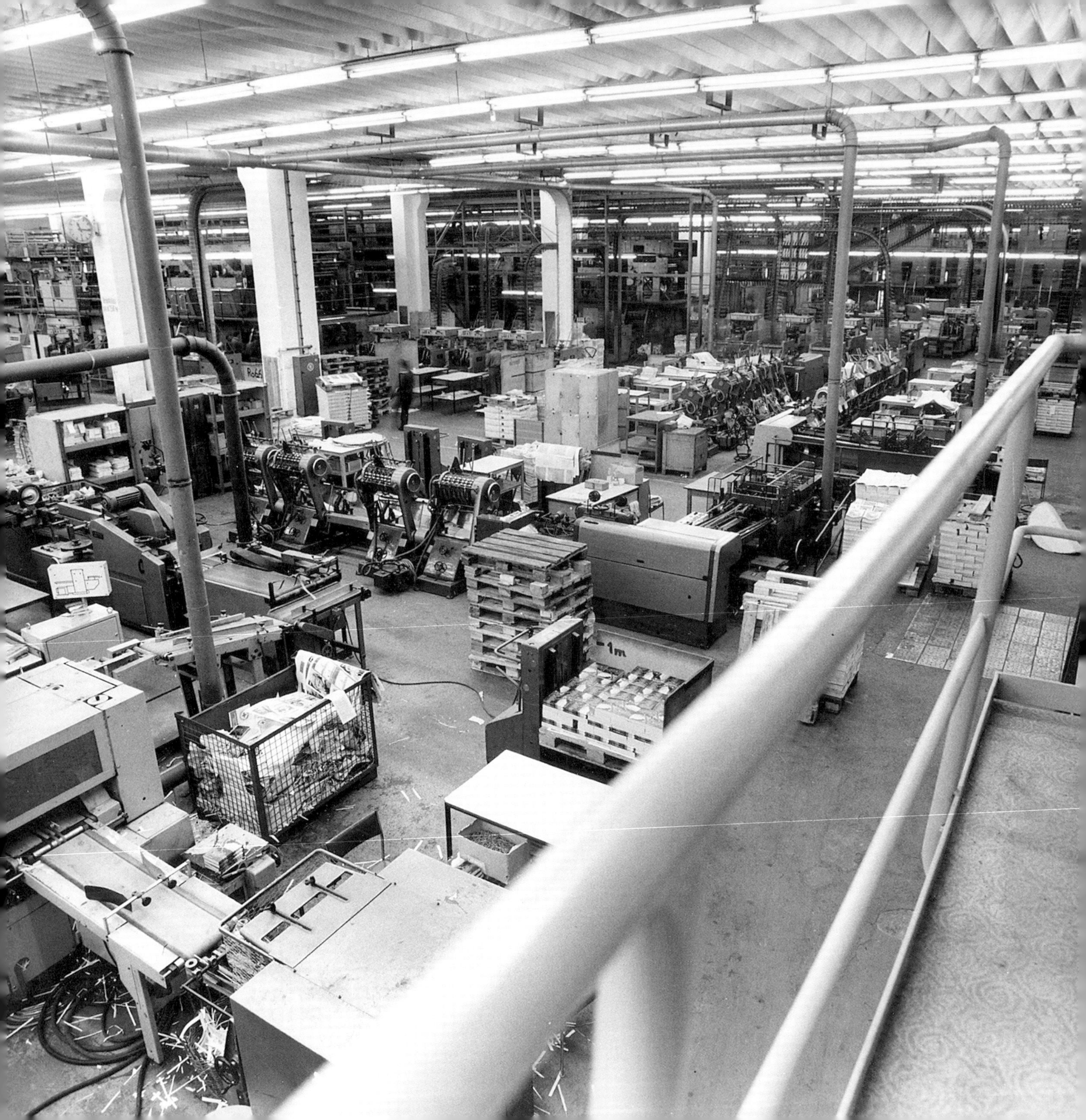

In ihren Erinnerungen teilen viele langjährige Mitarbeiter von »Neues Deutschland« ihr Arbeitsleben in eine Zeit vor und nach dem Jahr 1971. Sie meinen damit, dass sich mit dem Machtwechsel in der Parteiführung von Walter Ulbricht auf Erich Honecker auch bei der Parteizeitung ein Wandel vollzog. Sie sprechen vom »alten« ND, wenn sie über die Zeitung vor dem Mai 1971 erzählen.

Der neue Parteichef Honecker nahm eine Reihe personeller Veränderungen beim ND vor: Rudi Singer wurde im Juli 1971 zum Leiter des Staatlichen Komitees für Rundfunk berufen und im selben Jahr Abgeordneter der Volkskammer. Neuer Chefredakteur wurde das ZK-Mitglied Joachim Herrmann. Herrmann kannte sich im Zeitungsgeschäft gut aus, war nach 1945 Transportarbeiter und Bote bei der »Berliner Zeitung« unter Rudolf Herrnstadt, dann dort von 1962 bis 1965 selbst Chefredakteur, nachdem er zuvor sechs Jahre die »Junge Welt« verantwortet hatte. Als Erich Honecker im Juli 1971 – gemäß der Maxime einer Abgrenzung zur Bundesrepublik – das »Staatssekretariat für westdeutsche Fragen« auflöste, wurde dessen Chef Joachim Herrmann zum ND-Chefredakteur ernannt.

Dass es jetzt im Vergleich zur Zeit Walter Ulbrichts Veränderungen gab, merkten vor allem diejenigen Kollegen, die sich mit politischen und wirtschaftlichen Themen befassten. Die Ressorts Wissenschaft, Kultur und Sport verfügten hingegen weiterhin über einige Freiräume. Natürlich richtete sich die journalistische Arbeit im Zentralorgan in ihrer Gesamtheit an der jeweiligen Generallinie der SED aus – hier gab es keine Abweichungen. Der Blick nach innen zeigt aber mehr als nur »zwischen den Zeilen« die Facetten in der journalistischen und redaktionellen Arbeit vor und nach 1971.

Der Wandel im »Neuen Deutschland« geschah nicht von jetzt auf gleich. Erst nach der Biermann-Affäre im Jahre 1976 und dem Wechsel des Chefredakteurs Joachim Herrmann 1978 auf den Posten des ZK-Sekretärs für Agitation und Propaganda im Politbüro vollzog sich dann eine für das ND und den DDR-Journalismus insgesamt nachteilige Entwicklung, und es ging mit der kreativen journalistischen Arbeit rapide abwärts. Viele, die heute über die Zeitung urteilen, haben vor allem die Zeit nach 1977/1978 in Erinnerung und beurteilen davon ausgehend die Geschicke der Zeitung bis 1989.[1]

Das »alte« und das »neue« ND: Der Machtwechsel von Ulbricht auf Honecker 1971 veränderte die Medienpolitik in der DDR tiefgreifend.

zuerst die Innenseite 4/5 (Kultur/Wissenschaft/Bildung), dann die 3/6 (die 3 mit Innenpolitik/Wirtschaft/Landwirtschaft, die 6 mit Außenpolitik), es folgten die 2/7 als Nachrichtenseiten (2 vorwiegend Innenpolitik, 7 mit Auslandsnachrichten) und zum Schluß die 1/8 (Titelseite und Lokalseite mit Sportteil). Daraus ergab sich der Grad an Tempo, der für die Wirtschaftsredaktion eigentlich erträglich schien.«[2]

Zeitung von »oben«

Der Zeitungsalltag des »Neuen Deutschland« wurde in den frühen siebziger Jahren noch von der Routine des vorangegangenen Jahrzehnts geprägt, das heißt auch unter dem neuen Chef Joachim Herrmann blieben die eingespielten Strukturen des »alten« ND zunächst noch bestimmend. Das Arbeitsklima, der tägliche Redaktionsbetrieb veränderten sich durch den Wechsel in der Chefredaktion im Juli des Jahres 1971 nicht von einem Tag auf den anderen, sondern allmählich: »Es gab Seiten, deren Beiträge einer mittelfristigen Vorplanung unterlagen und für deren Erarbeitung eine längere Zeit zur Vorbereitung für Recherchen und zum Schreiben zur Verfügung stand. Änderungen wurden vorrangig mit den Abteilungsleitern oder den zuständigen ZK-Verantwortlichen abgesprochen. ... Andere Seiten wurden fast ausschließlich von den Tagesereignissen diktiert und mußten in kürzester Zeit vorliegen. In diesen Redaktionen herrschte zwangsläufig ein höheres Maß an Druck und Hektik. Im ›alten‹ ND, das an normalen Tagen acht Seiten umfaßte, war die Herstellung so geregelt, daß jeweils die auf der Druckplatte benachbarten Seiten in folgender Reihenfolge Redaktionsschluß hatten:

Ab Mitte der siebziger Jahre erfolgten jedoch zunehmend direkte Eingriffe des SED-Generalsekretärs in den Zeitungsbetrieb, die durch Joachim Herrmann zusätzlich verstärkt wurden, da der Chefredakteur sich bei Entscheidungen bei »E. H.« persönlich absicherte und sein anmaßender Leitungsstil zum Vorschein kam. So legte er im April 1974 beispielsweise ohne jede Absprache oder Erklärung fest, dass Artikel aus dem Hause oder von ADN ungekennzeichnet in der Zeitung erscheinen sollten. Auf die Frage, warum die Artikel keine Vermerke wie »ND« bzw. »ADN« oder den Namen bzw. die Initialen der Autoren mehr tragen sollten, wurde den Redakteuren lediglich mitgeteilt, »der Genosse Herrmann wünsche das nicht mehr so«. Die von »oben« gegen Mitte der siebziger Jahre angeordneten Änderungswünsche erreichten die Zeitung immer häufiger gerade dann, wenn die betreffenden Seiten schon druckfertig waren. In den achtziger Jahren wurde dadurch so mancher Redaktionsfahrplan ad absurdum geführt.[3]
Doch die Zeitung wurde ja nicht nur in der Redaktion gemacht. In der letzten ND-Ausgabe des Jahres 1971 erinnerte ein Artikel an die Setzer, Drucker, Packer, Fahrer und Zusteller des Zeitungsbetriebes. Unter dem Titel »361 Zeitungen hatte das Jahr«

wurde diesen Mitarbeiterinnen und Mitarbeitern gedankt. Stellvertretend für die vielen anderen stellte das ND einen Maschinensetzer, einen Offsetdrucker, einen Packer, einen Zeitungsfahrer und eine Zustellerin vor.

Die Zustellung an Abonnenten erfolgte über die Deutsche Post.

Heute vermag sich kaum noch jemand vorzustellen, unter welchen Bedingungen in den Herstellungsbereichen und bei der Zustellung der Zeitung damals gearbeitet wurde. An den Setzmaschinen herrschten Temperaturen bis zu 40 Grad. Exakt mussten Zeile um Zeile bei Tag und Nacht gesetzt werden. Die Setzer richteten sich dabei nach dem sogenannten »Redaktionsfahrplan«, der aber aufgrund der sich häufenden Änderungswünsche nach Redaktionsschluss, durch nicht vorhersehbare aktuelle Ereignisse oder säumige Redakteure immer öfter über den Haufen geworfen werden musste. In diesen Fällen hieß es dann für die Setzer an ihren Streckenabschnitten, dass sie ihre Arbeit schneller »fahren« mussten.

Nachdem die Zeilen gesetzt waren, ging es zum sogenannten Umbruch und in die Mettage, in der die Druckform im Bleisatz hergestellt wurde. Maßgerecht und mit viel Geschick mussten die gesetzten Zeilen auf den Seiten untergebracht werden. Über Bildfunk sendete Berlin dann die fertige Seite auch an die anderen ND-Druckstandorte Rostock, Halle, Erfurt und Dresden. In der Regel dauerte das zehn Minuten, aber die Übertragungstechnik war in den siebziger Jahren längst noch nicht ausgereift, und es kam oft zu fehlerhaften Übertragungen. Durch die dann nötigen Korrekturen ging der Zeitgewinn wieder verloren. Wenn in den Druckereien dann die Offsetmaschinen eingerichtet waren, konnten sie stündlich bis zu 150 000 Zeitungen ausstoßen, die wiederum über Laufbänder in die Packereien gingen. Dort sorgten Packer dafür, dass die Packmaschinen die Zeitungen kontinuierlich und ordnungsgemäß zu Einzelpaketen bündelten. Während in der Nacht die Offsetdruckmaschinen auf vollen Touren liefen, läutete bei Zeitungsfahrern des »Neuen Deutschland« bereits der Wecker, denn ihr Arbeitsbeginn war um vier Uhr morgens. Von den Druckereien fuhren sie die Zeitungsbündel zu den Kiosken, Kaufhallen, Betrieben, Institutionen, Bahnhöfen, Postämtern. Und natürlich zu den Stützpunkten der Zeitungszusteller, wobei es richtiger Zeitungszustellerinnen heißen sollte, denn die Arbeit machten mit ihren »Zweirädern« bei jedem Wetter vor allem Frauen.[4]

Unter einem Dach: Redaktion, Verlag, Druckerei und Sozialeinrichtungen des ND.

Unter einem Dach

Mehr als 20 Jahre hatte es gedauert, bis die verschiedenen Ideen und Entwürfe für einen neuen ND-Gebäudekomplex – in dem Redaktion, Verlag und Druckerei vereint waren – umgesetzt werden konnten. Im März 1972 war es endlich so weit: Die ersten Verwaltungsabteilungen zogen in das neue siebenstöckige Redaktions- und Verlagsgebäude des ND am damaligen Küstriner Platz ein. Ursprünglich waren nur sechs Stockwerke geplant gewesen, aber wegen der Festlegung, dass auch die Redaktionen der »Neuen Deutschen Bauernzeitung« und der Rätselzeitung »Troll«, die zum ND-Verlag gehörten, in das neue Gebäude ziehen sollten, wurde noch ein Stockwerk höher gebaut.

Die über den Zwischentrakt mit dem Redaktions- und Verlagshaus verbundene Produktionshalle I sowie die sich daran anschließende Produktionshalle II – in der Größe eines Fußballfeldes – nahmen im März 1972 ihren Betrieb auf. Die Hallengebäude waren fensterlos und voll klimatisiert. Die Produktionshalle I verfügte über ein Unter- und Obergeschoss sowie einen Tiefkeller, der auch für den Zivilschutz genutzt werden konnte. Während im Untergeschoss die zentrale Energieversorgung für den Gesamtkomplex, Satz- und Drucktechnik sowie Werkstätten und anderes mehr untergebracht wurden, befanden sich im Obergeschoss der Halle der Sender für die drahtlose und verkabelte Datenfernübertragung sowie die Abteilungen für die Fertigungsmontage der Seitenvorlagen und Druckplattenherstellung. In den achtziger Jahren kamen dort noch ein modernes Fotosatzzentrum und eine Bildreproduktionsabteilung mit Maschinen aus der Bundesrepublik unter. Ursprünglich sollte hierfür Technik von IBM eingebaut werden, was aber aufgrund des amerikanischen Wirtschaftsembargos gegenüber der DDR nicht zustande kam, obwohl schon bautechnische Vorbereitungen dafür getroffen waren. Die Halle II beherbergte noch den Druckmaschinensaal und die buchbinderische Weiterverarbeitung.

In diesem Gebäudekomplex waren Druckerei und Redaktion über eine hochmoderne Druckluft-Rohrpostanlage miteinander verbunden. Darüber führten Leitungen entlang der Karl-Marx-Allee auch bis zum Gebäude des Berliner Verlages, der die »Berliner Zeitung« und die »BZ am Abend« in der ND-Druckerei herstellen ließ. In einem abschlie-

Kiosk am Alexanderplatz Berlin – Auch die »Neue Deutsche Bauernzeitung« und die Rätselzeitung »Troll« wurden im ND produziert.

ßenden vierstöckigen Gebäudeteil wurden die Klimatechnik für den Gesamtkomplex, die Beheizung und die Wasserversorgung untergebracht. Für Havariefälle gab es Notstromversorgungen (Dieselaggregate) und eine eigene Energiestation zur Aufrechterhaltung des Zeitungsbetriebes.

Mitte der siebziger Jahre wurde die Anlage noch durch eine aus Unter- und Obergeschoß bestehende Halle III für Papierabfallbeseitigung ergänzt. Dort gab es auch Lagerräume und eine Bogendruckabteilung. Im Obergeschoss stand ab 1976 ein großer Veranstaltungssaal für die Belegschaft zur Verfügung. Eine vierte Halle mit Gleisanschluss wurde Anfang der achtziger Jahre errichtet, um einen für mehrere Tage reichenden Druckpapiervorrat zu gewährleisten. Von der Halle IV führte eine elektronisch gesteuerte Papierzuführung über Rollenbahnen zu den Druckmaschinen der Produktionshalle II.[5]

Bis Ende März 1972 lautete die Adresse des neuen Gebäudekomplexes mit dem Redaktions- und Verlagsgebäude in Front noch Küstriner Platz, bis 1945 Sitz des Berliner Varietés »Plaza«, das durch Bomben im Zweiten Weltkrieg völlig zerstört wurde. Am 24. März 1972 wurde der traditionsreiche Berliner Platz nach dem Politiker, Journalisten und Mitbegründer der KPD Franz Mehring umbenannt. Am 25. März 1972 berichtete das ND auf der Lokalseite davon und druckte daneben die neue Adresse des Verlages und der Druckerei ab: 1017 Berlin, Franz-Mehring-Platz 1, Telefon 5850.[6] Fast neun Jahre später, am 22. Februar 1981, erfolgte vor dem ND-Gebäude die Enthüllung einer Büste Mehrings, die der Magdeburger Bildhauer Heinrich Apel geschaffen hatte.

Die Redaktion verblieb noch für einige Wochen im alten Haus in der Mauerstraße, da der Umzug äußerst gründlich vorbereitet und dann geradezu militärisch exakt über die Bühne gezogen wurde: Am 15. Mai 1972 schickte das Redaktionssekretariat an alle Abteilungen der ND-Redaktion ein Rundschreiben, in dem es hieß: »Vor dem Umzug in den Neubau müssen die technischen Einrichtungen für die Redaktion erprobt und die Abteilungen in die Nutzung von Rohrpost, Telefon u. a. eingewiesen werden. Die Einweisung findet am Donnerstag, dem 18. Mai 1972, statt.«[7] Im alten Redaktionsgebäude in der Mauerstraße entstand die letzte ND-Ausgabe am 26. Mai. Danach erfolgte der Umzug. Am darauf folgenden Tag wurde im ND-Impressum für Redaktion, Verlag und Druckerei nur noch eine einzige Adresse aufgeführt: Franz-Mehring-Platz 1.[8]

Die Zusammenlegung der drei Bereiche erwies sich als großer Gewinn, da jede Menge Botengänge und Kurierfahrten quer durch die Stadt zu den vier Betriebsteilen in verschiedenen Stadtteilen (Mitte, Prenzlauer Berg und Friedrichshain) wegfielen. Außerdem waren nun die Redaktionen, die Verwaltungsabteilung, der Verlagsbereich Öffentlichkeitsarbeit, die Hauptbuchhaltung und die sozialen Einrichtungen eng miteinander verbunden. Nun gab es in der Tat ein »Pressekombinat« unter einem Dach. Vor allem hatten sich für die Redaktion und den Verlag die Arbeitsbedingungen und die technische Ausstattung deutlich verbessert: »Das Gebäude wurde vollständig mit neuem Mobiliar und neuer Technik ausgestattet. Nur wenige trauerten ihren alten, noch aus der Zeit der Dresdener Bank stammenden Möbeln nach. Die Direkteinwahl an alle Arbeitsplätze erleichterte den Telefonkontakt nach innen und außen.«[9]

Neu war für die Redakteure ein Großraumbüro im Zwischentrakt, das gewissermaßen als Leitstelle für

die Zeitungsproduktion diente und die redaktionelle Arbeit grundlegend veränderte: Die Seitenabzüge wurden nicht mehr durch Boten befördert, sondern die verantwortlichen Abteilungsredakteure mussten von nun an im Großraumbüro erscheinen, dort ihre Seite lesen und dann beim Imprimierenden Sekretär, der die Druckfreigabe erteilte, ihre jeweiligen Korrekturen ansagen. Zur tagtäglichen Praxis gehörte es, dass sich dort etwa ab 18 Uhr die Spätdienste der aktuellen Abteilungen versammelten. Davon ausgenommen waren lediglich die Bereiche Kultur und Sport. Diese Organisation war am Anfang für viele Redaktionsmitarbeiter gewöhnungsbedürftig, brachte aber den Vorteil der direkten Kommunikation in einem Raum sowie einen enormen Zeitgewinn bei der Herstellung der Zeitung.[10]
Im neuen Gebäudekomplex gab es auch spürbare Verbesserungen bei der Versorgung der ND-Belegschaft, den Arbeitsbedingungen und der medizinischen Betreuung. Im verbindenden Zwischentrakt befanden sich unter anderem Garderoben und Duschräume für die Druckereimitarbeiter sowie ein großer Speisesaal mit rund 400 Sitzplätzen. Küche und Kantine boten im Dreischichtbetrieb rund um die Uhr Speisen für alle Beschäftigten an. Hinzu kamen eine eigene Ambulanz mit zwei Ärzten und Schwestern, eine Zahnarztpraxis, eine Physiotherapie und eine Sauna. Der Parkplatz mit rund 160 Pkw-Stellplätzen für Gäste und Mitarbeiter rundete den für damalige Verhältnisse hochmodernen Zeitungskomplex ab.[11] In Anbetracht der Zahl der Beschäftigten und der wirtschaftlichen Aufgabenstellung war es fast ein richtiges »Kombinat« – so nannte man in der DDR die zirka 250 Staatsunternehmen, die vor allem mit der Verstaatlichungswelle ab 1972 entstanden.

Zwischen Offenheit und Verschweigen

Zum 60. Jahrestag des ND vertrat die seit 1971 im Bereich Literatur tätige Redakteurin Irmtraud Gutschke die Ansicht, dass es in der ersten Hälfte der siebziger Jahre noch eine »relative Offenheit« bei der Zeitung gegeben habe.[12] In der Tat, SED-Chef Honecker hatte nach dem Führungswechsel einige kleine Signale gegeben, die die Journalisten im Land aufhorchen ließen: Er verlangte beispielsweise, dass auch in der DDR über Unglücke und Katastrophen berichtet werden sollte: »Das interessiert doch die Menschen. Außerdem sind wir es den Betroffenen schuldig.«[13] Das Zentralorgan erhielt den Auftrag, mehr Raum für Informationen aufzuwenden, was hieß, »mehr Nachrichten und Meldungen und stattdessen weniger lange Artikel und Reden zu veröffentlichen«.[14] Erich Honecker selbst ermutigte die Journalisten zu mehr Tatsachentreue und setzte sich auch dafür ein, dass »auf historischen Fotos Personen nicht mehr wegretuschiert oder -geschnitten wurden, weil sie aus dem sozialistischen Olymp verbannt worden waren«.[15]

Die richtige Gängelei trat im ND erst in den späten siebziger Jahren ein. Bis zu diesem Zeitpunkt war

es das Verdienst des amtierenden ZK-Sekretärs für Agitation und Propaganda beim Politbüro, Werner Lamberz, dass es im Zentralorgan noch einige Spielräume gab. Lamberz starb am 6. März 1978 bei einem tragischen Hubschrauberabsturz in Libyen. Natürlich setzte auch er Weisungen des Generalsekretärs und die Beschlüsse des Politbüros konsequent durch, aber ließ – zumindest bis zur Ausbürgerung Wolf Biermanns im November 1976 – dem ND Freiräume, die Chefredakteur Joachim Herrmann häufig in vorauseilendem Gehorsam wieder einengte.[16] Herrmanns Stellvertreter, Günter Schabowski, meint, die »relative Offenheit« wäre schon Mitte der siebziger Jahre zurückgenommen worden: »Verstärkt machten sich medienwidrige Praktiken breit. Die vorsätzliche Verspätung von Nachrichten über vermeintlich unbequeme Tatbestände, die der Bürger schon drei Tage vorher im Fernsehen der Bundesrepublik serviert bekam, machte die Journalisten zu Weihnachtsmännern der Aktualität. Zu einer spezifischen Form der Information wurde die Nichtinformation. Man vermutete oder wusste, wenn etwas weithin Bekanntes nicht mitgeteilt wurde, dass dahinter gravierend Missliches stecken musste. In Kommentaren wurde eine merkwürdige Art der Polemik praktiziert, das Schattenboxen mit gegnerischen Argumenten, die aber nicht genannt werden durften, weil man Meinungen des Gegners keine Bühne geben wollte. Redaktionen erhielten Leserbriefe, in denen nachgefragt wurde, gegen was oder wen ein Kommentar eigentlich ziele.«[17]

»Die Legende von Paul und Paula« (1973) entwickelte sich in nur wenigen Wochen zum Publikumserfolg (drei Millionen Zuschauer). Der Film stand vor einem Aufführungsverbot, doch Honecker entschied sich persönlich dagegen, da er einen Film für junge Leute in der DDR brauchte …

Eine Lockerung der Medienpolitik im Rahmen der X. Weltfestspiele der Jugend und Studenten im August 1973 sollte das internationale Ansehen des Staates stärken. Das ND feierte am 3. August mit Anspielung auf den abgegrenzten Westteil die eigene Hauptstadt als »weltoffen« und berichtete von lebhaften und freien Diskussionen zwischen Ost- und Westdeutschen auf dem Alexanderplatz: Immerhin reisten mehr als 25000 ausländische Teilnehmer aus 140 Staaten in die damalige Hauptstadt der DDR, in der fast 1300 politische und kulturelle Veranstaltungen in nur einer Woche stattfanden.

In der ND-Redaktion kam es im Vorfeld des Festivals zu heftigen Diskussionen darüber, ob der im Hause veranstaltete Organisationsaufwand auch wirklich etwas nutzen und mit dem Ergebnis im Verhältnis stehen würde. Allein in der Humboldt-Universität sollten während der Weltfestspiele 15 Mitarbeiter aus den ND-Redaktionen eingesetzt werden, obwohl klar war, dass die dorthin »abkommandierten« Journalisten insgesamt täglich nicht mehr als 20 oder 30 Zeilen im ND unterbringen konnten. Während also 15 ND-Redakteure über den Campus der Humboldt-Universität schlenderten, fehlten sie natürlich in der Redaktion und im täglichen Zeitungsbetrieb.

Die wenig effiziente Einsatzplanung war die eine Seite; die andere Seite war die Unmenge an Papier, die mit Plänen und Festlegungen vor Beginn der Weltfestspiele beschrieben wurde. Intern wurden auch Vergleiche zu den Olympischen Spielen in München 1972 angestellt, denn es gab Hinweise, dass es zu ähnlichen Vorkommnissen wie bei der Münchener Olympiade kommen könnte, wo im olympischen Dorf ein palästinensischer Guerillaüberfall auf das Quartier der israelischen Mannschaft stattgefunden hatte. Zumindest hatten einige der Redakteure Andeutungen in dieser Richtung aus Sendungen des »Westrundfunks« herausgehört. Und beim MfS wurden noch einmal Vorkommnisse zum XX. Jahrestag der DDR am 7. Oktober 1969 gründlich ausgewertet. Das Ministerium hegte nämlich die Befürchtung, durch geplante Beat-Konzerte während der Weltfestspiele könnte von den mehreren Tausend jugendlichen Rockfans

Weltfestspiele der Jugend und Studenten 1973 mit Täve Schur

möglicherweise eine Massenflucht über die Mauer ausgehen. Doch das Festival verlief ohne ernsthafte Zwischenfälle. Einzig der Tod von Walter Ulbricht im Alter von 80 Jahren am 1. August 1973 brachte die Organisatoren in gewisse Protokollschwierigkeiten.[18] Das »Neue Deutschland« befolgte in der Nachruf-Ausgabe vom 2. August 1973 Honeckers Forderung, keine retuschierten historischen Fotos mehr zu veröffentlichen.[19]

Der Anteil der »produzierenden« und der »kontrollierenden« Bereiche hielten sich in der ND-Redaktion ab 1973 in etwa die Waage. Die »relative Offenheit« jener Jahre änderte nichts daran, dass es sich beim ND, so der Redakteur Franz Knipping, um einen »Großbetrieb der Ideologieproduktion« handelte, und im Ressort Wirtschaft wurde man sich ebenfalls der schizophrenen Situation bewusst: »Wir konnten uns über alles freimütig austauschen und zogen zuweilen ziemlich ketzerisch über manche Entscheidungen unserer ›Obrigkeiten‹ her. Überhaupt herrschte in der Wirtschaftsredaktion ein sehr offener und lockerer Ton. ... Die Stimmung läßt sich etwa so beschreiben: ›Sich darüber aufzuregen, hat sowieso keinen Zweck; diese Idiotie ist nur mit Alkohol zu ertragen.‹ Natürlich verbirgt sich dahinter eine ganz gehörige Portion Opportunismus. Wir waren alle in einer Position, wo wir über die Hintergründe der Politik zwar nicht alles, aber mehr wußten als der durchschnittliche Zeitungsleser. Ständig wurden uns neue ›Tabus‹ verkündet, das heißt Themen, über die wir nicht schreiben durften. Die Begründung dafür hieß immer, wir dürften ›dem Gegner keine Munition liefern‹. So wurde mit der Zeit jegliche Kritik an Mängeln aller Art aus dem ND verbannt, die Schönfärberei dominierte im Blatt.«[20]

Gedanken zu einem Bild

Im Verlauf des Jahres 1974 wurde beim ND, in der Zentrag und im ZK mehrfach der Papiermangel in der DDR diskutiert. Im Dezember wurde der Notstand schließlich auf den Punkt gebracht: »Auf Grund der angespannten Papiersituation, die sich auch in den nächsten Jahren nicht grundlegend ändern wird, werden sich nur geringe Möglichkeiten zur Erhöhung von Auflagen und Umfängen des ND und der Bezirks- und Blockpresse ergeben.«[21] Als Generallinie wurde deshalb festgelegt, dass alle Zeitungsbetriebe ihre Kräfte im Herstellungsbereich der Zeitung auf Sicherung der Aktualität, Stabilität und »Qualitätsentwicklung« konzentrieren sollten. Für das ND wurde entschieden, Anfang des Jahres 1975 die Sonntags- mit der Sonnabendausgabe zu einer einzigen Wochenendausgabe zu »konzentrieren«.[22] Im Klartext bedeutete dies die Abschaffung einer ganzen Tagesausgabe, um Papier zu sparen.

Mit der Streichung der Sonntagsausgabe wurde zugleich eine Rubrik beendet, die in der Phase des »blauen ND« gestartet wurde und über zehn Jahre hinweg Woche für Woche anspruchsvollen Bildjournalismus präsentierte. Gemeint ist die Serie »Gedanken zu einem Bild«, die jeweils in der

Sonntagsausgabe ein Foto zeigte, zu dem es einen erläuternden Text gab. Das jeweilige Bild stammte von einem ND-Fotografen und den Text verfassten je nach inhaltlicher Ausrichtung Redakteure aus den jeweiligen Abteilungen. Wer die Fotos heute betrachtet und die Texte dazu liest, dem wird ein eindrucksvoller Blick in die DDR-Verhältnisse dieser Jahre vermittelt.

Selbstbildnis des ND-Fotografen Gerhard Murza

Begonnen hatte alles mit der ND-Beilage »Die gebildete Nation« vom 19. Dezember 1964. Bei diesem ersten Gedanken zu einem Bild ging es noch um ein Ölgemälde von Rudolf Bergander. Mit der neuen Aufmachung der Sonntagsausgabe

Gedanken zu einem Bild:

Der Partei-sekretär

ND AM WOCHENENDE

Gedanken zu einem Bild

Der Weg des roten Sterns

»Gedanken zu einem Bild« der ND-Reihe zwischen 1965 und 1975 (ND v.10.1.1965, S. 3; ND v. 25./26.1.1975, S. 9)

ab dem 3. Januar 1965 erschienen dann – bis auf wenige Ausnahmen – nur noch Fotos mit Texten. Die Themen der Fotos richteten sich an kalendarischen Ereignissen (Gedenktage, Jahreszeiten), an Landschaften, Arbeitsleben usw. aus, waren also weit gefächert: »Mensch und Technik«, »Der Parteisekretär«, »Friedrichsfelde heute«, »Fernab des Dorfes«, »Opfer und Steine«, »Wer nicht wagt, kann nicht gewinnen« und »In der Schule brennt noch Licht« lauteten die Sujets in den ersten Sonntagsausgaben 1965.[23] In den letzten Sonntagsausgaben Anfang 1975 ging es bei den Fotos um »Geschnitzte Kostbarkeiten«, »Waffen in Arbeiterhand«, »Der Weg des roten Sterns« und »Das Zeugnis der Dinge«. Die letzten »Gedanken zu einem Bild« im ND vom 15./16. Februar 1975 zeigten ein Bild aus dem Uranbergbau zum Thema »Lektion in 80 m Tiefe«.[24] Die Namen der Fotografen ergeben so etwas wie ein »Who is who« der Bildreporter des ND. Ein Name taucht dabei immer wieder auf: Gerhard Murza, der stets Bilder von hoher Qualität lieferte und im Verlauf seiner ND-Zeit mehrfach Preise für seine Arbeiten erhielt.

Du sollst nicht falsch Zeugnis reden

Im Sommer 1975 stand die Bühne für die internationale Politik im finnischen Helsinki. Die Schlussakte der »Konferenz über Sicherheit und Zusammenarbeit in Europa« (KSZE) wurde von Erich Honecker und 34 weiteren Staatschefs unterzeichnet. Damit verpflichtete sich die DDR-Führung, die Prinzipien des Gewaltverzichts, der Unverletzlichkeit der Grenzen, der Nichteinmischung in die inneren Angelegenheiten sowie der Achtung der Menschenrechte und Grundfreiheiten anzuerkennen. Vereinbart wurde unter anderem die Förderung menschlicher Kontakte über die Grenzen hinweg sowie auch das Recht auf die freie Wahl des Wohnsitzes. »Neues Deutschland« leistete eine umfangreiche Berichterstattung und druckte die Schlussakte in ihrer Ausgabe vom 2./3. August 1975 auf ganzen sechs Seiten vollständig ab.[25]

Zwar handelte es sich bei der Schlussakte um keinen völkerrechtlich bindenden Vertrag, wohl aber um eine zwischenstaatliche Abmachung und Absichtserklärung, auf die sich in den folgenden Jahren immer mehr Ausreisewillige und Oppositionelle in der DDR beriefen. Die SED-Führung stand bald ihrem größten innenpolitischen Problem gegenüber – der Ausreisebewegung. Das MfS sah in der KSZE-Schlussakte schon nach kurzer Zeit ein gefährliches Instrument zur Destabilisierung der DDR: »Der Gegner versucht in zunehmenden Maße, durch eine breit angelegte politisch-ideologische Diversion und Kontaktpolitik/Kontakttätigkeit als Elemente seiner psychologischen Kriegsführung Einfluss auf Bürger der DDR zu gewinnen, sie im Sinne der bürgerlichen Ideologie zu manipulieren und unter anderem bei ihnen den Entschluss zum Verlassen der DDR zu wecken.«[26]

Die Ausreiseproblematik und die Opposition brachten »Neues Deutschland« natürlich oft in die Bredouille. Häufig gab es Vorgaben von »oben«, mit welcher Argumentation besonderen Vorfällen in der DDR-Öffentlichkeit gegenüberzutreten sei. Besonders unsensibel verhielt sich das ND mit einem Kommentar vom 31. August 1976 unter dem Titel »Du sollst nicht falsch Zeugnis reden« zur Selbstverbrennung des Pfarrers Oskar Brüsewitz in Zeitz: Aus einem an das ND gerichteten Protestschreiben vom 2. September 1976 geht hervor, in welch hohem Maße sich die Zeitung bei diesem Kommentar im Ton vergriffen hatte: »Wir protestieren auf das Schärfste gegen den unter der Rubrik ›Kommentare und Meinungen‹ am 31. August 1976 im ›Neuen Deutschland‹ abgedruckten Artikel. Würde Pfarrer Brüsewitz noch leben, müßte man diesen Beitrag als Rufmord bezeichnen. Mit welchem Recht maßen Sie sich an, den Geisteszustand eines Theologen zu beurteilen? Weil er andere und manchmal auch ungewöhnliche Anschauungsmittel für die Verkündung verwendete? Weil er das Symbol seines und unseres Glaubens nachts beleuchtete? Weil er den Behörden unbequem war mit seiner Haltung zu

Bildung und Erziehung in unserem Staat? Welches psychiatrische Gutachten berechtigt Sie dazu, einen Menschen zu verurteilen, der Selbstmord beging, weil er verzweifelte an Zuständen, die er nicht verändern konnte?«[27] Zum 30. Todestag 2006 entschuldigte sich das »Neue Deutschland« für den damaligen Artikel, der »in einem der zahlreichen Büros des Zentralkomitees der Partei« entstanden sei und den die Zeitung selbst als üble Verleumdung bezeichnete.

Wenige Wochen nach dem Brüsewitz-Fall geriet das ND im Zusammenhang mit dem Liedermacher Wolf Biermann erneut in die Zwickmühle. Als am 16. November 1976 abends in der »Aktuellen Kamera« des DDR-Fernsehens dessen Ausbürgerung durch das Politbüro der SED verlesen wurde und am 17. November im »Neuen Deutschland« zum Abdruck kam, hatte das gravierende Auswirkungen auf das Verhältnis der SED-Führung zu den Intellektuellen in der DDR: Noch am gleichen Tag wandten sich 13 namhafte DDR-Künstler wie Manfred Krug, Jurek Becker und andere mit einer von Stephan Hermlin initiierten Petition an Erich Honecker. Allerdings gaben sie diese im ND-Gebäude beim Pförtner ab, mit der Forderung, dass das Papier sofort Joachim Herrmann vorgelegt werden solle. Das ND bekam so unfreiwillig ein Erstveröffentlichungsrecht zugestanden, von dem es dann aber keinen Gebrauch machte. Schließlich publizierte die französische Agentur AFP dieses Schreiben. Ähnliches geschah etwa zwei Jahre später, als Robert Havemann seine am 1. September 1979 verfassten zehn Thesen zum 30. Jahrestag der DDR zuerst an »Neues Deutschland« mit der Bitte um Veröffentlichung schickte.

Selbstverständlich wurde auch in der ND-Redaktion – wie überall im Alltag der DDR – kritisch über derartige Vorgänge diskutiert, doch am Ende wurde reibungslos umgesetzt, was dem Zentralorgan von »oben« abgefordert wurde: »In der Redaktion stieß die Kampagne nicht auf Begeisterung, aber es wurde durchgezogen. Die Ausbürgerung war ein grober Fehler, das sagten auch ND-Genossen.«[28] Umgehend schickte das ZK der SED ausgewählte »Stimmen aus der Bevölkerung« an die DDR-Medien. Auch durch das ND selbst wurden solche »Stimmen« gegen Biermann eingeholt und dann auftragsgemäß veröffentlicht.[29]

Die Folge dieser einseitigen Informationspolitik war das Entstehen einer bezirksübergreifenden Gegenöffentlichkeit von »unten«: Zwischen dem 16. November und 8. Dezember 1976 stellte das MfS im ganzen Land weit mehr als 1000 »Hetzflugblätter« fest, es mussten 180 »Hetzlosungen« entfernt werden und es gab mehr als 450 weitere Vorkommnisse. Hinzu kamen über 400 Protestschreiben und um die 100 Festnahmen. Bis zum 15. Dezember 1976 wurden 42 Ermittlungsverfahren mit Haft und 41 sogenannte »Erziehungsmaßnahmen« eingeleitet.[30] Selbst im ND-Gebäude am Franz-Mehring-Platz gab es so eine Art von stillem Protest: Am 26. November 1976 fand sich am späten Nachmittag in der Herrentoilette im 7. Stock eine mit blauem Fettstift geschriebene Losung: »übt Solidarität mit Biermann«.[31] Das MfS musste betrübt einsehen, dass zu dieser inkriminierten Toilette »sämtliche Mitarbeiter der Druckerei, des Verlages sowie der Redaktion des ND, aber auch Besucher des ND« freien Zutritt hatten.[32]

In geheimer Mission

Der sowjetische Kosmonaut Waleri Bykowski hat einmal gesagt: »Es gibt nur zwei anstrengendere Angelegenheiten als den Raumflug selbst: die Ausbildung vorher und die Festlichkeiten nachher.«[33] Den Raumflug (26.8.–3.9.1978) des aus dem Vogtland stammenden ersten deutschen Kosmonauten, Sigmund Jähn, wollte die SED-Führung natürlich auch dazu nutzen, um an die internationale Raumfahrteuphorie und die damit verbundenen positiven Medieneffekte zwischen 1957 und 1964 anzuknüpfen: Die Vorbereitung des großen Ereignisses vom August/September 1978 lief in aller Stille und mit höchster Geheimhaltung ab. Kurz vor dem erfolgreichen Start erhielten die Chefredakteure der Zeitungen und Sender in der DDR aus dem ›Großen Haus‹ des Zentralkomitees der SED verschlossene Umschläge mit Fotografien, Überschriften und einer »Argu« genannten Argumentationsvorgabe, die jedoch erst auf telefonische Anweisung geöffnet werden durften. Die vorgesehene und bevorzugte Schlagzeile lautete: »Der erste Deutsche im All – ein Bürger der DDR«[34]. Der Nationalstolz sollte geweckt werden.

Die angewandte Vorbereitungsmethode für die Medien war nicht neu. Schon beim Start Juri Gagarins im April 1961 waren an die sowjetische Presse drei durch Codewörter gekennzeichnete und versiegelte große Briefumschläge weitergereicht worden. Diese waren für folgende drei Fälle vorgesehen: »1. Das Unternehmen gelingt. 2. Der Kosmonaut verunglückt tödlich. 3. Das Raumschiff muß auf fremden Territorium landen.«[35] Nach dem Flug Gagarins wurden die Umschläge für die nicht eingetretenen Fälle wieder eingesammelt und vernichtet. In einer ähnlichen Art organisierte die zuständige ZK-Abteilung der SED den Medienrummel im Sommer 1978. Nach dem erfolgreichen Start gab es dann Extrablätter, Sonderseiten und Spezialsendungen.[36]

Einige Journalisten wurden aber tiefer eingeweiht. Zu diesen gehörte auch der ND-Redakteur aus dem Bereich Wissenschaft und spätere Chefredakteur Wolfgang Spickermann. Er bekam im Sommer 1978 ausreichend Zeit dafür, eine Artikelserie vorzubereiten, die während des Fluges über gerade aktuell ablaufende wissenschaftliche Experimente berichten sollte. Neben Spickermann war auch Horst Hoffmann, damals Mitglied des Präsidiums der Astronomischen Gesellschaft der DDR, über das geplante Unternehmen informiert. Während Horst Hoffmann sich vor allem auf die technische Seite der Unternehmung im All konzentrierte, befasste sich der studierte und promovierte Physiker Spickermann mit den wissenschaftlichen Fragen und Themen. Er besuchte das Institut für Luftfahrtmedizin in Königsbrück, fuhr zum VEB Jenaer Glaswerk Schott & Genossen, informierte sich an der Sektion Physik der Humboldt-Universität und bei einschlägigen Instituten der Akademie der Wissenschaften über die vorbereiteten Experimente, die Sigmund Jähn und Waleri Bykowski während des Fluges durchführen sollten.

Sigmund Jähn, der »Erste Deutsche im All«, konnte sein Konterfei gleich nach der Landung im ND bewundern.

Die betreffenden Forscher bzw. Institutsleitungen waren angewiesen, für Exklusivinterviews zur Verfügung zu stehen. Mit dem recherchierten Material verfasste Wolfgang Spickermann vorab mehrere ausführliche und detaillierte Reportagen. Als der Flug dann absolviert wurde, reichte er gemäß Flugplan den jeweils aktuellen Bericht zur Veröffentlichung weiter. Spickermann meinte später, dass sich einige Kollegen damals wunderten, wie er so schnell und fundiert die Reportagen verfassen konnte. Die ND-Wissenschaftsseite war in dieser Woche jedenfalls topaktuell. Das stellte auch die Westpresse fest, die mit einer gewissen Verwunderung und auch mit Respekt die Ausführungen über die kosmischen Experimente und die ausführliche Beschreibung technischer Einzelheiten hervorhob.[37]

Die Geheimhaltung um den Weltraumflug wurde während der ganzen einwöchigen Mission und auch später bis zur Wende in der DDR weitergetrieben. So durften die DDR-Journalisten nicht berichten, dass Jähn kurz vor seinem Flug Großvater geworden war. Offenbar passte ein Opa nicht ins Heldenbild. Aber auch die sowjetische Seite betrieb direkt und indirekt Pressezensur. Betroffen waren davon auch die Fotografen aus der DDR, unter ihnen der ND-Fotograf Gerhard Murza: Er bekam von einem KGB-Mann immer nur einen Film ausgehändigt. Erst wenn der belichtete Film abgegeben wurde, bekam er von den sowjetischen Genossen einen neuen. Die Entwicklung der Filme erfolgte in einem Speziallabor in Baikonur, und abends wurden in einem Hotel die Negative an die Fotografen übergeben. Häufig war zur Enttäuschung der Fotoreporter nur ein einziges Bild vom gesamten Film übrig geblieben.[38]

Mit »Argus«-Augen

Mit dem Tode Werner Lamberz' im März 1978 kam es zu einer personellen Veränderung im ND, da umgehend die Berufung Joachim Herrmanns auf den Posten ZK-Sekretärs für Agitation und Propaganda erfolgte. Beim »Neuen Deutschland« wurde daraufhin Günter Schabowski zum neuen Chefredakteur ernannt.[39] Der Aufstieg Joachim Herrmanns sollte für das ND gravierende Folgen haben, da unter dessen Regie die Informationspolitik in der DDR noch stärker deformiert wurde. Herrmann war seinem Vorgänger Lamberz intellektuell weit unterlegen gewesen, »was er mit einem despotischen Auftreten gegenüber Untergebenen und Unterwürfigkeit gegenüber Honecker kompensierte, dessen häufige Eingriffe in die Medienberichterstattung er bedingungslos vollzog«.[40] Und SED-Chef Honecker befasste sich täglich über sein personifiziertes Verbindungsstück Herrmann mitunter stundenlang mit dem Zentralorgan: »Ganz in der Frühe las er die vorliegende Nummer. Er lobte so gut wie nie, verteilte aber Rüffel, nicht nur zu wesentlichen, sondern auch zu ganz untergeordneten Fragen.«[41]

Das Verhältnis der Redaktion zum obersten »Tugendwächter« und vormaligen ND-Chef war 1978 aber noch ziemlich unbelastet: Joachim Herrmann bekam zu seinem 50. Geburtstag am 29. Oktober des Jahres ein extra angefertigtes ND-Sonderblatt gewidmet: Das neue Politbüro-Mitglied war im »Ehrenskaphander für kosmische Verdienste« groß auf der Titelseite. Auf der zweiten Seite hatte die ganze Redaktion unterschrieben und daneben war das Bild »Die Saporosher Kosaken« mit den Gesichtern der Redaktionsleitung abgebildet. Darunter eine Geschichte von Ottokar Domma über einen Lieblingssatz des ehemaligen Chefredakteurs: »Alles dreht sich, alles bewegt sich ...«[42]

Zur gängigen Zeitungspraxis im ND gehörte damals die manuelle Anfertigung von Seitenskizzen mit Angaben über Aufmachung, Platzierung von Meldungen und Themen wichtiger Artikel für die Ausgabe des jeweils nächsten Tages. Diese Seitenspiegel wurden anschließend Tag für Tag ins Große Haus – Code für das ZK-Gebäude am Werderschen Markt – geschickt, »mehrfach überarbeitet, korrigiert und präzisiert, nicht selten von Honecker selbst, zuweilen auch von Mittag«.[43] In den achtziger Jahren wurde diese Prozedur zusätzlich noch durch eine Vielzahl von Anweisungen geprägt, »die den Prozeß der Zeitungsherstellung bis in die späten Abendstunden begleiteten und bis hin zu solchen Details reichten, wie der Platzierung bestimmter Meldungen oder Formulierungen in manchen

Der Tod von Werner Lamberz (rechts) 1978 riss eine große Lücke in die DDR-Medienpolitik. Hier bei der Schlüsselübergabe für das »neue« ND mit Joachim Herrmann (Mitte) und Betriebsdirektor Heinz Hauser

Beiträgen. Daß alle diese Anordnungen bis aufs I-Tüpfelchen befolgt wurden, dafür sorgte in der Redaktion ein ganzes System von Diensthabenden, Zwischen- und Kontrollinstanzen.«[44]
Für den auf Erich Honecker fixierten Herrmann wurde dessen Tagesablauf mitunter zum Problem und damit auch für das ND. Wenn der Generalsekretär nämlich gegen 17 Uhr die abendliche Heimfahrt nach Wandlitz antrat, dann konnte das für den Agitator Herrmann manchmal zum Alptraum werden, da Honecker zum Beispiel gelegentlich in der Schorfheide zur Jagd verschwunden war. Damit stand er dann für Nachfragen und Absicherungen nicht zur Verfügung und infolgedessen war auch sein Sekretär für das ND nicht ansprechbar. »Der Chef meldet sich bestimmt noch mal«, soll Joachim Herrmann dann gesagt haben und wartete in seinem Büro auf ein Zeichen von seinem Generalsekretär. Das tat er sehr oft – bis in die Nacht hinein und auch zu Hause blieb er dem ND telefonisch »im Nacken«. Nicht selten ließ er sich die eine oder andere Sache nochmals vorlesen, fragte ab, wo welche Meldung mit welcher Überschrift platziert worden war. Am Ende war das »alles irgendwie unsinnig und quälend«, so der ehemalige stellvertretende ND-Chefredakteur Hajo Herbell.[45]

»Der Aussagewert von ND hat sich erhöht, da jetzt im Durchschnitt täglich bedeutend mehr Infomationen erscheinen als bisher« (E. Honecker 1979)

Was den Informationsfluss von »oben« nach »unten« betraf, so versammelte sich jeden Dienstag das Politbüro, an dessen Beratungen auch der ND-Chefredakteur regelmäßig teilnahm. Unmittelbar danach tagte die Agitationskommission beim Politbüro, die unter Joachim Herrmann zu einer Art Befehlsausgabe degenerierte, da Herrmann dort die Ansichten Honeckers ausführlich referierte, um sie dann, keinen Widerspruch duldend, für verbindlich zu erklären. Am darauffolgenden Tag, immer mittwochs, besprach sich das Sekretariat des ZK der SED. An jedem Donnerstag der Woche gab es dann die »Argumentation«, die sogenannte »Donnerstags-Argus« für Chefredakteure der direkt durch die SED angeleiteten Medien (ND, Bezirkszeitungen, Hörfunk, Fernsehen) im Hause des Zentralkomitees. Schließlich tagte beim ND donnerstags auch das Redaktionskollegium, und danach folgten in den einzelnen ND-Redaktionsabteilungen wiederum die »Kollegiumsinformationen«.[46]
Die »Argus« am Donnerstag und dessen landesweite Wirkung bei den Medien hatte einen ganz präzisen Ablauf: Sie versammelte die Chefredakteure der in Berlin ansässigen Zeitungen der SED und der Massenorganisationen und auch den Leiter des Presseamtes der Regierung in der Abteilung Agitation zur »politischen Tränke«. Dort wurden die politischen Sprachregelungen ausgegeben für die Propagierung der Parteibeschlüsse, für die aktuelle innen- und außenpolitische Berichterstattung und Kommentierung. Am selben Tag, unmittelbar nach dem Empfang der »Linie« im ZK, rief der Leiter des Presseamtes die Chefs der Blockzeitungen zu sich und verabreichte ihnen nicht minder autoritativ die Richtlinien, die durch ihn zu Regierungsempfehlungen geworden waren.
Die in Berlin beheimateten Medien wurden sogar fast täglich noch bis zum Redaktionsschluss telefonisch von Mitarbeitern der ZK-Abteilung auf Nachrichten aufmerksam gemacht, die nicht unter den Tisch fallen durften bzw. je nach taktischem Ermessen besonders groß auf der Seite 1 oder unauffällig auf der Innenseite zu platzieren waren.[47]

Zu einem lästigen Problem entwickelte sich außerdem das gründliche Zeitungsstudium des Generalsekretärs: Er las früh nicht nur »sein« ND mit den bekannten Wirkungen für die Zeitung, sondern er studierte darüber hinaus auch emsig die Westpresse. Alles was er darin über die DDR oder gar das ND geschrieben fand bzw. irgendwie seine Aufmerksamkeit gefunden hatte, zog einen mehr oder weniger umfangreichen Schriftverkehr, Anrufe und sonstige Aktivitäten nach sich. Der Leiter der Kommerziellen Koordinierung, Alexander Schalck-Golodkowski, bezeichnete das später als »Spaltungsirresein« und erklärte, wenn sich die Westpresse um ihre Wirkung bei Honecker im Klaren gewesen wäre, »hätte sie uns rund um die Uhr beschäftigen können«.[48] Schalck-Golodkowski ließ übrigens einen eigenen Pressedienst aufbauen, der in aller Frühe in Westberlin die Zeitungen aufkaufte und ab sechs Uhr mit der Auswertung begann, bei der die Meldungen zugleich kommentiert wurden. Zwei Stunden später hatte Günter Mittag alles auf seinem Schreibtisch und war nun bestens auf das vorbereitet, was Erich Honecker möglicherweise aufgrund seines morgendlichen Zeitungsstudiums auf der Seele lag und geklärt haben wollte.

Redaktionsalltag

Zum 1. Oktober 1979 änderte sich wieder einmal die Aufmachung der Zeitung. »Neues Deutschland« erschien nun siebenspaltig und ohne Orden im Zeitungskopf.[49] Die Gründe für den Wegfall der Orden sind nicht ganz klar. Vieles deutet darauf, dass von Erich Honecker mit Blick auf die Westpresse eine neutralere Variante des ND-Zeitungskopfes gewünscht wurde. Im Vorfeld lag dem Politbüro eine »Konzeption zur weiteren Entwicklung des Zentralorgans« vor. Mehr als zwei Monate später, zur 11. ZK-Tagung am 13./14. Dezember 1979, erklärte Honecker, dass sich die Parteizeitung sowohl als Zentralorgan als auch als Tageszeitung bei der inhaltlichen Qualität und der politischen Aussagekraft gleichermaßen verbessern sollte. Der quantitative Aussagewert der Zeitung, so Erich Honecker, hätte sich schon deutlich erhöht, da »jetzt im Durchschnitt täglich bedeutend mehr Informationen erscheinen als bisher«.[50]

Über diese Argumentation Honeckers dürften in der Redaktion viele nur den Kopf geschüttelt haben, aber diese Belobigungen auf einer ZK-Tagung lassen noch eine andere Schwäche der Hauspolitik Honeckers gegenüber dem ND erkennen: Es wurde zwar über »höhere Aufgaben« geredet, aber kein Wort über die nötigen technischen Voraussetzungen verloren. Natürlich wurden solche Veränderungen in den dafür zuständigen Abteilungen bei der Zentrag geplant, vorgeschlagen und begründet, doch der SED-Chef und sein Propaganda-Sekretär hatten generell wenig Interesse für das Thema Herstellung. Fragen der politisch-ideologischen Wirksamkeit waren ihnen weit wichtiger.

Wie verlief nun ein Redaktionstag beim ND Anfang der achtziger Jahre? An den normalen Arbeitstagen – Montag bis Freitag – begann der Betrieb etwa ab neun Uhr, am Wochenende ab 13 Uhr. Um diese Zeit wurde im Redaktionssekretariat an den »Spiegeln« der wichtigsten Seiten gearbeitet, da diese

Mittagssitzung mit ND-Chefredakteur Günter Schabowski (Stirnseite 4. v. l.)

zur Kontrolle und Bestätigung zum ZK geschafft werden mussten. Alle Redaktionsabteilungen erhielten dann gegen 9.30 Uhr als eine Art Grobplan die Seitenspiegel für die Ausgabe des kommenden Tages. Das war die Arbeitsgrundlage für die erste Tageshälfte. Dann wurden die aufgeführten Beiträge so weit fertiggestellt, dass sie rechtzeitig vor Redaktionsschluss der betreffenden Seite in den Satz gehen konnten. Alle vorgenommenen Änderungen und Ergänzungen mussten beim Sekretär vom Dienst angemeldet werden.

Nächster Etappenpunkt des Tages war die Mittagssitzung um 13 Uhr. Sie wurde vom Chefredakteur oder bei Abwesenheit von seinem 1. Stellvertreter geleitet. Die Mittagssitzung begann stets mit der Besprechung der vorliegenden Tagesausgabe. Hierbei wechselten sich die Abteilungen ab, das heißt, nach einem Plan wurden vorab Redakteure festgelegt, die die Einschätzungen vornahmen. Danach schloss sich die Diskussion an, und der Chefredakteur beendete die Debatte mit zusammenfassenden Bemerkungen. Im zweiten Teil der Sitzung war dann der Sekretär vom Dienst an der Reihe, der den allen vorliegenden Seitenspiegel durchging und auf die inzwischen vorgenommenen Änderungen aufmerksam machte. Nach kurzer Debatte und eventuellen Rückfragen des Chefredakteurs zu einzelnen Beiträgen war die Mittagssitzung in der Regel gegen 14 Uhr beendet. In den Abteilungen wurde nach der Rückkehr des Abteilungsleiters bzw. des Vertreters der Abteilung die »Mittagssitzung« ausgewertet, und man legte die Arbeiten für den Rest des Tages fest. Die Arbeitszeit der Redakteure dauerte im

Manuelle Seitenmontage

Michail Gorbatschow zum Generalsekretär des ZK der KPdSU gewählt

Einmütige Entscheidung des Außerordentlichen ZK-Plenums / Teilnehmer ehrten das Andenken Konstantin Tschernenkos / Andrej Gromyko unterbreitete den Wahlvorschlag des Politbüros / Michail Gorbatschow hielt Rede auf der Tagung

Der neue Generalsekretär in Moskau noch ohne Feuermal. Ein Jahr später wurde auf solche Retuschen verzichtet. (ND v. 12.3.1985, S. 1)

Normalfall etwa neun Stunden, wie lange jeder am Ende wirklich bleiben musste, ergab sich aus dem Ablauf bei der Herstellung der Zeitung. Für Aufgaben, die nach der regulären Arbeitszeit anfielen, hatte jede Abteilung einen Spätdienst, der so lange im Haus blieb, bis alle Beiträge für den Andruck fertig waren.

Das war auch notwendig, denn ab zirka 18 Uhr wurden die fertigen ND-Seiten mit dem betriebseigenen Lada durch Redaktionssekretär Wolfgang Bunzeck noch einmal ins Große Haus am Werderschen Markt zum »Abnicken« gefahren. Auch Rainer Genge, heute Leiter der Abteilung Organisation/Verwaltung im ND, erinnert sich an aufregende abendliche Fahrten in die Waldsiedlung nach Wandlitz, damit Generalsekretär Erich Honecker oder Chefredakteur Günter Schabowski noch vor dem Andruck der Zeitung ihr Wohlwollen erteilten: »Während des Wartens haben wir immer ein bisschen Westfernsehen gucken können und häufig gutes Essen bekommen.«[51]

Dieser Tagesablauf änderte sich in den achtziger Jahren nur wenig. Änderungen ergaben sich vor allem durch neue technologische und organisatorische Bedingungen: Durch den dezentralen Druck und die elektronische Ganzseitenübertragung verschob sich zum Beispiel der Redaktionsschluss für die A-Ausgabe des »Neuen Deutschland« um etwa zwei bis drei Stunden nach hinten. Dadurch glichen sich die A-Ausgabe für die Bezirke und die B-Ausgabe für Berlin hinsichtlich der Aktualität vorteilhaft an. Generell war aber in den achtziger Jahren für alle Mitarbeiter positiv spürbar, dass sich mit der EDV bei der Zeitungsherstellung ein positiver Wandel und Umbruch vollzog.[52]

In einem von der Redaktion 1982 herausgegebenen »Leitfaden« wurde unter anderem die Frage aufgeworfen, wie man das ND wohl in fünf Jahren produzieren würde. Die Antwort lautete damals: »Unsere Druckerei richtet sich seit geraumer Zeit auf den unumgänglichen Schritt ein, vom Bleisatz zum Fotosatz überzugehen. Die dazu notwendigen Satzzentren werden bis Anfang 1984 mit entsprechendem Personal und rechnergesteuerten Geräten ausgestattet sein. Sie werden auf die Dauer nur rentabel, wenn Textverarbeitung und Satztechnik eine Einheit bilden.«[53] An diesem Punkt war der Druckereibereich – zumindest in den Planungen – eigentlich am Ende der sechziger Jahre schon einmal angelangt …

Am 11. März 1985 wurde Michail Gorbatschow zum Generalsekretär der KPdSU in Moskau gewählt. In der ND-Redaktion gab es auch Diskussionen darüber, ob der neue Mann im Kreml mit seinem Naevus flammeus, dem rötlichen Feuermal an sichtbarer Stelle auf dem Kopf, abgebildet werden durfte. Nach einigem Hin und Her wurde dagegen entschieden. Das ND druckte Gorbatschow ohne sein Mal ab. Es brauchte dann noch ein Jahr, bis das Bild ohne Fleck auf der Rückseite einen Sperrvermerk erhielt – so dass es fortan nicht mehr verwendet wurde. Wie überall im Land, so teilte sich auch die ND-Redaktion in Befürworter und Gegner der »Perestroika« – des Kurses der Umgestaltung. Nach außen folgte die Zeitung aber scheinbar ohne Probleme dem »alten Kurs« der SED-Führung unter Honecker.[54]

Dafür sorgte auch der Wechsel in der Chefredaktion im Dezember 1985. Günter Schabowski hatte den »oben« in Ungnade gefallenen Konrad Naumann als 1. Sekretär der SED-Bezirksleitung von Berlin zu ersetzen. Schabowski empfahl zu seinem Nachfolger den langjährigen ND-Mitarbeiter Herbert Naumann »wegen seiner Treue, Disziplin, Einsatzbereitschaft und Durchführung der Beschlüsse«.[55] Naumanns Führungsstil stieß aber innerhalb der Redaktion bald auf erhebliche Kritik. Hinter vorgehaltener Hand wurde Unmut geäußert, und mancher resignierte auch ganz einfach. Besonders die Kultur- und Wissenschaftsredaktion stand mit ihm öfter quer. Mitunter bevorzugte er zudem eine recht grobe Ausdrucksweise, was ihm unschöne Spitznamen bei seinen Mitarbeitern einbrachte.[56] Generell litt das Arbeitsklima darunter: »Wiederholt wurde darauf aufmerksam gemacht, dass sich das persönliche Verhalten des Genossen NAUMANN nachteilig auf die Arbeitsatmosphäre in der Redaktion auswirke. Sie sei gekennzeichnet durch eine beträchtliche Zunahme des Alkoholkonsums der Mitarbeiter während und nach der Arbeitszeit.«[57] Doch niemand war bereit, über diese angespannte Situation offen zu sprechen oder Änderungen herbeizuführen. Viele Mitarbeiter gingen dazu über, außer dem regulären Dienst nach Vorschrift keine übermäßigen Kräfte mehr in den volkseigenen Betrieb ND zu investieren.[58]

In den achtziger Jahren wurde es üblich, bei öffentlichen Ereignissen oder politischen Terminen im Lande eine Art Huldigungsschreiben oder Treuegelöbnis an den SED-Chef Erich Honecker zu verfassen und abzuschicken. Der Inhalt dieser Schreiben war oft eine ideologische Wüste und grenzte an Personenkult. Neben Phrasen fanden sich immer die gleichen stereotypen Formulierungen: Hoch lebe der Generalsekretär, Dank für die Politik der SED und die Beteuerung, dass die Genossen an der Basis treu zur Parteiführung stehen. Diese Post landete ausnahmslos auf dem Schreibtisch des Generalsekretärs. Nachdem Honecker die Schreiben gelesen hatte, machte er in der oberen Ecke sein Signum »E. H.« und übergab die Angelegenheit seinem ZK-Sekretär Joachim Herrmann, der die Schreiben an das ND weiterreichte.

Am Franz-Mehring-Platz kam der ganze Vorgang mit der Weisung an, die nicht selten schon andruckfertige Wirtschaftsseite (Seite 3) wieder »abzuräumen« und dafür eine sogenannte »Briefseite« zusammenzustellen. Das bedeutete für die Mitarbeiter der Wirtschaftsredaktion, immer häufiger Überstunden zu leisten – und zwar bis tief in die Nacht hinein. Vor allem blieb die richtige Arbeit liegen. Mit der Zeit schufen sich die Mitarbeiter in der Wirtschaftsredaktion ein System, das sie treffsicher »Briefalarm« nannten: Im Fall eines Kuriers aus dem Großen Haus mit »Briefen« der Bevölkerung mussten diese mit möglichst wenig Aufwand aufbereitet, Überschriften festgelegt und so verdichtet werden, dass man auch noch andere Artikel auf der Seite unterbringen konnte. Mit »Zeitung machen« hatte das aber nichts zu tun, weil dabei auf journalistische Qualität keinen Wert gelegt wurde.

Bei der Wirtschaftsredaktion machte sich jemand einmal die Mühe und schaute sich die Absender der Huldigungsbriefe genauer an. Er sortierte die Briefe nach dem Absender und dem Datum auf dem Poststempel. Dabei fiel auf, dass die Ergebenheitspost vor allem aus dem Süden der DDR kam. Die

1. Bezirkssekretäre der SED in den Bezirken Suhl und Gera hatten mit Blick auf ihre weitere Karriere den Anstoß für diese Post an Honecker gegeben, was auch die anderen Bezirke anspornte. Die Inhalte blieben freilich für die Leser (wenn es dafür überhaupt welche gab) wenig aussagekräftig und nichtssagend. Für einen Wirtschaftsredakteur war die steigende Zahl der abgedruckten Briefe an Honecker dann auch der Grund, um Versetzung in ein anderes Ressort zu bitten.[59]

ND international

Bis Anfang der siebziger Jahre blieb die Zahl der »ND-Büros« im Ausland überschaubar, das heißt man konnte sie fast an einer Hand abzählen: Um 1970 gab es neben dem Bonner ND-Büro Korrespondenten in Budapest, Kairo, Moskau, Prag, Stockholm und in Warschau.[60] Das sollte sich nach der Unterzeichnung des Grundlagenvertrages vom 21. Dezember 1972, der faktisch auch die gegenseitige Anerkennung der beiden deutschen Staaten bedeutete, ändern. 1973 erfolgte eine regelrechte Welle der diplomatischen Anerkennung. Zudem wurde die DDR am 18. September 1973 als Vollmitglied in die Vereinten Nationen aufgenommen.[61]
Die »Anerkennungswelle« vergrößerte die im Finanzhaushalt der DDR eh schon vorhandenen Löcher. Die Errichtung einer Vielzahl neuer Botschaften wurde über den Etat des weiteren Ausbaus des Stadtzentrums finanziert, und dort standen 1973 dann rund 1,3 Milliarden Mark zu Buche. Für das »Neue Deutschland« bedeutete die Anerkennungswelle vor allem erst einmal die Erkennt-

1970 gab es neben dem Bonner Korrespondentenbüro noch ND-Büros in Budapest, Kairo, Moskau, Prag, Stockholm und Warschau.

Gespräche UdSSR – Frankreich erfolgreich abgeschlossen

Französischer Präsident beendete Besuch der Sowjetunion / Gemeinsames aktives Eintreten für Frieden und Sicherheit

Die Deutsche Demokratische Republik ist Mitglied der UNO

Unter stürmischem Beifall nahm die Delegation unserer sozialistischen Republik ihren Platz in den Vereinten Nationen ein
UdSSR-Chefdelegierter Malik: Außenpolitik der DDR von großer Bedeutung für Frieden und Entspannung in Europa
Von unserem nach New York entsandten Sonderkorrespondenten Günther Böhme

Die DDR trat der Wiener Konvention bei

New York (ADN-Korr.). Der Ständige Beobachter der DDR bei den Vereinten Nationen, Botschafter Dr. Horst Grunert, hinterlegte am Freitag im UNO-Hauptquartier in New York die Urkunde über den Beitritt der DDR zur Wiener Konvention über diplomatische Beziehungen vom 18. Februar 1961. Botschafter Dr. Grunert übergab die Urkunde dem stellvertretenden UNO-Generalsekretär und Leiter der Rechtsabteilung der Vereinten Nationen, C. A. Stavropoulos. Die Konvention regelt die Rechte und Pflichten der Diplomaten in den Gastländern und sichert die Bedingungen für die normale Arbeit der diplomatischen Vertretungen.

Großbritannien und Frankreich nehmen diplomatische Beziehungen zur DDR auf

nis, dass ein fester Klassenstandpunkt im diplomatischen Geschäft hinderlich sein konnte. Plötzlich mussten außenpolitische Rücksichten genommen werden. Im Fall der von Diktatoren wie Francisco Franco und Kemusu Suharto regierten Länder Spanien und Indonesien erschienen Artikel, die diese Regime »schönredeten«. In anderen Fällen blieben die DDR und das ND konsequent. Als am 11. September 1973 in Chile die von den USA unterstützten Militärs unter General Augusto Pinochet putschten, wurden am 21. September die diplomatischen Beziehungen zu Chile abgebrochen. Zahlreiche politische Flüchtlinge des Andenlandes fanden in der DDR eine zweite Heimat, und das ND berichtete über die Hintergründe des Geschehens.[62]
Im weiteren Verlauf der siebziger Jahre erhöhte sich die Zahl der ND-Auslandsbüros. Zehn Jahre nach der diplomatischen Anerkennung der DDR gab es insgesamt zwölf festangestellte ND-Auslandskorrespondenten in Bonn, Budapest, Kairo, Lissabon, London, Neu-Delhi, Moskau, Paris, Prag, Sofia, Stockholm, Warschau und einen »Reisekorrespondenten« für Südamerika.[63] Generell vollzog sich die Auslandsberichterstattung in enger Zusammenarbeit mit dem Allgemeinen Deutschen Nachrichtendienst (ADN), der auch über ein gut funktionierendes Netz an Fotokorrespondenten verfügte. Allerdings entwickelte sich über Jahre hinweg auch eine gewisse ADN-»Hörigkeit«: Bei Verlautbarungen, Meldungen und Berichten rangierte die staatliche Nachrichtenagentur inhaltlich immer vor dem »Neuen Deutschland«. So hatte einmal ein ADN-Reporter in den achtziger Jahren im Vorfeld einer Konferenz nur das übliche Begleitmaterial genommen, schrieb daraufhin seinen Artikel und sparte sich die persönliche Anwesenheit vor Ort. Nun war es aber zu Programmänderungen gekommen und der Bericht des tatsächlich anwesenden ND-Reporters fiel natürlich anders aus. Der gab seinen Text im ND ab und machte Feierabend, aber in der Redaktion wurde sein Konferenzbericht mit dem des ADN-Vertreters verglichen. Man entschied dann im ND, doch lieber den ADN-Bericht abzudrucken. Als der ND-Kollege am nächsten Tag verdutzt

Anfang des Jahres 1973 setzte eine regelrechte »Anerkennungswelle« ein. Am 2. Februar 1973 trat die DDR offiziell der Wiener Konvention über diplomatische Beziehungen vom 18. Februar 1961 bei. Danach folgten die Siegermächte des Zweiten Weltkrieges Großbritannien und Frankreich sowie im September 1974 die USA. Die diplomatische Anerkennung der DDR sorgte zugleich für manch erstaunliche außenpolitische Rücksichtnahme in der ND-Berichterstattung. (ND v. 13.1.1973, S. 1; ND v. 18.1.1973, S. 1; ND v. 3.2.1973, S. 2; ND v. 10.2.1973, S. 1; ND v. 19.9.1973, S. 1)

Botschafteraustausch mit Norwegen und Afghanistan

Hochmoderne Sendemastanlage auf dem ND-Gebäude um 1980. Von hier aus konnten die fertig belichteten Seiten direkt zu den Offsetdruck-Standorten in Dresden, Rostock, Halle und Erfurt gefunkt werden.

die Sache zur Sprache brachte, bekam er nur die lakonische Antwort: »Lieber gemeinsam mit ADN falsch als alleine richtig!«[64]

Schwierig wurde es für Auslandskorrespondenten vor allem in den achtziger Jahren, als die Reisetätigkeit Erich Honeckers merklich zunahm. ND-Mitarbeiter erinnern sich daran, dass dann die Auslandskorrespondenten immer nur eingeschränkt zu tun hatten, weil gerade kein kritisches Wort über das jeweilige Land erscheinen durfte. Vor diesem Hintergrund bezeichneten die Korrespondenten ihr ND-Gehalt sarkastisch auch als »Schweigegeld«. Für die ND-Inlandsberichterstattung hatte das den fatalen Effekt, dass ebenfalls keine kritischen Diskussionen über problematische Zustände in der DDR gebracht werden durften, weil der »Chef« gerade mal wieder im Ausland repräsentierte und dort keinesfalls auf irgendwelche Probleme hin angesprochen werden wollte.[65]

Die zunehmende außenpolitische Berichterstattung führte zur Bildung einer Protokollgruppe in der Redaktion, da Fehler in der Schreibweise von Personen, Orten, Titeln usw. vermieden sowie einheitliche Formulierungen durchgesetzt werden sollten. Das war keine Neuerfindung, denn schon vor 1971 hatte es in der Redaktion eine Gruppe gegeben, die alle ND-Artikel auf Sprache, Stil und Schreibweise begutachtete und regelmäßig ein internes Bulletin herausgab.[66] Auch die Volkskorrespondenten wurden bis zum Ende der sechziger Jahre durch ein Monatsheft angeleitet.[67]

Die neue Protokollgruppe pflegte einen engen Kontakt zu den Protokollabteilungen im ZK der SED, zum Außenministerium der DDR und zu ADN. Von dort kamen die notwendigen Unterlagen und Informationen über personelle Veränderungen in Partei und Regierung. Zugleich schuf sich die ND-Protokollgruppe ein eigenes Nachschlagesystem und legte Übersichten an. Diese Unterlagen standen der gesamten Redaktion zur Verfügung und erleichterten vielen Redakteuren die Recherchen ganz erheblich.[68] In der Protokollgruppe wurde sehr auf Genauigkeit geachtet. Einmal ging einer Disziplinierung durch den Chefredakteur Herbert Naumann folgendes Versehen voraus: Eine Mitarbeiterin hatte in der ND-Ausgabe vom 30. September 1987 die Volksrepublik China zwei Jahre jünger gemacht und den 36. anstatt 38. Jahrestag ihrer Gründung zum Druck freigegeben. Dafür erhielt sie einen Verweis »wegen grober Fahrlässigkeit«.[69]

Druckfehler führten manchmal auch dazu, dass das MfS wegen »vorsätzlicher Herbeiführung« aktiv wurde: So sorgte im Februar 1988 wieder einmal die Drucktechnik für Aufregung im ND. Rund 30 000 Exemplare der B-Ausgabe vom 13./14. Februar 1988 waren mit einer unkorrekten Rede Erich Honeckers ausgeliefert worden. Diese Ansprache vor den 1. Sekretären der SED-Kreisleitungen trug den »aufrüttelnden« Titel: »Mit dem Volke und für das Volk realisieren wir die Generallinie unserer Partei zum Wohle der Menschen«. Mechanische Vertiefungen in einer Druckplatte verursachten aber, dass zwei Druckzeichen nicht im Druckbild erschienen. So wurde aus der Wendung »enger Waffenbrüderschaft« eine »enge Affenbrüderschaft«, was beim damaligen Klima zwischen der Führung der DDR und Moskaus durchaus als eine Botschaft hätte durchgehen können. Am 15. Februar 1988 jedenfalls meldete der Direktor der Druckerei »Neues Deutschland« der Staatssicherheit den Vorfall.

Man stellte fest, dass das Versehen durch technische Fehler ausgelöst worden war und ließ sofort sämtliche Druckzylinder an den Druckmaschinen überprüfen.[70] Der Fehldruck war übrigens außerhalb des ND nicht aufgefallen und wenn, dann löste er höchstens ein mildes Lächeln bei den eher treuen Lesern von Honeckers Reden aus.

Konkurrenz durch die Wirklichkeit

Mitte der siebziger Jahre begann sich die Parteizeitung auf den »Ernstfall« – den Kriegsfall – vorzubereiten. Es gab alljährliche Übungen und »Verteidigungspläne«, die vorsahen, das ND im Kriegsfall als »Frontzeitung« herauszubringen. In den Planspielen wurde folgendes Grundschema festgelegt: Nach der Bildung eines »Zensurorgans der Redaktion« sollte das ND unter direkter Anleitung des Generalsekretärs im Umfang von vier Seiten und in einer Auflage von zwei Millionen Exemplaren erscheinen. Hinzu kamen zweisprachige Front-Extrablätter (Deutsch/Russisch). Für die ersten beiden Seiten waren aktuelle Informationen und Kommentierungen (Verlautbarungen, Frontgeschehen, Leitartikel, Karikaturen, »Aufklärung der Bevölkerung«) vorgesehen, die Seite 3 war der Darstellung des »Kampfes der Streitkräfte« vorbehalten und die 4. Seite sollte Informationen über Geschehnisse in der Welt liefern.[71] Die »Lagemeldung« einer Ernstfallübung vom 20. Januar 1977 führte übrigens unter Punkt 5 aus: »Eine atomsichere Unterbringung für die Mitarbeiter der Redaktion ist nicht gewährleistet. Maßnahmen zum provisorischen Schutz und zur Sicherung wertvoller Archivbestände sind

39. Friedensfahrt ПРАВДА • Trybuna Ludu • Neues Deutschland • Rudé Právo | Neues Deutschland / 7. Mai 1986 / Seite 7

Die große Fahrt Uwe Amplers durch ein Spalier von 100 000

Der Leipziger erster Träger des Gelben Trikots / DDR-Mannschaft fährt in Blau

Alles normal? Wenige Tage nach der nahe Kiew stattgefundenen Reaktorkatastrophe wurde dort am 6. Mai 1986 die Friedensfahrt eröffnet. (ND v. 7.5.1986, S. 7)

getroffen.«[72] In den achtziger Jahren fanden zudem Stabsübungen zur Überprüfung der Vorkehrungen für die »Anleitung der Massenmedien im Kriegsfall« sowie entsprechende Schulungsmaßnahmen statt. Die letzte dieser Maßnahmen gab es unter der Bezeichnung »Medium 89« am 1. April 1989. Sie wurde von den meisten der beteiligten Medienvertreter als Aprilscherz gewertet und nicht ernst genommen.[73]

Wie die Berichterstattung bei einem Ernst- oder Katastrophenfall ausgesehen hätte, deutete sich beim Reaktorunglück im sowjetischen Atomkraftwerk Tschernobyl bei Kiew nach dem 26. April 1986 an: Nicht nur Moskau leugnete zunächst jegliche Probleme, sondern auch die DDR-Medien. Als das »Neue Deutschland« den Störfall am 30. April 1986 erstmals umfänglich vermeldete, informierte es seine Leser zugleich über Spaziergänge von Kindergartengruppen unter freiem Himmel, denn das sei ein gutes Beispiel dafür, »was man bei diesen fast sommerlichen Temperaturen so alles machen kann«. Selbstverständlich – so der Subtext – gebe es dabei keine Gefährdungen.[74] Ein interner Bericht des Staatlichen Amtes für Atomsicherheit und Strahlenschutz an den ZK-Sekretär für Wirtschaft Günter Mittag vom 2. Mai 1986 beschäftigte sich dennoch mit dieser Frage: »Die durch das Einatmen der radioaktiven Verunreinigungen bedingte Strahlenbelastung von Personen der Bevölkerung beträgt bisher etwa ein Prozent der durch den natürlichen Strahlenpegel bedingten jährlichen Strahlenbelastung. Daher besteht keinerlei Gefährdung für die Gesundheit.«[75] Da die DDR-Bürger die ausführliche Berichterstattung des West-Radios und -Fernsehens über Tschernobyl verfolgen konnten, verloren die SED-Führung und das »Neues Deutschland« infolge dieser Informationspolitik natürlich auch weiter an Glaubwürdigkeit.

In unverantwortlicher Weise wurde dann die Friedensfahrt 1986 mit einem Prolog in Kiew am 6. Mai missbraucht, denn die Reaktorkatastrophe hatte sich immerhin vor der Haustür der ukrainischen Hauptstadt abgespielt: Während Tausende von Betroffenen den Kiewer Hauptbahnhof belagerten, um der Gefahrenzone zu entfliehen, wurden die Friedensfahrer extra mit dem Flugzeug nach Kiew eingeflogen. Moskau benutzte geschickt die Internationale Friedensfahrt zur Vortäuschung ganz normaler Verhältnisse und zum Herunterspielen der Reaktorkatastrophe.[76]

Welches Niveau das ND am Ende der DDR erreicht hatte, verdeutlichen vor allem die Berichte über die Frühjahrs- und Herbstmessen in Leipzig in den achtziger Jahren. Die traditionsreiche Messe – seit mehr als 840 Jahren – war schon immer eine Drehscheibe im Ost-West-Handel gewesen. Mit der Gründung der DDR ging es dort neben dem Geschäft aber vor allem auch um Politik, Ideologie, Prestige und Propaganda. Das ND spielte hierbei eine zentrale Rolle, da in Leipzig nicht nur Geschäftsleute aus Ost und West zusammentrafen, sondern die SED-Führung die Messen zudem als Aushängeschild benutzte und später zu einer Art außenpolitischer Ersatzplattform umfunktionierte. Auch waren sie ein Treffpunkt privater deutsch-deutscher Begeg-

Proletarier aller Länder, vereinigt euch!

NEUES DEUTSCHLAND

ORGAN DES ZENTRALKOMITEES DER SOZIALISTISCHEN EINHEITSPARTEI DEUTSCHLANDS

9000 Aussteller auf der Frühjahrsmesse 1987

Leipzig fördert den friedlichen Welthandel zum Nutzen der Völker

Erich Honecker traf Martin Bangemann

Gespräch mit Franz Josef Strauß

Botschaft Ronald Reagans an die Leipziger Frühjahrsmesse

Der Sport meldet: Gold an Katarina Witt

Messerundgang von Mitgliedern der Partei- und Staatsführung

Angebot Frankreichs für Rationalisierung

100 Unternehmen aus dem Alpenland

Breite Beteiligung von USA-Firmen

Gute Vorbereitung für Reise in die DDR

Neue Bereiche der Zusammenarbeit

Handel hat sich verdoppelt

Erinnerungen an den Zypernbesuch

Hofberichterstattung: 43 Mal Erich Honecker in der ND-Montagsausgabe vom 16. März 1987. (ND v. 16.3.1987, S. 1, 5 und 6)

nungen, da es jeweils zur Frühjahrs- und Herbstmesse Reiseerleichterungen für Besucher aus dem Westen gab. Diese unterschiedlichen Bedeutungen und Funktionen schufen nach dem Mauerbau 1961 eine eigentümliche Mischung aus Geschäftsmesse, Staatsspektakel und gesamtdeutschem Familientreffen.

In der Honecker-Ära wurden die Messerundgänge zu einem diplomatischen Großereignis und die Berichte darüber arteten in einen peinlichen Personenkult um den Generalsekretär aus. Die ND-Berichterstattung über diese Eröffnungsrundgänge nahmen skurrile Züge an. So füllte das Thema Messe und Generalsekretär im März 1984 ganze sieben von insgesamt acht Seiten. Der Gipfel wurde dann wohl zur Frühjahrsmesse 1987 erreicht: In der ND-Montagsausgabe vom 16. März 1987 gab es 48 Bilder von der Messe, auf denen 43 Mal Erich Honecker aus verschiedenen Blickwinkeln zu sehen war. Der RIAS kommentierte das im März 1987 unter anderem damit, dass die verschiedenen Porträtperspektiven Honeckers wohl auch deshalb gewählt wurden, damit keiner glauben sollte, »die eine Gesichtshälfte sei weniger schön als die andere«.[77]

Die jeweils protokollarische Platzierung von Gästen Erichs Honeckers gewährte aber auch tiefere Einblicke in die komplexen deutsch-deutschen Beziehungen: So fiel im März 1987 nur einem West-Kommentatoren auf, wer anlässlich eines Konzertes im Neuen Gewandhaus Leipzig auf Seite 2 des ND abgebildet war: »Das Weltkind in der Mitte, Erich Honecker, neben ihm Herr Sindermann, der der Volkskammer vorsitzt, dann Herr Mittag, der bekannte Wirtschaftslenker, und zwei Plätze weiter Herr Hager, ein bewährter Glaubenshüter. Und zwischen diesen beiden, Mittag und Hager, nanu, ein neues Gesicht, das man bisher auf solchen Gruppenfotos des Politbüros noch nicht erspäht hat. … Bei genauerem Hinsehen erweist sich, der Mann, der da auf der Ehrentribüne mittenmang beim Politbüro steht, ist der bereits erwähnte Herr Späth aus Stuttgart.«[78]

Wenige Tage zuvor war bereits der saarländische Ministerpräsident, Oskar Lafontaine, bei Erich Honecker zu Besuch, und das ND widmete auch diesem Staatsmann eine Titelseite mit fünf Bildern. Die Westberliner »Morgenpost« erschauerte angesichts dieser Jubelberichterstattung und brachte mit Häme ein Faksimile davon in ihrem eigenen Blatt als Beweis deutsch-deutscher »Brüderschaft«. Ein Gruppenbild mit Lothar Späth hingegen fand die »Morgenpost« ganz normal, auch dass auf der Titelseite dieser Ausgabe vom 16. März 1987 Erich Honecker friedlich vereint mit Martin Bangemann, Franz Josef Strauß und Eberhard Diepgen abgebildet war.[79]

Im September 1987 (7.–11.9.) schien der Besuch Erich Honeckers in der Bundesrepublik aller Welt zu demonstrieren, dass die DDR stabil und stark sei. Doch wenige Monate später wurde der SED-Führung und dem Zentralorgan mit einer ganz speziellen ND-Ausgabe vorgeführt, wie dünn das Eis geworden war und was die DDR-Bevölkerung dachte und forderte: Die Hamburger Zeitschrift »Tempo« verbreitete am 19. März 1988 in verdeckten Aktionen 6000 ND-Falschausgaben in Ostberlin und Leipzig. Die Schlagzeilen lauteten: »Der neue ›Glasklar‹-Kurs der SED erobert die Herzen der Massen«, »Umbruch oder Untergang – es gibt kein Zurück«, »Schnitzler ins Exil«, »Was wird aus der Mauer?« …[80]

Ergebnisreiches Gespräch Erich Honeckers mit dem saarländischen Ministerpräsidenten Oskar Lafontaine

Treffen in freundschaftlicher, aufgeschlossener und konstruktiver Atmosphäre / Große Bedeutung der Initiative von Michail Gorbatschow zum unverzüglichen Abschluß eines Abkommens zwischen UdSSR und USA über völlige Beseitigung der Mittelstreckenraketen in Europa unterstrichen Über Perspektiven der Beziehungen zwischen beiden deutschen Staaten und weitere Zusammenarbeit zwischen DDR und Saarland beraten

Festliches Konzert im Gewandhaus

Erich Honecker und weitere Mitglieder der Partei- und Staatsführung begrüßt

Zu Beginn des festlichen Konzerts im Neuen Gewandhaus Foto: ND/Eckstein

Die ND-Titelseite mit dem saarländischen Ministerpräsidenten Oskar Lafontaine faksimilierte die »Berliner Morgenpost« und kritisierte die Jubelberichterstattung. Das Bild mit dem baden-württembergischen Ministerpräsidenten Lothar Späth wenige Tage später störte demgegenüber nicht. (ND v. 13.3.1987, S. 1; ND v. 16.3.1987, S. 2)

Bleierne Zeit

Über das, was im Jahre 1989 geschah und sich dann als Weg in eine längere Krise erwies, gab es beim »Neuen Deutschland« einen langen schriftlichen Vorlauf in Form Zehntausender Leserbriefe. In der zweiten Hälfte der achtziger Jahre kam mehr und mehr Post in die Redaktion, der klar entnommen werden konnte, was ein Teil des DDR-Volkes über die Staatsführung und deren Politik wirklich dachte. Das ND erhielt zwischen 1980 und 1988 im Durchschnitt jährlich zwischen 5000 und 6000 Leserbriefe, im Monat waren das im Mittel etwa 500. Am Ende der DDR stieg die Zahl der monatlich eintreffenden Schreiben dann noch weiter an. Im Oktober und November 1989 brach das bis dahin eingespielte System der Erfassung und Beantwortung jedes Leserbriefes völlig zusammen. Es gab einen Tag in jenen Wochen, da erreichten fast 600 Zuschriften die Redaktion. In der ersten Februarhälfte 1990 waren es täglich immer noch 140, im September 1990 durchschnittlich 60 Briefe am Tag. Die vielen Leserbriefe stellten erst einmal etwas Positives dar, denn sie ließen erkennen, dass die Parteizeitung durchaus gelesen bzw. wahrgenommen wurde. Bis zum Oktober 1989 verdeutlichte die Leserpost aber auch, wie das ND durch die Erklärungshoheit und Abhängigkeit von der Parteispitze blockiert wurde.[81]

In einer gesonderten Abteilung befassten sich beim »Neuen Deutschland« in den achtziger Jahren 15 Mitarbeiter allein mit der Leserpost. Der frühere Auslandskorrespondent Peter Kollewe leitete später diesen Bereich: »Das ›Problem‹ Leserbriefe blieb eine ND-interne Angelegenheit. Die Briefe wurden als Eingaben betrachtet, sorgsam registriert und ›prinzipiell und parteimäßig‹ beantwortet bzw. auch an externe Fachleute weitergeleitet. Diese Praxis schloss zwar nicht aus, dass von Lesern angesprochene Probleme und Kritik in vielen Fällen im direkten Kontakt durchaus geklärt werden konnten. Von dieser Art Dialog mit dem Leser jedoch blieb die Öffentlichkeit, also die Veröffentlichung, ausgeschlossen. Bei besonders ›heißen Eisen‹ wurden selbst Inhalt und Form der Antwort abgestimmt.«[82] In einem Bericht der Zentralen Revisionskommission über die Eingaben beim ND vom Juli 1985 heißt es lobend: »Mit Lesern, die sich

Auch die Leserpost machte dem ND zu schaffen: Aus diesen Briefen erfuhr die Zeitung, wie es um die Wirklichkeit in der DDR stand.

Die Volkspolizei – dein Freund und Helfer: ND-Pressefest im Volkspark Friedrichshain 1985

mit besonders kritischen oder sehr komplizierten Fragen an das ND wenden, werden nachweisbar im wachsendem Umfang persönliche Aussprachen geführt.«[83]
Es war maßgeblich die Amtseinführung Michail Gorbatschows und die damit verbundene Zeit von »Glasnost«, »Perestroika« und »Neuem Denken«, die ab etwa 1987 die kritischen Zuschriften ans ND stark zunehmen ließ. Ein Vergleich mit den Eingaben an den Staatsrat bzw. die DDR-Regierung zeigt, dass sich auch dort eine ähnliche Entwicklung wie beim ND vollzog. Lag die Eingabenmenge bis dahin zwischen 50 000 und 75 000 Eingaben im Jahr, so erhöhte sich die Zahl ab 1987 schlagartig auf mehr als 118 000, dann 1988 auf mehr als 133 000 und 1989 auf mehr als 134 000 Eingaben. Generell wurden die kritischen Leserbriefe und die Eingaben von der SED-Führung als wirkliches Problem betrachtet, weil deutlich wurde, dass sich die Bevölkerung darüber eine »Ersatzöffentlichkeit« schuf und den Staat damit unter Druck setzte.[84]
Leserbriefe der Jahre 1987 bis 1989 veranschaulichen, dass Kommentare und Artikel im ND für immer stärker werdenden Unmut, Widerspruch und auch für offizielle Eingaben seitens der Bevölkerung sorgten. Den Auftakt bildete ein Artikel unter der Überschrift »Aus unserer Sicht: Wie die Geschichte befragen?« von Harald Wessel zu dem sowjetischen Film »Die Reue« vom 31. Oktober 1987. Zu diesem Artikel erhielt das ND 92 Zuschriften.[85]
Der sowjetische Film war im Rahmen einer sogenannten »Fernsehbrücke« zwischen Leningrad und Mainz am 13. Oktober 1987 im ZDF ausgestrahlt worden. Der im Jahr 1984 produzierte Film, der einen Spezialpreis der Jury in Cannes erhalten hatte, stellte eine grotesk-satirische Abrechnung mit dem Stalinismus dar. Von »oben« wurde daraufhin ein Artikel bei der »Jungen Welt« und beim ND »in Auftrag« gegeben. Beide »bestellten« Beiträge wurden in den Leserzuschriften heftig wegen ihrer Angriffe auf Glasnost und Perestroika kritisiert, und die Informationspolitik der SED wurde als Vorgabe von Meinungen sowie als Anmaßung empfunden[86]: »Die Mehrzahl war mit dem Artikel nicht einverstanden, aber um sachliche politische und ideologische Einwände und Ablehnung bemüht. Eine Reihe von Briefen war sehr emotional angelegt bis hin zu zugespitzten Anwürfen gegen das ND und den Autor.«[87] Diese Briefe an das ND, die zur Hälfte von SED-Mitgliedern stammten, waren Anzeichen dafür, dass die Offenheit in der Sowjetunion genutzt wurde, um sich von der offiziellen SED-Linie zu distanzieren, jedoch trotzdem für den Sozialismus zu sein.[88]

Anfang 1988 sorgten die Verhaftungen im Umfeld der Demonstration zu Ehren von Rosa Luxemburg und Karl Liebknecht am 17. Januar für eine neue Flut von Leserbriefen an das ND. Diesmal reagierte die Leserschaft zuerst auf das Verschweigen der Vorgänge und dann auf »verspätete und unklare« Informationen. Auch 53 Telefonanrufe zum Thema wurden registriert.[89] Die Anrufer reagierten häufig emotional und erklärten eindeutig, was sie von der Berichterstattung und dem ND hielten. Aber das »Neue Deutschland« war noch steigerungsfähig: Als am 29. Januar 1988 auf Seite 2 ein Artikel mit der Überschrift »Infolge Arbeitslosigkeit in der BRD: Kinder kommen in die Schule ohne Frühstück, haben Frost in den Füßen, weil sie keine Strümpfe haben« erschien, erhielt die Redaktion vier Päckchen mit alten Kinderschuhen, dreckigen Socken und vergammelten Keksen als »Solidaritätsgaben« aus der Bevölkerung zugeschickt.[90]

Neues Deutschland / 29. Januar 1988 / Seite 2

Infolge Arbeitslosigkeit in der BRD: Kinder kommen in die Schule ohne Frühstück, haben Frost in den Füßen, weil sie keine Strümpfe haben

Auf solche propagandistischen Plumpheiten wurde von den Lesern nur noch mit Sarkasmus reagiert. (ND v. 29.1.1988, S. 2)

Der traurige Höhepunkt wurde dann mit dem ND vom 19. November 1988 erreicht: Die Mitteilung über die Streichung der sowjetischen Zeitschrift »Sputnik« von der Liste des Postzeitungsvertriebes der DDR (PZV) und vor allem der Kommentar »Gegen die Entstellung der historischen Wahrheit« vom 25. November 1988 sorgten für eine massive Gegenbewegung in der DDR. Die über 400 beim ND gezählten Leserbriefe waren nur die Spitze des Eisberges. Der Schaden, der mit diesem Kommentar angerichtet wurde, erwies sich als nachhaltig und sollte die Herrschenden in der DDR in eine tiefe Legitimationskrise stürzen – in eine Krise, die sie selbst herbeigeführt hatten.[91]

Wie der Kommentar zustande kam, hat der Autor Hajo Herbell, der den Text vom 25. November 1988 nach einer Rede Honeckers verfasste und mit »He« zeichnete, später erklärt. Demzufolge hatte Honecker wie üblich Joachim Herrmann beauftragt, dass dessen Worte und Ansichten über den »Sputnik« – die Herrmann auf Papierservietten mitschrieb – als Kommentar im ND erscheinen sollten: »Der Sekretär (Herrmann – d. A.) erklärte dem Stellvertreter (Herbell – d. A.) seinen Auftrag mit denkbar kargen Worten und drückte ihm ... den Redetext des CHEFS in die Hand. Im Grunde brauche er nur ein wenig zu redigieren, Holperer oder Dopplungen wegzunehmen. ›Und damit das klar ist‹, sagte der Sekretär zum Stellvertreter, ›du hältst dich Wort für Wort an die Intentionen des CHEFS. Er will einen scharfen, kämpferischen Kommentar, na ja, so klar und scharf und kämpferisch, wie er selbst sich ausgedrückt hat.‹ Also eigentlich nur transkribieren bei größter Behutsamkeit. Dem Stellvertreter schwante Böses. Er sagte dem Sekretär, er sei als Autor inkompetent, denn er habe den Sputnik noch nie gelesen. Das spiele überhaupt keine Rolle, erwiderte scharf der Sekretär. Man müsse dieses Ding nicht kennen, um es zu attackieren. Außerdem stünde ja alles Wesentliche im Diktat des CHEFS, und darüber hinaus werde er dem Stellvertreter, sobald dieser sich an seinen häuslichen Schreibtisch verfügt habe, durch einen Boten eine Reihe von Sputnik-Heften zukommen lassen. Und Termin sei morgen früh halb neun Uhr. Ob er alles verstanden hätte, fragte der Sekretär den Stellvertreter. Der nickte resignierend mit dem Kopf und kam sich feige vor.«[92]

Auch 1989 wurde wie gehabt verfahren. Nach den Wahlfälschungen und der Befürwortung der Gewaltmaßnahmen in China gegen Demokraten und Studenten auf dem Platz des Himmlischen Friedens war die Schmerzgrenze erreicht. Botschaftsflüchtlinge und ein in Ungarn durchlässig gewordener Eiserner Vorhang führten in der DDR dazu, dass dem Führungsanspruch der SED in kürzester Zeit der Boden entzogen wurde. Die Reaktionen des ND wirkten in diesen Wochen hilflos, unglaubwürdig, und sie waren am Ende nicht nur unrühmlich, sondern auch peinlich. Letzteres gilt vor allem für die vom MfS über die ZK-Abteilung Agitation und Propaganda lancierte »Menthol-Zigaretten-Story«[93], die ADN-Meldung mit dem Satz »Man sollte ihnen deshalb keine Träne nachweinen«[94] und die »Jubelausgabe«[95] zum 40. Jahrestag der DDR.

Die von »oben« im »Neuen Deutschland« eingetroffenen Weisungen wurden zwar mit Sarkasmus und Ironie behandelt, aber in der Konsequenz eben doch umgesetzt. Von Journalismus konnte in den Politik- und Wirtschaftsressorts im Herbst 1989 überhaupt keine Rede sein. Vier Jahrzehnte Parteidisziplin und -erziehung hatten ganze Arbeit geleistet. In den Abteilungen Wissenschaft, Kultur, Lokales und Sport vollzog sich die Arbeit annähernd noch nach Maßstäben, die einer professionellen Begutachtung standhielten. Generell gab es beim ND im Herbst 1989 aber einen Zustand, den Mitarbeiter rückblickend als »Lähmung« bezeichneten. Zwar herrschte intern weitgehender Konsens darüber, dass es so nicht weitergehen konnte, aber ein offenes Aufbegehren stand zu keiner Zeit zur Debatte. Vielmehr wurde die heute naiv anmutende Hoffnung gehegt, dass durch einen Führungswechsel sich alles zum Guten wenden würde.[96]

Bis zum Oktober 1989 blieb das ND bei der üblichen Berichterstattung, mit viel medialer Ignoranz gegenüber den Prozessen »auf der Straße« und vor allem bei der Leugnung der inneren Krise im Land. Zwar war ab 1987 die Problemlage durch die ND-Leserpost unübersehbar geworden, doch die von »oben« angelegten Maßstäbe setzte das »Neue Deutschland« gewohnt linientreu um: Hardliner-Artikel, grotesk anmutende Meldungen, propagandistische Plumpheiten, unrühmliche Sätze und zuletzt die ND-Jubelausgabe zum 40. Jahrestag der DDR sind beredte Zeugnisse dafür, wie das ND weit weg von den realen Entwicklungen als Medienwerkzeug der Parteispitze funktionierte.

Die innere Krise des Landes und die wirtschaftliche Schieflage wurden im ND nicht mehr abgebildet.

Wir
waren
das
Volk.
Alexanderplatz, 4. November 1989

Erst mit dem Abschied von Honecker, Herrmann und Mittag im Oktober 1989 begann sich die Parteizeitung von innen heraus zu verändern. Zunächst herrschte jedoch eine Art Vakuum, da buchstäblich über Nacht die Bevormundung wegfiel und von der neuen Parteiführung unter Egon Krenz aufgrund ihres Krisenmanagements und der plötzlichen ideologischen Leere kaum oder nur widersprüchliche Anweisungen kamen.

Im Hause gab es hitzige Diskussionen und es herrschte eine Art »Versammlungswut«. Als Erstes regte sich Widerstand gegen die Profilierungsversuche der »alten« stellvertretenden Chefredakteure. Die Suche nach einem neuen Chefredakteur sollte bis Mitte November 1989 dauern, dann erst fiel eine Entscheidung, und es folgte ein ernstzunehmender und zugleich konfliktreicher Wandlungsprozess. Letzterer bedeutete, dass die einen für eine neue klare Linie in der Zeitung waren, die anderen nur noch ungehinderte Pluralität in der Redaktion wollten. Wie auch immer sich dieser Gegensatz gestaltete, er wurde inzwischen durch einen gemeinsamen Nenner produktiv in Zaum gehalten: »Journalismus muss auch Spaß machen.«[1]

Umbruch-Zeiten

Die Belegschaften der drei Zeitungsbereiche reagierten auf die Proteste in der Bevölkerung zum 40. Jahrestag in ähnlicher Weise, aber in unterschiedlicher Intensität. Im Druckereibereich ging es wie gewöhnlich am weitesten. Dort wurden die Ereignisse vom 7./8. Oktober, so ein MfS-Informant, »mit ausgesprochener Schadenfreude« kommentiert. Wörtlich hieß es in seinem Bericht vom 12. Oktober 1989: »Verhöhnt wurden die Bemühungen der Sicherheitskräfte, gewaltsame Handlungen zu unterbinden. Weiterhin wurde kritisiert, daß Informationen nur über Westmedien verbreitet wurden. Reaktionen von Genossen zu dieser Problematik blieben aus. Gleiches Verhalten wird zur Problematik des ungesetzlichen Verlassens der DDR … festgestellt.« In der Parteileitung der ND-Druckerei, so der MfS-Bericht weiter, »soll eine destruktive Atmosphäre herrschen. Die Genossen sollen der Auffassung sein, daß es der SED nicht gelingt, die politischen Spannungen zu beseitigen

Der lange Marsch des ND in eine plurale Meinungswelt begann mit einem ersten Schritt, der zunächst das Personalkarussell kräftig zum Drehen brachte.

und damit die inneren Probleme der DDR zu lösen. In der (Parteileitung) soll seit geraumer Zeit pessimistisch diskutiert werden, unter anderem wurden folgende Meinungen geäußert: ›Die DDR steckt in einer Krise, aus der sie nicht mehr herauskommt‹, ›Die DDR ist nie in der Lage, die wirtschaftlichen Probleme zu lösen‹« …[2]

Die ND-Redaktion setzte wiederum Hoffnung auf die letzte Erklärung des SED-Politbüros unter Honecker am 11. Oktober 1989. Neben einer offeneren Mediendarstellung wurde darin nebulös und die tatsächliche Lage ignorierend dazu aufgerufen, dass das Volk sich Gedanken machen und Vorschläge einbringen soll, um den Sozialismus in der DDR zu erneuern und voranzubringen. Das motivierte zwar die Journalisten beim ADN und ND, aber zugleich machte sich Enttäuschung breit, da es keine personellen Konsequenzen zu geben schien. Die Kritik der Presseleute richtete sich gegen die Bevormundung und die ständige Einmischung der SED-Führung und der ZK-Abteilung für Agitation und Propaganda. Als sich der personelle Wechsel dann wenige Tage später doch vollzog, das heißt Honecker am 18. Oktober von seinem Posten entbunden wurde und mit ihm auch Joachim Herrmann und Günter Mittag das Feld räumten, wurde das unter den Parteijournalisten erst einmal als ein großer Erfolg verbucht und geradezu als »Erlösung« empfunden.[3] Auf einmal, so die damals Beteiligten, kam es im ND zu offenen Debatten und es meldeten sich Leute zu Wort, die vorher nie etwas gesagt hatten. Doch was im ND in jenen Tagen ablief, vollzog sich beispielsweise im Vergleich zu den SED-Bezirkszeitungen oder den Betrieben der DDR-Wirtschaft eher zurückhaltend und in »geordneten Bahnen«.[4]

Nachdem Chefredakteur Herbert Naumann sich ab dem 18. Oktober 1989 einfach krank gemeldet hatte und dem ND fernblieb, signalisierte er der neuen SED-Führung seine Rücktrittsabsichten.[5] Die stellvertretenden Chefredakteure versuchten nun, mit dem weiter gefassten Redaktionskollegium eine »schaumgebremste Neuprofilierung« der Zeitung hinzubekommen, wie es der Redaktionssekretär Michael Müller nannte. Bezeichnenderweise gab es eigentlich niemanden, »der die Macht, die da auf den Korridoren lag, aufgenommen hätte. Es gab keinen Typ in der Redaktion, der fünf, sechs Leute um sich scharte und sagte: Jetzt machen wir das. Dazu fehlte entweder der richtige Typ oder die nötige Frische, oder auch die Durchsicht. Kurzum, die Leute, die vorgeschlagen worden sind für die neue Leitung, wurden von einem Mix des neu gewählten und dennoch bröckelnden Politbüros vorgeschlagen.«[6]

In der neuen SED-Führung kümmerte sich nach dem 18. Oktober zunächst Günter Schabowski um das Zentralorgan. Er favorisierte den stellvertretenden Chefredakteur Harald Wessel für den Posten des neuen Chefredakteurs; als zweiter Kandidat wurde Werner Micke, ebenfalls stellvertretender Chefredakteur, gehandelt, den der neue SED-Chef Egon Krenz gern auf diesem Posten gesehen hätte. Micke lehnte aber von sich aus ab, er sah seine Rolle in den vergangenen Jahren kritisch und verzichtete.[7] Interessant ist, dass Werner Micke am Ende der siebziger Jahre aufgrund seiner beruflichen Kontakte zur US-Botschaft beim MfS in den Verdacht geriet, ein Agent des US-Geheimdienstes zu sein. Er wurde in der Normannenstraße unter der Chiffre »Schakal« geführt. Bei der Observierung ging das

MfS sogar so weit, einen MfS-Mann über eine der Töchter in die Familie Mickes einzuschleusen, um vermeintlich handfeste Beweise gegen den stellvertretenden ND-Chefredakteur in die Hand zu bekommen. Die Verdächtigungen erwiesen sich freilich als absurd und nicht haltbar.[8]

Der eigentliche Kandidat war Harald Wessel, der sich aber vor allem durch seinen Artikel über den Film »Die Reue« und andere Äußerungen in den vergangenen Jahren als Hardliner diskreditiert hatte. In der ND-Redaktion gab es erheblichen Widerstand gegen ihn, zumal er auch als der interne »Ideologiechef« der Parteizeitung bezeichnet wurde. Sein Versuch, sich in der ND-Ausgabe vom 28. Oktober 1989 öffentlich in einem Interview mit Klaus Höpcke zu profilieren, ließ die Wogen in der Redaktion gegen ihn noch höher schlagen.[9] Zum offenen Bruch kam es schließlich auf der außerordentlichen SED-Mitgliederversammlung von Redaktion und Verlag am 2. November 1989.[10] Durch die Versammlung führte damals Günter Schabowski, der dann auch offiziell erklärte, dass Chefredakteur Naumann darum bat, von seiner Funktion entbunden zu werden.

Als Nachfolger Naumanns wurde nun Harald Wessel von Günter Schabowski vorgeschlagen: »Dieser

Vorschlag löste bei allen anwesenden Genossen einen Protest aus, welcher in einzelnen Diskussionen dann auch begründet wurde. Es wurde eingeschätzt, daß Wessel ein guter Journalist ist, aber kein guter Leiter eines Kollektivs.«[11] An diesem Tag kam es zu keiner Einigung, und so wurde festgelegt, dass bis zum 6. November 1989 von der Redaktion in Sachen Chefredakteur eine Entscheidung getroffen werden sollte. Zudem wurden alle Anwesenden aufgefordert, an der Demonstration am 4. November 1989 teilzunehmen.[12] Auf dem Alexanderplatz wurde durch mitgeführte Transparente auch die inhaltliche Zusammenfassung der ND-Versammlung vom 2. November sichtbar: »Herbell, Micke, Wessel – wann räumt ihr eure Sessel?«[13]

Gregor Gysi, hier in der DDR-Volkskammer, ist einer der Mitbegründer des »neuen ND«.

Durch die Öffnung der Grenzen und das auf der 10. Tagung des ZK verabschiedete Aktionsprogramm zur Reformierung von Partei und Staat hatte sich schlagartig alles verändert: Während sich die halbe DDR zur Besichtigungstour in den Westen aufmachte und dabei das Begrüßungsgeld abholte, bildeten sich »Debattierklubs« auf den Fluren des ND: »So heftig ward nie zuvor und nie mehr danach diskutiert. Es wurde geschimpft, gemahnt, gefordert, beschwichtigt. Eine Versammlung jagte die andere.«[14] In diesen Tagen fiel die Entscheidung für den neuen Chefredakteur, und am 14. November wurde dem ZK mitgeteilt, auf wen die Wahl am Ende gefallen war – Dr. Wolfgang Spickermann, bis dahin Abteilungsleiter der Redaktion Wissenschaften des »Neuen Deutschland«. Die bislang sechs stellvertretenden Chefredakteure wurden auf vier Stellvertreterposten reduziert: Reiner Oschmann, Michael Müller, Dieter Brückner und Rolf Günther. Zum Redaktionskollegium zählten: Rosemarie Blaschke,

Dr. Wolfgang Spickermann, frisch gebackener ND-Chefredakteur (links), bei einem der letzten Interviews, die Egon Krenz als Generalsekretär der SED gab.

Peter Berger, Karin Dörre, Sander Drobela, Hans-Jörg Glöde, Gerd Prokot und Klaus Ulrich Huhn. Den Posten des Verlagsdirektors übernahm Rudolf Danek. Das war die neue Mannschaft und, wenn man so will, der Neuanfang Mitte November 1989.[15] Im ND vom 16. November 1989 meldete sich der neue Chefredakteur »In eigener Sache« erstmals zu Wort: »Wir verstehen uns als Forum der demokratischen Willensbildung in unserer Partei.«

Noch vor der Ernennung des neuen Chefredakteurs, am 8. November 1989, hatte die ND-Abteilung Leserpost eine Sammlung von Briefen, Meinungen und Stellungnahmen der ND-Leserschaft an das ZK zur Kenntnisnahme und Information über die Stimmung im Land geschickt. Am 15. November kam die Sendung – ungelesen – aus dem ZK wieder zurück. Im Begleitschreiben, das noch an den bisherigen Chefredakteur gerichtet war, hieß es, dass er gefälligst in seinem Laden für Ordnung sorgen solle, »damit sich solche Vorgänge nicht wiederholen«. Andere Redaktionen würden ihre Leserpost auch nicht durch die Gegend schicken. Eine der ersten Amtshandlungen des neuen Chefredakteurs Wolfgang Spickermann war die Abfassung einer gepfefferten Antwort an den Verfasser des Schreibens im ZK. Sinngemäß erklärte der neue Chefredakteur dem ZK-Mitarbeiter, dass er wohl die Zeichen der Zeit nicht erkannt habe und es damit vorbei sei, dass die Medien unter SED-Bevormundung stünden. Von einer kommentarlosen Veröffentlichung des Briefes im ND, so der Chefredakteur, hätte die ND-Redaktion Abstand genommen: »Du solltest Dich dafür bedanken ... Mit reduzierten Grüßen ...«[16]

Als Wolfgang Spickermann am 15. November 1989 sein neues Büro bezog, war es von allen geschäftlichen Akten und Unterlagen leer geräumt. Eine »ordentliche Geschäftsübergabe« fand nicht statt.[17] Allein dieser Vorgang war bezeichnend. Unter dem neuen Chefredakteur versuchte die Zeitung nun, eine Art demokratische »Selbstverwaltung« hinzubekommen: »Die Instanzen, die diktierten, gab es nicht mehr. Da habe ich mich auch nicht bemüht zu fragen, ob es die noch gibt. Und für mich war das Problem: 530 Mitarbeiter hatte das ›Neue Deutschland‹ damals, Verlag und Redaktion, wie kriegt man das so strukturiert, dass eine lesbare Zeitung rauskommt? Da habe ich gesagt, das kriege ich nur hin, wenn jeder mitzieht. Wir haben zunächst im Hause eine demokratische Öffentlichkeit hergestellt. Es gab dann kurz vorher auch ein Redaktionsstatut, wo wir dann erst mal Regeln festgeschrieben haben, dass das Drangsalieren von oben nach unten aufhört – ›innere Pressefreiheit‹ nannten wir das. Dieses Redaktionsstatut besagte, dass eine gewisse Achtung vor dem geschriebenen Wort der Kollegen entsteht.«[18]

Mit der neuen Redaktionsleitung wurde die Zeitung nun »von Tag zu Tag« gemacht. In den folgenden Wochen und Monaten vollzog sich beim ND so etwas wie ein Selbstorganisationsprozess: Die neue Chefredaktion gab im November 1989 lediglich den Anstoß und sorgte für einen neuen Handlungsrahmen. Der damalige stellvertretende Chefredakteur Michael Müller beschrieb die Atmosphäre und die sich daraus entwickelnde Linie der Zeitung später so: »Die Neukonstituierung der Chefredaktion setzte sich in den Abteilungen fort, die ersten Sachen haben wir aus der Chefredaktion eingeleitet. Da kam natürlich eine Menge von Elan und auch Profilierungssucht, dass man jetzt aufbegehrte, alle wollten alles machen und es war eigentlich so, dass das an der neuen Chefredaktion vorbeiging. Im Nachhinein glaube ich, dass dann dieser Weg frei war, so wie es heute auch sehr ausgeprägt ist im ND, dass die einzelnen Ressorts die Themen bestimmen, die sie in die Zeitung bringen. Es war sicherlich nicht von einem Tag auf den anderen, aber da formierten sich junge Leute, andere gingen weg, neue kamen dazu.«[19]

Dann ging es beim ND, wie überall im Land, Schlag auf Schlag: Die innere Reformierung vollzog sich parallel zur äußeren Neuprofilierung. Noch vor dem Sonderparteitag der SED am 8. Dezember 1989 wurde die Unterzeile im Zeitungskopf geändert. Nun war das ND wieder das Zentralorgan der Partei – der SED. Zwei Wochen später, als der Sonderparteitag (16./17.12.1989) fortgesetzt wurde und die Umbenennung in SED/PDS erfolgte, änderte sich auch das wieder, und am 18. Dezember 1989 erschien das ND mit der heute noch gültigen Unterzeile: »Sozialistische Tageszeitung«. Der seit Oktober 1957 abgedruckte Schriftzug »Proletarier aller Länder, vereinigt euch!« verschwand ab dieser Ausgabe von der Titelseite.

NEUES DEUTSCHLAND
SOZIALISTISCHE TAGESZEITUNG

B-Ausgabe
Einzelpreis 15 Pf

Redaktion und Verlag: Franz-Mehring-Platz 1, Berlin, 1017. Telefon: 5 83 10 (Sammelnummer). ISSN 0323–4940

44. Jahrgang / Nr. 297

Montag, 18. Dezember 1989

Parteitag der SED-PDS setzte klare Zeichen

Wir stellen uns der Pflicht, für dieses Land Verantwortung zu tragen

Parteivorsitzender Gregor Gysi: Neuer Anfang gemacht / Parteistatut und nächste Aufgaben beschlossen / Partei geht mit eindeutigen Aussagen in den Wahlkampf Wir sind angetreten gegen rechts, für die Volksinteressen / Von unseren Berichterstattern

Berlin. Die Sozialistische Einheitspartei Deutschlands – Partei des Demokratischen Sozialismus (SED-PDS) ist bereit, Verantwortung für dieses Land zu tragen. Sie ist offen für eine Koalition mit allen Kräften, denen das Wohl des Volkes und die eigenstaatliche Zukunft der DDR am Herzen liegen. Das ist das eindeutige politische Bekenntnis der Delegierten des außerordentlichen Parteitages, der am Sonntagnachmittag in Berlin abgeschlossen wurde.

An einem der Saalmikrofone: Immer wieder Fragen der Delegierten Foto: ND/Murza

Warum jetziger Name?

Für die DDR – für demokratischen Sozialismus

Standpunkte der Partei

Laßt uns zur Partei des Kampfes um soziale Sicherheit werden! Hohe Wirtschaftlichkeit ja, aber nicht zu Lasten der sozialen Sicherheit unserer Werktätigen. Deshalb sind wir für starke Gewerkschaften und ein wirksames Mitbestimmungsrecht von zu schaffenden Betriebsräten.

★

Diejenigen, die jetzt einen deutschen Sonderweg der Vereinigung fordern, der nicht einmünden soll in eine europäische Einigung, spielen bewußt oder unbewußt mit dem Feuer. Großdeutschland, das wäre ein Sieg der Rechten in Deutschland und würde die Linken an den Rand der Gesellschaft bringen, einschließlich der Sozialdemokraten, auch wenn sie es nicht glauben und auch wenn einige ihrer Führer jetzt uns demokratischen Erneuerern des Sozialismus das ...

Alte und Hilfsbedürftige. Unser Wirken gilt dem antifaschistischen, friedensorientierten Charakter der Gesellschaft und aktiver internationaler Solidarität.

★

Wir knüpfen wieder an Traditionen der Länderreform nach dem zweiten Weltkrieg sowie der Verfassung der DDR vom 7. Oktober 1949 an. Die Wiedereinführung der Länder baut Apparat ab, schafft Verwurzelung der Menschen mit ihrem Land, teilt Verantwortung und führt zu mehr Demokratie in den Kommunen.

★

Eine neue Verfassung könnte nach unserer Auffassung statt des bisherigen Staatsrates einen Präsidenten vorsehen, der eine Integrationsfigur für unser Land sein müßte.

★

Unsere Partei spricht sich dafür aus, daß die Universitäten und Hochschulen einen juristischen ...

Neues Layout ab der Ausgabe 18.12.1989 – Was sich dann in den Jahren 1990 und 1991 von Monat zu Monat vollzog, ist dem Grunde nach eine ganze Zeitungsgeschichte für sich.

Doch die Umfirmierung änderte erst einmal nichts an der Tatsache, dass »Neues Deutschland« vor allem gegen seinen lädierten Ruf ankämpfen musste. Es wechselte noch mehrfach das Layout, neue Rubriken kamen dazu und verschwanden wieder, Ausgaben wurden erweitert oder wieder zusammengelegt bzw. eingestellt – und die Preise erhöhten sich. Vor allem aber brach die Auflage der Zeitung ein – von täglich 1,1 Millionen Exemplaren im Oktober 1989 auf 216 000 Zeitungen im Oktober 1990.[20]

Im Juni 1990 wurde aus dem ND wieder eine GmbH und die Zentrag überwies den letzten Zuschuss – 31 Millionen DDR-Mark – an die Zeitung. Etwas spät, wie sich zeigen sollte, da die Treuhand dieses Geld ein Jahr später aufgrund einer Stichtagregelung wieder vom ND zurückforderte. Nach der Währungs-, Wirtschafts- und Sozialunion zum 1. Juli 1990 wurde das letzte Zuschussgeld der Zentrag dann in D-Mark (2:1) umgetauscht.

Es war ein Glücksfall für die Zeitung, dass Chefredakteur Spickermann, der ja promovierter Physiker war, etwas vom Rechnen und auch von der Modelltheorie verstand. Damals – im April/Mai 1990 – betrug die Auflage noch etwa 430 000 Exemplare, doch sie sank von Woche zu Woche. Ein dramatischer Absturz zeichnete sich ab. Denn zugleich blieben die hohen fixen Kosten der Zeitung wie beispielsweise die Übertragungskosten per Funk im Rahmen des dezentralen Drucks. Immerhin bekam die Deutsche Post dafür vom ND monatlich 500 000 Mark. Ein anderes Beispiel war der Papierpreis, der bislang über Zuschüsse beglichen worden war. Zudem existierte ein riesiger Personalüberhang.

Die Zeitung – also das Unternehmen »Neues Deutschland« – war einfach viel zu groß und viel zu teuer. Es musste umstrukturiert, ausgegliedert,

»abgespeckt« und gekündigt werden. Der dezentrale Druck wurde aufgegeben, die Bezirks- bzw. Länderredaktionen aufgelöst. Aber es gab auch technische Innovationen: Im Dezember 1990 wich der traditionelle Bleisatz dem Fotosatz und es wurde wieder zentral gedruckt. Allerdings musste der Druckbereich von der Redaktion und dem Verlag abgekoppelt werden. Vom letzten Zuschuss der Zentrag kaufte sich die Zeitung ein modernes Redaktionssystem. Hierfür besuchte der Chefredakteur übrigens die Redaktionen von »Bild« und FAZ. Nachdem er sich dort die Vor- und Nachteile der genutzten Redaktionssysteme angeschaut hatte, schaffte die Zeitung das »Cicero«-System an, das im Oktober 1990 eingeführt wurde.

Am schwierigsten gestaltete sich die Reduzierung des Personalbestandes. Viele Mitarbeiter gingen freiwillig oder mussten gehen; einige taten das nicht im Guten oder sie waren einfach enttäuscht. Es gab mehr als hundert Arbeitsrechtsklagen und Prozesse. Trotz all dieser Maßnahmen stellte sich Anfang 1991 weiterhin die Existenzfrage für das ND. Ein erneuter Kassensturz ergab: Wenn alles so weiterging wie bisher, dann war das ND zum Ende des Jahres pleite. Nun wurden Sanierungskonzepte entwickelt und Überlebensstrategien entworfen. Doch es sollte noch schlimmer kommen. Die Treuhand meldete sich bei der Zeitung und hegte Ansprüche. Der erste Versuch vom 18. März 1991 konnte abgewehrt werden. Es gab Formfehler. Beim zweiten Mal hatte sich die Treuhand besser vorbereitet. Diesmal bekam die Aktion sogar einen Code-Namen: »D-Day«, wie die Eröffnung der 2. Front im Zweiten Weltkrieg.[21]

Letzter Bleisatz für die ND-Ausgabe vom 1. Dezember 1990

Am späten Nachmittag des 22. Oktober 1991 glaubten nicht wenige, das Ende des »Neuen Deutschland« sei praktisch besiegelt. An jenem Dienstag tagte in Berlin wieder einmal die Kommission zur Überprüfung des Vermögens der Parteien und Massenorganisationen der DDR. Erwartet wurde eine Entscheidung zum Schicksal der sozialistischen Tageszeitung, die von der Kommission schon mehrfach hinausgezögert worden war. Zwei Reporter hatte das ND entsandt, die – um schnellstmöglich berichten zu können – eines der ersten Mobiltelefone mitschleppten. Das war damals noch kein handliches Gerät, das man lässig aus der Jackentasche zog, sondern ein erstaunlich schwerer Kasten, mit dessen Hilfe sich nur im Glücksfall eine knisternde Verbindung innerhalb Berlins herstel-

len ließ. Was die beiden Berichterstatter zunächst ihren Kollegen in der Redaktion und am folgenden Tag ihren Lesern mitzuteilen hatten, schien nur auf den ersten flüchtigen Blick erfreulich zu sein: Das »Neue Deutschland«, erklärte Kommissionschef Prof. Hans-Jürgen Papier, ein Jurist aus Bielefeld, werde aus der Verwaltung durch die Treuhandanstalt entlassen und an die Gesellschafter – PDS sowie Deutscher Verlags- und Druckereikontor GmbH (DVDK) – zurückgegeben. Sogar von Pressefreiheit war die Rede.[22]

Schon beim zweiten Hinschauen indessen entpuppte sich der Beschluss der Kommission – nach kontroverser Diskussion mit acht Befürwortern bei drei Gegenstimmen und vier Enthaltungen äußerst knapp gefasst – als Katastrophe. Denn verweigert wurde die vom ND beantragte Freigabe von sechs Millionen Mark aus dem Bestand von PDS und DVDK. Das war deshalb so verheerend, weil diese Gelder dringend für die Sanierung und Umstrukturierung der Zeitung gebraucht wurden. Anders als andere Blätter, die nach der Wende schnell von großen Westverlagen gekauft worden waren, musste das ND den Neustart in die Marktwirtschaft und die Umstellung auf neue Computertechnik vollständig aus eigener Kraft bewältigen. Nicht einmal Kredite konnte die Zeitung nach dem Entscheid der Kommission aufnehmen, weil auch das Verlagsgebäude und -grundstück der ND-GmbH gesperrt blieben – bis ihr rechtmäßiger Erwerb geprüft sein würde. Mit dieser Prüfung hatte sich die Kommission schon vorher viel Zeit gelassen. So viel

Walter Grenzebach beim Einsatz auf dem Alexanderplatz. Dieser Allrounder aus der Werbeabteilung des ND sorgte von 1967 an fast 30 Jahre lang für eine rege Öffentlichkeit.

Zeit, dass der finanzielle Spielraum für das »Neue Deutschland« immer enger wurde. Zwei Konzepte und ein Gutachten, die der Zeitung bescheinigten, dass sie saniert werden könne, wurden von der Kommission abgelehnt bzw. ignoriert. Mehrfach wurde das Thema ND aus fadenscheinigen Gründen von der Tagesordnung abgesetzt, obwohl die Zeitung sich schon seit Frühjahr 1991 unter treuhänderischer Kontrolle und Verwaltung befand. Das gesamte Rechnungswesen der Zeitung wurde penibel überwacht, die Treuhand wollte sogar detaillierte Angaben über Mitarbeiter und die Autoren der Zeitung.

den Konsequenzen des Beschlusses erklärte er in exakter Kenntnis der schwierigen finanziellen Lage der Zeitung, dass dem ND wohl nur die Liquidation bleibe. So bezeichnete denn auch der damalige Chefredakteur und Geschäftsführer Wolfgang Spickermann in einem Leitartikel die Entlassung des ND aus der Treuhandverwaltung ohne jegliche Mittel als Danaergeschenk und sprach von einem Regierungscoup, maßgeblich geführt vom Bundesinnenministerium.[23] PDS-Bundesgeschäftsführer Dr. Dietmar Bartsch, der mit der Treuhand und Kommission auch wegen der Finanzen seiner Partei im Clinch lag, meinte, wenn kein Wunder geschehe,

Auftakt des legendären ND-Pressefestes für das Jahr 1994 am Franz-Mehring-Platz: Heinrich Fink, Edgar Külow, Daniela Dahn, Jürgen Kuczynski, Täve Schur (v. l. n. r.)

Der Zugriff der Treuhand war derart restriktiv, dass »Neues Deutschland« im Juli 1991 fünf Tage lang mit der schwarzen Zeile »Die einzige deutsche Tageszeitung unter direkter Regierungskontrolle« auf der ersten Seite über dem Zeitungskopf titelte. Die spektakuläre Überkopfzeile verschwand erst wieder, als die Treuhand ihre buchhalterische Kontrolle auf ein so erträgliches Maß beschränkte, dass eine halbwegs normale wirtschaftliche Tätigkeit der Zeitung wieder möglich wurde.

Was aus dem ND werden sollte, war für Kommissionschef Papier, der wenige Jahre später zum Präsidenten des Bundesverfassungsgerichts aufstieg, offenbar klar: Auf Journalistennachfrage zu

sei das Ende des »Neuen Deutschland« nahe: Der PDS als ND-Gesellschafterin seien wegen der Politik von Treuhand und Kommission jedenfalls weitgehend die Hände gebunden.[24] Der PDS-Vorsitzende Gregor Gysi wies darauf hin, dass die Kommission ursprünglich zugesagt hatte, dem ND Finanzen zur Verfügung zu stellen, bis im März 1992 ein Sanierungskonzept vorliege – nun sollte die Zeitung ein halbes Jahr vorher abgewürgt werden.[25] »Neues Deutschland wird in den Konkurs entlassen«, titelte die »Berliner Zeitung« in einem Bericht.

Womit Prof. Papier und die Mehrheit seiner Kommissionskollegen nicht gerechnet hatten: Umgehend regten sich Protest und Widerstand. Schon am

Die Solidarität der Leser mit ihrer Zeitung ermöglichte Ende 1991 das wirtschaftliche Überleben.

Tag nach der Kommissionsentscheidung gründete sich der bis heute aktive »Verein der Freunde und Förderer der sozialistischen Tageszeitung Neues Deutschland« der sich beim Amtsgericht Berlin-Charlottenburg registrieren ließ. Leser und PDS-Politiker, linke Publizisten und Künstler erklärten ihre Solidarität. Auch Zeitgenossen, die man nicht von vornherein als ND-Sympathisanten einstufen konnte, äußerten sich deutlich. Wolfgang Ullmann etwa, DDR-Bürgerrechtler und zu jener Zeit Bundestagsabgeordneter für Bündnis 90/Die Grünen, wünschte sich, »daß ND über den Berg kommt und seine Finanzierung auf eine solide Basis gestellt wird«.[26] Der Schriftsteller Stefan Heym sprach von »finanziellen Tricksereien von Regierungsseite« und plädierte dafür, »daß Meinungen verschiedener Art, auch solche des ›Neuen Deutschland‹, der Öffentlichkeit unterbreitet werden können«.[27] DDR-Radsportidol Täve Schur formulierte volkstümlicher: »Ohne ND würde ich doof durch die Welt gehen. Die Entscheidung gegen ND ist gewollt. Es soll alles kaputt gemacht werden, was DDR war.«[28] Die IG Medien Berlin-Brandenburg erklärte: »Sie reden von Pressefreiheit und knebeln ND, indem sie ihm die wirtschaftlichen Mittel sperren.« Auch CDU-Politiker Ulf Fink attestierte dem ND einen Wandel nach schlimmer Vergangenheit und befand, das Blatt gehöre zu einer pluralistischen Zeitungslandschaft.[29]

Am interessantesten war vielleicht die Bemerkung von Treuhand-Präsidentin Birgit Breuel: »Wir äußern uns nicht zu politischen Entscheidungen«, meinte sie als bezeichnenden Kommentar zu den Beteuerungen von Kommissionschef Papier, man habe sich nur an rechtsstaatliche Grundsätze gehalten. Die Distanz der Treuhand war verständlich: Schließlich hatte die Kommission in ihrem Eifer einen Antrag der Treuhand abgelehnt, dem ND sechs Millionen Mark für Sanierungszwecke zur Verfügung zu stellen. Nun wollte Birgit Breuel offenbar nicht als Plattmacherin des »Neuen Deutschland« dastehen.

Vier Tage nach Hans-Jürgen Papiers Pressekonferenz ging das »Neue Deutschland« in die Offensive: Die Leser wurden zu einer Spendenaktion aufgerufen. Wenn es gelänge, in den zwei Monaten bis Jahresende 1991 eine Million Mark zu sammeln, schrieb der stellvertretende Chefredakteur Reiner Oschmann, könne die Zeitung dem politisch motivierten Todesurteil entgehen und hätte fürs Erste den nötigen Spielraum, weiterzumachen und an ihrer Sanierung zu arbeiten.[30] Die komplette PDS-Führung unterstützte demonstrativ den Spendenaufruf. Bereits Anfang Dezember waren schon mehr als 900 000 Mark auf das Spendenkonto überwiesen, kurz vor Weihnachten die Eine-Million-Grenze überschritten.

Die Blockadehaltung der Parteienkommission traf das »Neue Deutschland« mitten in einer ohnehin schwierigen Phase der Neuorientierung: Der Verlag kämpfte mit Auflagenrückgang, nicht zuletzt, weil

Das Neue Deutschland ist eine klassische Abonnement-Zeitung, Sie lebt von der Treue und Solidarität ihrer Leser.

die Zahl der Medienangebote sich potenzierte. In dieser Zeit traten auch das Internet und andere neue Informationstechnologien ihren Siegeszug um die Welt an. Das Nutzerverhalten änderte sich, zumal die Kaufkraft in den neuen Bundesländern erheblich unter dem Bundesdurchschnitt lag.

Selbst wenn sich das Tempo des Rückgangs ab 1992 allmählich verringerte, konnte die Zeitung trotz aller Bemühungen den fatalen Abwärtstrend nicht ins Positive umkehren. Der aus weit über 500 Mitarbeitern bestehende Personalbestand von Verlag und Redaktion musste um des Überlebens willen auf ein wirtschaftlich vertretbares wie journalistisch nötiges Maß reduziert werden. Gewiss, räumte Chefredakteur und Geschäftsführer Spickermann damals ein, habe man auch beim ND strategisch nicht immer richtig gelegen: »Viel zu lange befanden wir uns in dem Irrglauben, Treuhand und Parteienkommission wären an einer fairen, weil rechtsstaatlichen Lösung interessiert.«[31] Trotzdem blieb man auf Augenhöhe mit der technologischen Weiterentwicklung: Mit Hilfe moderner Computer wurde der gesamte redaktionelle und technische Ablauf revolutioniert. Die bis dahin über die Deutsche Post gesicherte Zustellung der Zeitungen musste in kürzester Frist neu organisiert werden, was zusätzlich erschwert wurde, weil es einige Zustellfirmen der früheren Bezirkszeitungen über Jahre hinweg ablehnten, mit »Neues Deutschland« zu kooperieren.

Aber die Solidarität der Leser half der Zeitung aus ihrer existenzgefährdenden Krise und begründete gleichzeitig eine ganz neue Art von Eigentümerbewusstsein. Noch Jahre später erreichten die Redaktion Anrufe und Briefe von Lesern, die mit den Worten: »Ich habe damals gespendet …« begannen und so der meist folgenden Blattkritik umso mehr Gewicht verleihen sollten. Und Anlass zum Streiten, zur Auseinandersetzung gab es immer. Was kein Wunder ist angesichts der Tatsache, dass die Welt gerade vieler ND-Leser mit der Wende und der deutschen Vereinigung buchstäblich aus den Angeln geraten war. Die Partei, deren Zentralorgan das »Neue Deutschland« jahrzehntelang war, musste sich ebenso neu finden und orientieren wie die Zeitung selbst und die allermeisten ihrer Leser. Eine unabhängige linke, sozialistische Zeitung, die der PDS nahesteht – so lautete die Kurzformel eines neuen Selbstverständnisses der Redaktion, das sich über einen längeren Zeitraum in der täglichen Arbeit erst entwickeln und festigen musste. Die PDS musste lernen, dass es nicht mehr »ihre« Zeitung war, Redaktion und Verlag mussten lernen, dass es nicht mehr »ihre« Partei im alten Sinne war.

Es ging um einen vollständigen Neuanfang. Insbesondere, sich eine ganz andere Art des Zeitungmachens anzueignen – und auf diesem Weg sowohl die Leser mitzunehmen, neue Leser zu gewinnen und auch Glaubwürdigkeit und Akzeptanz bei Menschen zu erwerben, die das alte ND nur mit spitzen Fingern oder zum Zwecke der »Feindbeobachtung« angefasst hatten. Über die Jahre konnte die Redaktion Gastautoren und Gesprächspartner quer durch alle politischen Parteien und gesellschaftlichen Bereiche gewinnen, was sich zum Beispiel bis heute an den Wochenendkolumnen und den Debattenseiten ablesen lässt. Da finden sich der Grüne Jürgen Trittin, der Christdemokrat Norbert Blüm und der Sozialdemokrat Rudolf Dreßler, Schriftsteller wie Eduardo Galeano und Hermann Kant, Theologen wie Friedrich Schorlemmer und Eugen Drewermann, Gewerkschafter wie Detlef Hensche und Annelie Buntenbach u. v. a.

In Ruhe arbeiten konnte die ND-Belegschaft aber auch in den folgenden Jahren nicht. Trotz der Entlassung aus treuhänderischer Verwaltung hing über dem ND das Damoklesschwert: Die Treuhand forderte auf Drängen der Parteienkommission mehrere Millionen Mark von der Zeitung zurück, die Anfang 1990, noch zu DDR-Zeiten, als reguläre Subventionen geflossen waren. Im Herbst 1993 verwarf das Berliner Landgericht die Klage der Treuhand jedoch als unzulässig; im Februar 1994 endlich einigten sich Treuhand und PDS abschließend über den Umgang mit dem alten SED-Vermögen. Teil dieses Vergleichs war, dass die Forderung gegen das »Neue Deutschland« fallengelassen wurde.

Inzwischen hatte längst ein anderer Rechtsstreit begonnen. Anfang Oktober 1993 forderte die bundeseigene Deutsche Reichsbahn das ND auf, sein Gebäude am Ostbahnhof im Berliner Bezirk Friedrichshain zu verlassen und »geräumt an die Deutsche Reichsbahn herauszugeben«.[32] Die Frist dafür: vier Wochen. Dass die neue Attacke nur eine Woche nach dem Urteil des Berliner Landgerichts zugunsten des ND und gegen die Treuhand folgte, war kein Zufall. Schon im August hatte der »Spiegel« berichtet, dass im Falle einer Treuhand-Niederlage die Reichsbahn mit einer millionenschweren Klage kommen würde. Im Hintergrund stand diesmal nicht (wie bei der Treuhand) das von Wolfgang Schäuble (CDU) geführte Bundesinnenministerium, sondern das Bundesfinanzministerium unter Theo Waigel (CSU).

Die Deutsche Reichsbahn berief sich bei ihrem Ansinnen darauf, dass das ND-Gebäude auf einstigem Bahngelände steht. Zunächst hatte die Bahn einen auf Jahre befristeten Mietvertrag angeboten mit exorbitanten Mietnachforderungen seit Herbst 1990. Mit Auslaufen dieses Vertrages hätte »Neues Deutschland« sein Gebäude abreißen sollen. Nachdem die Bahn dann sogar die sofortige Räumung und Herausgabe der Immobilie verlangt hatte, erklärte das Berliner Landgericht dieses abenteuerliche Ansinnen für rechtens – und ermächtigte obendrein die Bahn, dieses Urteil jederzeit vollstrecken zu dürfen, obwohl es nicht rechtskräftig war. ND ging in Berufung, trotz drohender Prozesskosten von 750 000 D-Mark – und suchte sich vorsichtshalber ein neues Domizil.

Das ehemalige Kraftwerksgebäude am Berliner Osthafen. Zwischen 1995 und 2005 residierten ND-Verlag und -Redaktion am Ufer der Spree, da ihr angestammtes Hauptgebäude zum Objekt eines Rechtsstreits wurde.

Im Herbst 1995 zogen Redaktion und Verlag schließlich nach Alt-Stralau, in das ehemalige Kraftwerksgebäude auf dem 1913 in Betrieb genommenen Gelände des Berliner Osthafens. Dort blieb die Zeitung zehn Jahre lang, bis sie im Herbst 2005 wieder in ihr altes »neues« Haus am Ostbahnhof zurückkehren konnte. Zuvor hatte sich die nunmehr so firmierende Deutsche Bahn AG nach langem juristischem Tauziehen bereiterklärt, den Streit durch einen außergerichtlichen Vergleich beizulegen. Die Deutsche Bahn verkaufte den Teil des Grundstücks, auf dem das ND-Gebäude steht, an die Grundstücksgesellschaft Franz-Mehring-Platz 1 mbH, deren Hauptgesellschafter heute das »Neue Deutschland« ist.

Während der zehn Jahre des »Exils« in Alt-Stralau hatte sich im ND-Gebäude am Franz-Mehring-Platz allerhand getan: Als Verlag und Redaktion zurückkehrten, trafen sie auf eine bunte Mietergemeinschaft. Künstler und linke Gruppen hatten sich inzwischen hier angesiedelt, der Karl Dietz Verlag Berlin und die Rosa-Luxemburg-Stiftung, Juristen und diverse kleine Firmen. Mit der Medien Versand und Vertriebs GmbH (MVVG), einer gemeinsam von ND und Druckhaus Schöneweide (seit 1997 Druckpartner vom »Neuen Deutschland«) für Versand und Druckvorstufe gegründeten Tochterfirma, sowie MediaService GmbH BärenDruck und Werbung haben hier nicht zuletzt zwei Firmen ihren Sitz, die eng mit dem ND zusammenarbeiten.

Das Verlagsgebäude von »Neues Deutschland« ist Anziehungspunkt für viele kleine und mittelständische Unternehmen in Berlin-Friedrichshain. Die alljährlichen Pressefeste versammeln dort bis zu 5 000 Besucher.

Das neue ND

Auch die Zeitung hatte sich in den zehn Jahren gewandelt. Am augenfälligsten war dies am modernisierten Layout, nachdem schon 1992 der Wechsel vom unhandlichen, sogenannten »Prawda«-Format aus DDR-Zeiten auf das etwas kleinere, praktische Rheinische Format erfolgt war. Der Umfang wurde mit den Jahren erweitert – von werktags acht Seiten im Frühjahr 1990 auf bis heute 16 bis 24 Seiten in der Woche und bis zu 28 Seiten am Wochenende. Neue Themenseiten wurden eingeführt, um einem linken Publikum mehr interessanten Lesestoff zu bieten. Unter anderem entstanden im Laufe der Zeit die Freitags-Debattenseiten, die Nord-Süd-Seite, weitere regelmäßig erscheinende Spezialseiten zu Themenbereichen wie Bildung, Betrieb und Gewerkschaft, Außerparlamentarisches, Gesundheit, Umwelt und Europa. Regelmäßig gibt es Sonderbeilagen beispielsweise zur Leipziger und Frankfurter Buchmesse.

Verbunden waren diese Änderungen des Erscheinungsbildes und des Inhalts vom »Neuen Deutschland« mit der Weiterentwicklung der materiell-technischen Basis: In das seit Ende 1990 eingeführte Redaktionssystem Cicero wurde die digitalisierte Bildbearbeitung integriert, Anfang 1999 kam das neue Redaktionssystem CARDO, das schließlich im Jahr 2005 von dem webgestützten Redaktionssystem Red.Web abgelöst wurde – die Voraussetzung dafür, dass sich die Redaktion den Herausforderungen des digitalen Zeitalters stellen kann. Red.Web, – wie Cicero entwickelt von der »Rhein-Zeitung« in Koblenz – wurde an die Belange des ND angepasst.

Ein Jahr danach: Die größten Verlierer des Golfkrieges sind die Kinder (Seite 5)

Einzelpreis Berlin und neue Bundesländer 1,00 DM Wochenende 1,20 DM alte Bundesländer 1,20 DM Wochenende 1,40 DM ISSN 0323—4940

Neues Deutschland

SOZIALISTISCHE TAGESZEITUNG

Montag, 6. Januar 1992 B-Ausgabe 47. Jahrgang/Nr. 4

Gesprengte Brücke

Weg mit der Brücke hinter sich und frischen Muts zum anderen Ufer! Das war der Rat des Westens für die nun dahingeschiedene UdSSR. Unumkehrbar muß er schließlich sein, der Weg zur Marktwirtschaft, wenn Hilfe reichlich sprudeln soll. So hörte man's im Sommer 1990 auf dem Gipfel der sieben Reichen dieser Welt. So klang's in London ein Jahr später, als Gorbatschow, weil er als Brückensprenger nur mäßig überzeugend war, mit leeren Taschen wieder an die Moskwa reisen mußte.

Nun aber ist's geschehen. Jelzin jagte nicht nur die Brücke in die Luft, er liquidierte gleich das ganze Heimatufer. Das einzige, was jetzt noch fehlt, ist die verheißene Prämie für das radikale Werk.

Tarifstreit rückt Möllemann immer stärker ins Schußfeld der Kritik / SPD fordert:

Kohl soll „Minenleger“ bremsen

Berlin (ADN/dpa/ND). Bundeswirtschaftsminister Möllemann gerät wegen seiner am Wochenende erneut verteidigten Haltung zur bevorstehenden 92er Tarifrunde, insbesondere seiner Äußerungen zu einer „Vier-Prozent-Klausel“ und zur Begrenzung der Einkommenserhöhung für Beamte auf unter fünf Prozent, immer stärker in das Schußfeld der Kritik. SPD-Sozialexperte Dreßler warf ihm in einem Pressebeitrag vor: „Mit seinen unqualifizierten Forderungen, der Öffentliche Dienst sollte unter fünf Prozent bleiben, heizt Möllemann das Klima gefährlich an.“ Bar jeder Sachkenntnis mische er sich in Dinge, die ihn überhaupt nichts angingen.

Wenn der Bundeskanzler diesen „Minenleger“ nicht zurückpfeife, drohe ein Scheitern der Tarifverhandlungen und es werde zu Arbeitskämpfen kommen, so der SPD-Politiker. Falls dies tatsächlich eintritt, sei Möllemann dafür verantwortlich, wenn in der BRD das gesamte öffentliche Leben zusammenbricht. Die Chance, dies zu verhindern, habe man allerdings politik ab. Er habe Möllemann „leider vergeblich“ dringend geraten, „Zahlenspielereien zu unterlassen, die die schwierigen anstehenden Tarifverhandlungen nur belasten“. Generell müsse bei der Gesamtlage der Staatsfinanzen und der Beanspruchung der Kapitalmärkte an die Verantwortung der Tarifpartner appelliert werden, so Schäuble in einem Zeitungsin-

dersetzungen mit den Gewerkschaften des öffentlichen Dienstes, Bundesinnenminister Seiters, hat ebenfalls zu Vernunft und Verantwortung gemahnt.

Als Eingriff in die Tarifautonomie werteten Arbeitgeberpräsident Murmann und DGB-Chef Meyer im Deutschen Fernsehen den Vorschlag Möllemanns. Murmann meinte, schwierige Tarifverhandlungen würden nicht leichter, wenn von der Politik „gut gemeinte Prozentsätze“ genannt würden, die vermutlich das Gegenteil von dem bewirken, was in freier Verhandlung erreicht werden solle. Meyer wies darauf hin, daß Arbeitgeber und Gewerkschaften auch in der Vergangenheit schwierige Situationen bewältigt hätten. Das, was gegenwärtig vorgeschlagen werde,

Kursänderung in der vor uns liegenden Tarifrunde“. Die Öffentlichkeit müsse wissen, „daß wir jetzt darüber entscheiden, was Vorrang haben soll: Stabilität als Grundlage für zukünftiges Wachstum oder die Befriedigung von Anspruchsmentalitäten“.

Vor der negativen Darstellung der konjunkturellen Situation hat unterdessen der Zweite Vorsitzende der IG Metall, Zwickel, gewarnt. Wenn Arbeitgeber, Bundesregierung und Bundesbank mit dem Argument abflauender Konjunktur ein „Trommelfeuer gegen die Tarifforderungen“ eröffneten, wachse die Gefahr, daß die Konjunktur erst recht in den Keller geredet werde. „Hier werden unnötigerweise Schützengräben ausgehoben

Kroatien: Waffenruhe zunächst eingehalten

Weichenstellung für neues Jugoslawien

Belgrad/Zagreb (dpa/ND). Entgegen allen Zweifeln wurde der 15. Waffenstillstand im jugoslawischen Bürgerkrieg auch am Sonntag weitgehend eingehalten. Seit Inkrafttreten der Feuerpause am Freitagabend wurden sowohl aus Belgrad als auch aus Zagreb nur noch vereinzelte Schießereien mit Handfeuerwaffen gemeldet. Die Bürgerkriegsparteien warten nunmehr auf die Entscheidung der Vereinten Nationen über die Entsendung von Friedenstruppen in die Krisengebiete in Kroatien.

Die serbischen Medien feierten am Wochenende den Abschluß der sogenannten Jugoslawien-Konferenz, bei der in der Nacht zum terzeichneten das Jugoslawien-Abkommen, mit dem die politischen Grundsteine für ein neues Jugoslawien innerhalb verkleinerter Grenzen gelegt werden sollen.

Das Abkommen sieht vor, daß in Kürze das jugoslawische Bundesparlament einen neuen Verfassungsentwurf erstellen läßt, mit dem die bisherigen politischen Strukturen durch Mehrparteien-Wahlen geändert werden sollen. Nach dem Willen der Initiatoren dieses Abkommens sollen die Republiken Serbien und Montenegro sowie die serbisch besiedelten Gebiete in Kroatien und Bosnien-Herzegowina innerhalb der Grenzen dieses neuen Staates liegen.

Der Neuaufbau des lebenswichtigen Vertriebes seit dem Rückzug der Deutschen Post aus dem ostdeutschen Presseverwaltungs- und -zustellgeschäft konnte letztendlich nur durch eine flächendeckende Zusammenarbeit mit den regionalen Zeitungsverlagen der ehemaligen Bezirkspresse der DDR gelingen. Die gehören heute meist westdeutschen Großverlagen.

Die zunächst politisch motivierte Zurückhaltung dieser Partner bis Mitte der neunziger Jahre ging allmählich in eine vertrauensvolle Kooperation über.

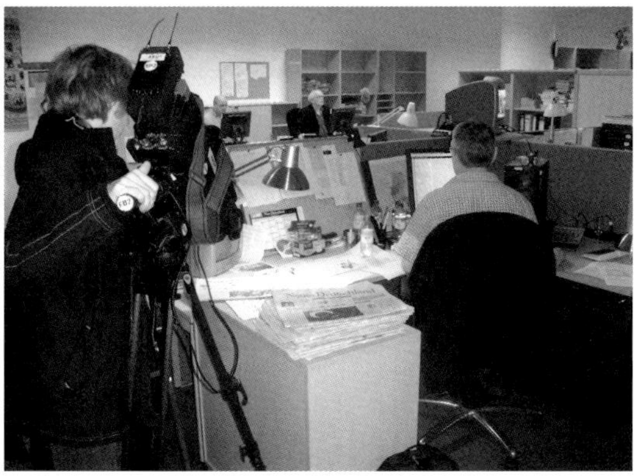

Interessanterweise war es das Verlagshaus Axel Springer, welches als Erstes erkannte, dass man mit Vertriebsdienstleistungen für »Neues Deutschland« Geld verdienen und deshalb politische Ressentiments sehr wohl zurückstellen kann. So betreut die Springer-Tochter ASV Vertriebs GmbH bis heute als Nationalvertrieb den kompletten Einzelverkauf von »Neues Deutschland«.

Manche liebgewonnene Tradition nahm die Zeitung vom Ostbahnhof mit nach Alt-Stralau und wieder zurück: die Leserwanderungen im Frühjahr und Herbst, die alljährlichen ND-Pressefeste, die Skatturniere, die Debatten im ND-Club. Anderes kam neu hinzu: die Erzählwettbewerbe, an denen sich viele Leser beteiligen, die Spendenkampagnen am Jahresende für Projekte in Entwicklungsländern, die ND-Mannschaft beim Rennsteiglauf, die Wahl der populärsten Sportler, die Schachturniere, die das ND zu einer festen Größe für Enthusiasten des Denksports machten. Geht man nach

Dreharbeiten des ARD-Hauptstadtstudios 2007 in den Redaktionsräumen des ND.

der Anzahl von Zugriffen auf die ND-Internetseiten, dann rangieren Beiträge zum Thema Schach oft ganz vorn.

Natürlich hat sich auch die Redaktion verändert. Schon Anfang 1990 tauchte der erste »Westpraktikant« auf – ein Student aus Köln, der neugierig auf die »Ostzeitung« war, einige Monate blieb und die ND-Politikredakteure in die Feinheiten der Westlinken einweihte. Attraktiv als Arbeitsort war das »Neue Deutschland« für politisch interessierte junge Leute seither immer wieder und ist es bis heute geblieben. Eine Zeit lang, in der ersten Hälfte der neunziger Jahre, überwogen die Bewerbungen für Volontariats- und Praktikumsstellen aus dem Westen. Es war damals beim ND wie auch anderswo im Osten: Viele Ostdeutsche strebten in Richtung alte Bundesländer und sahen ihre Zukunft dort; Linke aus dem Westen dagegen fanden die PDS und ihr Umfeld interessant und entdeckten es für sich. Inzwischen ist die Redaktion deutlich verjüngt und gut gemischt – auch, was die geografische Herkunft betrifft. Die bis heute gern kolportierte Legende, wonach die ND-Redaktion ein Hort übrig gebliebener Zentralorgan-Kader ist, entbehrt längst jeglicher Grundlage. Heute wissen weder Geschäftsführer noch Chefredaktion, ob Mitarbeiter aus Verlag und Redaktion Mitglied einer Partei oder politischen Organisation sind.

ND – dem Sport verbunden. v. l. n. r. Olaf Koppe, Täve Schur, Michael Müller (2006)

Leicht hat es die Zeitung in den Jahren seit der Wende nie gehabt. Abgesehen von den Auseinandersetzungen mit Treuhand und Parteienkommission hat sich das »Neue Deutschland« immer an den Grenzen der eigenen wirtschaftlichen Möglichkeiten gerieben. Dass die überdimensionierte Auflage von 1,1 Millionen aus DDR-Zeiten – begünstigt durch staatliche Subventionen, den Bezug durch Behörden und die Tatsache, dass es sich für viele der über zwei Millionen SED-Mitglieder einfach gehörte, das Zentralorgan zu abonnieren – nicht zu halten sei, war wohl allen ND-Mitarbeitern klar. Wofür niemand eine Lösung parat hatte: Wie kann der gerade in der Wendezeit rasante Abfall der Absatzzahlen aufgehalten werden und wo ist die letzte Schmerzgrenze – der Punkt, an dem es überhaupt nicht mehr weitergehen kann?

Zwar konnte das ND den schnellen Rückgang der Auflage bald verlangsamen, aber den Trend bis heute nicht völlig stoppen oder gar umkehren. Immerhin ist es gelungen, mit einer linken, kritischen Zeitung, die dem Osten Deutschlands die Aufmerksamkeit schenkt, die er braucht, die konsequent gegen jeden Krieg und jede Kriegsbeteiligung eintritt und Sozialabbau nicht als Reformpolitik beschönigt, alte Freunde zurückzuholen und neue Interessenten zu gewinnen. Kaum eine Zeitung hat sich von Anfang an so scharf mit der wirtschaftlichen und politischen Kolonisierung sowie der sozialen Benachteiligung Ostdeutschlands auseinandergesetzt wie »Neues Deutschland«. Kaum eine Zeitung hat so prinzipiell – mit Sonderausgaben und wochen-, teils monatelang erschienenen Sonderseiten – die Kriege und die Motive der kriegstreibenden Seiten in Irak, Jugoslawien und Afghanistan analysiert und kritisiert.

ND beschäftigt sich prüfend, aber nicht vernichtend mit der Geschichte der DDR und damit auch der eigenen. Es lässt, wenn es um die Befreiung vom Faschismus geht, die Rolle der Sowjetunion und den antifaschistischen Widerstand der Kommunisten nicht außen vor. Als in der Bundesrepublik schier endlos über die Entschädigung von NS-Zwangsarbeitern gestritten und gefeilscht wurde, erregte das ND Aufsehen mit der Veröffentlichung einer langen Liste jener Firmen, die sich einst auf Kosten von Zwangsarbeitern bereichert hatten.

Schließlich hat das »Neue Deutschland« so detailliert und kenntnisreich wie kaum ein Medium sonst die Selbstbehauptung der PDS begleitet: ihre Erneuerung und ihr Wiedererstarken im Osten; den langen, manchmal schier aussichtslosen Kampf um den Aufbau in den alten Bundesländern über die Annäherung an die Wahlalternative WASG bis zum Entstehen der neuen Partei DIE LINKE.

Die Zeitung war und ist dabei Beobachter und Diskussionsplattform in einem. Sie ist nicht Sprachrohr eines Flügels, einer Richtung, auch wenn ihr das von den unterschiedlichen Interessengruppen gelegentlich vorgeworfen wird. Sie will die ganze Spannbreite der linken Auseinandersetzung widerspiegeln, drückt sich aber nicht um eine eigene Position. Nicht zuletzt macht das ND um die eigene wechselvolle, schwierige Vergangenheit keinen Bogen. Wo es nötig ist, erinnert die Zeitung selbstkritisch an die Praktiken aus dem Zeitalter des Zentralorgans – immer im Kontext der Systemauseinandersetzung, die gerade zwischen den beiden deutschen Staaten besonders heftig tobte. Ohne sich klein zu machen und unbesehen alles für Unfug zu erklären, was im »alten« ND passierte.

Es ist dieses Profil, das das »Neue Deutschland« zu einer unverwechselbaren Erscheinung auf dem Pressemarkt und weit über die Stammleserschaft hinaus attraktiv macht: »Eine hochinteressante Entwicklung: vom Amtsblatt der mächtigen SED zur kritisch-intelligenten Tageszeitung«[33], wie es 1996 der damalige Brandenburger Ministerpräsident Manfred Stolpe (SPD) zum 50. Gründungsjubiläum des ND formulierte. Zum gleichen Anlass schrieb der Theologe Friedrich Schorlemmer, er fühle sich »nicht vereinnahmt, auch nicht missbraucht, wenn ich gelegentlich in einem Organ schreibe, dessen Geschichte so belastet ist«.[34] Die Zeitung werde »jetzt von vielen anderen Leuten und auch anders gemacht. Ich möchte mir das ND aus dem Spektrum der demokratischen Diskussion in unserem Land nicht wegwünschen.« Zehn Jahre später, zum 60. Jahrestag, meinte der Publizist Wolfgang Leonhard, ND zeichne sich »durch einen Pluralismus unterschiedlicher Auffassungen aus, durch differenzierte Betrachtungen, sachliche, überzeugende Kritik an negativen Zuständen und Ungerechtigkeiten sowie Anregungen zu ihrer Überwindung«.[35] Und Heiko Kauffmann von der Flüchtlingshilfe-Organisation Pro Asyl attestierte dem ND eine »kritische Analyse, die Entlarvung politischer, wirtschaftlicher und ideologischer Lebenslügen, eine eigene klare Sprache, die Denkanstöße liefert und Handlungsimpulse gibt«.[36]

Freilich bekommt das »Neue Deutschland« wie viele andere Zeitungen auch neue Mediengewohnheiten zu spüren. Jüngere Leute lassen sich immer weniger fest an Zeitungen binden und holen sich Informationen häufig aus dem Internet. Die Folge sind ein Auflagenrückgang quer durch die Zeitungslandschaft und eine Leserschaft, in der sehr viele Ältere vergleichsweise wenigen Jüngeren gegenüberstehen. Beim ND, das für viele ältere Leser nicht nur eine Zeitung ist, sondern auch ein Stück politischer Identität, Heimat und ein Zeichen dafür, dass nicht alles aus der DDR in irgendwelchen Fußnoten der Geschichte verschwindet, stellt sich dieses Problem in verschärfter Form. Die Wahlerfolge der Partei DIE LINKE, der die Zeitung erklärtermaßen nahesteht, spiegeln sich nicht automatisch in der Leserschaft wider. Im Unterschied zur Stimmabgabe bei Wahlen kostet es eben Geld, eine Zeitung zu abonnieren – und es bleibt selten geheim und ist damit ein mehr oder weniger öffentliches Bekenntnis.

Um solche für das Zeitungsprojekt überlebenswichtigen Fragen, über inhaltliche Ausrichtung und journalistisches Herangehen drehten und drehen sich immer wieder Diskussionen in Redaktion und Verlag, die manchmal zu scharfen Auseinandersetzungen führen. Und gelegentlich personelle Konse-

Geschäftsführer Dr. Dietmar Bartsch (2004/05) im Dialog mit ND-Chefredakteur Jürgen Reents (v. r.)

Tägliche ND-Redaktionssitzung im »Ort der Visionen«

quenzen haben. So erhielt das ND nach dem Ausscheiden von Reiner Oschmann im Frühjahr 1999 mit Jürgen Reents einen Chefredakteur ohne DDR-Biografie. Und im Jahr 2004 folgte auf den langjährigen ND-Geschäftsführer Dr. Wolfgang Spickermann der vormalige PDS-Bundesgeschäftsführer Dr. Dietmar Bartsch, der allerdings im Herbst 2005 wieder mit der Linksfraktion in den Deutschen Bundestag einzog und deshalb die ND-Geschäftsführung an den langjährigen ND-Vertriebschef, Olaf Koppe, übergab.

Neben dem Hauptgeschäft Erstellung und Vertrieb der Zeitung engagiert sich die Neues Deutschland GmbH seit Jahren mit leserorientierten Serviceangeboten, wie Leserreisen, Buch-, Video-/DVD- und CD-Handel, seit 2006 auch in Form eines ND-Shop im Verlagshaus am Franz-Mehring-Platz. Für den Umsatz sind dies wichtige Zutaten, die auch im Jahr 2007 zu einer ausgeglichenen Bilanz beitrugen und das tägliche Erscheinen und Überleben in einem erbittert umkämpften Medienmarkt mit garantieren helfen. Vor allem aber sieht ND den »Markt« nicht erschöpft für eine professionell gemachte Tageszeitung, die mit linkem Ideengut über den Tellerrand des journalistischen Alltags hinaus denkt.

DIN

Anmerkungen

1. Gründerjahre: »... der Neubau Deutschlands«

1 Im Gründungsaufruf der KPD vom 11. Juni 1945 heißt es: »Nicht nur der Schutt der zerstörten Städte, auch der reaktionäre Schutt aus der Vergangenheit muß gründlich hinweggeräumt werden. Möge der *Neubau Deutschlands* (Hervorhebung der Autoren) auf solider Grundlage erfolgen, damit eine dritte Wiederholung der imperialistischen Katastrophenpolitik unmöglich wird.« Rolf Steininger, Deutsche Geschichte seit 1945. Darstellung und Dokumente in vier Bänden, Band 1: 1945–1947, Frankfurt a. M. 1996, S. 188.

2 Arno Surminski, »Der Krieg, er zieht sich etwas hin ...«, in: Der Neubeginn. Deutschland zwischen 1945 und 1949, Hamburg 2005, S. 6–9.

3 Steininger, Deutsche Geschichte, S. 189.

4 Surminski, Neubeginn, S. 6.

5 Interview mit Egon Bahr vom 26.1.2006, in: Carsten Hübner, »Die Linke unter den Großen«. Alltag und Geschichte der Tageszeitung »Neues Deutschland«, Filmdokumentation, Berlin 2006.

6 Steininger, Deutsche Geschichte, S. 188.

7 Gert-Joachim Glaeßner, »Selbstinszenierung von Partei und Staat«, in: Vorsteher (Hg.), Parteiauftrag: Ein neues Deutschland, S. 22–23.

8 Unsere Druckerei – Ergebnis der sozialistischen Entwicklung der Arbeiter- und Bauernmacht in der DDR. Betriebsgeschichte der Druckerei »Neues Deutschland«, Band I – 1945 bis 1965, maschinenschriftliches Manuskript, o. O. und o. J.; Peter Strunk, Zensur und Zensoren. Medienkontrolle und Propagandapolitik unter sowjetischer Besatzungsherrschaft in Deutschland, Berlin 1996, S. 36–43.

9 Gunter Holzweißig, Die schärfste Waffe der Partei. Eine Mediengeschichte der DDR, Köln 2002, S.74–75; Egon Bahr, Zu meiner Zeit, 2. Auflage, München 1996, S. 25.

10 Wilhelm Pieck, Gesammelte Reden und Schriften, 1933–1939, Band V, Berlin 1972, S. 604–605; Druckerei Neues Deutschland, Betriebsgeschichte 1945–1965, Teil I, Berlin 1988, S. 20; Benning, »Neues Deutschland«, S. 37–45.

11 In die Tasche gesteckt, in: FAZ v. 23.4.1996, S. 37.

12 Der Roman »The Crusaders« erschien zuerst am 8. September 1948 in New York. Die deutschen Ausgaben kamen 1950 unter dem Titel »Der bittere Lorbeer« in der Bundesrepublik und in der DDR mit dem Titel »Kreuzfahrer von heute« heraus. Vgl. hierzu Stefan Heym, Nachruf, München 1998.

13 Edgar Lersch, Rundfunk und Presse zwischen 1945 und 1949, in: Neubeginn, S. 211–213.

14 Karl-Heinz Janssen/Haug von Kuenheim/Theo Sommer, DIE ZEIT. Geschichte einer Wochenzeitung 1946 bis heute, München 2006, S. 47.

15 Strunk, Zensur, S. 93; Sergej Tjulpanow, Deutschland nach dem Kriege (1945–1949). Erinnerungen eines Offiziers der Sowjetarmee, Berlin 1987, S. 14–71.

16 Strunk, Zensur, S. 102 und 109.

17 Bahr, Zu meiner Zeit, S. 25.

18 Kajo Reutlinger, ... und trotzdem leben wir. Als Reporter im Nachkriegsberlin überall dabei. Eine Berliner Chronik zur Erinnerung für die Alten, die dabei waren, und die Jungen, die sich's kaum vorstellen können, Berlin 1997, S. 24.

19 Ursula Madrasch-Groschopp, Die Weltbühne. Portrait einer Zeitschrift, Augsburg 1999, S. 416.

20 Harri Czepuck, Meine Wendezeiten. Erinnerungen, Erwägungen, Erwartungen, Berlin 1999, S. 133.

21 Werner Eberlein, Geboren am 9. November. Erinnerungen, Berlin 2000, S. 18–22, 33–83, 184–190 und 258–259.

22 ND v. 13.6.1965, S. 10.

23 Huhn, Spurt, S. 24; Benning, »Neues Deutschland«, S. 40.

24 Günter Benser (Hg.), Dokumente zur Geschichte der kommunistischen Bewegung in Deutschland, Band 1, München u. a. 1993, S. 175 und 185; Manuela Weichert, Das Parteiorgan »Neues Deutschland« unter der Kontrolle der Propagandaverwaltung der SMAD 1946–1949, Magisterarbeit, Universität Potsdam 2007, S. 5.

25 ND v. 13.1.1996, S. 11; Weichert, Parteiorgan, S. 5.

26 SAPMO-BArch, DY 30, IV 2/2.1/1; Günter Raue, Geschichte des Journalismus in der DDR, 1945–1961, Leipzig 1986, S. 103; Benning, »Neues Deutschland«, S. 34.

27 Benning, »Neues Deutschland«, S. 53; ND v. 13.1.1996.

28 ND v. 23.4.1946, S. 2; ND v. 28.4.1946, S. 2; Protokoll Nr. 2 v. 25.4.1946: SAPMO-BARch, DY 30, IV 2/2.1/1; Hermann Weber, Kleine Geschichte der DDR, Köln 1980, S. 32 und 35; Erich W. Gniffke, Jahre mit Ulbricht, Reprint, Köln 1990, S. 178–182; Heike Bungert, das Nationalkomitee und der Westen. Die Reaktion der Westalliierten auf das NKFD und die Freien Deutschen Bewegungen 1943–1948, Stuttgart 1997, S. 247; Manfred Wilke (Hg.), Die Anatomie der Par-

teizentrale. Die KPD/SED auf dem Weg zur Macht, Berlin 1998.
29 SAPMO-BArch, DY 30, VI 2/2.1/1.
30 Ebd.
31 Helmut Müller-Enbergs, Meinungsoffiziere der Parteiführung, in: Jahrbuch für Kommunismusforschung 1997, S. 295.
32 SAPMO-BArch, DY 30 IV 2/2.1/1.
33 Wenig später kam es zur Abberufung von Sepp Schwab zum »Sender Zeesen« aufgrund eines Beschlusses des ZS vom 25. Juli 1946. Das Impressum von »Neues Deutschland« vermerkte aber bis zum 9. August 1946 als Chefredakteure Sepp Schwab und Max Nierich. Erst am 10. August wurde der Wechsel offiziell in der Zeitung mitgeteilt. Da aus seiner Tätigkeit beim »Sender Zeesen« nichts wurde, kehrte Sepp Schwab schon nach kurzer Zeit wieder zum »Neuen Deutschland« zurück, wo er durch eine »provisorische Regelung« in der Chefredaktion als »Chef vom Dienst« eingesetzt wurde. Etwa ein Jahr später, am 6. Oktober 1947, bestimmte man ihn zum leitenden Direktor von »Neues Deutschland«. Die Leitung sollte in Zusammenarbeit mit der Chefredaktion, der kaufmännischen und der technischen Direktion erfolgen. Zugleich wurde Schwab neben Lex Ende und Max Nierich als Chefredakteur bestätigt. SAPMO-BArch, DY 30, IV 2/2.1/137; ND v. 10.8.1946, S. 4; Helmut Müller-Enbergs, Erst Chefredakteur, dann »Unperson«: Lex Ende und Rudolf Herrnstadt, in: Jahrbuch für Kommunismusforschung 1996, S. 298; derselbe, Meinungsoffiziere, S. 297.
34 ND v. 18.5.1946, S. 1; Betriebsgeschichte ND-Druckerei, S. 28 und 30; Dagmar Schittly, Zwischen Regie und Regime. Die Filmpolitik der SED im Spiegel der DEFA-Produktionen, Berlin 2002, S. 27.
35 Gesellschaftsvertrag v. 20.5.1946, Notariatsregister Nr. 23/1946; Betriebsgeschichte ND-Druckerei, S. 30; Benning, »Neues Deutschland«, S. 61–62.
36 SAPMO-BArch, DY 30, IV 2/2.1/137.
37 Benning, »Neues Deutschland«, S. 54–61.
38 SAPMO-BArch, DY 30, IV 2/2.1/34 und 135.
39 Benning, »Neues Deutschland«, S. 57.
40 Huhn, Spurt, S. 51–52.
41 ND v. 18.3.1947, Berliner Ausgabe, S. 4; ND v. 9.7.1948, S. 4.
42 Huhn, Spurt, S. 42.
43 ND v. 30.4.1946, S. 1.
44 Rainer Karlsch, Uran für Moskau. Die Wismut – Eine populäre geschichte. Berlin 2007, S. 64–71; Werner Bräunig, Rummelplatz, Berlin 2007.
45 ND v. 25.6.1946, S. 1 und 4; ND v. 29.9.1946, S. 1; ND v. 1.10.1946, S. 1; Huhn, Spurt, S. 46–48.
46 SAPMO-BArch, DY 30 IV 2/2.1/1.
47 Benning, »Neues Deutschland«, S. 83; Weichert, Parteiorgan, S. 65.
48 Zitiert nach Benning, »Neues Deutschland«, S. 81.
49 Ebd., S. 80–87; Weichert, Parteiorgan, S. 64–67.
50 ND v. 17.6.1947, S. 1.
51 Betriebsgeschichte ND-Druckerei, S. 34.
52 Weichert, Parteiorgan, S. 69.
53 Betriebsgeschichte ND-Druckerei, S. 43.
54 Paul Erker, Ernährungskrise und Nachkriegsgesellschaft. Bauern und Arbeiterschaft in Bayern 1943–1953, Stuttgart 1990, S. 23–55; Rainer Gries, Die Rationen-Gesellschaft. Versorgungskampf und Vergleichsmentalität: Leipzig, München und Köln nach dem Kriege, Münster 1991, S. 107–112; Wolfgang Benz (Hg.), Deutschland unter alliierter Besatzung 1945–1949/55, Berlin 1999, S. 365–366.
55 Benning, »Neues Deutschland«, S. 67.
56 ND v. 10.2.1996, S. 11.
57 Betriebsgeschichte ND-Druckerei, S. 15, 20 und 24; Benning, »Neues Deutschland«, S. 67–68.
58 SAPMO-BArch, DY 30, IV 2/2.1/1.
59 Werner Weidenfeld/Hartmut Zimmermann (Hg.), Deutschland-Handbuch: Eine doppelte Bilanz 1949–1989, Bonn 1989, S. 404; Findbuch »Zentrale Druckerei- und Einkaufsgesellschaft m. b. H. (Zentrag)«, 1945–1990, SAPMO-Bundesarchiv, Berlin 2002.
60 Tätigkeitsbericht v. 3.8.1945: Landesarchiv Berlin (LAB), ME C Rep. 309, Sign. 1.
61 Betriebsgeschichte ND-Druckerei, S. 26.
62 Ebd., S. 24.
63 Ebd., S. 31–32.
64 Benning, »Neues Deutschland«, S. 67–68; Weichert, Parteiorgan, S. 80–84.
65 SAPMO-BArch, DY 30, IV 2/2.1/42.
66 Ebd.
67 Benning, »Neues Deutschland«, S. 67–68; Weichert, Parteiorgan, S. 80–84.
68 Zitiert nach Weichert, Parteiorgan, S. 81.
69 Betriebsgeschichte ND-Druckerei, S. 32–33 und 45; Benning, »Neues Deutschland«, S. 68.
70 Gerhard Dengler, Zwei Leben in einem, Berlin 1989, S. 251.
71 Betriebsgeschichte ND-Druckerei, S. 33, 40–41, 46, 49 und 56.
72 Ebd., S. 40.
73 Ebd., S. 40–41.
74 ND v. 24.4.1946, S. 1; Benning, »Neues Deutschland«, S. 94 und 112.

75 Zitiert nach Weichert, Parteiorgan, S. 57.
76 Benning, »Neues Deutschland«, S. 91–93.
77 Ebd., S. 92–93; Weichert, Parteiorgan, S. 52.
78 SAPMO-BArch, IV 2/2.1/77; ND v. 1.4.1946. S. 2.
79 ND v. 18.5.1946, S. 2; ND v. 14.6.1946, S. 2.
80 SAPMO-BArch, IV 2/2.1/137.
81 Ebd.
82 ND v. 13.3.1947, S. 1, 2; SBZ von 1945 bis 1954, hg. v. Bundesministerium für Gesamtdeutsche Fragen, Bonn 1956, S. 52; Rainer Karlsch, Allein bezahlt? Die Reparationsleistungen der SBZ/DDR 1945–53, Berlin 1993, S. 53–107; Ilko-Sascha Kowalczuk/Stefan Wolle, Roter Stern über Deutschland. Sowjetische Truppen in der DDR, Berlin 2001, S. 7–98; Christian Th. Müller, »O' Sowjetmensch!« Beziehungen von sowjetischen Streitkräften und DDR-Gesellschaft zwischen Ritual und Alltag, in: Christian Th. Müller/Patrice G. Poutrus (Hg.), Ankunft – Alltag – Ausreise. Migration und interkulturelle Begegnung in der DDR-Gesellschaft, Köln/Weimar/Wien 2005, S. 26–38.
83 Es wird geschätzt, dass insgesamt rund 7 000 Spitzenwissenschaftler, -ingenieure und -fachleute im Rahmen von speziellen alliierten Transferprogrammen in die Sowjetunion (ca. 3 000), die USA (ca. 1 000), Großbritannien (ca. 1 000) und nach Frankreich (ca. 2 000) kamen. Folgender Grundsatz galt bei allen Besatzungsmächten gleichermaßen: Keine Macht der Welt wollte und konnte auf den technischen Sachverstand der Deutschen verzichten. Nur der Nutzen zählte, andere Kriterien oder gar moralische Bedenken traten in den Hintergrund. Christoph Mick, Forschen für Stalin. Deutsche Fachleute in der sowjetischen Rüstungsindustrie 1945–1985, München/Wien 2 000, S. 80–85; Burghard Ciesla, Das Raketen- und Luftfahrtwissen deutscher Wissenschaftler im Dienst der alliierten Sieger, in: Helmuth Trischler/Kai-Uwe Schrogl (Hg.), Ein Jahrhundert im Flug. Luft- und Raumfahrtforschung in Deutschland 1907–2007, Frankfurt/New York 2007, S. 190.
84 Mick, Forschen, S. 83; Gniffke, Jahre, S. 215–217.
85 ND v. 24.10.1946, S. 1.
86 ND v. 27.10.1946, S. 2; Benning, »Neues Deutschland«, S. 88.
87 ND v. 29.10.1946, S. 2.
88 Gniffke, Jahre, S. 215–217.
89 Rainer Karlsch, Das »Selbmann-Memorandum« vom Mai 1947. Fritz Selbmann und die Reparationslasten der sächsischen Industrie, in: Beiträge zur Geschichte der Arbeiterbewegung, 2/1993, S. 88–125; Rolf Badstübner/Wilfried Loth (Hg.), Wilhelm Pieck – Aufzeichnungen zur Deutschlandpolitik 1945–1953, Berlin 1994, S. 100–108.
90 ND v. 19.11.1948, S. 4; Interview mit Klaus Bölling am 20.12.2005 in Berlin, in: Hübner, Filmdoku.
Norman M. Naimark, Die Russen in Deutschland. Die sowjetische Besatzungszone 1945 bis 1949, Berlin 1999, S. 124–125, 269; Helmuth Müller-Enbergs, Aufstieg und Fall eines Kommunisten, in: Berliner Zeitung v. 14.6.2003, S. 18; Müller, Sowjetmensch, S. 37–38; Jan C. Behrends, Die erfundene Freundschaft. Propaganda für die Sowjetunion in Polen und in der DDR, Köln/Weimar/Wien 2006, S. 155–157.

2. Die schärfste Waffe der Partei

1 Peter Bender, Deutschlands Wiederkehr. Eine ungeteilte Nachkriegsgeschichte 1945–1990, Stuttgart 2007, S. 48.
2 Frankfurter Rundschau v. 19.6.1948, S. 1; ND v. 20.6.1948, S. 1; Heinz Friedrich (Hg.), Mein Kopfgeld. Die Währungsreform. Rückblicke nach vier Jahrzehnten, München 1988, S. 14–28; Rolf Steininger, Deutsche Geschichte seit 1945, Band 2: 1948–1955, Frankfurt a. M. 1996, S. 18–36; Gerd Hardach, Marshall-Plan, Währungsreform und Wirtschaftsreform, in: Der Neubeginn, S. 170–183; Werner Abelshauser, Deutsche Wirtschaftsgeschichte seit 1945, München 2004, S. 120–130; Bender, Wiederkehr, S. 22.
3 Helmut Kahnt/Martin Pontzen/Michael H. Schöne/Karlheinz Walz, Die Geschichte der Deutschen Mark, Regenstauf 2003, S. 197–211.
4 ND v. 4.6.1948, S. 2.
5 Brigitte Timmermann/Frederick Baker, Der dritte Mann. Auf den Spuren eines Filmklassikers, Wien 2002.
6 Jochen Laufer, Die UdSSR und die deutsche Währungsfrage 1944–1948, in: Vierteljahreshefte für Zeitgeschichte, 3/1998, S. 476–485.
7 Peter Hampe (Hg.), Währungsreform und Soziale Marktwirtschaft. Rückblicke und Ausblicke, München 1989, S. 86–100; Reinhard Spree (Hg.), Geschichte der deutschen Wirtschaft im 20. Jahrhundert, München 2001, S. 141–156; André Steiner, Von Plan zu Plan. Eine Wirtschaftsgeschichte der DDR, München 2004, S. 56–57.
8 ND v. 11.1.1948, S. 1; ND v. 12.1.1948, S. 1; ND v. 17.2.1948, S. 1; ND v. 5.5.1948, S. 1; ND v. 20.5.1948, S. 1; SBZ von 1954 bis 1954, S. 72.
9 Jürgen Wilke (Hg.), Journalisten und Journalismus in der DDR. Berufsorganisation – Westkorrespondenten – »Der schwarze Kanal«, Köln/Weimar/Wien 2007, S. 17–19.
10 ND v. 8.9.1948, S. 4; ND v. 7.10.1948, S. 6; ND v. 27.10.1948, S. 6; ND v. 14.11.1948, S. 1; ND v. 15.12.1948, S. 4; Benning,

»Neues Deutschland«, S. 128–131.
11 ND v. 30.3.1949, S. 6.
12 Burghard Ciesla, Als der Osten durch den Westen fuhr. Die Geschichte der Deutschen Reichsbahn in Westberlin, Köln/Weimar/Wien 2006, S. 91–97.
13 SAPMO-BArch, DY 63, Signatur 2018.
14 ND v. 23.9.1947, B-Ausgabe, S. 7.
15 Thomas Klein, »Für die Einheit und Reinheit der Partei«. Die innerparteilichen Kontrollorgane der SED in der Ära Ulbricht, Köln/Weimar/Wien 2002, S. 91–124.
16 ND v. 4.7.1948, S. 2.
17 Malycha, Ackermann-Legende, S. 64. Die ersten öffentlichen Drohungen gegen Trotzkisten, oppositionelle Kommunisten und Sozialdemokraten finden sich in einem ND-Artikel von Ulbricht mit dem Titel »Die Rolle der Partei«: ND v. 22.8.1948, S. 3.
18 ND v. 21.9.1948, S. 3.
19 Ulrich Mählert, »Die Partei hat immer recht!« Parteisäuberungen als Kaderpolitik in der SED (1948–1953), in: Hermann Weber/Ulrich Mählert (Hg.), Terror, Stalinistische Parteisäuberungen 1936–1953, Paderborn 1998, S. 358; Andreas Malycha, Die SED. Geschichte ihrer Stalinisierung 1946–1953, Paderborn 2000, S. 380.
20 ND v. 26.4.1949, S. 2.
21 Müller-Enbergs, Meinungsoffiziere, S. 296.
22 Derselbe, Unperson, S. 296–299; Bernd-Rainer Barth/Werner Schweizer (Hg.), Der Fall Noel Field. Schlüsselfigur der Schauprozesse in Osteuropa, Gefängnisjahre 1949–1954, Band 1, Berlin 2005, S. 106–109; dieselben, Der Fall Noel Field. Schlüsselfigur der Schauprozesse in Osteuropa, Band 2, Berlin 2007, S. 247–248.
23 Zitiert nach Benning, »Neues Deutschland«, S. 116.
24 SAPMO-BArch, DY 30, IV 2/2.1/194.
25 ND v. 29.8.1948, S. 3; ND v. 16.12.1948, S. 3.
26 ND v. 9.1.1949, S. 3.
27 ND v. 23.11.1948, S. 1; Weichert, Parteiorgan, S. 63; Gunter Holzweißig, Zensur ohne Zensor. Die SED-Informationsdiktatur, Bonn 1997, S. 135–136.
28 Benning, »Neues Deutschland«, S. 142–143.
29 SAPMO-BArch, DY 30, IV 2/2/8; ND v. 2.3.1949, S. 3; ND v. 4.3.1949, S. 2.
30 ND v. 6.4.1949, S. 2.
31 Weichert, Parteiorgan, S. 62–63.; Benning, »Neues Deutschland«; S. 143–144, 150–151.
32 Irina Liebmann, Wäre es schön? Es wäre schön! Mein Vater Rudolf Herrnstadt, Berlin 2008, S. 272.
33 ND v. 3.5.1949, S.1; Benning, »Neues Deutschland«, S. 151; Martin Broszat/Hermann Weber (Hg.) SBZ-Handbuch, München 1990, S. 512.
34 ND v. 3.5.1949, S. 1.
35 Czepuck, Wendezeiten, S. 140.
36 ND v. 23.11.1949, S. 4.
37 Ebd.; Liebmann, Mein Vater, S. 275.
38 ND v. 27.11.1949, S. 4.
39 Czepuck, Wendezeiten, S. 140; Dengler, Zwei Leben, S. 250.
40 Ebd., S. 243.
41 Liebmann, Mein Vater, S. 274.
42 Ebd.; Müller-Enbergs, Unperson, S. 303.
43 Huhn, Spurt, S. 34–35.
44 Dengler, Zwei Leben, S. 250; Czepuck, Wendezeiten, S. 140.
45 »Unsere Presse – Die schärfste Waffe der Partei«. Referate und Diskussionsreden auf der Pressekonferenz des Parteivorstandes der SED vom 9.–10. Februar 1950 in Berlin, Berlin 1950, S. 32–44.
46 Ebd., S. 35.
47 Ebd.
48 Nadja Stulz-Herrnstadt (Hg.), Das Herrnstadt-Dokument. Das Politbüro der SED und die Geschichte des 17. Juni 1953, Reinbek bei Hamburg 1990, S. 18–19; Müller-Enbergs, Unperson, S. 303.
49 Liebmann, Mein Vater, S. 276.
50 Klein, Einheit und Reinheit, S. 152–153.
51 ND v. 14.10.1951, S. 3–4; ND v. 26.10.1951, S. 3–4; ND v. 15.11.1951, S. 6; ND v. 18.11.1951, S. 5; ND v. 11.12.1951, S. 5; ND v. 19.12.1951, S. 5.
52 ND v. 25.1.1952, S. 1.
53 BArch, DY 63, Signatur 1245.
54 Klaus Polkehn, Das war die Wochenpost, Berlin 1997, S. 24.
55 Liebmann, Mein Vater, S. 274.
56 Dengler, Zwei Leben, S. 261–262.
57 BArch, DY 63, Signatur 3518; Betriebsgeschichte ND-Druckerei, S. 75–76; Dengler, Zwei Leben, S. 250–251.
58 Ulrike Heitmüller, Der Krausenhof am Dönhoffplatz, in: Welt am Sonntag v. 9.5.2004.
59 Zitiert nach Klaus von Beyme u. a. (Hg.), Neue Städte aus Ruinen. Deutscher Städtebau der Nachkriegszeit, München 1992, S. 37.
60 ND v. 31. 7.1949, S. 4; ND v. 23.7.1950, S. 6; ND v. 24.8.1950, S. 1; Beyme, Neue Städte, S. 32–42; Werner Durth, Deutsche Architekten. Biographische Verflechtungen 1900–1970, München 1992, S. 164–214; Jörn Düwel u. a. (Hg.), 1945. Krieg – Zerstörung – Aufbau. Architektur und Stadtplanung 1940–1960, Berlin 1995, S. 208–218.
61 BArch, DY 63, Signatur 3518; ND v. 23.7.1950, S. 6; Beyme,

Neue Städte, S. 37–51; Simone Hain, Die andere »Charta«. Städtebau auf dem Prüfstand der Politik, in: Städte bauen, Berlin 1993, S. 55–57.

62 ND v. 21.12.1951, S. 6; Düwel, Krieg – Zerstörung – Aufbau, S. 216–228; Liebmann, Mein Vater, S. 304–318.

63 ND v. 28.6.1951, S. 2; ND v. 22.7.1951, S. 3; Müller-Enbergs, Unperson, S. 301; Liebmann, Mein Vater, S. 304–309.

64 ND v. 29.7.1951, S. 3; ND v. 25.11.1953, S. 1; Beyme, Neue Städte, S. 69–73; Düwel, Krieg – Zerstörung – Aufbau, S. 228–234; Liebmann, Mein Vater, S. 310–318.

65 ND v. 8.1.1952, S. 6; ND v. 12.1.1952, S. 8; ND v. 11.5.1952, S. 4–5; Dengler, Zwei Leben, S. 276.

66 BArch, DY 63, Signatur 1233; Betriebsgeschichte ND-Druckerei, S. 91–92.

67 ND v. 24.8.1950, S. 1; Bruno Thoß, Volksarmee schaffen – ohne Geschrei! Studien zu den Anfängen einer »verdeckten Aufrüstung« in der SBZ/DD 1947–1952, München 1994, S. 306–336; Torsten Diedrich/Rüdiger Wenzke, Die getarnte Armee. Geschichte der Kasernierten Volkspolizei der DDR 1952–1956, Berlin 2001, S. 264–315; Jürgen Zarusky (Hg.), Stalin und die Deutschen. Neue Beiträge der Forschung, München 2006, S. 173–205.

68 BArch, DY 63, Signatur 3518; BArch, DY 63, Signatur 2018, BArch DY 63, Signatur 1245; BArch, DY 63, Signatur 1233; Betriebsgeschichte ND-Druckerei, S. 76, 84, 92 und 97. Im »Neuen Deutschland« waren Ende April 1952 insgesamt 2556 Mitarbeiterinnen und Mitarbeiter beschäftigt. Davon arbeiteten 470 Beschäftigte – gut 18 Prozent – in den Bereichen Redaktion und Verlag der Zeitung, das heißt etwas mehr als 80 Prozent der Belegschaft von »Neues Deutschland« waren, im Druckereibereich des Zeitungsbetriebes angestellt. Im April 1952 konzentrierte sich noch fast die Hälfte der Belegschaft auf die Standorte Pfefferberg und Mauerstraße. Von den 470 Beschäftigten der Redaktion und des Verlages waren knapp die Hälfte Frauen. Bezogen auf den Gesamtbetrieb lagen der Anteil der Männer im April 1952 bei 67 Prozent und der Anteil der Frauen bei 33 Prozent. Mehr als 56 Prozent der Belegschaft hatten die vierzig überschritten (März 1952). Mit Übergabe des Betriebsteils Treptow, der 1952 insgesamt 735 Arbeitskräfte beschäftigte, an den Verlag Tribüne verringerte sich die Beschäftigtenzahl im ND-Druckereibereich ab Sommer 1953 um einige Hundert Mitarbeiter. Die sich 1952 zeigenden Relationen bei der Beschäftigtenstruktur blieben aber im Wesentlichen bestehen.

69 Ebd.

70 Ebd.

71 Ebd.; Alf Lüdtke/Peter Becker (Hg.), Akten. Eingaben. Schaufenster. Die DDR und ihre Texte. Erkundungen zu Herrschaft und Alltag, Berlin 1997, S. 41; Statistik in bewegter Zeit, Stuttgart 1992, S. 304.

72 An anderer Stelle des Berichts wird die Zahl der in Westberlin wohnenden ND-Mitarbeiter mit 72 angegeben.

73 BStU, MfS AU 232/52, Bd. 1, Bl. 6–112; BStU, MfS AU 232/52, Bd. 2, Bl. 23, 43–46.

74 Tim Weiner, CIA. Die ganze Geschichte, Frankfurt a. M. 2007, S. 103, 106–107 und 116–117; Bernd Stöver, Die Befreiung vom Kommunismus. Amerikanische Liberation Policy im Kalten Krieg 1947–1991, Köln/Weimar/Wien 2002, S. 569–575; Egmont R. Koch/Michael Wech, Deckname Artischocke. Die geheimen Menschenversuche der CIA, 2. Auflage, München 2002, S. 154–162; Karl Wilhelm Fricke/Roger Engelmann, »Konzentrierte Schläge«. Staatssicherheitsaktionen und politische Prozesse, Berlin 1998, S. 80–97; George Bailey/Sergej A. Kondraschow/David E. Murphy, Die unsichtbare Front. Der Krieg der Geheimdienste im geteilten Berlin, Berlin 1997, S. 162–167.

75 ND v. 24.5.1952, S. 3; Dengler, Zwei Leben, S. 281.

76 BArch, DY 63, Signatur 1245.

77 Liebmann, Mein Vater, S. 332.

78 Uwe Johnson, Das dritte Buch über Achim, Frankfurt a. M. 1998; Klaus Huhn: Das vierte Buch über Täve. Berlin 1992; Silke Satjukow/Rainer Gries (Hg.), Sozialistische Helden. Eine Kulturgeschichte von Propagandafiguren in Osteuropa und der DDR, Berlin 2002, S. 133–146.

79 Interview mit Klaus Ulrich Huhn v. 8.8.2006, in: Hübner, Filmdoku; Huhn, Spurt, S. 80–86; http://de.wikipedia.org/wiki/Internationale_Friedensfahrt.

80 Huhn, Spurt, S. 81–82.

81 ND v. 28.1.1951, S. 1; ND v. 19.2.1952, S. 1; Huhn, Spurt, S. 85 und 94.

82 Liebmann, Mein Vater, S. 325.

83 ND v. 16.5.1954, S. 8; Dengler, Zwei Leben, S. 279–281, 311–312.

84 Ebd., S. 312.

85 Liebmann, Mein Vater, S. 342.

86 ND v. 9.7.1952, S. 1; ND v. 10.7.1952, S. 1–6; ND v. 11.6.1953, S. 1; Liebmann, Mein Vater, S. 342; Zarusky, Stalin, S. 173–205; Karl Schirdewan, Aufstand gegen Ulbricht. Im Kampf um politische Kurskorrektur, gegen stalinistische, dogmatische Politik, 2. Auflage, Berlin 1994, S. 34; Armin Mitter/Stefan Wolle, Untergang auf Raten. Unbekannte Kapitel der DDR-Geschichte, München 1995, S. 63–66; András B. Hegedüs/Manfred Wilke (Hg.), Satelliten nach Stalins Tod. Der »Neue Kurs«, 17. Juni 1953 in der DDR, Ungarische

Revolution 1956, Berlin 2000, 24–42; Gustav Just, Deutsch, Jahrgang 1921. Ein Lebensbericht, Potsdam 2001, S. 92.

87 Burghard Ciesla (Hg.), Freiheit wollen wir! Der 17. Juni 1953 in Brandenburg, Berlin 2003, S. 72–74.

88 Just, Deutsch, S. 90–93; Viktor Knoll/Lothar Kölm (Hg.), Der Fall Berija. Protokoll einer Abrechnung. Das Plenum des ZK der KPdSU, Juli 1953. Stenographischer Bericht, Berlin 1993, S. 7–26; Roger Engelmann/Ilko-Sascha Kowalczuk (Hg.), Volkserhebung gegen den SED-Staat. Eine Bestandsaufnahme zum 17. Juni 1953, Göttingen 2005, S. 146–174.

89 Stulz, Herrnstadt-Dokument, S. 72–82; Hegedüs/Wilke, Satelliten, S. 60–62; Liebmann, Mein Vater, S. 340–341.

90 Ciesla, Freiheit, S. 11–13 und 30–33; Engelmann/Kowalczuk, Volkserhebung, S. 305, Liebmann, Mein Vater, S. 343–344.

91 ND v. 17.6.1953, S. 1; Dengler, Zwei Leben, S. 296.

92 Dengler, Zwei Leben, S. 296.

93 ND v. 22.6.1953, S. 1; Dengler, Zwei Leben, S. 296–297, Czepuck, Wendezeiten, S. 170; Betriebsgeschichte ND-Druckerei, S. 93–94; Kowalczuk/Wolle, Roter Stern, S. 167–179; Christian F. Ostermann (Ed.), Uprising in East Germany 1953. The Cold War, the German Question, and the first major upheaval behind the Iron Curtain, Budapest/New York 2001, S. 186–187.

94 Ebd., S. 88–89.

95 ND v. 22.6.1953, Extra-Ausgabe.

96 Engelmann/Kowalczuk, Volkserhebung, S. 167–168.

97 Zitiert nach Karl Wilhelm Fricke/Roger Engelmann, »Konzentrierte Schläge«. Staatssicherheitsaktionen und politische Prozesse in der DDR, 1953–1956, Berlin 1998, S. 114.

98 Wilfriede Otto, Die SED im Juni 1953. Interne Dokumente, Berlin 2003, S. 38–43 und 219–231; Stulz, Herrnstadt-Dokument, S. 101.

99 ND v. 20.6.1953, S. 2; Stulz, Herrnstadt-Dokument, S. 101–103.

100 ND v. 4.7.1953, S. 3.

101 ND v. 24.6.1953, S. 3; Stulz, Herrnstadt-Dokument, S. 92–93.

102 ND v. 26.6.1953, S. 3.

103 Ebd.; Liebmann, Mein Vater, S. 360.

104 SAPMO-BArch, DY 30/J IV 2/2J/3; Stulz, Herrnstadt-Dokument, S. 104–118; Klein, Einheit und Reinheit, S. 207–208; Liebmann, Mein Vater, S. 345–354.

105 Stulz, Herrnstadt-Dokument, S. 106–118; Engelmann/Kowalczuk, Volkserhebung, S. 168; Liebmann, Mein Vater, S. 345–354.

106 Stulz, Herrnstadt-Dokument, S. 120–130; Knoll/Kölm, Berija, S. 7–26 und 327–341; Otto, SED, S. 219–231; Engelmann/Kowalczuk, Volkserhebung, S. 168–169; Klein, Einheit und Reinheit, S. 204–206.

107 Die Zitate, Angaben, Personen und Zusammenhänge wurde folgender Literatur entnommen: ND v. 30.11.1989, S. 1; Stulz, Herrnstadt-Dokument, S. 112 und 184–185; Müller-Enbergs, Unperson, S. 299–304; Czepuck, Wendezeiten, S. 174–177; Polkehn, Wochenpost, S. 24; Klein, Einheit und Reinheit, S. 207; Liebmann, Mein Vater, S. 289, 359 und 380.

108 SAPMO-BArch, DY 30/J IV 2/2/316.

109 Ebd., Czepuck, Wendezeiten, S. 175.

110 Christa Wolf, Der geteilte Himmel, Weimar 1985, S. 7.

111 ND v. 17.4.1966, S. 1 und ND v. 30.11.1989, S. 1.

112 Stulz, Herrnstadt-Dokument, S. 112; Klein, Einheit und Reinheit, S. 203–225; Liebmann, Mein Vater, S. 399.

113 SAPMO-BArch, DY 63, Signatur 2018; ND v. 28.7.1953, S. 6; ND v. 14.8.1953, S. 5; ND 1.1.1958, S. 2; Müller-Enbergs, Meinungsoffiziere, S. 298–299; Huhn, Spurt, S. 36; Czepuck, Wendezeiten, S. 177.

114 ND v. 15.1.1955, S. 9–16; ND v. 8.5.1955, S. 9–12; Czepuck, Wendezeiten, S. 175.

115 SAPMO-BArch, DY 63, Signatur 2018; Czepuck, Wendezeiten, S. 177; Huhn, Spurt, S. 36–37; Müller-Enbergs, Meinungsoffiziere, S. 298–301, Liebmann, Mein Vater, S. 262–263 und 289.

3. Zentralorgan und »Blaue Phase«

1 Der Historiker Guntolf Herzberg hat in einer detaillierten Studie über die DDR-Intelligenz die Krisenjahre 1956 bis 1958 untersucht. Im Hinblick auf die Veröffentlichung von wichtigen ND-Artikeln und die Entwicklungen von 1956/57 – denen in den folgenden Abschnitten aus Platzgründen nicht gefolgt werden kann – sei an dieser Stelle ausdrücklich auf seine Arbeit verwiesen. Guntolf Herzberg, Anpassung und Aufbegehren. Die Intelligenz der DDR in den Krisenjahren 1956/58, Berlin 2006.

2 Czepuck, Wendezeiten, S. 289.

3 Inzwischen gibt es über den XX. Parteitag, die Vorbereitung und Entstehung der »Geheimrede« sowie die damit verbundenen Folgen eine Vielzahl von Veröffentlichungen. Für den Abschnitt wurde folgende Literatur hinzugezogen: Herzberg, Anpassung und Aufbegehren, S. 122–376; Eberlein, 9. November, S. 282–283; Josef Gabert/Lutz Prieß (Hg.), SED und Stalinismus: Dokumente aus dem Jahre 1956, Berlin 1990, S. 8–68 und 176–187; Strobe Talbott (Hg.), Chruschtschow erinnert sich, Reinbek bei Hamburg 1992, S. 319–331; Jahrbuch für Kommunismusforschung 1996, S. 11–35, 36–68; Eric Hobsbawm, Gefährliche Zeiten. Ein Leben im 20. Jahr-

hundert, München/Wien 2003, S. 234; Siegfried Prokop, 1956 – DDR am Scheideweg. Opposition und neue Konzepte der Intelligenz, Berlin 2006, S. 21–34.

4 Zitiert nach Armin Mitter/Stefan Wolle, Untergang auf Raten. Unbekannte Kapitel der DDR-Geschichte, München 1995, S. 183.

5 Vgl. u. a. »Kältewelle führt zu schweren Verkehrsstörungen« im ND v. 14.2.1956, S. 1; »Winterbericht« im ND v. 22.2.1956, S. 8.

6 Herzberg, Anpassung und Aufbegehren, S. 124.

7 ND v. 14.2.1956, S. 1.

8 Herzberg, Anpassung und Aufbegehren, S. 148.

9 ND v. 18.2.1956, S. 2 und 5; ND v. 19.2.1956, S. 3; ND v. 21.2.1956, S. 2 und 3; ND v. 22.3.1956, S. 3 und 5; ND v. 24.2.1956, S. 4; ND v. 25.2.1956, S. 2.

10 ND v. 19.2.1956, S. 3.

11 ND v. 24.2.1956, S. 4.

12 Herzberg, Anpassung und Aufbegehren, S. 148.

13 ND v. 11.3.1956, S. 4.

14 Eberlein, 9. November, S. 259.

15 ND v. 4.3.1956, S. 4.

16 Der Rechenschaftsbericht erschien vollständig abgedruckt in einer Beilage der Ausgabe vom 17. Februar. Der Diskussionsbeitrag von Woroschilow wurde am 22. Februar abgedruckt: ND v. 17.2.1956, S. 12; ND v. 22.2.1956, S. 6.

17 ND v. 4.3.1956, S. 4.

18 Vgl. hierzu bei Mitter/Wolle, Untergang, S. 163–295.

19 Nach ebd., S. 197–198.

20 BStU, Telegramm MfS v. 6.3.1956, Bl. 135 und Bl. 145.

21 ND v. 28.4.1956, S. 2.

22 Czepuck, Wendezeiten, S. 194–195.

23 Interview mit Klaus Höpcke, Müller-Enbergs, Meinungsoffiziere, S. 300–303; Czepuck, Wendezeiten, S. 177; Huhn, Spurt, S. 37; Heinz Priess, Spaniens Himmel und keine Sterne. Ein deutsches Geschichtsbuch. Erinnerungen an ein Leben und ein Jahrhundert, Berlin 1996, S. 177–179.

24 BStU, MfS-AS 83/59, Bd. 1b, Bl. 99–192; Polkehn, Wochenpost, S. 34–48; Herzberg, Anpassung und Aufbegehren, S. 11–12; Prokop, 1956, S. 138–207.

25 Herzberg, Anpassung und Aufbegehren, S. 222–223.

26 Ebenda, S. 255–256.

27 ND v. 27.11.1956, S. 3; Prokop, 1956, S. 351–352; Herzberg, Anpassung und Aufbegehren, S. 222–264.

28 ND v. 1.12.1956, S. 1.

29 Brigitte Reimann, Tagebücher 1955–1970. Eine Auswahl, Berlin 2003, S. 38.

30 Herzberg, Anpassung und Aufbegehren, S. 279–306; vgl. auch weiterführend Walter Janka, Schwierigkeiten mit der Wahrheit, Reinbek bei Hamburg 1990; Anne Harich, »Wenn ich das gewußt hätte ...« Erinnerungen an Wolfgang Harich, Berlin 2007.

31 Klein, Einheit und Reinheit, S. 315–321; Herzberg, Anpassung und Aufbegehren, S. 306–310; Karlsch, Uran, S. 117–123.

32 Herzberg, Anpassung und Aufbegehren, S. 12.

33 ND v. 25.4.1956, S. 1; ND v. 28.4.1971, S. 1; ND v. 1.10.1979, S. 1; Betriebsgeschichte ND-Druckerei, S. 112.

34 BArch, DY 63, Signatur 2018; BArch, DY 63, Signatur 1245; Betriebsgeschichte ND-Druckerei, S. 97 und 112.

35 Lothard Baar/Dietmar Petzina (Hg.), Deutsch-Deutsche Wirtschaft 1945 bis 1990. Strukturveränderungen, Innovationen und regionaler Wandel. Ein Vergleich, St. Katharinen 1999, S. 412–414; Betriebsgeschichte ND-Druckerei, S. 116–117, siehe auch Bildteil zw. S. 112–113.

36 BArch, DY 63, Signatur 2018; Druckerei Neues Deutschland, Wir ziehen Bilanz, 1961–1965, Rechenschaftsbericht der Betriebsparteiorganisation, Berlin 1965, S. 4; Betriebsgeschichte ND-Druckerei, S. 116–117.

37 Betriebsgeschichte ND-Druckerei, S. 96–97, 106–108, 131–132 und 135–136.

38 Ebd., S. 136.

39 ND v. 4.5.1996.

40 SAPMO-BArch, DY 30, IV 2/2/14.

41 SAPMO-BArch, DY 30, IV A2/9.02/35; Dengler, Zwei Leben, S. 313–364; Czepuck, Wendezeiten, S. 196–221.

42 ND v. 20.9.1957, S. 3.

43 ND v. 14.11.1957, S. 3.

44 ND v. 1.1.1958, S. 2.

45 Interviews mit Klaus Höpcke im Dezember 2006 und Klaus Ulrich Huhn im August 2006.

46 Czepuck, Wendezeiten, S. 196.

47 Der erste Beitrag erschien am 5.9.1956 und der letzte Artikel des Chefredakteurs wurde am 21.1.1966 im ND veröffentlicht. Seine Beiträge unterzeichnete er mit »H. Axen«, dem Kürzel »H. A.« oder den Pseudonymen »raketus« und »K. Krüger«. Vgl. Leitartikel, Artikel und Kommentare v. Hermann Axen, ND-Bibliographie 1956–1966, Neues Deutschland o. J., MS 1–22.

48 »Roter Dienst« v. 9.1.1965, ND-Archiv.

49 ND v. 8.10.1957, S. 1; Harro Zimmer, Der rote Orbit. Glanz und Elend der russischen Raumfahrt, Stuttgart 1996, S. 51–53; Paul Dickson, Sputnik. The Shock of the Century, New York 2001, S. 1–27.

50 ND v. 5.10.1957, S. 1; ND v. 6.10.1957, S. 1–2; Frankfurter Rundschau v. 7.10.1957, S. 1.

51 John Kenneth Galbraith, Die Geschichte der Wirtschaft im 20. Jahrhundert. Ein Augenzeuge berichtet, Hamburg 1995, S. 184; Winfried Kretschmer, Geschichte der Weltausstellungen, Frank-

furt/New York 1999, S. 225–227; Rex Hall/David J. Shayler, The Rocket Men. Vostok & Voskhod. The First Soviet Manned Spaceflights, Berlin/Heidelberg/New York 2001, S. 63–64.

52 ND v. 26.10.1957, S. 2; Leitartikel, Artikel und Kommentare v. Hermann Axen, ND-Bibliographie 1956–1966, Neues Deutschland o. J., MS. 1–22;

53 SAPMO-BArch, NY 4113, Signatur 11; vgl. zur marxistischen Krisentheorie exemplarisch die Schriften von Eugen(i) S. Varga. Mitte der fünfziger Jahre erschien in deutscher Sprache in der DDR: Eugen S. Varga, Grundfragen der Ökonomie und Politik des Imperialismus, Berlin 1955; vgl. zum theoretischen Hintergrund bei János Kornai, Das sozialistische System. Die politische Ökonomie des Kommunismus, Baden-Baden 1995, S. 53–59; vgl. zur wirtschaftlichen Lage 1956–1958 im Überblick bei André Steiner, Von Plan zu Plan, S. 100–111.

54 Ludwig Erhard, Deutsche Wirtschaftspolitik. Der Weg zur Sozialen Marktwirtschaft, Düsseldorf/Wien/New York/Moskau 1992, S. 337–353; André Steiner, Die DDR-Wirtschaftsreform der sechziger Jahre. Konflikt zwischen Effizienz- und Machtkalkül, Berlin 1999, S. 38–44.

55 ND v. 1.1.1958, S. 2.

56 Ebd.

57 ND v. 3.2.1957, S. 3–5; Dierk Hoffmann/Karl-Heinz Schmidt/Peter Skyba (Hg.), Die DDR vor dem Mauerbau. Dokumente zur Geschichte des anderen deutschen Staates 1949–1961, München 1993. S. 281–290.

58 Schirdewan, Aufstand, S. 132–138; Karlsch, Uran, S. 117–123; http://einestages.spiegel.de/static/topicalbumbackground/1009/tod_eines_ministers.html.

59 ND v. 15.12.1957, S. 2.

60 Walter Womacka, Farbe bekennen. Erinnerungen eines Malers, 2., korrigierte Auflage, Berlin 2007, S. 128.

61 ND v. 7.1.1958, S. 4; ND v. 14.1.1958, S. 4.

62 Karl-Heinz Schleinitz kam Mitte der fünfziger Jahre zum ND und begann nach einem Streit in der Redaktion 1961 eine erfolgreiche Tätigkeit als Autor und Journalist.

63 ND v. 7.1.1958, S. 4.

64 ND v. 14.1.1958, S. 4; ND v. 6.2.1958, S. 4.

65 Zitiert nach Klein, Einheit und Reinheit, S. 326.

66 ND v. 14.11.1961, S. 1.

67 ND v. 12.11.1961, S. 5; ND v. 28.11.1956, S. 1; ND v. 29.11.1961, S. 5; ND v. 1.12.1961, S. 4; ND v. 2.12.1961, S. 3.

68 ND v. 2.12.1961, S. 3.

69 Stulz, Herrnstadt-Dokument, S. 277.

70 ND v. 1.1.1958, S. 2.

71 Vgl. die jeweils 2. Seite der ND-Ausgaben von 1958 bis 1971; ND v. 18.5.1996.

72 ND v. 1.1.1959, S. 2; ND v. 18.5.1996; Strukturangaben nach Befragungen ehemaliger Mitarbeiter der Zeitung im Herbst 2006/Frühjahr 2007.

73 Russek, Eberhard, Versuch einer Antwort, Manuskriptfassung, Berlin 2006, S. 6.

74 Arbeitsordnung für die Mitarbeiter des Verlages Neues Deutschland, 1. März 1958, Sammlung Decker.

75 Betriebsgeschichte ND-Druckerei, S. 114–115.

76 Arbeitsordnung, S. 5.

77 Ebd., S. 13.

78 Betriebsgeschichte ND-Druckerei, S. 117.

79 Ebd.

80 BArch, DY 63, Signatur 2018.

81 ND v. 30.6.1953, S. 1 und 5; Verlag Neues Deutschland (Hg.), Neues Deutschland und seine Pressefeste. Eine Dokumentation, Berlin 1988, S. 1–2.

82 ND v. 20.6.1958, S. 8.

83 ND v. 10.5.1958, S. 3; ND v. 30.6.1958, S. 5; ND v. 1.7.1958, S. 6.

84 ND v. 1.5.1958, S. 1; ND v. 1.7.1958, S. 4.

85 Dokumentation Pressefeste, S. 1–21.

86 Ebd.

87 Betriebsgeschichte ND-Druckerei, S. 137.

88 Hans-Peter Schwarz, Axel Springer. Eine Biographie, Berlin 2008, S. 276–289.

89 Ebd., S. 296.

90 BArch, DY 63, Signatur 1587; Schwarz, Springer, S. 296 und 421; Doering, Springer und die DDR, S. 80–81.

91 ND v. 1.7.1958, S. 1.

92 Auf eine detaillierte Darlegung der Überholkampagne muss hier aus Platzgründen verzichtet werden. Weiterführend sei empfohlen: Steiner, Wirtschaftsreform, S. 38–44; derselbe, Vom Überholen eingeholt. Zur Wirtschaftskrise 1960/61 in der DDR, in: Burghard Ciesla/Michael Lemke/Thomas Lindenberger (Hg.), Sterben für Berlin? Die Berliner Krisen 1948 : 1958, Berlin 2000, S. 245–262; Ralf Sowart, Planwirtschaft und die »Torheit der Regierenden«. Die »ökonomische Hauptaufgabe der DDR« vom Juli 1958, in: Jahrbuch für Historische Kommunismusforschung 1999, S. 157–190.

93 ND v. 2.9.1958, S. 1, ND v. 31.12.1958, S. 5, ND v. 22.5.1959, S. 4 bzw. ND v. 1.11.1958, S. 3.

94 ND v. 2.3.1961, S. 1.

95 Steiner, Überholen, S. 161–164.

96 ND v. 26.3.1961, S. 1.

97 ND v. 3.3.1959, S. 1; ND v. 5.3.1959, S. 1–2; Burghard Ciesla, Die Transferfalle: Zum DDR-Flugzeugbau in den fünfziger Jahren, in: Dieter Hoffmann/Kristie Macrakis (Hg.), Naturwissenschaft und Technik in der DDR, Berlin 1997, S. 193–211.

98 Aufrechnungsmaschine »Ascota Klasse 110« vom VEB Buchungsmaschinenwerk in Karl-Marx-Stadt.
99 ND v. 4.8.1960, S. 3.
100 ND v. 12.12.1958, S. 3; ND v. 14.7.1959, S. 3; ND v. 24.7.1959, S. 3.
101 ND v. 16.6.1959, S. 8.
102 Russek, Versuch einer Antwort, S. 4.
103 ND v. 4.7.1960, S. 1.
104 Die Presse – Kollektiver Organisator der sozialistischen Umgestaltung, 3. Pressekonferenz des ZK der SED, 17.–18.4. 1959 in Leipzig, Berlin 1959, S. 102–103.
105 Interview mit Harri Czepuck im Juni 2006; ND v. 7.10.1958, S. 3; ND v. 10.7.1959, S. 5; ND v. 30.8.1959, S. 5; ND v. 12.9.1959, S. 3; ND v. 30.9.1959, S. 6; ND v. 25.11.1959, S. 4; ND v. 22.11.1960, S. 5; ND v. 19.2.1961, S. 5.
106 Michael Lemke, Kampagnen gegen Bonn: Die Systemkrise der DDR und die Westpropaganda der SED 1960–1963, in: Vierteljahrshefte für Zeitgeschichte 41/1993, 153–174; Hans-Jürgen Döscher, Seilschaften. Die verdrängte Vergangenheit des Auswärtigen Amts, Berlin 2005, S. 315.
107 ND v. 18.9.1960, S. 4; Thomas Heimann/Burghard Ciesla, Die gefrorenen Blitze: Wahrheit und Dichtung. FilmGeschichte einer »Wunderwaffe«, in: apropos Film 2002, S. 158–180; Michael J. Neufeld, Von Braun. Dreamer of Space, Engineer of War, New York 2007, S. 343–356.
108 Von r. n. l.: Gerhart Eisler, Albert Norden, Kurt Blecha, Walter Ulbricht, Gerhard Kegel, Hermann Axen.
109 ND v. 16.6.1961, S. 1.
110 Ebd., S. 4.
111 Bernd Bonwetsch/Alexei Filitow, Chruschtschow und der Mauerbau. Die Gipfelkonferenz der Warschauer-Pakt-Staaten vom 3.–5. August 1961, in: Vierteljahreshefte für Zeitgeschichte 2000, Heft 1, S. 155; Horst Dieter Schlosser, Die deutsche Sprache in der DDR zwischen Stalinismus und Demokratie. Historische, politische und kommunikative Bedingungen, Köln 1990, S. 216.
112 Vgl. hierzu exemplarisch die ganzseitige »moralische Abrechnung mit Menschenhandel und Menschenhändlern« des ND-Redaktionsmitgliedes Harald Wessel. Er wählte als Überschrift für seinen Artikel zwei Zeilen aus dem Solidaritätslied von Bertolt Brecht: »Wer im Stich lässt seinesgleichen, / Läßt ja nur sich selbst im Stich«. ND v. 13.8.1961, S. 5.
113 Bettina Effner/Helge Heidemeyer (Hg.), Flucht im geteilten Deutschland. Erinnerungsstätte Notaufnahmelager Marienfelde, Berlin 2005, S. 34–35; vgl. auch die grundlegende Studie von Helge Heidemeyer, Flucht und Zuwanderung aus der SBZ/DDR 1945/1949–1961. Die Flüchtlingspolitik der Bundesrepublik Deutschland bis zum Bau der Berliner Mauer, Düsseldorf 1994.
114 Steiner, André, Von Plan zu Plan, München 2004, S. 101–123; derselbe, Vom Überholen eingeholt, S. 245–262; derselbe, Eine wirtschaftliche Bilanz der Mauer, in: Hertle/Jarausch/Kleßmann, Mauerbau und Mauerfall, S. 198–202; Hartmut Wendt, Die deutsch-deutschen Wanderungen – Bilanz einer 40jährigen Geschichte von Flucht und Ausreise, in Deutschland Archiv 4/1991, S. 389–395; Patrick Major, Torschlusspanik und Mauerbau. »Republikflucht« als Symptom der zweiten Berlinkrise, in: Burghard Ciesla/Michael Lemke/Thomas Lindenberger (Hg.), Sterben für Berlin? Die Berliner Krisen 1948 – 1958, Berlin 2000, S. 223; Effner/Heidemeyer, Flucht, S. 27–39; Bernd Eisenfeld/Roger Engelmann, 13.8.1961: Mauerbau. Fluchtbewegung und Machtsicherung, Bremen 2001, S. 25–39.
115 Betriebsgeschichte ND-Druckerei, S. 141.
116 Druckerei Neues Deutschland, S. 3.
117 Betriebsgeschichte ND-Druckerei, S. 141 und 144.
118 BStU, MfS-HA XX, Signatur 15108, Bl. 165.
119 Wagner, Stacheldrahtsicherheit, S. 126; Eberlein, 9. November, S. 325; Fritz Kopp, Chronik der Wiederbewaffnung in Deutschland, Köln 1958, S. 55.
120 Wagner, Stacheldrahtsicherheit, S. 126.
121 Eberlein, 9. November, S. 325.
122 Wagner, Stacheldrahtsicherheit, S. 128.
123 Eberlein, 9. November, S. 325.
124 Thomas Flemming/Hagen Koch, Die Berliner Mauer. Geschichte eines politischen Bauwerks, Berlin-Brandenburg 2001, S. 6–9.
125 Druckerei ND, Bilanz, S. 3.
126 Czepuck, Wendezeiten, S. 228–230.
127 Czepuck, Wendezeiten, S. 229.
128 Ebd., S. 230.
129 BArch, DY 30/IV A2/9.02/Signatur 35.
130 ND v. 9.4.1965, S. 1; Jürgen Leskin, Kraftprobe über Berlin, in: Fliegerrevue 5/1996, S. 52–55.
131 BStU, MfS-HAXX, Signatur 15108, Bl 143.
132 Ebd., S. 144.
133 Ebd.
134 Ebd., Bl. 128–130.
135 Ebd., Bl. 128–134.
136 Ebd., Bl. 167.
137 Vgl. BStU, MfS-HA XX, Signatur 1121, Bl. 104–105.
138 ND v. 22./23.4.1996, S. 4.
139 ND v. 3.1.1965, S. 1.

140 SAPMO-BArch, DY 30/IV A2/9.02/Signatur 35; »Die Welt« v. 4.1.1965.
141 Ebd.
142 ND v. 16.1.1963, S. 1–7; ND v. 3.1.1965, S. 1; ND v. 25.5.1996; Russek, Eberhard, Lehrreiche Jahre. Erinnerungen an die Zeit von 1957 bis 1990 in der Redaktion ›Neues Deutschland‹, Manuskriptfassung, Berlin 2006, S. 15; Czepuck, Wendezeiten, S. 245–246; Steiner, DDR-Wirtschaftsreform, S. 551–559; Hartmut Kaelbe/Jürgen Kocka/Hartmut Zwahr (Hg.), Sozialgeschichte der DDR, Stuttgart 1994, S. 36; Falco Werkentin, Politische Strafjustiz in der Ära Ulbricht, Berlin 1995, S. 251; Neue Gesellschaft für Bildende Kunst (Hg.), Wunderwirtschaft. DDR-Konsumkultur in den 60er Jahren, Köln/Weimar/Wien 1996, S. 25–27; Beate Ihme-Tuchel, die DDR, Darmstadt 2002, S. 50–62; Steiner, Plan zu Plan, S. 123–164.
143 Czepuck, Wendezeiten, S. 243–244.
144 SAPMO-BArch, DY 30/IV A2/9.02/Signatur 35; Czepuck, Wendezeiten, S. 244.
145 ND v. 23.3.1964, S. 1.
146 SAPMO-BArch, DY 30/IV A2/9.02/Signatur 35.
147 Ebd.
148 Der Spiegel v. 20.11.1963, S. 81.
149 ND v. 31.12.1964, S. 8.
150 Czepuck, Wendezeiten, S. 247.
151 Ebd., S. 245–246.
152 Brigitte Reimann/Irmgard Weinhofen, Grüß Amsterdam. Briefwechsel 1956–1973, hrsg. v. Angela Drescher und Dorit Weiske, 2. Auflage, Berlin 2003, S. 78.
153 Czepuck, Wendezeiten, S. 243–247; Holzweißig, Mediengeschichte, S. 111–116.
154 Holzweißig, Mediengeschichte, S. 116.
155 Christa Wolf, Ein Tag im Jahr 1960–2000, Berlin 2005, S. 73.
156 BStU, HA XX, Nr. 14589, Bl. 159.
157 Ebd., Bl. 158–162.
158 Ebd., Bl. 161.
159 Ebd., Bl. 161–162.
160 Ebd., Bl. 163; SAPMO-BArch, DY 30/IV A2/9.02/Signatur 35.
161 Eva-Maria Hagen, Eva und der Wolf, München 2000, S. 41.
162 Zit. nach Monika Kaiser, Machtwechsel von Ulbricht zu Honecker. Funktionsmechanismen der SED-Diktatur in Konfliktsituationen 1962 bis 1972, Berlin 1997, S. 199.
163 Interview mit Klaus Höpcke im Dezember 2006.
164 ND v. 5.12.1965, S. 6; Jochen Staadt, In der Obhut der Partei, in Fritz Pleitgen (Hg.), Die Ausbürgerung. Anfang vom Ende der DDR, München 2001, S. 345–361; http://www.wagenbach.de/verlagsgeschichte/01-07_Verlagsges_gesamt.pdf.
165 Manfred Jäger, Kultur und Politik in der DDR 1945–1990, Köln 1995, S. 128; Kaiser, Machtwechsel, S. 200–231; Günter Agde (Hg.), Kahlschlag. Das 11. Plenum des ZK der SED 1965, Berlin 2000.
166 Bräunig, Rummelplatz, S. 646–662.
167 ND v. 17.10.1965, S. 12.
168 Zitiert nach Kaiser, Machtwechsel, S. 199.
169 ND v. 7.12.1965, S. 4; ND v. 15.12.1965, S. 4; ND v. 16.12.1965, S. 6; ND v. 17.12.1965, S. 7; ND v. 19.12.1965, S. 7, 9 und 12; ND v. 29.12.1965, S. 4; ND v. 19.1.1966, S. 4; ND v. 29.1.1966, S. 4; Bräunig, Rummelplatz, S. 646–662.
170 Bräunig, Rummelplatz, S. 661.
171 Beyer, Wind, S. 149–150.
172 ND v. 6.7.1966, S. 4.
173 ND v. 15./16. Juni 1996, S. 11.
174 Hagen, Eva, S. 41.
175 Kaiser, Machtwechsel, S. 105–132; Karlsch, Rainer/Tandler, Agnes, Ein verzweifelter Wirtschaftsfunktionär? Neue Erkenntnisse über den Tod Erich Apels 1965, in: Deutschland Archiv 2001/1, S. 50–64; Steiner, Plan zu Plan, S. 129–133.
176 Kaiser, Machtwechsel, S. 221.
177 ND v. 15./16.6.1996, S. 2.
178 Müller-Enbergs, Meinungsoffiziere, S. 301–304.
179 Interview der Autoren mit Klaus Höpcke im Dezember 2006; Czepuck, Wendezeiten, S. 288.
180 Ebd., S. 288–289.
181 Ebd., S. 289.
182 BStU, Z 1203, Bl. 1–6.
183 Ebd., Bl. 2.
184 Ebd., Bl. 5.
185 Ebd., Bl. 4.
186 Protokoll der Verhandlungen des VI. Parteitags der SED, Berlin 1963, S. 346.
187 ND-Umfrage 1/1966, Anlage 1.
188 Ebd., S. 140.
189 Elisabeth Noelle-Neumann/Thomas Petersen, Alle, nicht jeder. Einführung in die Methoden der Demoskopie, München 1996, S. 104–110, 448–451.
190 ND-Beilage v. 2.10.1965, S. 3; ND-Beilage v. 13.10.1965, S. 3; Siegfried Ressel/Jens Arndt, Bis zum Horizont und zurück, mdr 2007.
191 ND v. 26.3.1966. Die Fragen finden sich auf den Seiten 4 und 5.
192 BArch, DY 63, Signatur 2018.
193 BArch, DY 63, Signatur 1845; Helmut Kipphan (Hg.), Handbuch der Printmedien, Heidelberg 2000; http://de.wikipedia.org/wiki/Offsetdruck.
194 BArch, DY 63, Signatur 1845; ND v. 13.1.1968, S. 11.
195 Kipphan, Handbuch; http://de.wikipedia.org/wiki/Offsetdruck.

196 ND v. 13.1.1968, S. 11.
197 ND v. 10.7.1968, S. 8.
198 ND v. 21.6.1968, S. 8.
199 ND v. 7.1.1969, S. 1.
200 BArch, DY 63, Signatur 1588.
201 Ebd.; Betriebsgeschichte ND-Druckerei, S. 162–172.
202 Artikel im ND vom 21. 08. 2008 von Alexander Bringmann. Der Autor arbeitet zum Zeitpunkt der Drucklegung an einer Magisterarbeit zum Thema.

4. Das Pressekombinat

1 Nach Auskünften von ehemaligen Mitarbeitern bei den regelmäßig stattfindenden Traditionstreffen der Zeitung in den Jahren 2006 und 2007. Vgl. zudem mündliche und schriftliche Erinnerungen (Interviews, Veröffentlichungen, Manuskripte) von Eva Decker, Hermann Axen, Harri Czepuck, Klaus Höpcke, Klaus Huhn, Werner Micke, Eberhard Russek, Günter Schabowski, Wolfgang Spickermann.
2 Russek, Versuch einer Antwort, S. 2.
3 BStU, MfS – HA XX, Signatur 9721, Blatt 13–14; Russek, Versuch einer Antwort, S. 2–3.
4 ND v. 31.12.1971, S. 8; Interview mit Wolfgang Spickermann im April 2007.
5 Nach Aufzeichnungen von K. Hesse, ND-Archiv.
6 BArch, DY 63, Signatur 1588; ND v. 25.3.1972, S. 8; ND v. 16.6.1996; Sammlung Decker; Aufzeichnungen K. Hesse, ND-Archiv; Betriebsgeschichte ND-Druckerei, S. 10–14.
7 Rundschreiben Redaktionssekretariat v. 15.5.1972, Sammlung Decker.
8 BArch, DY 63, Nr. 1588; Interview mit Wolfgang Spickermann, Klaus Huhn, Klaus Höpcke und Eva Decker; ND v. 25.5.1972, S. 8; ND v. 26.5.1972, S. 8; ND v. 15.6.1996; Russek, Versuch einer Antwort, S. 8.
9 Russek, Versuch einer Antwort, S. 8; vgl. auch ebenda, S. 8–9 und 18 und Aufzeichnungen K. Hesse, ND-Archiv.
10 Russek, Versuch einer Antwort, S. 8–9 und 18; ders., Lehrreiche Jahre, S. 31.
11 BArch, DY 63, Signatur 1588; Aufzeichnungen von K. Hesse, ND-Archiv; Russek, Versuch einer Antwort, S. 8–9 und 18; ders., Lehrreiche Jahre, S. 31.
12 ND v. 22./23.4.2006, S. 4.
13 Zitiert nach Günter Schabowski, Der Absturz, Reinbek bei Hamburg 1992, S. 96.
14 Ebd.
15 Ebd.
16 Russek, Versuch einer Antwort, S. 8.
17 Schabowski, Absturz, S. 96–97.
18 BStU; MfS-HA XX, Signatur 9721, Bl. 2–3; Hans-Hermann Hertle/Stefan Wolle, Damals in der DDR. Der Alltag im Arbeiter- und Bauernstaat, 2. Auflage, München 2004, S. 148–149.
19 Klein, Einheit und Reinheit, S. 162–163; Haus der Geschichte der Bundesrepublik Deutschland (Hg.), Bilder, die lügen, 3. Auflage, Bonn 2003, S. 88–89. Die auf ND-Seite 3 veröffentlichten Bilder aus dem Leben Walter Ulbrichts zeigen als erstes Bild das berühmte Handschlagfoto vom Vereinigungsparteitag im April 1946. Dort ist zwischen Wilhelm Pieck und Walter Ulbricht der Kopf des ehemaligen 2. Vorsitzenden der KPD, Kurt Müller, zu sehen. Im März 1950 wurde der in der Bundesrepublik lebende Kommunist zum Trotzkisten und »Parteifeind« erklärt. Max Reimann lockte Müller mit einem Telefonat nach Ostberlin. Dort erfolgte nach einem Gespräch mit Walter Ulbricht im ZK-Gebäude die Verhaftung Müllers. Von einem sowjetischen Gericht wurde Kurt Müller zu 25 Jahren Haft verurteilt. Im Oktober 1955 kam er wieder frei und kehrte in die Bundesrepublik zurück, wo er 1957 der SPD beitrat. Aus dem Bild des Präsidiums des Gründungsparteitages wurde Kurt Müller fortan wegretuschiert. Am 2. August 1973 brachte das ND das Bild erstmals wieder ohne Manipulationen, das heißt Kurt Müller und sein rechter Nachbar waren wieder auf dem Bild zu sehen.
20 Russek, Lehrreiche Jahre, S. 32–33.
21 BArch, DY 63, Signatur 1502.
22 Ebd., Chronik 1969–1992, ND-Archiv.
23 ND v. 3.1.1965, S. 3; ND v. 10.1.1965, S. 3; ND v. 17.1.1965, S. 3; ND v. 24.1.1965, S. 3; ND v. 31.1.1965, S. 3; ND v. 7.2.1965, S. 3; ND v. 14.2.1965.
24 ND v. 4./5.1.1975, S. 9; ND v. 11./12.1.1975, S. 9; ND v. 25./26.1.1975, S. 9; ND v. 1./2.2.1975, S. 9; ND v. 15./16.2.1975, S. 9.
25 ND v. 2./3.8.1975, S. 5–10.
26 Zit. nach Effner/Heidemeyer, Flucht, S. 165.
27 BStU, MfS-HA XX, Signatur 13701, Bl. 21–22.
28 ND v. 22./23.4.2006, S. 4.
29 Interview mit Klaus Höpcke im Dezember 2006; ND v. 20.–22.11.1976.
30 Staadt, Obhut, S. 364.
31 BStU, MfS-HA XX, Signatur 1132, Bl. 8.
32 Ebd., Bl. 9.
33 Zit. nach Horst Hoffmann, Sigmund Jähn. Der fliegende Holländer. Autorisierte Biographie, Berlin 1999, S. 231.
34 ND v. 27.8.1978, S. 1.
35 Hoffmann, Jähn, S. 233.

36 Ebd., S. 234.
37 Interview mit Wolfgang Spickermann im April 2007; ND v. 28.8.1978, S. 4; ND v. 31.8.1978, S. 4; ND v. 31.8.1978, S. 3; ND v. 29.8.1978, S. 4; ND v. 2./3.9.1978, S. 10; Hoffmann, Jähn, S. 236–237.
38 ND v. 26. 08. 2008, S. 3
39 Müller-Enbergs, Meinungsoffiziere, S. 305–307.
40 Holzweißig, Schärfste Waffe, S. 133.
41 Hajo Herbell, Herztöne, Berlin 2002, S. 86.
42 ND-Extrablatt v. 29.10.1978, interner Sonderdruck.
43 ND v. 15./16.6.1996, S. 12.
44 Ebd.
45 Herbell, Herztöne, S. 86–87.
46 Interview mit Günter Schabowski im Juli 2006; Holzweißig, Schärfste Waffe, S. 133–135; Russek, Versuch einer Antwort, S. 6.
47 Schabowski, Absturz, S. 91–92.
48 Schalck-Golodkowski, Deutsch-deutsche Erinnerungen, Reinbek bei Hamburg 2000, S. 157.
49 ND v. 1.10.1979, S. 1.
50 ND v. 14.12.1979, S. 7.
51 Interview mit Rainer Genge im September 2008.
52 Russek, Versuch einer Antwort, S. 16.
53 Leitfaden für die Arbeit der Redaktion 1982, S. 23–24.
54 Vgl. Bildmappe »Gorbatschow«, ND-Fotosammlung.
55 Müller-Enbergs, Meinungsoffiziere, S. 308.
56 Holzweißig, Schärfste Waffe, S. 38.
57 Zit. nach ebd.
58 Ebd., S. 38–39.
59 Nach Russek, Lehrreiche Jahre, S. 56–57; derselbe, Versuch einer Antwort, S. 17.
60 BStU, MfS-HA XX, Signatur 8406, Bl. 26–27.
61 ND v. 13.1.1973, S. 1; ND v. 18.1.1973, S. 1; ND v. 3.2.1973, S. 2; ND v. 10.2.1973, S. 1; ND v. 19.9.1973, S. 1.
62 ND v. 22.9.1973, S. 1; ND v. 22./23.4.2006, S. 4; Hartwig Bögeholz, Wendepunkte – die Chronik der Republik. Der Weg der Deutschen in Ost und West, Reinbek bei Hamburg 1999, S. 420–445.
63 BStU, MfS-HA XX, Signatur 8406, Bl. 43.
64 Russek, Versuch einer Antwort, S. 19.
65 ND v. 15./16.6.1996, S. 13; ND v. 22./23.4.2006, S. 4.
66 Das Bulletin nannte sich »der maßstab« und befasste sich mit Sprache, Stil und journalistischer Qualität der ND-Meldungen und -Beiträge.
67 Es handelte sich hierbei um das Heft »ND-Korrespondent«, das vom Zentralorgan für die Volkskorrespondenten monatlich herausgegeben wurde.
68 Russek, Versuch einer Antwort, S. 20.
69 Interview mit Eva Decker im Sommer 2007; Sammlung Decker.
70 BstU, MfS-HA XX, Signatur 1132, Bl. 30–31.
71 BstU, MfS-HA XX/AP, Signatur 48344/92, Bl. 2–34; Holzweißig, Schärfste Waffe, S. 137–141.
72 BStU, MfS-HA XX/Ap, Signatur 48344/92, Bl. 27.
73 Holzweißig, Schärfste Waffe, S. 141.
74 ND v. 30.4.1986, S. 1 und 8; zit. nach Jens Schöne, Stabilität und Niedergang. Ostberlin im Jahr 1987, Berlin 2006, S. 51.
75 SAPMO-BArch, DY 30/IV 2/2.037, Signatur 65.
76 Die sowjetische Sportführung hatte 1985 darauf gedrängt, dass die traditionelle Dreiländertour aufgrund des 40. Jahrestages des Kriegsendes auch in Moskau stattfand. Im Jahre 1986 wurde das wiederholt. Zum 200. Jahrestag der Französischen Revolution, am 14. Juli 1989, sollte die Fahrt sogar von Paris nach Moskau führen, aber das ganze Projekt scheiterte ganz einfach an der damit verbundenen Dimension für ein Amateurrennen, der Vermarktung und den unterschiedlichen Interessenlagen. Mit dem Ende des Kalten Krieges waren die Tage der ursprünglichen Veranstalter und Organisatoren der Dreiländerfahrt zwangsläufig gezählt. Die Parteizeitungen mussten sich von der Veranstaltung zurückziehen. Das Rennen versuchte sich auf eigene Beine zu stellen. Hierfür setzte sich engagiert derjenige ein, der durch dieses Radrennen einst berühmt geworden war – Täve Schur. Als es nach 1990 aber zur Aufhebung der Zulassungsregeln für Amateure und Profis kam, sank die Bedeutung der inzwischen wohl auf rund 100 000 Rennkilometer kommenden Fahrt rapide ab. In den Jahren 2005, 2007 und 2008 fiel das einst so renommierte Straßenrennen wegen fehlender Sponsoren aus. Huhn, Spurt, S. 95–97; ND v. 6.5.1986, S. 1.
77 ND v. 16.3.1987, S. 1–8; RIAS v. 22.3.1987, Archiv Deutschlandradio; Karsten Rudolph/Jana Wüstenhagen, Große Politik – kleine Begegnungen. Die Leipziger Messe im Ost-West-Konflikt, Berlin 2006, S. 139–168.
78 RIAS v. 22.3.1987, Deutschlandradio.
79 ND v. 16.3.1987, S. 1 und 2; RIAS v. 22.3.1987, Deutschlandradio.
80 BStU, MfS-HA XX/AKG, Signatur 2409, Bl. 3–28.
81 SAPMO-BArch, DY 30/IV 2/2.037/Signatur 24; ND v. 15./16.6.1996, S. 5; ND v. 22./23.4.2006, S. 6; Antje Baumann, Das »Neue Deutschland« im neuen Deutschland. Vom Zentralorgan der SED zur sozialistischen Tageszeitung, in: Ruth Reiher/Antje Baumann (Hg.), Vorwärts und nichts vergessen. Sprache in der DDR: Was war, was ist, was bleibt, Berlin 2004, S. 286–290.
82 ND v. 22./23.4.2006, S. 6.

83 SAPMO-BArch, DY 30/IV 2/2.037/Signatur 24.
84 ND v. 15./16.6.1996, S. 5; ND v. 22./23.4.2006, S. 6; Ina Merkel (Hg.), »Wir sind doch nicht die Meckerecke der Nation«. Briefe an das Fernsehen der DDR, stark erweiterte Neuausgabe, Berlin 2000, S. 11–46; Bollinger, Stefan (Hg.), Das letzte Jahr der DDR. Zwischen Revolution und Selbstaufgabe, Berlin 2004, S. 55–64.
85 ND v. 31.10./1.11.1987, S. 9; ND v. 15./16.6.1996, S. 5.
86 Ingo Schmidt, Empörung und Aufbruch vor der Wende. Politisierungsschübe und Mobilisierungsprozesse in Parteien und Organisationen in der DDR (1985–1989), Diplomarbeit am Institut für Sozialwissenschaften der Humboldt-Universität zu Berlin, Berlin 1997, S. 15–23.
87 ND-Analyse, IV. Quartal 1987, ND-Archiv.
88 Schmidt, Empörung, S. 25.
89 ND-Analyse, I. Quartal 1988, ND-Archiv; ND v. 26.1.1988, S. 2; ND v. 28.1.1988, S. 2; Christoph Wunnicke, Wandel, Stagnation, Aufbruch. Ostberlin im Jahre 1988, Berlin 2008, S. 94–107.
90 ND-Analyse, I. Quartal 1988, ND-Archiv; ND v. 29.1.1988, S. 2.
91 ND-Analyse, IV. Quartal 1988, ND-Archiv; ND v. 25.11.1988, ND v. 15./16.6.1996, S. 5; Schmidt, Empörung, S. 43.
92 Herbell, Herztöne, S. 89–91.
93 BStU, MfS-HA XX, Signatur 17549, Bl. 216–218; ND v. 21.9.1989, S. 3.
94 ND v. 2.10.1989, S. 2.
95 ND v. 7.10.1989.
96 Russek, Lehrreiche Jahre, S. 65–67.

5. Vom Zentralorgan zur sozialistischen Zeitung

1 ND v. 22./23.6.2006, S. 3.
2 BStU, MfS-HA XX, Signatur 8122, Bl. 4
3 BStU, MfS-HA XX, Signatur 14236, Blatt 35–36.
4 Cierpka, Alexander, Vom Organ des Zentralkomitees der Sozialistischen Einheitspartei Deutschlands zur sozialistischen Tageszeitung. »Neues Deutschland« auf dem Wege zur modernen, pluralistischen, linken Tageszeitung, Hausarbeit im Fachbereich Politik- und Sozialwissenschaften der Freien Universität Berlin, Berlin 2005, Anlage 2, S. 3.
5 Interview mit Wolfgang Spickermann im April 2007.
6 Cierpka, Organ, Anlage 2, S. 5.
7 Ebd.
8 BStU, MfS-HA II/6, Signatur 408, Bl. 13, 67–81.
9 ND v. 28.10.1989, S. 9.
10 BStU, MfS – HA XX, Signatur 8122, Blatt 1–2.
11 Ebd.
12 Ebd., S. 1–2.
13 Cierpka, Organ, Anlage 1, S. 3.
14 ND v. 22./23.4.2006, S. 3.
15 ND v. 16.11.1989, S. 2; BStU, MfS-HA XX, Signatur 8122, Bl. 1–3.
16 ND v. 22./23.4.2006, S. 3.
17 Cierpka, Organ, Anlage 1, S.6.
18 Ebd., Anlage 1, S. 4.
19 Ebd., Anlage 2, S. 5–6.
20 Vgl. die Änderungen bei Rubriken, Preisen, Auflage, Layout, Ausgaben usw. bei ND v. 4.12.1989, S. 1; ND v. 18.12.1989, S. 1; ND v. 19.2.1990; ND v. 21.2.1990; ND v. 1.4.1990; ND v. 26./27.5.1990; ND v. 6.6.1990; ND v. 19.7.1990; ND v. 24.8.1990; ND v. 27.9.1990; ND v. 28.9.1990; ND v. 16.10.1990; ND v. 1.11.1990; ND v. 20.12.1990; ND v. 2.1.1991; ND v. 4.1.1991; ND v. 15./16.6.1996, S. 6; Cierpka, Organ, Anlage 1, S. 10.
21 Interview mit Wolfgang Spickermann im April 2007; ND v. 15./16.6.1996, S. 4; ND v. 22./23.4.2006, S. 3; Cierpka, Organ, Anlage 1, S. 7–12.
22 ND v. 23.10.1991.
23 Ebd.
24 Ebd.
25 ND v. 24.10.1991.
26 Ebd.
27 Ebd.
28 Ebd.
29 ND v. 25.10.1991.
30 ND v. 26./27. 10.1991.
31 ND v. 30.10.1991.
31 ND v. 6.10.1993.
32 ND v. 15.6.1996.
34 Ebd.
35 ND v. 22./23.4.2006.
36 Ebd.

Personenregister

Literatur

50 Jahre Frankfurter Rundschau. 100 Titelseiten dokumentieren Zeitgeschichte, Frankfurt am Main 1995.

Abelshauser, Werner, Deutsche Wirtschaftsgeschichte seit 1945, München 2004.

Agde, Günter (Hg.), Kahlschlag. Das 11. Plenum des ZK der SED 1965, Berlin 2000.

Arnold, Karl-Heinz, Zeitung. Ein Journalist berichtet, Berlin 2000.

Außenpolitik der Bundesrepublik Deutschland. Dokumente von 1949 bis 1994, hrsg. vom Auswärtigen Amt, Köln 1995.

Axen, Herman, Ich war ein Diener der Partei. Autobiographische Gespräche mit Harald Neubert, Berlin 1996.

Baar, Lothar/Petzina, Dietmar (Hg.), Deutsch-Deutsche Wirtschaft 1945 bis 1990. Strukturveränderungen, Innovationen und regionaler Wandel. Ein Vergleich, St. Katharinen 1999.

Badstübner, Rolf/Loth, Wilfried (Hg.), Wilhelm Pieck – Aufzeichnungen zur Deutschlandpolitik 1945–1953, Berlin 1994.

Bähr, Johannes/Petzina, Dietmar (Hg.), Innovationsverhalten und Entscheidungsstrukturen. Vergleichende Studien zur wirtschaftlichen Entwicklung im geteilten Deutschland 1945–1990, Berlin 1996.

Bailey, George/Kondraschow, Sergej A./Murphy, David E., Die unsichtbare Front. Der Krieg der Geheimdienste im geteilten Berlin, Berlin 1997.

Barck, Simone/Langermann, Martina/Lokatis, Siegfried (Hg.), Zwischen »Mosaik« und »Einheit«. Zeitschriften in der DDR, Berlin 1999.

Barth, Bernd-Rainer/Schweizer, Werner (Hg.), Der Fall Noel Field. Schlüsselfigur der Schauprozesse in Osteuropa, Gefängnisjahre 1949–1954, Band 1, Berlin 2005.

Barth, Bernd-Rainer/Schweizer, Werner (Hg.), Der Fall Noel Field. Schlüsselfigur der Schauprozesse in Osteuropa, Band 2, Berlin 2007.

Baumann, Antje, Das »Neue Deutschland« im neuen Deutschland. Vom Zentralorgan der SED zur sozialistischen Tageszeitung, in: Ruth Reiher/Antje Baumann (Hg.), Vorwärts und nichts vergessen. Sprache in der DDR: Was war, was ist, was bleibt, Berlin 2004, S. 282–292 und 376–380.

Becker, Franziska/Merkel, Ina/Tippach-Schneider, Simone (Hg.), Das Kollektiv bin ich. Utopie und Alltag in der DDR, Köln/Weimar/Wien 2000.

Behrends, Jan C., Die erfundene Freundschaft. Propaganda für die Sowjetunion in Polen und in der DDR, Köln/Weimar/Wien 2006.

Bender, Peter, Deutschlands Wiederkehr. Eine ungeteilte Nachkriegsgeschichte 1945–1990, Stuttgart 2007.

Benning, Kristen, Die Geschichte des SED-Zentralorgans »Neues Deutschland« von 1946 bis 1949. Die Waffenlieferanten »im Kampfe gegen die Reaktion und ihre Verwirrungsmanöver«, Münster 1997.

Benser, Günter (Hg.), Dokumente zur Geschichte der kommunistischen Bewegung in Deutschland, Band 1, München u. a. 1993.

Benz, Wolfgang (Hg.), Deutschland unter alliierter Besatzung 1945–1949/55, Berlin 1999.

Beyer, Frank, Wenn der Wind sich dreht. Meine Filme, Mein Leben, München 2001.

Beyme, Klaus von u. a. (Hg.), Neue Städte aus Ruinen. Deutscher Städtebau der Nachkriegszeit, München 1992.

Bögeholz, Hartwig, Wendepunkte – die Chronik der Republik. Der Weg der Deutschen in Ost und West, Reinbek bei Hamburg 1999.

Böhme, Erich (Hg.), Deutsch-Deutsche Pressefreiheit – Vom Grundlagenvertrag bis zur Schließung des Spiegel-Büros, Hamburg 1978.

Bollinger, Stefan (Hg.), Das letzte Jahr der DDR. Zwischen Revolution und Selbstaufgabe, Berlin 2004.

Bonwetsch, Bernd/Filitow, Alexei, Chruschtschow und der Mauerbau. Die Gipfelkonferenz der Warschauer-Pakt-Staaten vom 3. bis 5. August 1961, in: Vierteljahreshefte für Zeitgeschichte 2000, Heft 1, S. 155–198.

Bräunig, Werner, Rummelplatz, Berlin 2007.

Broszat, Martin/Weber, Hermann (Hg.) SBZ-Handbuch, München 1990.

Bungert, Heike, Das Nationalkomitee und der Westen. Die Reaktion der Westalliierten auf das NKFD und die Freien Deutschen Bewegungen 1943–1948, Stuttgart 1997.

Chronik Betriebsgeschichte ND-Druckerei 1945–1965, maschinenschriftliches Manuskript, 59 Seiten, o. J.

Chronik ND-Druckerei 1945–1961, maschinenschriftliches Manuskript, o. O. und o. J.

Cierpka, Alexander, Vom Organ des Zentralkomitees der Sozialistischen Einheitspartei Deutschlands zur sozialistischen Tageszeitung. »Neues Deutschland« auf dem Wege zur modernen, pluralistischen, linken Tageszeitung, Hausarbeit im Fachbereich Politik- und Sozialwissenschaften der Freien Universität Berlin, Berlin 2005.

Ciesla, Burghard (Hg.), Freiheit wollen wir! Der 17. Juni 1953 in Brandenburg, Berlin 2003.

Ciesla, Burghard, Als der Osten durch den Westen fuhr. Die Geschichte der Deutschen Reichsbahn in Westberlin, Köln/Weimar/Wien 2006.

Ciesla, Burghard, Das Raketen- und Luftfahrtwissen deutscher Wissenschaftler im Dienst der alliierten Sieger, in: Helmuth Trischler/Kai-Uwe Schrogl (Hg.), Ein Jahrhundert im Flug. Luft- und Raumfahrtforschung in Deutschland 1907–2007, Frankfurt/New York 2007, S. 177–194.

Ciesla, Burghard, Die Transferfalle: Zum DDR-Flugzeugbau in den fünfziger Jahren, in: Dieter Hoffmann/Kristie Macrakis (Hg.), Naturwissenschaft und Technik in der DDR, Berlin 1997, S. 193–211.

Ciesla, Burghard, Hinter den Zahlen. Zur Wirtschaftsstatistik und Wirtschaftsberichterstattung in der DDR, in: Alf Lüdtke/Peter Becker (Hg.), Akten. Eingaben. Schaufenster. Die DDR und ihre Texte. Erkundungen zu Herrschaft und Alltag, Berlin 1997, S. 39–55.

Ciesla, Burghard, Korea als Generalprobe? Wahrnehmungen und Wirkungen des Koreakrieges in der DDR (1950–1962), in: Matthias Uhl (Hg.), Korea: Der vergessene Krieg? (im Erscheinen).

Corino, Karl (Hg.), Die Akte Kant. IM »Martin«, die Stasi und die Literatur in Ost und West, Reinbek bei Hamburg 1995.

Czepuck, Harri, Meine Wendezeiten. Erinnerungen, Erwägungen, Erwartungen, Berlin 1999.

Dengler, Gerhard, Zwei Leben in einem, Berlin 1989.

Dickson, Paul, Sputnik. The Shock of the Century, New York 2001.

Die Presse – Kollektiver Organisator der sozialistischen Umgestaltung, 3. Pressekonferenz des ZK der SED, 17.–18.4.1959 in Leipzig, Berlin 1959.

Diedrich, Torsten/Wenzke, Rüdiger, Die getarnte Armee. Geschichte der Kasernierten Volkspolizei der DDR 1952–1956, Berlin 2001.

Doering, Daniela, Axel Springer und die DDR. Betrachtungen eines spannungsreichen Verhältnisses zwischen 1958 und 1972, Magisterarbeit, Berlin 1999.

Döscher, Hans-Jürgen, Seilschaften. Die verdrängte Vergangenheit des Auswärtigen Amts, Berlin 2005.

Drechsler, Karl, Gegenspieler: John F. Kennedy – Nikita Chruschtschow, Frankfurt a. M. 1999.

Druckerei Neues Deutschland, Betriebsgeschichte 1945–1965, Teil I, Berlin 1988.

Druckerei Neues Deutschland, Wir ziehen Bilanz, 1961–1965, Rechenschaftsbericht der Betriebsparteiorganisation, Berlin 1965.

Durth, Werner, Deutsche Architekten. Biographische Verflechtungen 1900–1970, München 1992.

Düwel, Jörn u. a. (Hg.), 1945. Krieg – Zerstörung – Aufbau. Architektur und Stadtplanung 1940–1960, Berlin 1995.

Eberlein, Werner, Geboren am 9. November. Erinnerungen, Berlin 2000.

Effner, Bettina/Heidemeyer, Helge (Hg.), Flucht im geteilten Deutschland. Erinnerungsstätte Notaufnahmelager Marienfelde, Berlin 2005.

Eisenfeld, Bernd/Engelmann, Roger, 13.8.1961: Mauerbau. Fluchtbewegung und Machtsicherung, Bremen 2001.

Engelmann, Roger/Kowalczuk, Ilko-Sascha (Hg.), Volkserhebung gegen den SED-Staat. Eine Bestandsaufnahme zum 17. Juni 1953, Göttingen 2005.

Erhard, Ludwig, Deutsche Wirtschaftspolitik. Der Weg zur Sozialen Marktwirtschaft, Düsseldorf/Wien/New York/Moskau 1992.

Erker, Paul, Ernährungskrise und Nachkriegsgesellschaft. Bauern und Arbeiterschaft in Bayern 1943–1953, Stuttgart 1990.

Flemming, Thomas/Koch, Hagen, Die Berliner Mauer. Geschichte eines politischen Bauwerks, Berlin-Brandenburg 2001.

Fricke, Karl Wilhelm/Engelmann, Roger, »Konzentrierte Schläge«. Staatssicherheitsaktionen und politische Prozesse, Berlin 1998.

Gabert, Josef/Prieß, Lutz (Hg.), SED und Stalinismus: Dokumente aus dem Jahre 1956, Berlin 1990.

Galbraith, John Kenneth, Die Geschichte der Wirtschaft im 20. Jahrhundert. Ein Augenzeuge berichtet, Hamburg 1995.

Gieseke, Jens, Mielke-Konzern. Die Geschichte der Stasi 1945–1990, München 2001.

Glaeßner, Gert-Joachim, Selbstinszenierung von Partei und Staat, in: Dieter Vorsteher (Hg.), Parteiauftrag: Ein Neues Deutschland. Bilder, Rituale und Symbole der frühen DDR, München/Berlin 1997, S. 20–39.

Gniffke, Erich W., Jahre mit Ulbricht, Reprint, Köln 1990.

Gries, Rainer, Die Rationen-Gesellschaft. Versorgungskampf und Vergleichsmentalität: Leipzig, München und Köln nach dem Kriege, Münster 1991.

Grimm, Thomas, Das Politbüro privat. Ulbricht, Honecker, Mielke & Co. Aus der Sicht ihrer Angestellten, Berlin 2005.

Grünbaum, Robert, Wolf Biermann 1976: Die Ausbürgerung und ihre Folgen, Erfurt 2006.

Gutschke, Irmtraud, Hermann Kant. Die Sache und die Sachen, 2., korr. Auflage, Berlin 2007.

Hagen, Eva-Maria, Eva und der Wolf, München 2000.

Hain, Simone, Die andere »Charta«. Städtebau auf dem Prüfstand der Politik, in: Städte bauen, Berlin 1993, S. 47–62.

Hall, Rex/Shayler, David J., The Rocket Men. Vostok & Voskhod. The First Soviet Manned Spaceflights, Berlin/Heidelberg/New York 2001.

Hampe, Peter (Hg.), Währungsreform und Soziale Marktwirtschaft. Rückblicke und Ausblicke, München 1989.

Hanauske, Dieter, Wohnungspolitik im Kalten Krieg, Zum Wohnungsbau in Ost- und West-Berlin 1949–1961, in: Berlinische Monatsschrift 3/2001, S. 35–51.

Hardach, Gerd, Marshall-Plan, Währungsreform und Wirtschaftsreform, in: Der Neubeginn. Deutschland zwischen 1945 und 1949, Hamburg 2005, S. 170–183.

Harich, Anne, »Wenn ich das gewußt hätte ...« Erinnerungen an Wolfgang Harich, Berlin 2007.

Hartewig, Karin/Lüdke, Alf (Hg.), Die DDR im Bild. Zum Gebrauch der Fotografie im anderen deutschen Staat, Göttingen 2004.

Haus der Geschichte der Bundesrepublik Deutschland (Hg.), Bilder, die lügen, 3. Auflage, Bonn 2003.

Hegedüs, András B./Wilke, Manfred (Hg.), Satelliten nach Stalins Tod. Der »Neue Kurs«, 17. Juni 1953 in der DDR, Ungarische Revolution 1956, Berlin 2000.

Heidemeyer, Helge, Flucht und Zuwanderung aus der SBZ/DDR 1945/1949–1961. Die Flüchtlingspolitik der Bundesrepublik Deutschland bis zum Bau der Berliner Mauer, Düsseldorf 1994.

Heitmüller, Ulrike, Der Krausenhof am Dönhoffplatz, in: Die Welt vom 9.5.2004, S. 86.

Herrnstadt, Rudolf, Kollege Zschau und Kollege Brumme, Berlin 1951.

Hertle, Hans-Hermann/Jarausch, Konrad H. (Hg.), Risse im Bruderbund, Berlin 2006.

Hertle, Hans-Hermann/Wolle, Stefan, Damals in der DDR. Der Alltag im Arbeiter- und Bauernstaat, 2. Auflage, München 2004.

Hertle, Hans-Hermann/Jarausch, Konrad H./Kleßmann, Christoph (Hg), Mauerbau und Mauerfall. Ursachen – Verlauf – Auswirkungen, Berlin 2002.

Herzberg, Guntolf, Anpassung und Aufbegehren. Die Intelligenz der DDR in den Krisenjahren 1956/58, Berlin 2006.

Heukenkamp, Ursula, Schuld und Verfolgung in den Berliner Zeitschriften der Nachkriegszeit, in: Arnd Bauerkämper, Christoph Kleßmann, Hans Misselwitz (Hg.): Der 8. Mai 1945 als historische Zäsur. Strukturen, Erfahrungen, Deutungen, Potsdam 1995, S. 218–231.

Heym, Stefan, Nachruf, München 1998.

Hobsbawm, Eric, Gefährliche Zeiten. Ein Leben im 20. Jahrhundert, München/Wien 2003.

Hoffmann, Dierk/Schmidt, Karl-Heinz/Skyba, Peter (Hg.), Die DDR vor dem Mauerbau. Dokumente zur Geschichte des anderen deutschen Staates 1949–1961, München 1993.

Holzweißig, Gunter, Die schärfste Waffe der Partei. Eine Mediengeschichte der DDR, Köln 2002.

Holzweißig, Gunter, Zensur ohne Zensor. Die SED-Informationsdiktatur, Bonn 1997.

Hübner, Martin, Der Absturz der 152, Dokumentation, mdr 1999.

Huhn, Klaus Ulrich, Spurt durchs Leben. Versuch einer lückenfüllenden Bilanz, Berlin 2003.

Huhn, Klaus, Das vierte Buch über Täve. Berlin 1992.

Ihme-Tuchel, Beate, Die DDR, Darmstadt 2002.

In die Tasche gesteckt, in: Frankfurter Allgemeine Zeitung vom 23.4.1996, S. 37.

Jäger, Manfred, Kultur und Politik in der DDR 1945–1990, Köln 1995.

Jahrbuch für Kommunismusforschung 1996.

Janka, Walter, Schwierigkeiten mit der Wahrheit, Reinbek bei Hamburg 1990.

Janssen, Karl-Heinz/Kuenheim, Haug von/Sommer, Theo, DIE ZEIT. Geschichte einer Wochenzeitung 1946 bis heute, München 2006.

Johnson, Uwe, Das dritte Buch über Achim, Frankfurt a. M. 1998.

Just, Gustav, Deutsch, Jahrgang 1921. Ein Lebensbericht, Potsdam 2001.

Kaelbe, Hartmut/Kocka, Jürgen/Zwahr, Harmut (Hg.), Sozialgeschichte der DDR, Stuttgart 1994.

Kahnt, Helmut/Pontzen, Martin/Schöne, Michael H./Walz, Karlheinz, Die Geschichte der Deutschen Mark, Regenstauf 2003.

Kaiser, Monika, Machtwechsel von Ulbricht zu Honecker. Funktionsmechanismen der SED-Diktatur in Konfliktsituationen 1962 bis 1972, Berlin 1997.

Kant, Hermann, Das Impressum, Berlin 2005.

Karlsch, Rainer, Allein bezahlt? Die Reparationsleistungen der SBZ/DDR 1945–53, Berlin 1993.

Karlsch, Rainer, Das »Selbmann-Memorandum« vom Mai 1947. Fritz Selbmann und die Reparationslasten der sächsischen Industrie, in: Beiträge zur Geschichte der Arbeiterbewegung, 2/1993, S. 88–125.

Karlsch, Rainer, Uran für Moskau. Die Wismut – Eine populäre Geschichte, Berlin 2007.

Karlsch, Rainer/Tandler, Agnes, Ein verzweifelter Wirtschaftsfunktionär? Neue Erkenntnisse über den Tod Erich Apels 1965, in: Deutschland Archiv 2001/1, S. 50–64.

Kipphan, Helmut (Hg.), Handbuch der Printmedien. 1. Auflage, Springer Verlag, Heidelberg 2000.

Klein, Thomas, »Für die Einheit und Reinheit der Partei«. Die innerparteilichen Kontrollorgane der SED in der Ära Ulbricht, Köln/Weimar/Wien 2002, S. 91–124.

Kleinert, Karoline/Joksch, Reinhard, Heiße Rhythmen, Kalter Krieg, Fernsehdokumentation, 1. und 2. Teil, mdr 2004.

Klötzer, Sylvia, Satire und Macht. Film, Zeitung, Kabarett in der DDR, Köln/Weimar/Wien 2006.

Knobloch, Heinz, Das Lächeln der Zeitung, Halle/Leipzig 1987.

Knoll, Viktor/Kölm, Lothar (Hg.), Der Fall Berija. Protokoll einer Abrechnung. Das Plenum des ZK der KPdSU, Juli 1953. Stenographischer Bericht, Berlin 1993.

Koch, Egmont R./Wech, Michael, Deckname Artischocke. Die geheimen Menschenversuche der CIA, 2. Auflage, München 2002.

Koop, Volker, Tagebuch der Berliner Blockade. Von Schwarzmarkt und Rollkommandos, Bergbau und Bienenzucht, Bonn 1998.

Kopp, Fritz, Chronik der Wiederbewaffnung in Deutschland, Köln 1958.

Kornai, János, Das sozialistische System. Die politische Ökonomie des Kommunismus, Baden-Baden 1995.

Kowalczuk, Ilko-Sascha/Wolle, Stefan, Roter Stern über Deutschland. Sowjetische Truppen in der DDR, Berlin 2001.

Kretschmer, Winfried, Geschichte der Weltausstellungen, Frankfurt/New York 1999.

Krug, Manfred, Abgehauen. Ein Mitschnitt und Ein Tagebuch, 4. Auflage, Düsseldorf 1996.

Laufer, Jochen, Die UdSSR und die deutsche Währungsfrage 1944–1948, in: Vierteljahreshefte für Zeitgeschichte, 3/1998, S. 455–485.

Leitartikel, Artikel und Kommentare von Hermann Axen, ND-Bibliographie 1956–1966, Neues Deutschland o. J., MS 1–22.

Lemke, Michael, Kampagnen gegen Bonn: Die Systemkrise der DDR und die Westpropaganda der SED 1960–1963, in: Vierteljahrshefte für Zeitgeschichte 41/1993, S. 153–174.

Lemke, Michael, Die Berlinkrise 1958 bis 1963. Interessen und Handlungsspielräume der SED im Ost-West-Konflikt, Berlin 1995.

Lenin, Ausgewählte Werke, Band I, Moskau 1946.

Lenz, Siegfried, Lehmanns Erzählungen. Aus den Bekenntnissen eines Schwarzhändlers, München 1998.

Leonhard, Wolfgang, Die Revolution entläßt ihre Kinder, Köln 1955.

Lersch, Edgar, Rundfunk und Presse zwischen 1945 und 1949, in: Der Neubeginn. Deutschland zwischen 1945 und 1949, Hamburg 2005, S. 206–213.

Leskin, Jürgen, Kraftprobe über Berlin, in: Fliegerrevue 5/1996, S. 52–55.

Liebmann, Irina, »Wäre es schön? Es wäre schön!« Mein Vater Rudolf Herrnstadt, Berlin 2008.

Lindenberger, Thomas (Hg.), Massenmedien im Kalten Krieg. Akteure, Bilder, Resonanzen, Köln/Weimar/Wien 2006.

Lindner, Bernd, Fotos von einem Konzert, das nie stattfand, Museumsmagazin online 1/2007. (http://www.museumsmagazin.com/archiv/1-2007/ausstellung/part1.php.)

Lorenz, Holger, Der Passagier-Jet »152«. Walter Ulbrichts Traum vom »Überflügeln« des Westens. Die Geschichte des ersten deutschen Passagierflugzeugs mit Strahlantrieb, Marienberg 2003.

Lüdtke, Alf/Becker; Peter (Hg.), Akten. Eingaben. Schaufenster. Die DDR und ihre Texte. Erkundungen zu Herrschaft und Alltag, Berlin 1997.

Madrasch-Groschopp, Ursula, Die Weltbühne. Portrait einer Zeitschrift, Augsburg 1999.

Mählert, Ulrich, Die Partei hat immer recht!« Parteisäuberungen als Kaderpolitik in der SED (1948–1953), in: Hermann Weber/Ulrich Mählert (Hg.), Terror, Stalinistische Parteisäuberungen 1936–1953, Paderborn 1998.

Major, Patrick, Torschlusspanik und Mauerbau. »Republikflucht« als Symptom der zweiten Berlinkrise, in: Burghard Ciesla/Michael Lemke/Thomas Lindenberger (Hg.), Sterben für Berlin? Die Berliner Krisen 1948 : 1958, Berlin 2000, S. 221–243.

Malycha, Andreas, Die SED. Geschichte ihrer Stalinisierung 1946–1953, Paderborn 2000.

Malycha, Andreas, Der »besondere deutsche Weg« zum Sozialismus. Eine Ackermann-Legende?, in: Utopie konkret 2/1991, Heft 6, S. 55–64.

Mast, Claudia (Hg.): ABC des Journalismus. Ein Handbuch. 11., neubearbeitete Auflage, Konstanz 2008

Meier, Klaus, Journalistik. Konstanz 2007.

Merkel, Ina (Hg.), »Wir sind doch nicht die Meckerecke der Nation«. Briefe an das Fernsehen der DDR, stark erweiterte Neuausgabe, Berlin 2000.

Meyen, Michael, Denver Clan und Neues Deutschland. Mediennutzung in der DDR, Berlin 2003.

Michels, Jürgen/Werner, Jochen, Luftfahrt Ost 1945–1990, Bonn 1994.

Mick, Christoph, Forschen für Stalin. Deutsche Fachleute in der sowjetischen Rüstungsindustrie 1945–1985, München/Wien 2000.

Mitter, Armin/Wolle, Stefan, Untergang auf Raten. Unbekannte Kapitel der DDR-Geschichte, München 1995.

Müller, Christian Th., »O' Sowjetmensch!« Beziehungen von sowjetischen Streitkräften und DDR-Gesellschaft zwischen Ritual und Alltag, in: Christian Th. Müller/Patrice G. Poutrus (Hg.), Ankunft – Alltag – Ausreise. Migration und interkulturelle Begegnung in der DDR-Gesellschaft, Köln/Weimar/Wien 2005, S. 17–134.

Müller-Enbergs, Helmut, Aufstieg und Fall eines Kommunisten, in: Berliner Zeitung vom 14.6.2003, S. 18.

Müller-Enbergs, Helmut, Erst Chefredakteur, dann »Unperson«: Lex Ende und Rudolf Herrnstadt, in: Jahrbuch für Kommunismusforschung 1996, S. 296–304.

Müller-Enbergs, Helmut, Meinungsoffiziere der Parteiführung, in: Jahrbuch für Kommunismusforschung 1997, S. 294–309.

Müller-Ennbergs, Helmut/Wielgohs, Jan/Hoffmann, Dieter (Hg.), Wer war wer in der DDR? Ein biographisches Lexikon, Bonn 2000.

Naimark, Norman M., Die Russen in Deutschland. Die sowjetische Besatzungszone 1945 bis 1949, Berlin 1999.

Neue Gesellschaft für Bildende Kunst (Hg.), Wunderwirtschaft. DDR-Konsumkultur in den 60er Jahren, Köln/Weimar/Wien 1996.

Neues Deutschland 1946–1986. In großer Tradition, Berlin 1986.

Neumann, Robert, Hilfe, das Neue Deutschland kommt! In: Konkret 2/1970, S. 50–54.

Noelle-Neumann, Elisabeth/Petersen, Thomas, Alle, nicht jeder. Einführung in die Methoden der Demoskopie, München 1996.

Ostermann, Christian F. (Ed.), Uprising in East Germany 1953. The Cold War, the German Question and the first major upheaval behind the Iron Curtain, Budapest/New York 2001.

Otto, Wilfriede, Die SED im Juni 1953. Interne Dokumente, Berlin 2003.

Pieck, Wilhelm, Gesammelte Reden und Schriften, 1933–1939, Band V, Berlin 1972.

Pleitgen, Fritz (Hg.), Die Ausbürgerung. Anfang vom Ende der DDR, München 2001.

Polkehn, Klaus, Das war die Wochenpost, Berlin 1997.

Priess, Heinz, Spaniens Himmel und keine Sterne. Ein deutsches Geschichtsbuch. Erinnerungen an ein Leben und ein Jahrhundert, Berlin 1996.

Prokop, Siegfried, 1956 – DDR am Scheideweg. Opposition und neue Konzepte der Intelligenz, Berlin 2006, S. 21–34.

Protokoll der Verhandlungen des VI. Parteitag der SED, Berlin 1963.

Raue, Günter, Geschichte des Journalismus in der DDR, 1945–1961, Leipzig 1986.

Reimann, Brigitte, Tagebücher 1955–1970. Eine Auswahl, Berlin 2003.

Reimann, Brigitte/Weinhofen, Irmgard, Grüß Amsterdam. Briefwechsel 1956–1973, hrsg. von Angela Drescher und Dorit Weiske, 2. Auflage, Berlin 2003.

Reinhardt, Rudolf, Auch die SED wollte ihr »Reich«, in: Frankfurter Allgemeine Zeitung vom 7.5.1997, S. 10.

Ressel, Siegfried/Arndt, Jens, Bis zum Horizont und zurück, mdr 2007.

Reutlinger, Kajo, ... und trotzdem leben wir. Als Reporter im Nachkriegsberlin überall dabei. Eine Berliner Chronik zur Erinnerung für die Alten, die dabei waren, und die Jungen, die sich's kaum vorstellen können, Berlin 1997.

Roesler, Jörg, Die Herausbildung der sozialistischen Planwirtschaft in der DDR, Berlin 1978.

Roesler, Jörg, Momente deutsch-deutscher Wirtschaftsgeschichte 1945 bis 1990. Eine Analyse auf gleicher Augenhöhe, Leipzig 2006.

Rudolph, Karsten/Wüstenhagen, Jana, Große Politik – kleine Begegnungen. Die Leipziger Messe im Ost-West-Konflikt, Berlin 2006.

Russek, Eberhard, Lehrreiche Jahre. Erinnerungen an die Zeit von 1957 bis 1990 in der Redaktion ›Neues Deutschland‹, Manuskriptfassung, Berlin 2006.

Russek, Eberhard, Versuch einer Antwort, Manuskriptfassung, Berlin 2006.

Satjukow, Silke/Gries, Rainer (Hg.), Sozialistische Helden. Eine Kulturgeschichte von Propagandafiguren in Osteuropa und der DDR, Berlin 2002.

SBZ von 1945 bis 1954, herausgegeben vom Bundesministerium für Gesamtdeutsche Fragen, Bonn 1956.

Schabowski, Günter, Der Absturz, Reinbek bei Hamburg 1992.

Schirdewan, Karl, Aufstand gegen Ulbricht. Im Kampf um politische Kurskorrektur, gegen stalinistische, dogmatische Politik, 2. Auflage, Berlin 1994.

Schittly, Dagmar, Zwischen Regie und Regime. Die Filmpolitik der SED im Spiegel der DEFA-Produktionen, Berlin 2002.

Schlosser, Horst Dieter, Die deutsche Sprache in der DDR zwischen Stalinismus und Demokratie. Historische, politische und kommunikative Bedingungen, Köln 1990.

Schmidt, Ingo, Empörung und Aufbruch vor der Wende. Politisierungsschübe und Mobilisierungsprozesse in Parteien und Organisationen in der DDR (1985–1989), Diplomarbeit am Institut für Sozialwissenschaften der Humboldt-Universität zu Berlin, Berlin 1997.

Schöne, Jens, Stabilität und Niedergang. Ost-Berlin im Jahr 1987, Berlin 2006.

Schur, Gustav-Adolf, Täve. Die Autobiographie. Gustav-Adolf Schur erzählt sein Leben, Berlin 2001.

Sechzig Jahre »Neues Deutschland«, Zeitungsgeschichte und Zeitgeschichte, Berlin 2006.

Sowart, Ralf, Planwirtschaft und die »Torheit der Regierenden«. Die »ökonomische Hauptaufgabe der DDR« vom Juli 1958, in: Jahrbuch für Historische Kommunismusforschung 1999, S. 157–190.

Spree, Reinhard (Hg.), Geschichte der deutschen Wirtschaft im 20. Jahrhundert, München 2001.

Springer, Philipp, Verbaute Träume. Herrschaft, Stadtentwicklung und Lebensrealität in der sozialistischen Industriestadt Schwedt, 2., durchgesehene Auflage, Berlin 2007.

Staadt, Jochen, In der Obhut der Partei, in: Fritz Pleitgen (Hg.), Die Ausbürgerung. Anfang vom Ende der DDR, München 2001, S. 345–371.

Statistik in bewegter Zeit, Stuttgart 1992.

Steiner, André, Die DDR-Wirtschaftsreform der sechziger Jahre. Konflikt zwischen Effizienz- und Machtkalkül, Berlin 1999.

Steiner, André, Eine wirtschaftliche Bilanz der Mauer, in: Hans-Hermann Hertle/Konrad H. Jarausch/Christoph Kleßmann (Hg.), Mauerbau und Mauerfall. Ursachen – Verlauf – Auswirkungen, Berlin 2002, S. 189–202.

Steiner, André, Vom Überholen eingeholt. Zur Wirtschaftskrise 1960/61 in der DDR, in: Burghard Ciesla/Michael Lemke/Thomas Lindenberger (Hg.), Sterben für Berlin? Die Berliner Krisen 1948 : 1958, Berlin 2000, S. 245–262.

Steiner, André, Von Plan zu Plan, München 2004.

Steiner, André, Wirtschaftliche Lenkungsverfahren in der Industrie der DDR Mitte der fünfziger Jahre. Resultate und Alternativen, in: Christoph Buchheim (Hg.), Wirtschaftliche Folgelasten des Krieges in der SBZ/DDR, Baden-Baden 1995, S. 271–293.

Steininger, Rolf, Deutsche Geschichte seit 1945, Darstellung und Dokumente in vier Bänden, Band 2: 1948–1955, Frankfurt a. M. 1996.

Steininger, Rolf, Deutsche Geschichte seit 1945, Darstellung und Dokumente in vier Bänden, Band 3: 1955–1974, Frankfurt a. M. 2002.

Steininger, Rolf, Deutsche Geschichte seit 1945, Darstellung und Dokumente in vier Bänden, Band 4: 1974 bis zur Gegenwart, Frankfurt a. M. 2002.

Steininger, Rolf, Deutsche Geschichte seit 1945. Darstellung und Dokumente in vier Bänden, Band 1: 1945–1947, Frankfurt a. M. 1996.

Stöber, Rudolf, Deutsche Pressegeschichte. Einführung, Systematik, Glossar, Konstanz 2000.

Stöver, Bernd, Die Befreiung vom Kommunismus. Amerikanische Liberation Policy im Kalten Krieg 1947–1991, Köln/Weimar/Wien 2002.

Strobe, Talbott (Hg.), Chruschtschow erinnert sich, Reinbek bei Hamburg 1992.

Strunk, Peter, Zensur und Zensoren. Medienkontrolle und Propagandapolitik unter sowjetischer Besatzungsherrschaft in Deutschland, Berlin 1996.

Stulz-Herrnstadt, Nadja (Hg.), Das Herrnstadt-Dokument. Das Politbüro der SED und die Geschichte des 17. Juni 1953, Reinbek bei Hamburg 1990.

Suckut, Siegfried (Hg.), Das Wörterbuch der Staatssicherheit. Definitionen zur »politisch-operativen Arbeit, Berlin 1996.

Surminski, Arno, »Der Krieg, er zieht sich etwas hin …«, in: Der Neubeginn. Deutschland zwischen 1945 und 1949, Hamburg 2005, S. 6–19.

Thoß, Bruno, Volksarmee schaffen – ohne Geschrei! Studien zu den Anfängen einer »verdeckten Aufrüstung« in der SBZ/DD 1947–1952, München 1994.

Timmermann, Brigitte/Baker, Frederick, Der dritte Mann. Auf den Spuren eines Filmklassikers, Wien 2002.

Tjulpanow, Sergej, Deutschland nach dem Kriege (1945–1949). Erinnerungen eines Offiziers der Sowjetarmee, Berlin 1987.

Unsere Druckerei – Ergebnis der sozialistischen Entwicklung der Arbeiter- und Bauernmacht in der DDR. Betriebsgeschichte der Druckerei »Neues Deutschland«, Band I – 1945 bis 1965, maschinenschriftliches Manuskript, o. O. und o. J.

»Unsere Presse – Die schärfste Waffe der Partei«. Referate und Diskussionsreden auf der Pressekonferenz des Parteivorstandes der SED vom 9. bis 10. Februar 1950 in Berlin, Berlin 1950.

Varga, Eugen S., Grundfragen der Ökonomie und Politik des Imperialismus, Berlin 1955.

Verlag Neues Deutschland (Hg.), Neues Deutschland und seine Pressefeste. Eine Dokumentation, Berlin 1988.

Wagner, Armin, Stacheldrahtsicherheit. Die politische und militärische Planung und Durchführung des Mauerbaus 1961, in: Hans-Hermann Hertle/Konrad H. Jarausch/Christoph Kleßmann (Hg), Mauerbau und Mauerfall. Ursachen – Verlauf – Auswirkungen, Berlin 2002, S. 119–137.

Weber, Hermann, Kleine Geschichte der DDR, Köln 1980.

Weichert, Manuela, Das Parteiorgan »Neues Deutschland« unter der Kontrolle der Propagandaverwaltung der SMAD 1946–1949, Magisterarbeit, Universität Potsdam 2007.

Weidenfeld, Werner/Zimmermann, Hartmut (Hg.), Deutschland-Handbuch: Eine doppelte Bilanz 1949–1989, Bonn 1989.

Weiner, Tim, CIA. Die ganze Geschichte, Frankfurt a. M. 2007.

Wendt, Hartmut, Die deutsch-deutschen Wanderungen – Bilanz einer 40jährigen Geschichte von Flucht und Ausreise, in: Deutschland Archiv 4/1991, S. 386–395.

Werkentin, Falco, Politische Strafjustiz in der Ära Ulbricht, Berlin 1995.

Wilke, Jürgen (Hg.), Journalisten und Journalismus in der DDR. Berufsorganisation – Westkorrespondenten – »Der schwarze Kanal«, Köln/Weimar/Wien 2007.

Wilke, Jürgen (Hg.), Mediengeschichte der Bundesrepublik Deutschland, Bonn 1999.

Wilke, Manfred (Hg.), Die Anatomie der Parteizentrale. Die KPD/SED auf dem Weg zur Macht, Berlin 1998.

Wolf, Christa, Der geteilte Himmel, Weimar 1985.

Wolf, Christa, Ein Tag im Jahr 1960–2000, Berlin 2005.

Wolle, Stefan, Der Traum von der Revolte. Die DDR 1968, Berlin 2008.

Wolle, Stefan, Die heile Welt der Diktatur. Alltag und Herrschaft in der DDR 1971–1989, München 1999.

Womacka, Walter, Farbe bekennen. Erinnerungen eines Malers, 2., korrigierte Auflage, Berlin 2007.

Wunnicke, Christoph, Wandel, Stagnation, Aufbruch. Ost-Berlin im Jahre 1988, Berlin 2008.

Zarusky, Jürgen (Hg.), Stalin und die Deutschen. Neue Beiträge der Forschung, München 2006, S. 173–205.

Zimmer, Harro, Der rote Orbit. Glanz und Elend der russischen Raumfahrt, Stuttgart 1996.

Zimmermann, Brigitte/Schütt, Hans-Dieter (Hg.), Noch Fragen, Genossen!, Berlin 1994.

Zimmermann, Brigitte/Schütt, Hans-Dieter (Hg.), ohnMacht. DDR-Funktionäre sagen aus, Berlin 1992.

Internet

http://www.17juni53.de/
http://www.ungarn1956.de/
http://www.chronik-der-mauer.de/
http://de.wikipedia.org/wiki/Internationale_Friedensfahrt.
http://de.wikipedia.org/wiki/Offsetdruck.
http://einestages.spiegel.de/static/topicalbumbackground/1009/tod_eines_ministers.html.
http://www.wagenbach.de/verlagsgeschichte/01-07_Verlagsges_gesamt.pdf.
http://www.museumsmagazin.com/archiv/1-2007/ausstellung/part1.php.
http://www.neues-deutschland.de/
http://hsozkult.geschichte.hu-berlin.de/

Bildnachweis

DEFA- Stiftung (Klaus D. Schwarz: S.158, Manfred Damm: S.180), Dokumentationszentrum Alltagskultur der DDR (S. 135), Wolfgang Frotscher (S. 223), Joachim Kirchmair (S.173), Dirk Külow (S. 215, S. 224), Burkhard Lange (S. 208, S. 211, S. 212, S. 217, S. 218, S. 219, S. 221, S. 226), Privatarchiv Wolfgang Max (S. 49, S. 112, S. 119, S. 135, S. 142), Hans-Joachim Mollenschott (S. 11), Gerhard Murza (S. 183), Marco Urban (S. 227), Ulrich Winkler (S. 212). Alle übrigen Bilder stammen aus dem Bildarchiv des Verlages Neues Deutschland. Nicht in allen Fällen konnten die Urheber ermittelt werden. Berechtigte Honoraransprüche bleiben gewahrt.